조선사상사

조선사상사

단군신화부터 21세기 거리의 철학까지

오구라 기조 지음 | 이신철 옮김

도서출판 길

조선사상사
단군신화부터 21세기 거리의 철학까지

2022년 3월 31일 제1판 제1쇄 발행

2022년 10월 1일 제1판 제2쇄 인쇄
2022년 10월 5일 제1판 제2쇄 발행

지은이 | 오구라 기조
옮긴이 | 이신철
펴낸이 | 박우정

기획 | 이승우
편집 | 안민재
전산 | 한향림

펴낸곳 | 도서출판 길
주소 | 06032 서울 강남구 도산대로 25길 16 우리빌딩 201호
전화 | 02) 595-3153 팩스 | 02) 595-3165
등록 | 1997년 6월 17일 제113호

ISBN: 978-89-6445-255-4 03100

들어가며

이 책은 조선사상에 대한 나의 해석을 중심으로 쓴 것이라기보다는 가능한 한 내 해석은 배제하고 객관적 사실 및 한국 등의 학계에서의 정설(定說)을 중심으로 하여 서술한 것이다.

그 이유는 다음과 같다.

나는 일본에서 조선사상에 대한 관심과 연구가 너무나도 저조한 이유 가운데 하나가 대학의 학부생 수준의 사람들이 읽어야 할 적당한 사상사 입문서가 없는 것이라고 생각하고 있다. 한국 책을 번역한 것이 몇 종 있지만, 모두 다 초보자가 이해하기에는 쉽지 않다. 아무래도 조선사상에 대해 미리 아무런 지식도 없는 사람들이 어느 정도의 객관적 지식을 익힐 수 있는 쉬운 입문서가 꼭 필요한 것이다. 이 책은 그와 같은 의도 아래 가능한 한 저자의 학설을 전개하지 않고 객관적 기술을 도모하고자 했다. 나는 작지만 알찬 그릇 속에 조선사상 전체의 그림을 조감하여 바라볼 수 있는 내용을 담아내고자 했다.

다만 몇 군데에서 저자 자신의 문제 관심과 독자적인 해석이 전면에 나오는 부분이 있다(예를 들어 제1장에서 말하는 '조선사상사의 특징' 등은 조선사상에 대한 나의 독자적인 시각이다). 또한 정설은 아니지만 한국과 북조선에서 주창되고 있는 중요한 '다른 관점'에 대해서도 몇 군데에서 언급하고 있다. 그러한 서술들에 대해서는 가능한 한 "이것은 저자의 생각이지만"이라든가 "최근 한국에서는 이 문제에 관해 다음과 같은 이의제기가 있다"와 같은 표현으로 명확히 표기하고 있다. 따라서 독자들은 서술 내용 가운데 어떤 부분이 한국 등에서 일반적으로 수용되고 있는 학설이고, 어떤 부분이 그렇지 않은 이의제기나 새로운 해석인지를 분명하게 구별할 수 있을 것이다.

*

이 책은 신서(新書)라는 작은 형식이지만, 그러한 그릇에 어울리지 않을 정도로 원전으로부터의 인용을 가능한 한 많이 담고자 했다. 이유는 명확하다. 일본의 독자에게 그렇지 않아도 가깝지 않은 한국(조선)의 사상을 이해시키기 위해서는 알기 쉬운 해석도 중요하지만, 가능한 한 원문을 접할 수 있도록 하여 그 사상의 삶의 숨결과 율동 그리고 목소리와 교류하게 하는 것이 지름길이라고 확신하기 때문이다. 해설로 이루어진 본문만으로는 맛볼 수 없는 사상의 세계를 엿볼 수 있을 것이다. 이 책이 자그마한 제1차 원전 자료집의 역할을 수행할 수 있기를 바란다.

차례

일러두기

1. 인용문은 본문과 구별하여 편집했다.
2. 인명과 지명 등의 고유명사가 처음 나올 때에는 많은 경우 한자를 병기했다.
3. 많은 인물이 여러 개의 호를 갖고 있지만, 이 책에서는 그 가운데 대표적인 것만을 표기했다. 대표적인 호가 여러 개인 경우에는 그것들을 기재했다.
4. 인물의 생몰년대와 호 그리고 본관은 그 인물을 중점적으로 다루는 곳에서 표기했다.
5. 인명에 *가 붙어 있는 것은 근대 이후의 연구자 이름이다. 예를 들어 신라 시대의 사상가에 대한 설명 가운데 *가 붙어 있는 인명이 나올 때, 이것은 신라 시대의 인물이 아니라 근대 이후에 이 신라의 사상가에 관해 연구한 인물을 가리킨다. 동일 인물이라 하더라도 사상가로서 언급할 때에는 *를 붙이지 않았고, 연구자로서 언급할 때에는 *를 붙였다.

제1장

조선사상사 총론

1. '조선'의 사상사라는 것

조선이란

'조선민족'이라는 고유한 실체가 있는 것은 아니다. 특히 조선반도의 북부는 중국 동북 지방과 연결되어 있기 때문에, 이 지역을 이동하면서 생활하고 있던 사람들과 민족적 분류를 정밀하게 행하기는 거의 불가능하다. 정치적 인식에서는 예를 들어 고구려는 조선민족의 국가이고 거란이나 요(遼)는 조선민족이 아니라 퉁구스계의 민족이라고 생각되지만, 그 근거도 실은 명확하지 않다. 발해도 마찬가지다. 본래 '조선**민족**'이라는 개념은 근대에 생겨난 것이기 때문이다.

또한 '조선민족'을 어떻게든 정의하려고 한다 하더라도, 그 민족이 역사적으로 조선반도에서만 살았던 것은 아니다. 나아가 현대의 조선반도에서 사용되고 있는 조선어라는 언어가 언제 어떤 공간에서 어떻게 사용되고 있었는지에 대해서는 잘 알려지지 않은 부분이 많다.

이와 같이 '조선'이라는 고유명사로 일컬어지는 대상은 모호성을 지닌다.

또한 현재의 대한민국에서는 '조선'이라는 고유명사를 혐오하고 '한국'이라는 고유명사를 통시적으로 사용하고 있다. 요컨대 '기원전 3세기의 한국에서는'이라든가 '6세기의 한국에서' 등의 표현이 전혀 문제없이 사용되고 있다. 아미노 요시히코(網野善彦)*가 말하듯이 "일본이라는 국호가 성립하기 이전의 이 열도에 관한 서술에서는 일본이라는 고유명사를 사용해서는 안 된다"라는 인식에서 보면, '기원전 3세기의 일본'이라는 표현이 잘못인 것과 마찬가지로 '기원전 3세기의 한국'이라는 표현도 잘못이다. 그러나 대한민국에서는 바로 '한국'이라는 고유명사가 명확하게 '대한민국'과 '한반도(조선반도)라는 지역 및 거기서 역사적으로 존재해왔던 국가들의 총칭' 양쪽 모두를 가리키기 때문에, 아미노 요시히코와 같은 의혹이 한국 사회에서는 드러나지 않는다.

다만 한국에는 단군신화에 나오는 환인(桓因)과 환웅(桓雄)의 환이라는 글자를 '한'의 취음자라고 하여 고대에 '한 민족', '한 국가'가 있었다고 하는 주장이 존재한다(고대의 세 개 한국(韓國)에 그 흔적이 있다). '한'은 큼, 하나, 왕 등을 의미하기도 한다. 몽골의 '칸'과 같은 계통의 말이다. 이 경우 현대의 '한국'도 '한 나라'라는 뜻이며, 고대로부터 연면히 이어지는 한 민족의 국가라고 하는 주장이 된다. 이 경우에는 '기원전 3세기의 한국(=韓國)', '9세기의 한국(=韓國)' 등의 표현에 문제가 없다고 할 수 있을 것이다.

조선의 호칭

전통적으로 조선을 호칭하는 이름이 몇 개 있었다. 그 가운데 몇몇은 칭찬하며 아름답게 일컫는 말로 현재도 드물게 문필가들이 사용하기도 한다. 예를 들면 다음과 같은 것들이다. '동국'(東國) 및 '해동'(海東, 중국의 동쪽에 있다는 위치적인 인식에 의한 호칭), '근역'(槿域, 무궁화를 조선의 상징으로 하여 아름답게 이르는 말), '청구'(靑丘, 조선의 옛 이름), '배달'(倍達, 조선민족의 별칭).

덧붙이자면, 이 책에서 사용한 '조선'이라는 고유명사는 '조선민주주의인민공화국(북조선)'을 가리키는 것이 아니다. 한국을 배제하는 것도 물론 아니다.

2. 조선사상사의 특징

혁명인가 브리콜라주인가

일본 문화가 외부로부터 도래하는 문화에 대해 브리콜라주(수선)적인 포섭 방법을 취하는 경향이 강하다고 하는 것은 마쓰오카 세이고(松岡正剛)*의 학설이다. 일본사상사에서도 같은 것을 말할 수 있을 것이다. 하지만 조선의 경우에는 이와 달리 외부로부터 도래한 사상이 기존 시스템의 전면적인 개변을 추진하는 두드러진 경향이 존재한다.

고려 시대에는 불교에 의해 사회를 철저히 변혁했으며, 그 다음 조선 시대에는 주자학에 의해 사회가 혁명적으로 변화했다. 현재의 조선민주주의인민공화국에서도 공산주의라는 사상에 의해 사회의 전면적 개변이 이루어졌다. 물론 사상의 다양성이 각각의 시대에 유지되고 있었다. 요컨대 고려 시대는 불교 일변도가 아니었으며, 조선 시대의 사상도 유교만이 아니었다. 그런 의미에서 서양의 그리스도교적인 사상 통제와는 분명히 다르다. 하지만 동아시아에서 중국이나 일본과 비교해보면, 조선에서 '사상의 혁명적인 정치적 역할'의 크기는 두드러진다고 할 수 있을 것이다.

순수성 · 하이브리드성 · 정보 · 생명 · 영성

이 책을 서술하면서 가능한 한 저자의 독자적인 관점은 억누르고자 했지만, 아무래도 내 저작인 이상, 나의 관점이 개입될 수밖에 없다. 한 지역의 사상사를 쓰면서 독자적인 관점이 전혀 없을 수는 없다.

내가 이 책을 집필할 때에 염두에 둔 것은 순수성, 하이브리드성, 정보, 생명, 영성(靈性)이라는 다섯 가지 키워드다(어디까지나 염두에 둔 것이지 이 것들이 주된 선율을 이루는 것은 아니다).

조선사상사를 개관하면 잘 알 수 있는 것이지만 이 지역에서는 사상의 순수성을 둘러싼 격렬한 투쟁이 거듭해서, 그것도 상당히 긴 기간 동안 전개되었다. 이 점은 일본사상사와의 명확한 차이이며, 중국사상사와도 분명히 다른 점이다. 순수성을 보존하고자 하는 진영은 다른 진영을 불순한 사상 보유자로서 비판하고 규탄하며 탄압도 하기 때문에, 조선의 사상사는 한마디로 순수성을 둘러싼 투쟁사라고 할 수 있다. 이 '투쟁'이라는 말은 현실적인 의미이기도 하다. 왜냐하면 사상의 내용과 정치적 입장이 일치하고, 사상투쟁은 정치투쟁과 직결되기 때문이다. 조선 시대의 유교와 해방 후 한국과 북조선의 이데올로기에서 그러한 양상의 전형을 볼 수 있다.

사상의 순수성은 권력만이 아니라 권위와도 결부된다. 예를 들어 조선 시대의 유교는 중국의 주자학을 최고 권위로 하여 논쟁이 전개되었기 때문에, 조선의 독창적인 사상을 개발하는 방향성이 아니라 주자학에 얼마만큼 충실한가를 둘러싸고 다투는 것이 주된 흐름이 되었다. 이 점을 취하여 병합 식민지 시대의 다카하시 도오루(高橋亨)* 등은 '조선사상의 독창성의 결여, 중국에 대한 종속성'을 주장했다. 하지만 조선사상의 성격을 단지 '독창성의 결여'로 환원하는 것만으로는 이 지역에서의 사상적 영위의 본질을 이해할 수 없다.

오히려 조선의 지정학적 조건을 강하게 염두에 둔다면, 조선의 사상이 순수성을 추구한 것은 안전 보장상의 의미를 강하게 지닌 것임을 이해할 수 있다. 중국(과 그 밖의 외국 세력)에 무력으로 대항하는 것이 아니라 사상의 순수성에 의해 중국(과 그 밖의 외국 세력)보다 우위에 서고자 하는 전략이다.

또한 일본에서 애호되는 '일본 특수론'의 맹점은 조선의 특수성이라는 완충지대가 없었다면, 요컨대 일본이 만약 중국과 바로 접해 있었다면 과연 일본의 '특수성'이 성립할 수 있었을까라는 점에 무관심하다는 점이다. 이 점에 대해서는 가라타니 고진(柄谷行人)*이 자각적으로 논의하고 있다(『日本精神分析』). 나도 『창조하는 동아시아: 문명 · 문화 · 니힐리즘』이라는 저작에서 중점적으로 이 문제를 논의한 바 있다. 조선의 사상적 순수성은 중국 및 일본과의 관계를 고려할 때 비로소 그 의미가 이해될 수 있다.

더욱더 중요한 것은 조선에서 사상의 순수성을 추구하는 대항 축에는 '불순성'이 확고하게 존재한다는 점이다. 그 '불순성'은 주자학(지배층 측)에 맞선 서학과 양명학이라는 '다른 사상 체계'였거나 아니면 3교(유 · 불 · 도) 내지 4교(3교+샤머니즘) 합일과 같은 혼연일체형의 '하이브리드 사상'이었다. '하이브리드 사상'은 신라의 풍류사상을 마지막으로 표면상으로는 주류사상이 될 수 없었지만, 실은 음으로 양으로 조선 주류사상의 순수 지향성을 위협해왔다.

지배층 측이 사상의 순수성을 추구할 때는 다양한 형태로 사상의 통제가 행해진다. 외부로부터 유입되는 사상을 차단하는 일도 조선에서는 빈번하게 이루어졌다. 즉 정보의 컨트롤이다.

조선에서는 다른 지역에서 정보의 움직임이 가속화하는 시기에 역으로 정보의 움직임에 제동을 거는 일이 여러 번 있었다. 예를 들어 16세기 후반에 서양으로부터 사상과 문물이 동아시아에 대량으로 유입되었을 때, 일본에서는 가톨릭 다이묘(大名)가 나오거나 남만(南蠻) 문화가 유행하거나 했다. 그러나 이 시기 조선의 지배층은 정보를 통제하고 사상의 순수성을 지켰다. 조선 최초의 가톨릭 신자는 18세기 후반에야 겨우 출현한다. 19세기 후반에 서양 근대의 사상과 문물이 중국과 일본에 대량으로 유입되었을 때에도 조선에서는 '위정척사'(衛正斥邪, 올바른 유교를 지키고 잘못된 서양사상과 문물을 배척한다)운동에 의해 '양왜'(洋倭, 야만적인 서양과 일본)의 침입을 차단하고자 했다. 이것들은 사상의 순수성을 지키기 위한 실천이다. 현재의 북조선이 스스로의 체제와 주체사상을 지키기 위해 외부로부터 정보를 통제(차단이 아니다)하고 있는 것도 같은 이유에서다.

다만 정보의 차단과 통제만을 행해온 것은 물론 아니다. 18세기에 지배층이 서양사상과 종교의 유입을 통제·차단하고 있을 때에도 그것에 대항하여 서학을 연구한 학파가 있었다. 주자학이 지배하는 가운데 양명학을 신봉하는 학파도 있었다. 학자는 순종하는 게 아니라 저항과 자주를 한다는 전통이 강했다. 그러나 그것들은 결국 방계였거나 비밀 학통이었다.

얼마 안 있어 지배층 측의 '사상의 순수성을 지킨다'는 행위가 자기 나라와 자기 민족의 안전과 생존을 보장하는 올바른 회로로부터 벗어나는 전환점이 다가온다. 이 점을 깨닫지 못하는 경우 정보의 통제와 차단에 의해 사상의 순수성을 사수하고자 하는 움직임은 마이너스 회로로 변한다. 이때 나타나는 것이 생명사상이다. 이미 공동체의 생명을 유지할 수 없게 된 순수사상을 내버리고 정보의 유입을 전면 개방 상태에 가깝게 하여 새로운 생명의 유지와 진전을 모색한다. 이 단계에 돌입했을 때의 조선은 실로 다이내믹하게 변모한다. 역사상 고려의 불교로부터 조선의 유교로 대전환했을 때나 조선 시대 말기에 새로운 종교적 영성이 전면 개방 상태로 되었을 때, 또는 대한제국 시대부터 병합 식민지 시대에 근대사상이 크게 유입되었을 때나 현대 한국의 민주화 대파동 등에서 그와 같은 영성적 약동성을 볼 수 있다. 속도가 아니라 가속도의 시대다. 그야말로 '영성적 가속도의 시대'라고 할 수 있을 것이다. 다만 병합 식민지 시대의 대변혁은 일본이라는 **사악한** 지배자를 매개로 하여 이루어졌기 때문에, 현재의 한국에서나 북조선에서는 모두 그 사상적·영성적 의미를 전혀 직시하지 않고 있다. 조선민족에게 유감스러운 일이다.

이상의 것을 정리하자면, 조선사상사에서 특징적인 변화 법칙은 다음과 같다.

우선, 자국의 안전 보장상 이유와 통치 권력의 안정성이라는 이유에 의해 조선에서는 사상의 순수성을 추구하는 경향이 두드러지게 강하다. 다만 이것에는 '다른 사상 체계'와 '하이브리드 지향'이라는 대항 축이 있다. 사상이 순수성의 획득을 지향하여 운동하고 있는 시기에는 대단히 약동하는 사회가 실현된다. 이 순수한 사상에 의해 통치가 이루어지고, 국가와 공동체 구성원의 생명을 유지하며, 충실한 시기에는 계속해서 순수성을 추구한다. 이 시기에는 정보가 통제된다. 하지만 어떤 시점을 경계로 하여 순수한 사상의 현실적 효력이 상실되기 시작하면 통치 권력의 의지에 의해 정보의 차단 등 부정적 회전이 시작되고, 사상의 순수성을 사수하고자 하는 운동이 국가와 공동체 구성원의 생명을 열악하게 만든다. 생명의 열악화가 극도로 진전되면, 어느 순간 전격적·혁명적으로 새로운 사상이 도입되거나 발명되며, 정보의 유입과 뒤섞임이 격류처럼 진행되고, 그것과 더불어 사회의 영성적 약동성(가속도)이 일거에 높아진다. 그리고 새로운 사상에 의한 새로운 생명이 사회를 과감하게 변혁해나간다.

조선사상사에는 약동성과 정태성이라는 두 측면이 있다. 그 가운데 어느 하나만을 본질로 인식해서는 안 된다.

조선적 영성의 네트워크

조선사상의 순수 지향성과 그에 대한 대항은 운동으로서 이해되어야만 한다. 그리고 이것은 영성이라고 불러야 하는 정신성과 강하게 결부되어 있다.

순수성을 획득하고자 운동하고 있을 때도, 순수성을 유지하고 있을 때도, 순수성이 퇴락해가는 과정에서도 조선의 사상은 두드러진 영성을 띤다. 예를 들어 순수성이 퇴락한다는 것은 그 사상에 의해 영위되는 생명이 열악하게 되는 것을 의미하지만, 조선에서는 그와 같은 국면에서도 사상이 썩어문드러지는 일 없이 영적인 힘을 발휘한다. 국가와 공동체 구성원의 육체적 생명을 넘어서는 영성이 사상의 불꽃처럼 타오른다. "모든 사상은 인간의 **육체적 생명의 보전**을 위해 기능해야 한다"는 사고방식에서 보면, 생명을 영위하지 못하고 지킬 수 없는 사상 따위에는 한 줌의 가치도 없을 것이다. 그러나 사상이란 그와 같은 것이 아니다. 개개의 육체적 생명을 넘어서는 사상이라는 것이 있다.

스즈키 다이세쓰(鈴木大拙)가 '일본적 영성'을 말한 것을 본떠 이것을 '조선적 영성'이라고 부를 수 있을 것이다.

지성으로도 이성으로도 감성으로도 설명할 수 없는 정신의 현상이라는 것이 있다. 영성이라는 말로밖에 설명할 수 없는 정신 현상이다. 예를 들어 제7장에서도 언급하게 되겠지만, 19세기에 경주에서 동학을 창시한 최제우(崔濟愚)는 신라의 원효(元曉, 7세기)가 말한 화쟁(和諍)의 논리 '불연·대연'(不然·大然)과 비슷한 철학을 피력했고, 또한 신라 화랑의 영향을 받았을 칼춤을 중요시했다. 나아가 하늘의 마음과 사람의 마음은 같다고 하여 '시천주'(侍天主)를 중시하는 최제우의 사상은 경천(敬天)·외천(畏天)·사천(事天)을 중요시하여 천인합일(天人合一)의 도를 추구한 안동(경주와 마찬가지로 영남=경상도)의 이퇴계(李退溪, 16세기)와 대단히 유사하다. 실제로 최제우의 아버지(최옥〔崔鋈〕, 호는 근암〔近庵〕)는 이퇴계의 학문을 닦은 인물이었다. 이것들을 종합하여 생각하면, 경주와 영남 지방에는 "하늘과 사람은 같다"고 하는 영적인 세계관이나 대립하는 것들의 회통(會通)의 영성이 있고, 그것이 원효와 화랑 그리고 이퇴계와 최제우라는 형태를 취하여 역사의 표면으로 때때로 분출하듯이 나타나는 것이 아닐까? 이것은 경주와 영남 지방이라는 토지의 영(지령〔地靈〕)과 밀접하게 관련되어 있을 것이며, 학파나 인척 관계 등의 네트워크와도 강하게 연관되어 있을 것이다(특히 모계 네트워크는 표면상의 족보=가계도 등의 기록에는 상세히 나타나지 않지만, 영성적 영향 관계라는 의미에서 대단히 중요하다).

이러한 '영성의 네트워크'라고도 불러야 할 것이 있고, 이것이 조선사상사 전체를 움직이는 눈에 보이지 않는 동력이 되고 있다는 것은 분명하다. 하지만 지금까지의 사상사 기술에서는 이러한 요소를 그야말로 전혀 감안하지 않았다. 명확한 당파적 학통(스승과 제자 관계) 및 인척 관계(부계 혈통만이 중요시된다)를 확인할 수 있는 것만이 기술되기 때문에, '해동의 주자라고 말해진 조선의 대유학자'인 이퇴계와 '동학(반유교의 민중사상)의 괴수로서 조선 정부에 의해 처형된' 최제우 사이에는 아무런 관계도 없을 뿐만 아니라, '이(理)를 중시한 지배층' 측의 이퇴계와 '기(氣)를 중시한 민중' 측의 최제우는 완전히 정반대 입장의 사상가로서만 기술되어왔다. 그러나 그러한 '이성적 분석'은 정말로 올바른가? 그렇지 않다. '이'나 '기' 등의 개념이나 문헌에서 확인할 수 있는 역사적 사실 관계만으로 사상사를 기술해버리면, 누락되는 부분이 너무나도 많아진다. 그 구멍을 메꾸는 것이 영성적 관점이다.

덧붙이자면, 한국에서도 이와 같은 "영성적 관점에서 조선사상사를 생각하는" 방법은 과거뿐만 아니라 현재에도 거의 이루어지고 있지 않다. 내가 아는 한 김태창(金泰昌)*을 중심으로 한 자유로운 연구자 모임에서만 이와 같은 발상이 행해지고 있다. 최재목(崔在穆)*(양명학 연구), 박맹수(朴孟洙)*(동학 연구), 조성환(趙晟桓)*(유교·동학 연구) 등이 김태창과 함께 조선사상을 지금까지와는 전혀 다른 새로운 관점에서 다시 파악하고자 하고 있다. 나도 이 그룹에 참가하여 커다란 자극을 받으면서 조선사상사를 생각하고 있다.

「들어가며」에서 말했듯이, 이 책에서는 가능한 한 객관적인 기술에 마음 썼기 때문에 '조선적 영성'에 특별히 초점을 맞춘 것은 아니다. 하지만 그 점을 염두에 두면서 사상사를 서술해 나가고자 한다.

제2장

신화 및 '고층'(古層)

1. 단군신화

'단일민족'과 단군

현대의 한국에서나 북조선에서는 모두 자신들의 국가가 단일민족으로 구성되어 있다는 의식이 대단히 강하다. 한국에서는 근년에 이르러 외국인이 한국 국적을 취득하는 사례가 많아지고 있기 때문에 **사실상 단일민족이 아니게 되었다**는 인식이 있긴 하지만, **본래는** 단일민족 국가였다는 의식이 강고하게 유지되고 있다.

애초에 조선 시대에는 현재의 조선반도 전체가 조선(왕조)이라는 하나의 국가에 의해 통치되고 있었고, 이 국가를 구성하는 민족은 거의 단일하다고 인식되고 있었다. 그렇기 때문에 적어도 조선(왕조)이 성립한 1392년에는 현재의 한국과 북조선을 합한 지역이 거의 단일한 민족에 의해 통치되었다고 하는 인식은 성립할 수 있다(다만 조선반도 최북단은 통구스계의 민족들이 혼재해 있는 지역이었다).

조선 왕조 이전에 관해서도 한국에서는 통일 신라가, 북조선에서는 고려가 각각 조선반도를 처음으로 통일했다고 인식되고 있다. 그렇기 때문에 한국에서는 통일 신라 이후, 북조선에서는 고려 이후에 단일민족이 되었다는 인식이 문제없이 성립한다. 물론 역사적 사실로서는 통일 신라도 고려도 현재의 조선반도 전역을 통치했던 것은 아니다. 따라서 현재의 한국 및 북조선을 합한 지역이 통일 신라 내지 고려 이후에 단일민족 국가가 되었다는 것은 역사적 사실에 반한다. 그러나 정치적 인식으로서의 단일민족 국가론은 견고하게 유지되고 있다.

그뿐만이 아니다. 통일 신라 이전의 고구려 · 백제 · 신라의 3국 또는 가야를 합한 4국이 병립해 있던 시대에도 역시 "한민족(韓民族) 내지 조선민족이라는 단일민족이 3국 내지 4국으로 **분열**되어 있었다"고 한국에서도 북조선에서도 인식되고 있다. 학문적으로는 고구려 · 백제 · 신라 · 가야의 민족적인 같음과 다름이나 언어의 차이 등에 대해 정확하게 알려져 있지는 않다. 따라서 이 4국의 병립 상태를 같은 민족의 분열 상태로서 인식하는 것은 문제가 있다. 하지만 한국에서도 북조선에서도 '분열 상태였다'라는 인식은 대단히 강고하여 거의 한 점의 의심도 없는 사실로 받아들이고 있다.

그 단일성 인식을 거슬러 올라간 원점에 단군(檀君)신화가 놓여 있다. 단군왕검(檀君王儉)이 조선을 건국하여 통치했다고 하는 신화다. 원래는 평양 지방에 전해진 설화였다고 하는데, 조선민족 전체의 시조 신화로서 완전히 정착해 있다. 현재의 한국과 북조선 모두에서 이 신화의 위력은 상상을 불허할 정도로 크다. 한국인의 다수는 '단군은 실재한 인물'이라고 믿고 있으며, '단군**신화**'라는 표현을 강하게 비판하는 사람도 많다. 한국의 초등학교 · 중학교 · 고등학교에서 사용하는 국정 국사 교과서에서는 단군에 관한 사항을 신화가 아니라 '역사'로서 기술하여 가르치고 있다. 또한 한국에서는 젊은이도 포함하여 많은 국민이 '자신은 단군의 자손이다'라고 믿고 있다.

나는 한국에서 많은 젊은이에게 "당신은 단군의 자손이라고 생각하는가"라고 질문했는데, 대개의 경우 "단군이 실제로 몇 년간 통치했는지 등의 사실에 관해서는 잘 알지 못하며 또 그것이 그다지 중요한 것이라고는 생각하지 않는다. 하지만 지금의 내가 단군의 자손이라고 하는 것은 믿는다"라는 대답이 많았다. 또한 북조선에서는 단군의 뼈를 거의 완전한 상태로 발굴했다고 하며, 이는 평양 교외의 거대한 단군릉에 모셔져 있다.

『삼국유사』에서의 단군

단군에 관한 사항이 기록되어 있는 것은 고려의 일연(一然, 1206~89)이 1280년대에 저술한 『삼국유사』(三國遺事)에서다. 이 책에서 '고조선〔왕검 조선〕'에 대한 기록은 다음과 같다. 특히 중요한 것이기 때문에 전문을 싣는다(본문 안의 〔 〕는 김사엽〔金思燁〕*에 의한 주).

> 옛 기록에 따르면 옛날에 환인(桓因)〔제석(帝釋)을 말한다〕의 서자 환웅(桓雄)이 있어, 항상 천하에 뜻을 두고 인간 세상을 몹시 바랐다. 아버지가 아들의 뜻을 알고 아래로 삼위태백(三危太白, 삼위는 세 개의 높은 산, 태백은 그 가운데 하나)을 굽어보니 (거기는) 인간을 널리 이롭게 할 만한지라, 천부인(天符印) 세 개를 주어, 내보내서 (인간 세계를) 다스리게 하였다. (그리하여) 환웅은 3천 명의 무리를 거느리고 태백산 정상〔태백은 지금의 묘향산〕 신단수(神壇樹) 아래에 내려와 그곳을 신시(神市)라 일컬으니, 이가 곧 환웅천왕(桓雄天王)이다. (그는) 풍백(風伯)과 우사(雨師) 그리고 운사(雲師)에게 곡식과 생명 그리고 질병과 형벌 및 선악을 맡게 하고, 무릇 인간 세계의 360여 가지 일을 주관하여 세상에 머물며 다스려 교화하였다.

이때 곰 한 마리와 호랑이 한 마리가 있어 같은 굴 속에 거처하며 항상 신웅(神雄, 환웅)에게 기도하며 사람으로 변화되기를 원하였다. 이때 신웅께서 영험한 쑥 한 타래와 마늘 스무 개를 주며 이르기를 "너희들이 이것을 먹고 백 일 동안 햇빛을 보지 않으면 곧 사람의 모습을 얻을 것이다"라고 하였다. 곰과 호랑이는 그것을 받아먹으며 21일 동안 삼갔다. 곰은 여자의 몸을 얻었으나 호랑이는 능히 삼가지 못하였기에 사람의 몸을 얻지 못하였다. 웅녀는 더불어 혼인할 자가 없기에 매번 신단수 아래에서 어린애 가지기를 기원하였다. 환웅께서 이에 짐짓 변화하여(인간이 되어) 그와 혼인하고 잉태하여 아들을 낳으니 이름을 단군왕검이라 하였다.

(왕검은) 당고(唐高, 요(堯)임금)가 즉위하고부터 50년인 경인년〔당고 즉위 원년은 무진년이므로 50년은 정사년이지 경인년이 아니다. 아마도 잘못일 것이다〕에 평양성〔지금의 서경(西京)〕에 도읍하고 비로소 조선(朝鮮)이라 일컬었다. 또 도읍을 백악산(白岳山)의 아사달(阿斯達)로 옮겼다. 그곳을 궁(弓)〔'방'(方)이라고도 쓴다〕 홀산(忽山) 또는 금미달(今彌達)이라고도 한다. 나라를 다스리길 1,500년간이었다.

주(周)나라 호왕(虎王, 무왕(武王). 고려 제2대 왕인 혜종의 휘인 '무武'를 피한 것)이 즉위한 기묘년(기원전 813년)에 기자(箕子)를 조선에 봉하니 단군은 이에 장당경(藏唐京)으로 옮았다가 후에 돌아와 아사달에 은거하여 산신이 되었다. 수명이 1,908세였다고 한다.

이상이 『삼국유사』에서 단군에 대해 기술한 거의 모두다.

단군신화의 사상적 성격

단군신화에는 불교·도교·유교·샤머니즘·토테미즘 등이 뒤섞여 있다. 환인을 '제석'(帝釋)이라고 하는 것은 불교적·인도적 요소라고 할 수 있다(제석은 원래 인드라 신). '풍백·우사·운사'는 『주례』(周禮)적이지만 도교적이기도 하다. 환웅이 도덕적 통치를 했다는 것은 유교적 요소다. 환인이 환웅에게 천부인을 주고, 환웅이 지상으로 내려와 신시로 삼았다는 부분은 샤머니즘의 요소가 짙다. 신단수는 샤머니즘의 우주수(宇宙樹)일 것이다. 단군이 환웅과 곰 사이에서 태어났다는 것은 토테미즘의 요소다. 이와 같이 이 짧은 신화에는 이런저런 사상들이 절묘하게 뒤섞여 있다. 또한 일본 신화의 천손(天孫) 강림이나 세 종류의 신기(神器) 등과 유사성이 눈에 띄며, 한국에는 "단군신화가 일본 신화의 원형이다"라고까지 말하는 학자가 있다.

『삼국유사』와 거의 같은 시기에 성립한 이승휴(李承休)의 『제왕운기』(帝王韻紀, 1287)라는 책에서는 단군이 구체적으로 시라(尸羅, 신라) · 고례(高禮, 고구려) · 남북옥저(沃沮) · 동북부여(扶餘) · 예(穢) · 맥(貊)을 1,038년간 통치했다고 한다. 고려 시대에 확립된 단군 전설은 거란과 원의 침략에 의해 민족 존망의 위기에 처해 있던 고려인이 조선반도로부터 중국 동북부 전체 민족들의 시조이자 통치자인 존재를 창조한 것이라고 생각할 수 있을 것이다.

이 신화는 현대의 한국인에게 절대적이라고도 할 수 있는 힘을 발휘하고 있다. 가장 중요한 것은 다음과 같은 세 가지 점이다.

홍익인간—단군신화의 요소 ①

우선은 김사엽이 '인간을 널리 이롭게 할 만하다'고 번역한 부분의 원문인 '홍익인간'(弘益人間)이다. 이 말이야말로 현대 한국인에게 '우리는 민족의 시조 시대부터 도덕적이었다고 하는 증좌다'라는 강고한 인식의 원천이 되어 있다.

'홍익인간'이라는 말은 한국의 학교나 미디어 등에서 실로 빈번하게 사용된다. 여기서 '인간'은 'human beings'라는 의미가 아니라 중국 고전에서 사용되는 '인간(人間, 인간 세상)'이라는 의미이지만(예를 들면 『장자』의 「인간세人間世 편」), 조선어에서는 어느 쪽이든 의미할 수 있기 때문에 현대 한국에서는 이 '인간'을 '근대적 인간'이라는 의미로 해석하는 경우가 많다. '홍익인간'은 "인간(사회)을 널리 이롭게 한다"는 대단히 리버럴한 정치 행위의 응축적인 표현으로 해석되며, 이것은 "우리 민족은 그 시조 시대부터 리버럴한 도덕 정치를 이상으로 하는 동시에 실천했다"고 하는 공통 인식이 되어 있다.

일본에서 굳이 비슷한 정치적 인식의 고층을 찾는다면, 『고사기』(古事記)에 기록된 닌토쿠(仁德) 천황의 사적일 것이다. 그러나 『고사기』의 경우에는 원초적인 신들의 적나라한 비도덕적 행위를 전반부에서 자세히 기술한 후에 닌토쿠 천황에 의한 도덕적 통치에 대한 서술이 있는 데 반해, 단군신화에서는 처음부터 통치자가 도덕적이다.

김사엽이 "다스려 교화하였다"고 번역한 부분의 원문 '이화'(理化)도 중요하다. 이 '이'는 '다스리다', '통치하다'라는 보통의(특별히 주자학적이지 않은) 의미이지만, 한국에서는 주자학의 '이'를 고려하여 "고조선에서는 유교가 유입되기 이전부터 도덕 원리(이)에 의해 백성을 다스리는 것이 이루어지고 있었다"는 이미지 형성의 논거가 되고 있다.

단군신화는 그것이 기록된 시대가 일본의 『고사기』와 비교하면 새롭고, 나아가 유교적인 논리가 침투한 후였다는 점 때문에도 통치자에 의한 이상적 통치를 '홍익인간'이라는 키워드로 명확하게 말할 수 있었다. '도덕적이다'라는 한 가지 점이야말로 이 신화가 지닌 가장 큰 중요성이며, 또한 이 신화가 현대의 한국인에게 주고 있는 정체성 의식의 중심에 이 도덕성이라는 명제가 있는 것이다. 한국의 중학교에서 사용하는 국정 국사 교과서(2012년 판)에는 다음과 같은 기술이 있다. "단군에 의한 고조선 건국은 우리나라의 역사가 대단히 오래되었다는 것을 말하고 있다. 또한 단군의 건국이라는 역사적 사실과 홍익인간이라는 건국 이념은 우리 민족이 어려움에 부딪칠 때마다 긍지의 마음을 불러일으키는 원동력이 되었다."

단군이라는 **역사적 사실**을 믿는 현대 한국인의 문제점으로서 내가 첫 번째로 들고 싶은 것은 바로 이 점이다. 그것은 민족 전체가 그 기원부터 현재에 이르기까지 '도덕성'을 본질화한 형태로밖에 인식될 수 없게 되어버렸다는 점이다.

이 점은 신화가 국민 통합에 이용된다는 의미에서 대단히 중요한 의미를 지닌다. 일본의 경우에는 전전에 『고사기』에서 묘사된 일화나 노래가 국민 통합과 동원에 이용되었다. 닌토쿠 천황에 관한 유교적인 기록 이외에는 '신화적'인 것들이었다. 한국에서도 국민 통합을 위해 단군신화가 이용되지만, 그 내용은 반신화적이고 유교적이다. 그뿐만이 아니다. 해석에 따라서는 현대 사회에 통용되는 리버럴하고 민주주의적인 사상으로도 될 수 있다.

곰 — 단군신화의 요소 ②

다음으로 중요한 것은 곰과 호랑이가 사람이 되고 싶다고 빌고 쑥과 마늘을 먹으면서 삼갔지만, 곰만이 인간이 될 수 있었고 환웅과 결혼하여 단군왕검을 낳았다고 하는 기술이다.

이에 관해 한국에서는 다양한 학설이 주창되고 있다.

호랑이와 곰이 서로 힘썼지만, 결국 호랑이는 인간이 될 수 없었고 곰만이 될 수 있었다는 것은 조선민족의 인내성 강하고 견인불발한 성격을 표현한다는 생각이 그 하나다.

또한 이 설화가 동북아시아에서의 곰 토템 부족과 호랑이 토템 부족의 항쟁 역사를 기술하고 있으며, 조선민족은 곰 토템의 자손이라는 해석도 있다.

이 신화는 본래 동북아시아에서 일반적인 토테미즘의 한 표현으로서 분류하는 것이 가능하다. 예를 들어 웅녀 동굴의 옛날이야기는 일본, 아

이누, 한(漢) 민족에게도 존재한다. 하지만 한국에서는 그와 같이 상대화한 비교의 관점을 좋아하지 않는다. 오히려 곰을 신으로 보는 조선민족의 세계관이 일본에도 전해졌기 때문에, 일본어에서도 곰을 '구마'(くま), 신을 '가미'(かみ)라는 유사한 음으로 표현하고 있다(아이누의 신=가무이〔カムイ〕도 동일한 어원)는 '조선 기원설' 쪽이 설득력이 강하다.

또한 종교학자 유동식(柳東植, 1922~)*은 이 신화에서 '자기 부정적인 동시에 매개적인 결합'을 보고 다음과 같이 말한다. "곰은 여인으로 변하고 하늘의 신은 사람의 몸으로 변하는 것에 의해 신과 사람이 결합되었다. 하늘과 땅이 인간에게서 하나로 맺어진다. 여기서 조선민족의 인간 이해와 휴머니즘을 볼 수 있을 것이다"(柳東植, 『韓國のキリスト教』, p. 4). 신화에서 '휴머니즘'을 발견한다는 것도 한국적인 심성이 지닌 하나의 강한 경향이라고 할 수 있다.

수직성과 남성 중심성—단군신화의 요소 ③

단군신화의 서술 기조는 그 수직성과 남성 중심성에 놓여 있다. 신은 환인 → 환웅 → 단군으로 이어지는 완전한 수직성에 의해 연결되어 있다. 그리고 여성은 곰이라는 동물의 모습 이외로는 등장하지 않는다. 이것도 '홍익인간'과 마찬가지로 이 신화가 기록된 시대의 가치관에 강하게 영향받았을 가능성이 있다. 요컨대 유교적 가치가 정착된 후에 기록된 이야기라는 의미다.

단군신화의 이러한 수직성은 예를 들어 일본의 신화와 비교하면 두드러진다. 『고사기』에 따르면 하늘과 땅이 열려 다카아마노하라(高天原)에서 비로소 이루어진 신은 아메노미나카누시노카미(天之御中主神), 다카미무스히노카미(高御産巣日神), 가미무스히노카미(神産巣日神)라는 세 기둥이었다. 여기서는 처음부터 한 개체가 지니는 정통성이 전적으로 다음의 한 개체에게 수직적으로 이전된다는 '통'(統) 사상이 없다. 처음부터

3자가 나란히 서 있다. 확실히 단군신화에서도 '천부인 세 개'와 '삼위태백'과 '풍백·우사·운사'의 세 신 등 '셋'이라는 숫자가 눈에 띄지만, 그 정통성의 시원은 어디까지나 '하나'다. 또한 『고사기』에는 이자나미노미코토(伊邪那美命)나 아마테라스 오미카미(天照大神) 등의 여신이 서두에 등장하여 대단히 중요한 역할을 담당하지만, 단군신화에는 그와 같은 여성 신은 등장하지 않는다.

단군신화의 이러한 수직성과 남성 중심성은 현대에 이르기까지 조선 민족의 정신성을 형성하는 데서 얼마간의 영향을 끼치고 있다고 생각할 수도 있을 것이다.

천부(天符)—신화로부터 위서(僞書)로

또한 단군신화에 나오는 '천부인'(天符印)과 연관하여 『천부경』(天符經)이라는 문서가 존재한다. 우주의 섭리를 '하나'와 '셋'이라는 숫자를 중심으로 설명한 81글자의 짧은 문서인데, 이것이야말로 이 민족의 가장 중요한 철학적 문서라는 신앙이 19세기부터 20세기에 걸쳐 일어났다. 덧붙이자면 『천부경』 전문은 다음과 같다.

一始無始一(일시무시일, 하나가 비롯됨은 무에서 비롯된 하나이며), 析三極無盡本(석삼극무진본, 셋으로 나뉜다 할지라도 그 근본은 다함이 없으니), 天一一(천일일, 하늘의 하나는 하나요), 地一二(지일이, 땅의 하나는 둘이요), 人一三(인일삼, 사람의 하나는 셋이니라), 一積十鉅(일적십거, 하나부터 쌓고 열을 크게 펼치면), 無匱化三(무궤화삼, 무를 둘러싼 셋의 조화가 나오느니), 天二三(천이삼, 하늘도 둘과 셋의 조화요), 地二三(지이삼, 땅도 둘과 셋의 조화요), 人二三(인이삼, 사람도 둘과 셋의 조화로서), 大三合六(대삼합육, 큰 셋〔천지인〕이 합치면 여섯이 되고), 生七八九(생칠팔구, 일곱, 여덟, 아홉〔만물〕이 나오며), 運三四(운삼사, 셋〔천지인〕을 운영하여 넷이 완성되면), 成環五七(성환오칠, 다섯으로 고리를 이루어 일곱과), 一妙衍萬往萬來(일묘연만왕만래, 모두 하나가 되는 묘한 흐름을 보이니 수만 번을 오고 가며), 用變不動本(용변부동본, 쓰임이 변한다 할지라도 그 근본은 움직이지 않느니라), 本心本太陽(본심본태양, 근본 마음은 근본 태양을), 昂明(앙명, 우러러 향한 밝음이고), 人中天地一(인중천지일, 사람의 중앙에는 하늘과 땅의 이치가 있어 크게 하나이며), 一終無終一(일종무종일, 하나의 끝남은 무로 끝나는 하나이니라).

이것을 포함하여 고조선의 **역사적 사실**을 민족지상주의적으로 기록한 것이 『환단고기』(桓檀古記)라는 책이다. 『환단고기』는 그 기술 속에 근대의 어휘나 사실을 포함하기 때문에 19세기 말부터 20세기 초에 쓰인 위서임이 틀림없다. 그러나 위서라고 해서 가치가 없는 것은 아니다. 『환단고기』라는 책에는 조선 왕조라는 중국의 '속국' 처지를 벗어나 유라시아적인 시야에서 자민족을 조망할 수 있게 된 조선 지식인이 일본의 신화나 국수주의 등으로부터 강한 영향을 받기도 하는 가운데 자민족의 시원(상고사)을 어떻게 거슬러 올라갈 것인가 하는 근대적인 바람이 담겨 있다.

단군신화의 성격

본래 동아시아의 신화에서 일본의 『고사기』에 묘사된 것과 같은 신들에 관한 생생하고 상세한 기록은 중국이나 조선에는 없다. 중국에는 반고(盤古)신화가 있고 조선에는 단군신화가 있지만, 어느 것이든 그 내러티브(이야기)는 요설이 아니다.

이것은 무엇을 의미하는 것일까?

'신화'를 "하나의 인민(사회의 전 구성원), 하나의 문명, 하나의 종교에 고유한 (좁은 의미의) 이런저런 신화, 이런저런 전설을 포괄하는 전체"(『그랑 로베르 사전』*Dictionnaire Le Grand Robert*)라고 정의한다면, 중국이나 조선의 경우에는 다수이자 다양한 민족의 유동성이 대단히 높았기 때문에,

'하나의 인민', '하나의 문명', '하나의 종교'라는 의식이 형성되었을 때에는 이미 신화를 넘어서는 '철학'과 '사상'이 발생 내지 침투했을 수 있다. 중국은 분명히 그렇다. 주나라, 은나라 시대 내지 그 이전의 신화가 진나라 및 한나라 시대에 '하나의 인민'의 것으로서 수렴되기 이전에 유가와 도가 등의 '철학', 즉 반신화적 세계관이 강력하게 등장했다. 조선의 경우 단군신화가 기록된 고려 시대 이전의 신화는 고려라는 '하나의 국가'가 성립하기 이전에 불교나 유학이라는 반신화적 세계관의 도입과 침투에 의해 내몰리고 만 것은 아닐까?

일본의 『고사기』에 그려진 신화도 도교·불교·유교 등의 반신화적·합리적 세계관의 침투를 강하게 겪고 있기는 하다. 하지만 그 세계관들이 도입되고 나서 아직 시간이 오래 지나지 않았기 때문에, 요컨대 반신화적 세계관의 도입과 침투로부터 100년 내지 200년 정도밖에 지나지 않은 시점에 기록된 것이 『고사기』였기 때문에, 일본에서는 가까스로 신화적 세계관이 보존되었을 것이다.

2. 그 밖의 신화 및 전설

시조 전설과 난생

고구려·백제·신라·가야의 시조 전설은 모두 난생(卵生)신화로 이루어져 있다.

고구려의 건국자는 주몽(朱蒙)인데, 그는 알에서 태어났다. 그 전설은 다음과 같다. 언젠가 동부여의 금와(金蛙)왕이 태백산 가까이에서 유화(柳花)라는 여인을 만났다. 유화는 하백(河伯)의 딸이었지만, 부모에게 버려졌다. 금와왕은 그 여인을 동부여로 데리고 돌아왔고, 여인은 알을 하나 낳았다. 왕은 그 알을 버렸는데, 개와 소와 말이 그 알을 피했다. 쪼개려고 했지만 쪼개지지 않았다. 거기에 새들이 나타나 날개로 알을 품었다. 왕은 알을 유화에게 돌려주었고, 유화는 그 알을 품었다. 그러자 사내아이가 태어났다. 이 아이가 후에 고구려를 세우게 된 주몽이다.

백제는 주몽의 아들인 온조(溫祚)가 고구려의 남쪽에 세운 것이 그 시작이라고 하기 때문에, 백제의 원류도 역시 난생신화와 관련이 있다.

신라의 건국자인 박혁거세(朴赫居世)도 역시 진한(辰韓)의 나정(蘿井) 옆에 있던 알에서 태어났다고 한다.

가야의 건국자는 하나의 알에서 태어난 여섯 남자라고 한다. 조선반도 최남단에 있는 구지봉(龜旨峰)에 내려온 하나의 줄 끝에 매달린 보자기 속에 황금 알이 여섯 개 들어 있었고, 그 알에서 여섯 아이가 나왔다. 이 여섯 사람이 분담하여 여섯 나라를 다스렸다. 그것을 총칭하여 가락국(駕洛國)이라고 했다. 그중에서도 김수로(金首露)왕의 금관가야가 전체를 총괄했다.

병합 식민지 시대의 석학 최남선(崔南善, 1890~1957)*은 이 난생 전설 및 그것과 연관하여 등장하는 금색 개구리와 황금궤, 칠보궤 등이 모두 태양을 표상한다고 말한다. 요컨대 난생이란 태양 숭배의 표현 형식이라는 것이다.

김사엽에 따르면, 동부여 금와왕의 금와(金蛙)는 '황금 개구리'라는 의미가 아니라 고구려어의 소리를 베낀 것으로 '금=kom'+'와=a'='koma'(고마)이다. 요컨대 '금와왕'이란 '고마의 왕'이라는 의미다. 일본에서 '고려'(고구려와 혼용된다)를 '고마'(こま)라고 읽는 것은 고구려어라고 하는 것이다.

동물 혼인

조선에는 난생뿐만 아니라 동물과 인간 사이에 태어난 아이의 전설도 많다.

최치원(崔致遠, 858~?)은 신라의 국제적인 대지식인으로, 한 전설에 따르면 그는 금빛 나는 돼지와 지방 현령의 아내 사이에서 태어난 아이였다. 현령이 부하에게 그 아이를 냇가에 떠내려 보내도록 명령했지만, 부하는 가엾게 여겨 길 끝에 버렸다. 한 노파가 그 아이를 주워 길렀는데, 대문호 최치원이 되었다고 한다. 이 설화에 따르면 명문 경주 최씨의 시조는 황금 돼지가 된다.

어(魚)라는 성을 지니는 집안의 시조 전설은 다음과 같다. 어느 날 냇가에서 빨래를 하고 있던 한 여인 곁에 잉어가 나타나 꼬리로 여인의 허리를 두드렸다. 그러자 여인은 임신하고 아이를 낳았다. 그 아이의 성을 어라고 했다.

또한 평강 채(蔡)씨의 시조는 평강(平康)에 있는 연못의 큰 거북이와 마을 부호의 딸 사이에서 태어난 아이였다. 이 아이는 채원광(蔡元光)이라는 인물로 문무에 뛰어나 조정의 대신까지 지냈다.

그밖에 큰 뱀과 숫처녀가 정을 나누는 것 등, 조선에는 동물과 여성의 통혼 전설이 대단히 많다.

3. '고층' 또는 '기층'의 문제

'고층'은 있는가

조선의 역사와 사상에 관해 그것이 정리된 형태로서는 고려 시대 후기의 문헌으로까지밖에 거슬러 올라가지 않는다는 사실을 감안할 때, 조선사상의 '고층'(古層)을 가볍게 논의할 수 있는 것인가라는 문제가 생긴다. 요컨대 앞에서도 말했듯이 시원의 서술 자체에 이미 유교적·불교적인 사상의 영향이 짙게 반영되어 있기 때문에 이것 자체를 '아르케'라고 할 수는 없는 것이다.

한 가지 예를 들면, 일본에서는 불교를 수용한 후의 사상적 갈등이 비교적 복원하기 쉬운 형태로 남아 있다. 예를 들어 8세기 초에는 진구지(神宮寺, 일본 고유의 신과 외래 종교인 불교의 절충·융합·조화라는 사상을 근거로 하여 신사에 부속되어 설치된 사원을 말함—옮긴이)라는 형식으로 불교와 신도(神道)를 절충·조화시킨 시스템을 만들어냈다. 그것과 유사한 움직임이 확실히 조선반도에도 있었다. 요컨대 토착적 샤머니즘과 불교가 공적인 영역에서 합체되는 일이 있었던 것이다. 그러나 그에 관한 문헌과 실물이 적기 때문에 좀처럼 그 실태가 명확히 되지 않는다. 이것은 조선사상사에서의 '순수성' 문제와 관계될 뿐만 아니라 일본사상사의 '특수성'의 옳고 그름에 관한 중요한 문제이기도 하다. 하지만 유감스럽게도 우리는 이 문제에 대해 정확한 지식을 얻을 수 없다.

조선의 '아르케'로서 가장 매력적인 것은 샤머니즘에서의 '고층'이다. '셋'이라는 숫자를 중시하고 우주수(宇宙樹)를 중심으로 한 정연한 코스모스를 표현하는 샤머니즘이야말로 조선민족의 사상과 영성의 원천이라는 생각이다.

'고층'의 언설—'풍류'를 둘러싸고

조선사상의 '고층'을 말하는 데서 대표적인 언설의 하나로서 유동식에 의한 것을 들 수 있다. 그는 "문화사는 민족적 비전의 실현 과정이다", "조선 문화사는 이것을 정치적 흥망과 종교와 철학의 전개를 주축으로 하여 이해하기보다는 예술적 미의 추구를 주축으로 삼음으로써 좀 더 잘 파악된다"라는 생각 아래 '풍류도'(風流道)야말로 "조선의 문화사 전체를 근거 지어온 민족적 영성"이라고 생각한다. 그리고 풍류도의 내용은 '한', '멋', '삶'의 셋이며, 이것이 합해지면 '초연한 멋진 삶'이 실현된다고 한다. 신라의 최치원이 "우리나라에는 현묘한 도가 있다. 이것을 풍류라고 한다. …… 이것은 실로 3교(유·불·도)를 포함하는 것이고, 민중과 접해서는 그들을 교화한다"라고 말했지만, 유동식은 이 '현묘한 도'를 '영성'으로 해석한다.

더 나아가 '풍류'라는 말은 '한적 영성'(韓的靈性)이라는 '민족 고유의 영성'인데, 이것은 조선어 '불'을 한자로 표기한 것이라고 한다. '불'은 불·광명 등을 의미하고, 우랄·알타이어의 '불칸'과 마찬가지로 광명한 하늘의 신 신앙에서 유래하는 것이라고 한다. 단군의 아들을 '부루'(夫婁)라고 하고 태양신으로서 신라의 시조인 혁거세를 불구내(弗矩內, 불코안)라고 부른 것도 '불=풍류' 신앙과 관계된 것이라고 한다. 이 '불' 사상에 관해서는 병합 식민지 시대의 석학 최남선의 '불함(不咸) 문화론'(1928)이 그 효시로서 대단히 유명하다.

모두 다 조선 고유어인 '한'(하나, 큼), '멋', '삶'이라는 말을 유동식은 종교학적으로 해석하여 다음과 같이 말한다. '한'은 초월적·종교적이고 전체성을 의미한다. '멋'은 미적·예능적이고 '생동감과 율동성에 관계되는 흥' 및 '초월적 자유', '의기(意氣) 상통하는 조화성'을 가리킨다. '삶'은 현실적·생산적이고 생물적인 생명과 사회적인 생활 양자를 포함한다. 그리고 '각 종교에서는 그 본질로 인해 하나의 성격이 좀 더 지배적으로 나타난다'고 하여 다음과 같이 말한다.

> 불교는 연기법(緣起法)을 중심으로 한 초월적인 '한'이 강하게 지배하고, 유교는 현실 치리적인 '삶'에 그 강조점이 놓여 있다. 이에 반해 그리스도교는 영적 초월과 역사적 현실의 조화를 강조하고 있다고, 요컨대 '멋'의 이념이 지배적이라고 이해된다. 그리하여 세 개의 종교가 교체되고 순환 나선을 그리며 전개되어온 (조선의 — 오구라 주) 종교문화사 전체는 하나의 풍류도적인 구조를 지닌 것으로 볼 수 있다. 즉, 한적 영성의 자기 전개의 역사이자 조선인이 꿈꾼 '사람다운 삶'의 형성 과정이었다고 말할 수 있을 것이다.

유동식의 '한적 영성'론은 최남선의 '불·한'론의 영향을 강하게 받아 한국인의 영성의 기원을 고층으로까지 거슬러 올라가 말하는 전형적인 사유라고 할 수 있다(이상은 柳東植, 앞의 책, pp. 1~20에 따른다).

다만 이러한 사고들은 언어학적인 실증에 기초하여 이루어지고 있는 것이 아니라 어디까지나 사상적·종교적이거나 영성적인 '해석'이라는 점에 주의할 필요가 있다. 예를 들어 '멋'이라는 고유 조선어는 고대부터 존재한 것은 아닌데, 언어학적으로 말하면 '멋'은 '맛'(味)이라는 고유어의 모음 변형에 따라 중세기에 발생한 말인 것이다.

'북'(北)의 우위

북조선에서도 한국에서도 이 민족이 스스로의 '고층'을 생각하는 경우에 그 의식은 거의 90퍼센트 이상이 '북방'(北方)을 향한다. 과학적으로 말하면 이 민족의 뿌리가 순수하게 북방(유라시아 대륙 북부)을 기원으로 하는 게 아닌 것은 물론이고, 상당히 많은 남방계의 DNA 및 문화가 들어와 있다. 그러나 이 민족이 자신들의 '고층' 내지 원류를 거의 북방 일변도로 생각하는 것에 대해서는 몇 가지 이유가 생각될 수 있다.

하나는 전통적으로 '북방 쪽이 높은 문명·문화의 땅'이라는 뿌리 깊은 생각이 있기 때문이다. 이 경우에 북방은 주로 중국을 가리킨다. 근대 지도에서의 위치 관계와는 달리 전통적으로 조선은 중국을 자기 나라보다 북방에 위치한다고 인식하고 있었다. 이것은 원·명·청의 수도가 고려와 조선의 수도에서 보아 약간 북쪽에 위치해 있었던 것과 깊이 관련된 인식일 것이다. 역으로 조선은 일본을 자신들의 남쪽에 위치한다고 인식하고 있었다. 이것은 고려와 조선의 수도로부터 일본으로 건너갈 때에 반도 최남단에 있는 부산을 경유한 것과 깊이 관련된 인식일 것이다. 어찌 됐든 "북에 문명·문화가 있고, 남에는 문명·문화가 없다"는 전통적인 방향 감각이 "우리는 북방 문명·문화에 속한다"는 인식을 낳게 된 것으로 보인다.

또 하나는 고려 시대 및 근대 이후에는 유라시아 대륙 북부와의 강한 관련성을 자기 인식한 점이 크다. 고려는 고구려를 계승했다고 인식하고 있으며, 고구려야말로 북방의 대표적인 강국의 표상이었다. 근대 이후에는 단군신화나 위서인 『환단고기』(뒤에서 논의)의 영향도 있어 자민족의 원류를 바이칼 호수의 좀 더 서쪽으로까지 뻗어나가 우랄·알타이 산맥까지 거슬러 올라가 찾는 생각이 커다란 영향을 주었다.

이와 같은 이유로 인해 조선·한국에서는 '남'(南)의 문명·문화에 대한 자기 동일적인 감성이 예민하지 않다.

근대에서 '고층'의 발견·창조

앞에서 말했듯이 단군신화는 근대에 들어서서 민족주의적으로 재해석되고, 그에 기초하는 신흥종교가 생겨난다. 1909년에 나철(羅喆)에 의해 시작된 대종교가 대표적이다. 대종(大倧)은 환인, 환웅, 단군왕검을 가리킨다. 일본에 의한 병합이라는 민족적 위기를 맞이하여 일본보다 훨씬 긴 도덕적인 역사를 지니는 조선의 긍지를 단군에게로 수렴시켜 인식하는 종교였다(20세기 초에 일본의 진무 천황〔神武天皇〕 즉위에 따른 기원은 2,600년이 채 안 됐던 데 반해 조선의 단군 기원은 4,200년 이상이었다).

또한 계연수(桂延壽, 1864~1920, 호는 운초〔雲樵〕)가 편저한 『환단고기』라는 책을 토대로 하여 유라시아 대륙의 역사를 다시 쓰고자 하는 운동도 존재한다. 『환단고기』는 20세기에 쓰인 '위서'이지만, 이것을 '진실의 책'이라고 주장하는 운동이다. 그에 따르면 약 7,000년 전 유라시아 대륙 북부에 '환국'(桓國)이라는 거대한 문명국가가 있었다. 『삼국유사』의 단군조에 '昔有桓因'(석유환인, 옛날에 환인이 있었다)이라는 기술이 있다는 것은 일본의 병합 식민지 시대 역사가 이마니시 류(今西龍)*에 의한 날조이며, 원래의 간본에는 '昔有桓國'(석유환국, 옛날에 환국이 있었다)

라고 되어 있었다고 한다. 이 '환국'의 대문명이 기원·중심이 되어 그 후 각지에 문명이 전파됨으로써 수메르 문명, 황허 문명, 인더스 문명, 이집트 문명, 유럽 고(古)문명 등이 되었다는 것이다. '환국'에서 꽃피운 인류의 원형 문화를 '신교'(神敎)라고 부른다. 그 근본 원리는 '셋'과 '하나'의 합일이다. 그 철학을 적은 문헌이 『천부경』이다.

이와 같은 '환국'의 위대한 역사는 조선 시대까지는 전해지고 있었지만, 일본에 의한 병합 식민지 시대에 조선의 "상고사는 완전히 말살되어 버리고, 오늘날의 한국인의 역사의식은 여전히 식민주의 노예 사관의 틀로부터 완전히 벗어나지 못하고 있다"는 것이다(안경전 역주, 『환단고기』 387쪽).

제3장

고구려 · 백제 · 신라

1. 삼국 시대 이전—고조선 · 한사군 · 삼한

기자 조선

'조선'(朝鮮)이라는 고유명사는 중국 한(漢)대의 『관자』(管子)에 처음으로 나타난다. 조선은 춘추 시대 중국의 나라들과 교역하고 있었다고 한다. 그 영토는 요동반도로부터 조선반도 북서부에 걸쳐 있었던 듯하다.

이 '조선'과의 관계는 분명하지 않지만, 앞 장에서 말한 단군의 조선과 아래에서 말하는 기자 조선 및 위씨 조선(위만 조선)의 셋을 합하여 고조선이라고 부른다.

중국의 『사기』(史記) 등에 따르면, 은(殷)나라의 귀족이었던 기자(箕子)는 주왕(紂王)에게 간언하여 받아들여지지 않자 조선반도로 망명하여 평양을 도읍으로 삼았다. 이것을 기자 조선이라고 한다. 마지막 왕인 준왕(準王)이 기원전 2세기 초에 위만(衛滿)에 의해 추방되어 기자 조선은 멸망했다.

기자는 백성을 예의(禮義)로써 통치했다고 한다. 그 증좌가 '범금팔조'(犯禁八條)다. 8조 가운데 내용이 알려져 있는 것은 다음과 같다. ① 사람을 죽인 자는 사형에 처한다. ② 남에게 상해를 입힌 자는 곡물로써 배상한다. ③ 남의 물건을 훔친 자는 남자는 그 집의 종이 되고, 여자는 그 집의 계집종이 되는 것으로 갚는다. 그 풍속은 미풍양속으로 유교적 통치가 이루어졌다고 한다. 다만 이것은 유교적 이념에 의해 구축된 인식으로 실제의 역사적 사실이라고는 말할 수 없다.

기자 조선의 중요성은 특히 나중의 조선 왕조 시대에 사대부(士大夫)들이 이것을 추모하고 자부했기 때문이다. 조선 사대부는 유교적 역사 인식에 입각하여 은의 나쁜 왕인 주왕에게 간언한 기자를 높이 평가하고, 그가 조선으로 건너와 유교적 이상 국가를 만들었다고 생각했다. 이것은 허구이기는 하지만, 유교적 역사관에서는 대단히 존숭해야 할 '역사적 사실'이었던 것이다.

다만 한국의 민족주의적인 역사의식을 지닌 자들은 조선 사대부들의 기자 조선에 대한 평가를 사대주의(事大主義)라고 비판한다. 중국인에 의한 조선 지배를 존숭하는 모화(慕華)주의라고 하는 비판이다.

그야 어쨌든 기자 조선의 존재는 허구일 가능성이 높으며, 그 대신 이 시기(한나라에 의한 중국 통일 전)에 이미 왕권을 지니는 정치 세력이 조선 반도에 존재했다고 생각된다.

덧붙이자면, 20세기의 병합 식민지 시기까지 평양에는 기자묘가 있었다(사진이 그림엽서로서 현존해 있다). 평양의 별명은 기성(箕城)이었다. 이 기자묘는 해방 후에 북조선 정권에 의해 파괴된다. 사대주의라는 이유 때문일 것이다.

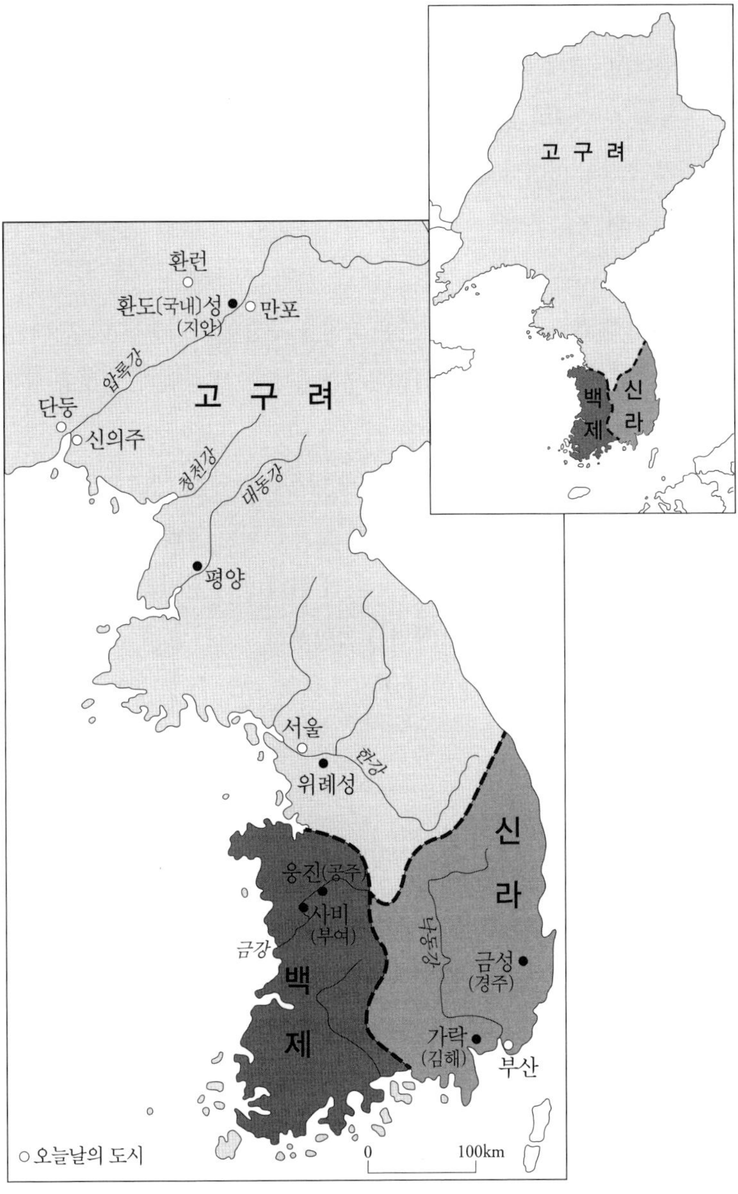

삼국 시대의 조선반도(시기에 따라 각 나라의 판도가 다르다)

위씨 조선(위만 조선)

진(秦)나라 뒤에 한(漢)나라가 중국을 통일하자 연왕(燕王) 노관(盧綰)은 흉노로 도망했다. 왕의 부하였던 위만은 연으로부터 고조선으로 건너와 기자 조선의 마지막 왕인 준왕의 부하가 된다. 준왕에 의해 위만은 고조선 서부의 통치를 맡는다. 그러자 위만의 정치가 좋았기 때문에 중국으로부터도 수많은 이주자가 도래하고, 본래 주민들과 융화도 잘 이루어졌다. 강력한 권력을 장악한 위만은 준왕을 추방하고 기원전 194년에 정권을 장악하며, 왕검성(오늘날의 평양 부근)을 수도로 삼았다. 이것을 위씨 조선 또는 위만 조선이라고 한다.

위씨 조선은 철제 무기를 솜씨 좋게 이용하여 주변 지역을 지배하고 영토를 확대했다. 그로 인해 이 시기에 철기 문화가 꽃피웠다.

그러나 위만의 손자 위우거(衛右渠)가 한나라 무제(武帝)와의 싸움에 패하여 위씨 조선은 기원전 108년에 멸망했다.

위씨 조선의 사상에 대해 알려져 있는 것은 적다.

한사군

고조선(위씨 조선)과의 전쟁(기원전 108년)에서 승리한 무제는 조선반도 북부에 군현(한사군〔漢四郡〕)을 설치했다. 낙랑(樂浪)군 · 임둔(臨屯)군 · 진번(眞番)군 · 현도(玄菟)군이다.

이 가운데 낙랑군이 가장 영토가 컸고, 한나라와 조선반도의 무역으로 약 4세기 동안 번영했다. 낙랑군의 중심지는 대략 현재의 평양이었다. 지역은 조선반도 북서부를 차지하고 있었다.

임둔군 · 진번군은 기원전 82년에 폐지되고, 현도군도 축소되어 일부는 낙랑군으로 편입되었다.

204년에는 요동의 호족 공손도(公孫度)가 낙랑군을 둘로 나누어 그 남부를 대방(帶方)군으로 삼았다. 왜(倭)의 히미코(卑彌呼)가 중국에 보낸

사자가 대방군을 경유했다. 3세기 전반에 위(魏)나라가 낙랑군과 대방군을 지배하에 두었고, 나아가 진(晉)나라가 두 군을 지배하에 두었다. 그 후 낙랑군은 313년에 고구려에게 멸망당했으며, 대방군도 같은 무렵 반도 남부의 한(韓)·예(濊)족들에 의해 병탄되었다.

낙랑군을 필두로 하는 4군을 중국의 반도 지배의 거점으로 볼 것인가 그렇지 않으면 조선 측에 의한 독자적인 통치 기구의 성격을 지니고 있었다고 볼 것인가에 대해서는 견해가 나뉜다. 낙랑군 시대의 건물·도로·도랑·고분 등에서 많은 유물이 출토되고 있다. 그러한 출토품들로부터 이 땅의 문화가 한나라를 중심으로 하는 중국 문화의 영향 하에 있었다고 하는 사실을 엿볼 수 있다.

아마도 낙랑군 시대의 것으로서(시대는 확실하지 않다), 조선의 대동강에서의 슬픈 이야기가 중국·한대의 민요에 전해오고 있다. 어느 날 대동강 나루터의 뱃사공인 곽리자고(霍里子高)가 배를 저어 가는데, 술병을 들고 머리를 풀어 헤친 한 미친 사람이 강을 건너고자 한다. 그의 아내가 말리려고 하지만, 결국 미친 사람은 물에 빠져 죽고 말았다. 슬픔에 빠진 아내는 그곳에서 공후(箜篌, 현악기)를 타면서 다음과 같이 노래했다.

> 公無渡河(공무도하), 그대, 물을 건너지 마오
>
> 公竟渡河(공경도하), 그대, 그예 물을 건너시네
>
> 墮河而死(타하이사), 물에 빠져 죽으시니
>
> 當奈公何(당내공하), 이제 그대 어이하리

어딘지 모르게 구슬픈 목소리로 이렇게 노래한 후, 아내는 지아비를 따라 물에 몸을 던져 죽었다. 이 이야기를 곽리자고가 그의 아내 여옥(麗玉)에게 말하자 그녀는 미친 사람의 아내 목소리를 본받아 곡을 만들었다. 이것이 민간에 「공후인」(箜篌引, 일명 공무도하가)으로 전해졌다. 당대(唐代)

의 천재 시인 이하(李賀)는 이 일화를 토대로 「공후인」이라는 시를 썼다.

삼한—마한 · 진한 · 변한

고조선 및 한사군은 조선반도 북부에 위치해 있었는데, 같은 시기에 반도 남부에는 마한(馬韓) · 진한(辰韓) · 변한(弁韓, 변진弁辰 또는 변진한이라고도 한다)이라는 세 나라가 있었다. 이것을 삼한(三韓)이라고 한다.

마한은 서쪽으로 50여 나라, 진한은 동쪽으로 12나라가 있고, 변한은 진한에 섞여 살고 있었다. 이들은 부족 연합적인 통치를 하고 있었던 듯하지만, 상세한 것은 알려져 있지 않다. 마한의 백제(伯濟)국이 중심이 되어 후에 백제(百濟)가 성립하며, 진한의 사로국(斯盧國)이 중심이 되어 후에 신라가 시작된다. 변한은 후에 가라(加羅)가 되는 지역으로 현재의 경상남도에 위치했다고 한다. 변한은 철의 산지였기 때문에 한(韓) · 예(濊) · 왜(倭)가 다투어 이 땅의 철을 얻었다고 한다.

『삼국지』(三國志) 「위지 한전」(魏志 韓傳)에 따르면, 마한의 종교는 샤머니즘이었던 듯하다. 5월 씨 뿌릴 때와 10월 수확 때에 천신(天神)을 모시는 춤을 추었다고 한다. 마한에는 소도(蘇塗)라는 제도가 있었다. 이것은 마한의 각 나라에 있는 '별읍'(別邑)으로, 큰 나무를 세우고 거기에 방울과 북을 매달아놓고 귀신을 섬겼다. 이 소도 안으로 도망해 들어가면 그 도망자를 안에서 밖으로 돌려보낼 수 없었다고 한다. 이 소도는 일종의 아질(Asyl, 신성시되는 불가침의 장소)이자 치외법권의 장이었던 듯하다. 또한 병합 식민지 시대의 민속학자 손진태(孫晉泰)*에 따르면 소도는 조선어의 '솟'〔sot〕(일어서다의 뜻)이며, 별읍의 입구에 세워진 종교적인 큰 나무를 말한다고 한다.

조선어로 '우뚝 솟다, (태양 등이) 솟아오르다, (액체가) 분출하다, 융기하다'를 의미하는 '솟'〔sot〕은 일본어의 'そそり立つ'(소소리타쓰, 우뚝 솟다)의 'そそる'(소소루, 높이 치솟다)와 연결되는 말로서 에너지가 넘쳐흘러 높이

똑바로 선다든지 높이 솟아오르는 것을 가리킨다. 아마도 일본 신화의 스사노오(須佐之男)나 스세리비메(須勢理毘売命)와도 통할 것이다('すすむ'〔스스무, 나아가다〕나 'すさぶ'〔스사부, 거칠어지다〕도 같은 계통의 말일 것이다). 이 점으로부터 추측하면, 소도란 생명력의 고양을 표상하는 큰 나무를 경계로 하여 귀신을 매개로 한 종교적인 동시에 정치적인 금기의 영역을 형성하고, 그 공간을 신성시되는 아질로 삼은 것일 터이다. 『고사기』에 기록된 스사노오에 의한 일본에서 가장 오래된 노래에 등장하는 야에가키(八重垣), 쓰마고미(妻籠み)라는 말에도 이 소도와 같은 종교적=정치적인 아질의 의미가 내포되어 있을지도 모른다('八雲立つ 出雲八重垣 妻籠みに 八重垣作る その八重垣を' '활발히 구름이 솟아 겹겹이 에워싸듯 아내와 함께하기 위해 여덟 겹의 울타리를 만든다, 그 여덟 겹의 울타리를').

이노우에 히데오(井上秀雄)*는 삼한에서는 중국적인 선악이나 형벌 개념이 아직 존재하지 않았다고 추정하고, 마한의 아질 역시 비중국적인 법의식의 나타남이라고 본다(『古代朝鮮』).

2. 고구려

고구려의 약사(略史)

현재의 한국과 북조선 모두 '고구려는 자민족(한민족, 조선민족)의 국가'라고 하고 있다. 북조선에서는 "고구려야말로 자주독립과 상무정신으로 가득 찬 긍지 높은 조선민족의 국가"라고 생각되고 있다. 하지만 고구려가 민족적으로 현재의 한민족, 조선민족과 어떠한 관계에 있었는지에 대해서는 아직 알려지지 않은 부분이 있다.

고구려라는 이름은 현도군의 주요한 현의 이름으로서 기원전 82년에 처음 나온다. 현도군에서 문화적으로 높은 수준을 자랑하는 큰 현이었다. 기원전 75년에 현도군을 요동 지역으로 추방한 맥(貊)족의 부족 연맹이 고구려 국가의 기원이다.

기원전 1세기에 주몽(朱蒙, 동명왕(東明王))이 나와 부족과 소국들을 통괄하고, 기원전 37년에 고구려를 세웠다(『삼국사기』). 49년에는 중국 산시성(山西省)까지 진출했다. 118년에는 예맥(濊貊), 마한 등을 통합하여 주변과 싸웠으며, 동방에서의 맹주가 되어 요동군·현도군·낙랑군 등의 중국 세력을 약화시켰다.

표 1. 고구려 왕조(년 수는 재위년)

1	동명왕(東明王)	기원전 37~기원전 19
2	유리명왕(瑠璃明王)	기원전 19~기원후 18
3	대무신왕(大武神王)	18~44
4	민중왕(閔中王)	44~48
5	모본왕(慕本王)	48~53
6	태조대왕(太祖大王)	53~46
7	차대왕(次大王)	146~65
8	신대왕(新大王)	165~79
9	고국천왕(故國川王)	179~97
10	산상왕(山上王)	197~227
11	동천왕(東川王)	227~48
12	중천왕(中川王)	248~70
13	서천왕(西川王)	270~92
14	봉상왕(烽上王)	292~300
15	미천왕(美川王)	300~31
16	고국원왕(故國原王)	331~71
17	소수림왕(小獸林王)	371~84
18	고국양왕(故國壤王)	384~91
19	광개토왕(廣開土王)	391~412
20	장수왕(長壽王)	413~91
21	문자명왕(文咨明王)	491~519
22	안장왕(安藏王)	519~31
23	안원왕(安原王)	531~45
24	양원왕(陽原王)	545~59
25	평원왕(平原王)	559~90
26	영양왕(嬰陽王)	590~618
27	영류왕(榮留王)	618~42
28	보장왕(寶藏王)	642~68

204년에 수도를 졸본(卒本)으로부터 지안(集安, 압록강 중류)으로 옮겼다. 4세기에는 중국과의 거듭되는 전투에 전념했고, 335년에 고구려 고국원왕은 전연(前燕)의 책봉을 받았다. 조선의 왕이 중국으로부터 책봉을 받은 최초의 사례가 된다. 371년에 백제군에게 평양성을 공격당해 고국원왕이 전사하자 다음 소수림왕은 문화 통치를 실시하고 불교와 유교를 적극적으로 도입했다. 그 후 광개토왕과 장수왕 시대에 고구려는 영토를 대거 확대했다. 427년에는 수도를 평양으로 옮겼다.

6세기 중엽에 남방의 신라가 세력 확대를 시작하자 국경 지대에서 고구려와의 싸움이 계속된다. 589년에 수(隋)나라가 중국을 통일했는데, 양제(煬帝)는 612년에 200만 대군으로 고구려를 공격했다. 이때 을지문덕(乙支文德)이 살수(薩水)의 전투에서 떨쳐 일어나 수를 격퇴하는 큰 공을 세웠다. 고구려 파병과 토목 공사 및 국내 반란에 의해 피폐해진 수나라가 618년에 멸망하자, 그 후의 당(唐)나라 역시 고구려를 몇 차례에 걸쳐 공격했다. 이때에 공을 세운 것이 연개소문(淵蓋蘇文, 천개소문〔泉蓋蘇文〕이라고도 한다)이다. 661년의 당과 신라 연합군에 의한 공격은 격퇴했지만, 668년에 다시 당과 신라 연합군에게 공격당한 고구려는 마침내 멸망한다. 그러나 멸망한 후에도 고구려 부흥운동은 그치지 않았다. 698년에 대조영(大祚榮)이 진국(震國, 후의 발해〔渤海〕)을 건국한 것도 고구려를 계승한다는 인식에 기초했다(표 1 참조).

고구려의 문화, 제천 의례

고구려는 동북아시아의 수렵 민족적인 문명을 토대로 하는 가운데 농경 문명도 받아들였고, 당시 최첨단의 불교·도교 사상을 꽃피웠다.

고구려를 건국한 것은 주몽인데, 주몽이란 '활의 달인'을 뜻한다고 한다. 이것은 고구려에서 활과 화살이라는 무기가 지니는 특별히 중요한 종교적 의미를 상징하고 있는 일화다. 고구려와 마찬가지로 용맹 과감한 전투 국가였던 신라에서 칼의 상징적 의미가 대단히 중요했던 것과 좋은 대비를 이룬다.

『삼국지』「위지 동이전」(魏志 東夷傳)에는 고구려에 천신(天神)을 제사 지내는 '동맹'(東盟)이라는 이름의 대회가 있었고, 10월에 행했다고 하는 기록이 있다. 고구려 이외에도 부여에서는 정월에 천신을 모시는 '영고'(迎鼓)라는 이름의 대회가 있었고, 며칠간 나라 안에서 노래하고 춤추며 마시고 먹었다고 한다. 또한 예(濊)에서는 10월에 천신을 모시는 '무천'(儛天, 舞天이라고도 한다)이라는 이름의 대회가 있었고, 낮과 밤을 통해 노래하고 춤추며 술을 마셨다고 한다. 이러한 제천(祭天) 의례들은 동북아시아 일대에 살았던 퉁구스계 민족의 유사한 풍속이었다고 생각할 수 있을 것이다.

고구려의 불교

중국으로부터 불교가 들어온 것은 고구려가 가장 이르다. 우선 372년(소수림왕 2년)에 전진(前秦)으로부터 순도(順道)에 의해 불상과 경문(經文)이 전해졌다. 나아가 374년(소수림왕 4년)에 위(魏)나라로부터 아도(阿道)에 의해 불교가 전해졌다. 375년에는 사원이 세워졌다. 순도가 머물던 성문사(省門寺, 초문사〔肖門寺〕라고도 한다)와, 아도가 머물던 이불란사(伊弗蘭寺)가 그것이다(『삼국사기』, 『삼국유사』, 『해동고승전』〔海東高僧傳〕). 이것이 조선에서 불교의 시작이었다. 하지만 그전에 동진(東晋)의 지둔도림(支遁道林, 314~66)이 고구려의 도인(道人, 불승을 가리킨다)에게 글을 보냈다고 하는 『양고승전』(梁高僧傳)과 『해동고승전』의 기록이 있다. 이에 따라 고구려에 불교가 전래된 때를 4세기 전반 내지 중엽(정확한 해는 분명하지 않다)으로 보는 설도 있다.

고구려 불교는 '국가 불교적'인 성격을 지니고 있었다고 한다. 고구려 불교의 철학적인 내용은 삼론종(三論宗) 계통이 중심이었다고 생각된다.

551년경에 혜량(惠亮)이 신라로 가 불교를 전하고, 또한 혜자(惠慈) 및 담징(曇徵)이 일본으로 건너가 커다란 영향을 주는 등, 고구려 불교는 국외로의 전파와 관련해서도 그 공이 컸다.

승랑(僧朗, 5세기, 문자명왕 대)은 고구려 출신의 가장 저명한 승려다. 고구려 요동성 출신이지만, 장수왕 대(413~91) 후기에 중국으로 가서 구마라습(鳩摩羅什) 및 승조(僧肇) 계통의 삼론(三論)사상을 배웠다. 또한 화엄(華嚴)도 배웠다. 제(齊)나라 말의 건무(建武) 연간(494~97)에는 강남으로 가 거기서 삼론사상을 더욱 연마했다. 양(梁)나라 무제(武帝) 시대에 섭산(攝山) 서하사(棲霞寺)로 가 거기서 승랑이 전개한 삼론사상은 무제의 신앙을 얻었다. 승랑 자신은 저작을 남기지 않았지만, 제자인 법랑(法郎) 계통에서 가상대사(嘉祥大師) 길장(吉藏)이 나와 삼론종을 집대성했다. 덧붙이자면, 길장 문하의 고구려 승려 혜관(惠灌)이 스이코(推古) 천황 대에 일본에 와서 간고지(元興寺)에서 공종(空宗)을 시작함으로써 일본 삼론종조가 되었다는 것에서도 고구려 불교의 성격을 이해할 수 있다. 승랑(고구려 → 중국) → 길장(중국) → 혜관(고구려 → 중국 → 일본)이라는 앎의 연관은 바로 동아시아적인 규모의 것이었다.

고구려의 유교·도교·풍수사상

소수림왕은 372년에 태학(太學, 대학〔大學〕)을 세우고 유학 교육을 시작했다. 유교적 이념에 기초하여 중앙 집권적인 통치를 수행하고자 하는 소수림왕의 의도는 율령(律令)의 제정과 더불어 고구려의 정치 체제를 강화하는 것으로 이어졌다고 평가된다. 372년이 고구려에 불교가 들어온 해라는 점에 주목한다면(다만 앞에서 말했듯이 고구려에 불교가 전래된 것이 조금 더 이전의 일이라고 하는 문헌적 근거가 있다), 고구려는 유교와 불교를 동시 병행적으로 받아들여 보급했다고 생각할 수 있다.

6세기가 되면, 고구려의 고분 벽화에는 사신도(四神圖)가 자주 그려지게 된다. 이 점을 가지고서 현대 한국의 풍수전문가 최창조(崔昌祚)*는 이 시기의 고구려에서는 이미 '풍수적 사고의 기본 관념'을 갖추고 있었다고 한다. 그러나 풍수사상이 정식으로 전래된 것은 통일 신라 시대라고 한다(최창조, 『한국의 풍수사상』, 47쪽). 덧붙이자면, 고구려의 고분 벽화는 일본에도 커다란 영향을 주었다.

고구려 말기의 영류왕(618~42)과 보장왕(642~68) 대에는 도교가 번성하게 되었다. 당나라의 고조(高祖)가 고구려에 도사(道士)를 파견하여 노자(老子)를 강의하게 했다. 연개소문이 643년에 당에 도사의 파견을 요구했던 것도 이것과 밀접하게 관련된 움직임이다. 보장왕은 불교 사원을 도관(道觀)으로 변화시키고, 도사를 유사(儒士)보다 상위에 세워 놓았다. 오두미도(五斗米道)도 이 무렵 고구려에 유입되어 크게 유행했다.

고구려의 문학 · 예능

고구려의 문학 작품으로서 전편이 현존하는 것은 하나도 없다. 단편이 조금 남아 있는 데 지나지 않는다.

고구려 사람들은 노래와 춤을 좋아했다. 왕산악(王山嶽)은 중국 진(晉)나라의 칠현금(七絃琴)을 개량하여 현학금(玄鶴琴, 현금〔玄琴〕)이라는 거문고를 발명하고, 많은 곡을 만들었다.

고구려의 악무(樂舞, 음악과 춤이 일체를 이룬 예능)는 가면극을 포함하는 것을 특징으로 한다. 일본에는 신라악, 백제악, 고구려악 순서로 전해졌기 때문에, 전래 순서로서는 가장 늦다.

3. 백제

백제의 약사

백제는 조선반도 남서부를 차지하는 나라였다. 마한의 지배 지역과 겹치는 영토를 지배했는데, 그 영토가 현재의 중국에까지 미치고 있었다는 설도 있다. 건국 년도는 분명하지 않다. 고려 시대의 역사서 『삼국사기』에는 기원전 18년에 건국되었다고 되어 있지만, 진위를 알 수 없다. 한국에서는 백제가 건국된 해가 이때로 되어 있다. 중국의 사료에서는 4세기에 백제라는 국호가 처음 나온다.

백제를 건국한 민족은 북방 퉁구스계의 부여족(夫餘族)이라고 하는 설이 유력하지만, 한족(韓族)이라는 설도 있다. 전설에서는 고구려의 초대왕 주몽의 아들인 온조(溫祚)가 백제를 건국했다.

백제는 북방의 고구려와 격렬한 세력 다툼을 전개했다. 그 과정에서 백제는 동방의 왜(倭)와 맺어지게 되었다. 396년 이후, 다섯 번에 걸쳐 백제와 왜는 연합하여 고구려와 싸웠다(「광개토왕비문」에 따른다).

백제의 도읍은 처음에는 현재의 서울 남쪽인 한성(漢城)이었지만, 고구려에 밀려 남쪽의 웅진(熊津, 현재의 충청남도 공주)으로 옮기며, 나아가 사비(泗沘, 현재의 충청남도 부여군)로 옮겼다.

6세기에는 급속하게 세력을 확대한 신라와의 항쟁이 격렬해지며, 조선반도에는 여기서 새롭게 '백제와 고구려' 대 '신라와 당'이라는 대립 구도가 만들어졌다.

660년, 당나라 군대에게 공격당한 백제는 멸망한다. 하지만 왕족인 귀실복신(鬼室福信)과 승려 도침(道琛) 등이 백제 부흥을 위해 일어나며, 662년에는 야마토(大和) 왕조의 인질이었던 왕자 풍장(豊璋)도 귀국했다. 663년에 왜는 백제에게 원군을 보내 백제의 부흥을 기도한다. 그러나 백촌강(白村江) 전투에서 당나라 군대에게 참패한다.

표 2. 백제 왕조(년 수는 재위년)

1	온조(溫祚)	기원전 18~기원후 28
2	다루(多婁)	28~77
3	기루(己婁)	77~128
4	개루(蓋婁)	128~66
5	초고(肖古)	166~214
6	구수(仇首)	214~34
7	사반(沙伴)	234
8	고이(古爾)	234~86
9	책계(責稽)	286~98
10	분서(汾西)	298~04
11	비류(比流)	304~44
12	설(契)	344~46
13	근초고(近肖古)	346~75
14	근구수(近仇首)	375~84
15	침류(枕流)	384~85
16	진사(辰斯)	385~92
17	아신(阿莘)	392~405
18	전지(腆支)	405~20
19	구이신(久爾辛)	420~27
20	비유(毘有)	427~55
21	개로(蓋鹵)	455~75
22	문주(文周)	475~77
23	삼근(三斤)	477~79
24	동성(東城)	479~501
25	무령(武寧)	501~23
26	성(聖, 성명〔聖明〕)	523~54
27	위덕(威德)	554~98
28	혜(惠)	598~99
29	법(法)	599~600
30	무(武)	600~41
31	의자(義慈)	641~60

백제는 왜와 깊은 관계가 있으며, 백제로부터 왜에게 유교와 불교 등을 비롯한 선진 문화가 전해졌다. 성명왕 시대에는 왜에 불교를 전했다. 왕인(王仁)이 왜에 『논어』와 『천자문』을 가져온 것은 유명하다. 백제로부터 일본으로 망명한 왕족과 귀족도 많았다. 2001년에 일본의 헤이세이(平成) 천황이 언급했듯이 간무(桓武) 천황의 생모 다카노노 니가사(高野

新笠)는 백제 제25대 무령왕의 자손이다(표 2 참조).

백제의 문화

백제에서 한자가 사용되기 시작한 것은 근초고왕 대(4세기 후반)라고 여겨진다. 369년에 왜왕에게 증여된 칠지도(七支刀, 덴리〔天理〕 시에 있는 이소노가미 신궁〔石上神宮〕의 신보〔神寶〕)는 백제로부터 온 것이라고 하는 유력한 설이 있는데, 이 명문(銘文)에 한자가 사용되고 있다. 아직기(阿直岐)와 왕인이 왜에 한자와 『천자문』, 유학 경전을 전했다. 근초고왕 대에는 노자도 읽히고 있었다고 하기 때문에, 백제에서는 유교·불교·도교를 동시병행적으로 받아들이고 있었다고 생각된다.

또한 이석호(李夕湖)*에 따르면, 신라의 문화는 왕관 등에서 보이듯이 '出'자 형의 직선 및 네모진 것이 특징이지만, 백제의 문화는 유려한 곡선과 원을 기본으로 한다. 무령왕릉에서 출토된 인동초 문양 왕관 장식이 그 전형이라고 한다(『日本文化の源流 百濟の地靈』, 泰流社, 1989, p. 64). 물론 신라에도 유려한 곡선의 아름다움은 있지만(석굴암의 석불을 보라), 백제 측으로부터의 견해로서 참조해야 할 것이다.

백제의 불교

백제에 불교는 384년(침류왕 원년)에 들어왔다고 한다. 서역의 승려 마라난타(摩羅難陀, 동학〔童學〕)가 동진(東晋)으로부터 전했다. 고구려에 불교가 전해진 지 대략 10년 후다. 토착종교나 신앙과 불교가 충돌했다는 기록은 없으며, 평온하게 수용되었다고 여겨진다. 그 후 불교문화가 광범위하게 꽃피웠다.

백제 불교의 특징은 그 학문적 성격과 계율적 성격에 있다. 526년(성명왕 4년)에 겸익(謙益)이 인도로 건너가 불교를 배웠는데, 그 내용은 주로 율전(律典)이었다고 한다. 일설에는 성명왕 하에서 겸익이 율부(律部)

72권을 번역했다고 한다.

백제에서는 특히 불교미술이 번성했다. 하지만 백제 멸망 후에 파괴와 도굴을 당해 현존하는 것은 많지 않다.

백제 불교는 또한 일본과의 관계가 깊으며, 이 관계에도 백제 불교의 계율적 성격이 반영되어 있다. 577년(비다쓰〔敏達〕 천황 6년)에 백제에서 경론(經論) 율사(律師)를 보낸다. 587년(요메이〔用明〕 천황 3년)에 소가 우마코(蘇我馬子)는 백제 승려 혜총(惠聰)에게 수계(受戒)의 방법을 물었다. 또한 588년에는 일본의 시마메(島女)·도요메(豊女)·이시이(石女)라는 소녀 셋이 백제로 건너가 계율(戒律)을 배웠다. 젠신노아마(善信尼)·젠조노아마(禪藏尼)·에젠노아마(惠善尼)다. 이 세 사람의 소녀는 일본에서 최초로 출가한 자들이라고 한다. 또한 견수사(遣隋使)보다도 일찍 백제로 나왔기 때문에, 일본에서 최초의 공식 유학생이라고 말할 수 있다. 590년에 그녀들이 백제로부터 아스카(飛鳥)로 귀국하자 일시에 여성들이 다수 출가하는 사태가 벌어졌다. 젠신노아마의 생질이 아스카 대불(飛鳥大仏)을 만들었다고 하는 구라츠쿠리노도리(鞍作鳥, 도리부츠시〔止利佛師〕)다. 또한 중요한 것은 이것이 일본과 백제만의 교류였던 게 아니라 백제를 거점으로 하여 일본과 중국 남부가 교류하고 있었다는 점이다. 비구니의 활약도 당시 중국 남부의 영향으로 여겨진다.

백제의 문학

백제의 판도는 현재의 전라도에 미치고 있다. 전라도는 조선 시대 이후 가곡과 문학이 번성했다는 것이 알려져 있기 때문에, 아마도 그 예술 정신을 거슬러 올라가면 백제에 이르게 되지 않을까 추측된다. 하지만 유감스럽게도 현존하는 문학 작품은 거의 없다.

『고려사』(高麗史)에서는 백제의 속악(俗樂)으로 「선운산」(禪雲山), 「무등산」(無等山), 「방등산」(方等山), 「정읍」(井邑), 「지리산」(智異山) 등을 거론한다. 그 가운데 현존하는 것은 「정읍」 한 곡뿐이다. 다만 조선 시대인 1475년에 편찬된 『악학궤범』(樂學軌範)에 기록된 것인 까닭에, 어느 정도 원형을 보유하고 있는가는 명확하지 않다. 내용은 행상을 나가 돌아오지 않는 지아비의 안전을 염려하며 기다리는 아내의 마음을 노래한 것이다. 가사는 다음과 같다.

달아 높이높이 돋으시어 어기야차
멀리멀리 비치게 하시라 어기야차 어강됴리 아으 다롱디리
온 저자를 다니고 계신가요 어기야차
진 데를 디딜세라 어기야차 어강됴리
어느 것에다 놓고 계시는가 어기야차
나의 가는 곳에 저물세라 어기야차 어강됴리 아으 다롱디리

아내가 지아비를 생각한 노래이지만, 그 생각의 절실함이 왕에 대한 신하의 생각과 통한다고 하여 고려 및 조선의 궁중에서 노래 불리고 춤추어졌다.

백제의 예능

『수서』(隋書) 「동이전」(東夷傳)에는 백제의 기예로서 투호(投壺)·위기(圍碁)·저포(樗蒲)·악삭(握槊)·농주(弄珠) 놀이를 들고 있다. 저포는 현재도 널리 행해지는 쌍육(雙六) 풍의 놀이인 윷놀이를 가리킨다.

백제의 가악(歌樂)은 일본과 관계가 깊다. 554년(긴메이〔欽明〕 15년)에 백제로부터 백제악이 전해졌다. 또한 612년(스이코〔推古〕 20년)에는 백제 사람 미마지(味摩之)가 기악(伎樂)을 전하고, 사쿠라이(櫻井)에 소년들을 모아놓고 기악의 춤을 익히게 했다. 마노노비토데시(眞野首弟子)와 이마키노아야히토사이몬(新漢濟文)이 이것을 습득하여 전했다(이상은 『日本書紀』).

이것이 바로 기악면(伎樂面)을 사용한 가면 무용극이다. 일본에서 악무(樂舞)의 기원으로 여겨지며, 나라(奈良)현 사쿠라이시에 그 무대가 남아 있다.

일본의 고대 예능에 조선반도로부터의 영향이 강하게 남아 있다는 것은 널리 인정되는 사실이다. 하지만 구체적으로 조선반도의 어떤 예능이 일본의 어떤 예능에 어떠한 영향을 주었는지에 관해서는 자료 부족이라는 이유로 인해 아직 알려지지 않은 부분이 많다. 일본 궁중에서의 신악가(神樂歌)를 들은 사람의 증언으로는 '가라카미 닌조마이'(韓神人長舞) 부분에서 끊임없이 '아지메, 오게'(阿知女, 於介)라고 노래하는 듯하다(「阿知女作法」). 연기자는 이 아지녀를 '阿=天, 知=地, 女=人'에 해당한다고 설명했던 듯하다. '아지메, 오게'는 조선어로 '어머니여, 오라'라는 의미가 된다('아지메'는 현대 조선어에서는 '아주머니'라는 뜻이지만, 남방 방언에서는 '어머니'라는 뜻으로 된다고 한다). 또한 교토의 어떤 저명한 신사(도래인계의 신사)에서 불리는 노래에서도 마찬가지로 '아지메, 오게'라는 말이 되풀이된다는 보고도 있다. 이러한 단편적인 정보들로부터 일본과 조선반도의 문화적·종교적인 연결을 해명해가는 것도 이후의 학문적 과제일 것이다.

4. 신라의 약사(略史)와 문화

신라의 약사

신라의 역사는 조선반도 통일(668)보다 앞의 시기와 통일 후의 시기로 나뉜다. 후자를 전자로부터 명확히 구별하고 싶을 때에는 통일 신라라는 명칭을 사용한다.

다만 "조선반도를 처음으로 통일한 것은 신라다"라는 것은 대한민국에서 예전의 역사 인식이다. 조선민주주의인민공화국의 역사 인식에서는 조선반도를 처음으로 통일한 것이 신라가 아니라 고려다. 이유는 신라는 당(唐)이라는 외국 세력과 야합하여 백제와 고구려라는 자민족의 국가를 멸망시켰기 때문에 민족 반역 국가라고 하는 것이다. 또한 고구려의 광대한 영토도 신라는 잃고 말았다. "고려야말로 조선반도에서 최초의 통일 국가이며, 단일민족 국가다"라는 것이 북조선의 공식 견해다. 따라서 북조선에서는 통일 신라라는 명칭을 사용하지 않는다. 또한 한국에서도 근년에는 "신라가 한반도(조선반도) 전체를 통일한 것이 아니라 고구려와 백제의 멸망 후에는 북의 발해와 남의 신라가 병존했다"라는 인식이 일반적으로 되고 있다. 이러한 인식에서 통일 신라 시대가 '남북국 시대'라고 호칭되며, 당연히 통일 신라라는 명칭도 회피되는 경향이 있다.

신화에 따르면 신라의 건국은 기원전 57년이며, 박혁거세(朴赫居世)가 초대 왕이었다. 통일 신라(남북국 시대의 신라)가 멸망하여 고려 왕조가 성립하기까지 약 1,000년 동안 이어진 국가라는 것이 된다.

역사적으로 말하면, 신라의 모체는 현재의 경주시를 중심으로 형성된 진한의 사로국(斯盧國)이다. 4세기 중반 역사에 등장하는 사로국은 4세기 후반에 신라국(新羅國)으로 개칭한다. 신라는 당초 백제와 왜에게 공격당하거나 하는 약체였지만, 얼마 안 있어 군사적 강국으로 성장하며, 백제나 고구려와의 전투를 되풀이하게 된다. 신라의 이러한 군사적 성격에는 불교와 풍류(뒤에서 논의)라는 사상의 토대가 놓여 있었다. 삼국 시대부터 신라에서는 국가적인 결정을 행할 때에 화백(和白)이라는 회의를 개최했다. 국내의 유력 귀족이 참가하는 화백은 전원 일치를 원칙으로 하는 회의 제도였다.

덧붙이자면, '신라'(新羅)의 현대 조선어 읽기는 '실라'이고, 일본어 읽기도 '신라'다. 어느 것이든 '시라기'(しらぎ)라고는 읽을 수 없다. 그러면 왜 일본에서는 신라를 '시라기'로 읽는 것인가? '기'란 '성'(城)을 의미

한다는 설이 유력하지만, 다른 설도 있다. 현대 한국의 김용운(金容雲)*은 이것은 '신라'에 모멸을 나타내는 'ng-i'라는 접미사가 덧붙여진 형태라고 한다. 'ng-i'는 '호랑이=horang-i', '엉덩이=eong-deong-i', '(밉살스럽고 교활한) 구렁이=gurong-i' 등, 두려운 것, 가치가 낮은 것, 사악한 것을 나타낼 때에 말끝에 붙이는 경우가 많은 소리다. 백제계의 사람들이 신라를 업신여기며 불러 '신라+ng-i'로 발음한 것을 일본어로 표시하여 '시라기'로 되었다고 하는 것이 김용운의 설이다.

통일 신라의 약사

김유신(金庾信, 595~673) 장군은 신라에 의한 삼국 통일을 적극적으로 추진했다. 그 자신은 금관가야 왕족 출신이었지만, 금관가야가 신라에 병합된 후 그의 누이가 신라의 무열왕(武烈王, 김춘추〔金春秋〕)에게 시집갔다.

김유신은 신라 · 당의 연합군을 조직하여 660년에 백제를 멸망시켰다. 663년에는 왜가 조선반도에 원군을 보내 백제의 잔존 세력과 함께 신라 · 당 연합군과 싸웠지만, 왜 · 백제 측의 참패로 끝났다. 이후 왜는 신라와의 관계를 거의 끊게 된다. 신라 · 당 연합군은 668년에는 고구려도 멸망시킨다. 이로써 조선반도의 3대 국가는 신라 한 나라로 수렴되게 되었다(다만 반도 북부로부터 북방의 발해가 나온다).

김유신의 사후, 신라군은 당을 격파하고 중국 세력의 침입을 막는다. 이 시기를 전후하여 신라는 율령 체제를 확립해 간다. 651년부터 시작한 관료화는 685년에 완료되었지만, 그 후 귀족 세력과 각축하게 된다. 율령 제도와 귀족 체제의 대립은 신라 멸망까지 계속된다.

9세기 후반에 이르면 지방 세력이 대두하면서 신라의 중앙 권력은 약체화하고, 이윽고 하나의 지방 정권으로까지 전락한다. 892년에 견훤(甄萱)이 후백제를 세우고, 900년에 정식으로 후백제 왕이 되었다. 895년에는 궁예(弓裔)가 후고구려를 세웠다. 이 이후를 후삼국 시대라고 한

표 3. **신라 왕조(통일까지)**

	성(姓)		재위년
1	박(朴)	혁거세(赫居世)	기원전 57~기원후 4
2	박	남해차차웅(南解次次雄)	4~24
3	박	유리(儒理)	24~57
4	석(昔)	탈해(脫解)	57~80
5	박	파사(婆娑)	80~112
6	박	지마(祇摩)	112~34
7	박	일성(逸聖)	134~54
8	박	아달라(阿達羅)	154~84
9	석	벌휴(伐休)	184~96
10	석	내해(奈解)	196~230
11	석	조분(助賁)	230~47
12	석	첨해(沾解)	247~61
13	김(金)	미추(味鄒)	261~84
14	석	유례(儒禮)	284~98
15	석	기림(基臨)	298~310
16	석	흘해(訖解)	310~56
17	김	내물(奈勿)	356~402
18	김	실성(實聖)	402~17
19	김	눌지(訥祇)	417~58
20	김	자비(慈悲)	458~79
21	김	비처(毗處, 소지〔炤知〕)	479~500
22	김	지증(智證)	500~14
23	김	법흥(法興)	514~40
24	김	진흥(眞興)	540~76
25	김	진지(眞智)	576~79
26	김	진평(眞平)	579~632
27	김	선덕여왕(善德女王)	632~47
28	김	진덕여왕(眞德女王)	647~54
29	김	무열(武烈)	654~61
30	김	문무(文武)	661~81

다. 918년에 고려를 세운 왕건(王建)은 궁예의 후고구려로부터 나왔다. 927년에 신라의 경애왕(景哀王)이 견훤에 의해 살해되고, 935년에 마침내 경순왕(敬順王)이 고려에 항복함으로써 신라는 멸망했다.

신라는 참된 의미에서 국제적인 국가였다. 많은 지식인과 상인이 중국을 중심으로 한 동아시아 세계에서 활약했다. 최치원(崔致遠)과 같이 중

표 4. 신라 왕조(통일 이후)

	성(姓)		재위년
30	김(金)	문무(文武)	661~81
31	김	신문(神文)	681~92
32	김	효소(孝昭)	692~702
33	김	성덕(聖德)	702~37
34	김	효성(孝成)	737~42
35	김	경덕(景德)	742~65
36	김	혜공(惠恭)	765~80
37	김	선덕(宣德)	780~85
38	김	원성(元聖)	785~98
39	김	소성(昭聖)	798~800
40	김	애장(哀莊)	800~09
41	김	헌덕(憲德)	809~26
42	김	흥덕(興德)	826~36
43	김	희강(僖康)	836~38
44	김	민애(閔哀)	838~39
45	김	신무(神武)	839
46	김	문성(文聖)	839~57
47	김	헌안(憲安)	857~61
48	김	경문(景文)	861~75
49	김	헌강(憲康)	875~86
50	김	정강(定康)	886~87
51	김	진성여왕(眞聖女王)	887~97
52	김	효공(孝恭)	897~912
53	박(朴)	신덕(神德)	912~17
54	박	경명(景明)	917~24
55	박	경애(景哀)	924~27
56	김	경순(敬順)	927~35

국의 과거에 합격하여 국제적으로 활약한 지식인도 많았다. 또한 불교 승려도 중국에서 활약한 자가 많았다. 원효(元曉)처럼 신라로부터 밖으로 나온 일은 없었지만, 그 저작이 중국과 일본으로 건너가 높이 평가받은 불교 승려도 있었다. 상인들은 조선반도를 나와 중국에 거점을 두고 활약했다. '국제적이라는 것'의 의미를 이 시대의 일본과 신라의 차이로부터 고찰하는 것도 가능할 것이다. 일본은 신라와 비교하면 압도적으로 비국제적이었다. 물론 '나라(奈良)는 실크로드의 종착점'이라는 인식은

올바르며, 중국이나 조선반도와의 교류도 활발했다. 하지만 신라와 같은 중국과의 거리적·심리적인 근접성이 일본에는 충분하지 않았다. 고구려와 백제를 멸망시키는 과정 및 그 후에 당(唐)과의 사이에 정치적인 긴장이나 대립이 있었지만, 결국에는 문명적 세계관에서 신라는 중국화했다. 이에 반해 일본은 결국 국풍화(國風化)라는 방향으로 걸어 나갔다. 이러한 차이는 이후의 일본과 조선반도가 걸어 나가는 발걸음을 생각하는 데서 중요하다(표 3, 표 4 참조).

신라의 문화

신라의 국조(國祖)인 박혁거세와 제2대 남해차차웅은 분명히 사제(司祭) 왕이자 무당이었다. 따라서 신라 문화에는 샤머니즘 색채가 짙다.

신라에서 한자가 사용되기 시작한 것은 고구려나 백제보다 상당히 늦어 6세기의 일이라고 생각된다.

신라에는 산과 강에 대한 신앙이 있었다. 통일 후에는 오악(五岳)이라는 다섯 개의 산(토함산, 부악(父岳, 지금의 팔공산), 태백산, 지리산, 계룡산)에 대한 신앙이 있었으며, 국가적 제사의 대상이 되었다. 오악에 오악신군(五岳神君)이나 오악신이라고 불리는 산신이 있다고 여겨졌다.

산과 물에서 노니는 것은 화랑(花郎)사상(뒤에서 논의)과도 어울려서 신라사상의 근간을 이룬다. 현대 한국의 역사가 이기백(李基白)*은 "신라의 국가적 제사의 대상이 된 산과 강, 부락과 바다 등은 모두 이와 같은 화랑의 주술적·종교적 의식을 행하는, 이른바 유오(遊娛)의 대상지였을 것이다"라고 한다(『한국사신론』). 또한 오악 모두 화엄(華嚴)사상과 관계가 있었다고도 한다. '유오'야말로 조선민족의 미(美)의식의 근간이라고도 할 수 있는 '멋'(제2장 참조)이라는 개념과 밀접하게 결부된다. 그것은 자연의 영적인 에너지의 흐름과 자기의 몸과 마음을 동기화하여 인공적인 가치 체계로부터 일탈하는 것이다.

신라 시대의 저명한 건축이나 예술 작품은 주로 불교사상에 의해 만들어진 것이다. 도읍지에는 대가람의 장려한 불교 사원이 수많이 만들어졌다. 또한 불국사의 석굴암에 있는 석불(여래 좌상)은 우미한 동시에 태연한 그 모습이 걸출하며, 동아시아 불교 미술의 최고 걸작들 가운데 하나로 생각하기에 틀림없다. '찬란하다'라는 형용에 그야말로 어울리는 불교문화를 꽃피운 것이 신라였다고 말할 수 있다. 그 아름다움은 잇따르는 이웃나라들과의 군사적 전투를 포함한 극도의 위기의식과 죽음에 대한 자각의 최첨단으로부터 나오고 있었다.

덧붙이자면, 신라에는 '신라적 영성'이라고도 부를 수 있는 특별한 정신성이 있다. 이 '신라적 영성'이 원효(元曉, 회통〔會通〕의 불자), 의상(義湘, 이〔理〕의 화엄학자), 화랑(풍류적인 영성)으로부터 후대의 이퇴계(이의 유학자), 최제우(동학의 창시자) 등으로 면면히 흘러왔다고 생각하면, 역사적으로 경상도에서 잇달아 배출되어온 높은 정신성의 체현자를 이해하는 하나의 단면이 될지도 모른다. 보통은 한국에서도 북조선에서도 국가나 민족 단위로 사상사를 생각하기 때문에, 위와 같은 (신라적 영성의 계승이라는) 파악방식을 취하지 않는다. 예를 들어 앞에서도 말했듯이 이퇴계는 지배자 측의 이(理)의 사상가이고, 최제우는 민중에 좀 더 가까운 기(氣)의 사상가인바, 양자는 완전히 반대 방향을 향해 나아가는 접점이 없는 인물이라고 하는 것이 한국과 북조선사상사에서 일반적인 파악방식이다. 하지만 '신라적 영성'이라는 개념을 도입하여 역사를 바라보게 되면, 이퇴계의 이의 발동성·능동성 및 천(天)에 대한 외경과, 최제우의 기(氣)적인 영성의 발동성 및 자아와 천의 합일감은 깊은 저류의 어딘가에서 연결되어 있다고 하는 신선한 견해도 가능해진다. 이것은 사상사의 틀을 국가나 민족이라는 단위로부터 해방하는 길을 열어젖히는 것이 되기도 할 것이다.

5. 신라의 불교

불교의 융성

신라에서는 불교가 번성했다. 신라의 불교는 '신라의' 불교일 뿐만 아니라 동시에 세계 불교이기도 했다. 중국 불교의 최첨단을 중국과 실시간으로 공유하고, 그것과 동시 발전한다는 성격을 지닌다. 원측(圓測)·원효·의상 등이 그 전형적인 예다. 또한 당(唐)의 산둥반도에 많은 신라인이 거주했고, 장보고(張保皐, 787~846)가 건립한 적산법화원(赤山法華院)이라는 절이 있어 많은 신라 승려가 수행하고 있었다. 하지만 사실 신라 불교의 전모는 아직 상세하게 해명되어 있지 않다. 호국(護國)적인 성격이 강하다고 여겨지고, 특히 통일 이전에는 군사적 성격이 대단히 강했다고 생각된다.

신라에는 고구려, 백제보다 불교가 늦게 들어왔다. 들어온 해는 확실하지 않지만, 눌지왕 대(417~58)라는 설과 비처(소지)왕 대(479~500)라는 설이 있다. 전자가 유력하다.

본래 신라는 고구려나 백제에 비하면 중국으로부터 멀고, 중국과의 교통로가 고구려와 백제에 의해 차단되어 있었다. 이것이 신라에 불교 전래가 늦어진 가장 큰 이유일 것이다. 그러나 이 밖에 신라 자체의 문화적 이유도 있다. 이에 대해서는 여러 학설이 있지만, 주된 것은 다음의 두 가지다. 첫째는 신라의 샤머니즘적인 사상 토양이 너무나 강했기 때문에 불교가 쉽게 들어올 수 없었다고 하는 학설이다. 이것은 일본이 불교를 수용했을 때의 상황과 비슷하다. 또 하나는 신라의 꾸밈없이 착실하고 강건한 기풍이 불교와 같은 정교하고 치밀한 교리 체계를 쉽게 받아들일 수 없었다는 학설이다. 그야 어쨌든 신라에서는 당초에 불교에 대한 배척운동이 강하게 전개되었다. 그러나 일단 불교가 수용되자 일거에 불교 전성 시대를 맞이하게 되었다.

김영태(金煐泰)*에 따르면, 통일 신라 시대에는 5교종 및 9산 선문이 형성되어 있었지만, 이것들이 명확한 종파로서 성립해 있었다는 증거는 없다(『한국불교사』, 87쪽).

덧붙이자면, 불교의 신앙 · 제사 시설을 '사'(寺)라고 하는데, 이 말은 본래 중국에서는 '관청'을 의미했다. 일본어에서는 '데라'(てら), 조선어로는 '절'이라고 한다. 일본의 '데라'의 어원은 전당의 장엄함이 빛이 **비추어**(てる) 빛나기 때문이라고 하는 설(게이추〔契沖〕에 따름)과, 팔리어의 'thera'라고 하는 설이 있지만, 전자는 견강부회에 지나지 않으며, 후자의 팔리어는 '장로'(長老)라는 의미이기 때문에 아마도 잘못된 설일 것이다. '데라'의 어원은 대체로 생각해서 조선어의 '절'이라고 말할 수 있을 것이다.

하지만 이 '절'의 어원은 본래 무엇일까? '사찰'(寺刹)의 '刹'이라는 한자의 조선어 읽기(찰)라고 하는 설과, '예배'를 나타내는 조선어('절')로부터 왔다고 하는 설 등이 있지만, 이들에 맞서 에다 도시오(江田俊雄)*와 허충(許充)*은 다음의 학설을 주창한다. 『해동고승전』(海東高僧傳) 등에 따르면, 신라 눌지왕(417~58) 때에 묵호자(墨胡子)가 고구려로부터 일선군(一善郡)에 와서 불교를 전했다는 것인데, 그때에 그 군의 사람인 모례(毛禮)라는 자가 자기 집에 굴을 파고서 묵호자를 맞아들였다. 나아가 비처왕 대(479~500)에 아도화상(阿道和尙)이 고구려로부터 왔을 때에도 그를 모시는 자와 함께 모례가 자기 집에 맞아들였다. 신라에서는 처음에 불교가 좀처럼 침투하지 못한 채 배척당했지만, 몇 안 되는 신자들은 모례의 집을 방문하여 신앙에 들어갔다. 이 모례를 향찰(鄕札, 만요가나〔萬葉假名〕와 같은 것. 뒤에서 논의)로 읽으면 '털레'가 된다('모'〔毛〕의 훈이 '털'). 신라 불교의 최초 시기에 탄압당한 불교 신자들의 비밀 집회소였던 '털레'(毛禮)의 집이 신라에서 불교 신앙 시설의 이름이 되었고, 그것이 일본에 전해져 '데라'가 되었다고 하는 것이다.

이 설은 '찰'(刹) 설보다 모음조화라는 점에서 설득력이 있다('절'도 '모

〔毛〕= 털'도 음모음이지만, '찰'〔刹〕은 양모음). 매력적인 설이라고 할 수 있을 것이다.

신라는 위대한 승려를 수많이 배출했다. 대표적인 승려들은 다음과 같다.

원광(圓光)법사. 589년에 중국으로 간다. 중국에서 이름이 높다. 뒤에서 논의.

자장(慈藏)율사. 당에서 계율학을 익히고, 신라의 불교 조직 · 교단을 정비했다.

원측(圓測)법사(613~96). 유식(唯識). 신라의 왕족 출신이다. 중국에서 현장(玄奘)의 제자가 되었다. 유식학의 대가다. 저술로는 『성유식론소』(成唯識論疏) 20권, 『유식이십론소』(唯識二十論疏) 2권, 『해심밀경소』(解深密經疏) 10권이 있었지만, 현존하는 것은 『해심밀경소』의 제1권부터 제9권까지다. 이것은 티베트로까지 전해졌다. 제자로 도증(道証)이 있으며, 그 계통에 대현(大賢)이 있다.

원효(元曉)대사. 화쟁(和諍) · 회통(會通). 뒤에서 논의.

의상(義湘)대사. 해동화엄(海東華嚴). 뒤에서 논의.

경흥(憬興)법사. 신라 정토(淨土)의 대표이지만, 유식도 닦는다.

대현(大賢, 太賢)법사. 신라 유가(瑜伽)의 개조. 후에 해동 법상종(法相宗)의 시조가 된다.

무상(無相)대사. 신라 선(禪).

진표(眞表)율사. 법상종이라고 말해진다.

도의(道義)국사. 남돈선(南頓禪)을 신라에 공식적으로 처음 도입했다. 그런 까닭에 조계종조(曹溪宗祖)로 여겨진다.

무염(無染)국사. 남돈선.

순지(順之)화상. 선교(禪敎) 회통.

범일(梵日)국사. 선(禪).

도선(道詵)국사. 고려 건국 시에 고려 측에서 활약.

원광과 '세속오계'

통일 이전 신라 불교의 군사적·호국적 성격을 잘 나타내는 것으로 '세속오계'(世俗五戒)가 있다.

진평왕 대(579~632)에 원광(542~640, 속성은 박)이 귀산(貴山)과 추항(箒項)이라는 두 화랑에게 '세속오계'를 주었다. 원광은 진한(신라) 출신으로, 진(陳)나라와 수(隋)나라에서 대승(大乘)과 소승(小乘) 불교를 수양하고 중국에서 명성이 높았던 승려다. 유교 및 도가 사상에도 통했으며, 99세까지 살았다.

'세속오계'는 다음과 같다. ① 사군이충(事君以忠): 임금을 섬김에 충성으로써 할 것. ② 사친이효(事親以孝): 부모를 섬김에 효도를 다할 것. ③ 교우이신(交友以信): 벗과 사귐에 믿음으로써 할 것. ④ 임전무퇴(臨戰無退): 전쟁터에 나아가서는 물러남이 없을 것. ⑤ 살생유택(殺生有擇): 함부로 살생하지 말 것. 귀산과 추항은 백제와의 전투에서 '임전무퇴'를 실천하여 장렬하게 전사했다.

이 '세속오계'는 원광이 만든 것이 아니라 오래 전부터 전승되어온 것을 원광이 이어받아 말한 것이라는 견해가 있지만, 이러한 입장 속에는 이와 같은 윤리가 이미 고조선 내지 삼한 시대부터 조선에 있었다는 견해가 놓여 있다.

원효

원효(元曉, 617~86, 속성은 설〔薛〕, 화쟁국사〔和諍國師〕)는 신라가 낳은 참으로 국제적인 수준의 철학자다. '원효'는 '세배 또는 새벽'의 훈사(訓寫)라고 한다(김사엽의 학설).

원효는 다작을 했으며, 불교의 경론에 대한 주석 90부 등 총 240권의 책을 썼다. 그 가운데서도 『화엄경』(華嚴經)과 『대승기신론』(大乘起信論)에 대한 주해는 유명하며, 중국과 일본에서도 많이 참조되고 존숭되었다.

그의 일상의 모습은 자유분방하고, 아무 거리낌 없이 행하는(파천황적인) 승려였다. 거리에서 염불 가무를 하면서 산에서 좌선을 행하고, 주막과 군영 그리고 궁정에도 출입했다. 그의 아들 설총(薛聰)은 유학자로서 저명하게 된 인물인데, 왕(무열왕)이 원효에게 시집보낸 신라 궁정의 공주와의 사이에서 태어난 자식이다. 덧붙이자면, 원효의 제자인 심상(審祥)이 일본에 화엄을 전했다.

원효에게는 유명한 고사가 있다. 의상(뒤에 나옴)과 함께 당나라에 들어가고자 하여 요동까지 간 원효가 어느 날, 어두운 밤에 묵은 묘막에서 한 그릇의 물을 마셨다. 다음 날 아침, 그것이 해골에 고인 더러운 물이었다는 것을 안 원효는 구역질을 했지만, 갑자기 깨닫는 바가 있었다. 그리고 "마음이 일어나면 갖가지 법이 생겨나고, 마음이 사라지면 해골의 물과 깨끗한 물이 둘이 아닌 법. 삼계가 오직 마음이요 만법이 오직 식(識)일 뿐이네. 마음 밖에 따로 법이 없으니 어찌 따로 진리를 구하리요. 나는 당나라에 들어갈 필요가 없다"라고 하며 신라로 되돌아왔다. 이 고사는 동아시아 전역에서 유명하며, 일본에도 많이 전해졌다. 미시마 유키오(三島由紀夫)의 소설 『봄눈』에도 이 일화가 삽입되어 있다(다만 부정확하다).

원효는 거리낌 없는 행동으로 유명했다. 신라 궁정의 공주와의 사이에서 아들(설총)을 낳고 난 후에는 속복으로 갈아입고 소성거사(小姓居士, 小性居士라고도 한다)라 자칭했다. 한 놀이 광대가 커다란 표주박(으로 만든 가면)을 갖고 있던 것을 흉내 내어 원효도 도구를 만들어 '무애'(無碍)라고 이름 붙였다. 나라 안의 마을과 부락들을 돌아다니면서 '무애'를 가지고서 노래를 지어 부르고 춤을 추며 불교를 널리 펼쳤다. 이에 의해 무지몽매한 민중이 모두 불교를 알고 '나무아미타불'을 빌게 되었다(이상은 『삼국유사』).

'화쟁'과 '회통'

원효 철학에서 최대의 키워드는 종합성과 융통성의 철학인 '화쟁'(和諍)과 '회통'(會通)일 것이다. 그의 유명한 저작으로 『십문화쟁론』(十門和諍論)이 있는데, '화쟁'은 불교 여러 종파의 '회통'의 논리를 설명한 것이다. '회통'은 영어로 '싱크레티즘'(syncretism)이라 번역되는 경우가 있지만, 이른바 절충주의와는 다르다.

> 공리공론이 구름처럼 치달아 어떤 자는 나야말로 옳고 다른 이는 그르다고 하고, 또한 어떤 자는 내 설이 그렇다고 하고 다른 설은 그렇지 않다고 한다.
>
> —『십문화쟁론 서』

이와 같은 백가의 투쟁과 자폐의 폐해를 타파하기 위해 언설의 분류를 행한다. 불교의 언설에는 이론의 정립과 논파의 두 가지가 있다. 전자를 '여'(與), '환'(還), '허'(許)라고 하고, 후자를 '탈'(奪), '왕'(往), '불허'(不許)라고 한다. 용수(龍樹)의 중관(中觀)이나 십이문론(十二門論)은 후자만의 언설이고, 미륵(彌勒)의 유가론(瑜伽論)이나 무착(無着)의 섭대승론(攝大乘論) 등은 전자만의 언설이어서 어느 쪽이든 치우쳐 있다. 불교의 언설이 논쟁으로 시종하는 이유는 여기에 있다. 정립과 논파의 어느 쪽인가로 치우치고 마는 것이다. 하지만 『대승기신론』만은 이 두 가지 모두를 완비하고 있다. 따라서 이것이야말로 모든 론(論)의 조종(祖宗)인 것이다. 원효는 이와 같이 주장하며 '여·탈', '입·파'(立·破), '허·불허'의 이항 대립을 넘어선 언설로서 『대승기신론』을 가장 높이 평가했다. 『기신론』에 대한 그의 소(疏)는 '해동소'(海東疏)로서 중국에도 알려졌다. 박종홍(朴鍾鴻)*에 따르면 이것은 승랑(僧朗)의 중론적인 입장('탈', '파', '불허')과 원측(圓測)의 유식적 입장('여', '입', '허')을 지양한 것으로 한국 불교 내지 불교사상 전체의 올바른 방향성을 밝혀 보여준 것이라고 한다.

원효가 '같음'(同)과 '다름'(異)에 대해 어떻게 생각했는지를 살펴보자. 19세기 초에 헤겔(G. W. F. Hegel)이 생각한 것을 이미 여기서 숙고하고 있다.

> 같음(同)이란 같음을 다름으로부터 변별한 것이고, 다름(異)이란 다름을 같음으로부터 밝힌 것이다. 다름을 같음으로부터 밝힌다는 것은 같음을 나누어 다름으로 하는 것이 아니며, 같음을 다름으로부터 변별한다는 것은 다름을 죽여 같음으로 하는 것이 아니다. 바로 같음이란 다름을 죽이는 것이 아니기 때문에, 이것을 같음이라고는 말할 수 없다. 다름이란 같음을 나누는 것이 아니기 때문에, 이것을 다름이라고는 말할 수 없다. 다만 다름이라고 말할 수 없기 때문에 이것을 같음이라고 말할 수 있을 뿐이며, 같음이라고 말할 수 없기 때문에 이것을 다름이라고 말할 수 있을 뿐이다. 같음이라고 해도 다름이라고 해도, 둘이 아니요 별개도 아니다.
>
> —『금강삼매경론』(金剛三昧經論)

이 논법을 원효는 하나와 여럿, 진(眞)과 속(俗), 색(色)과 공(空)의 관계에서도 관철한다. 이것을 박종홍은 '상호침투', '상호전환'의 묘리라고 부른다.

'이변비중'

'화쟁', '회통'과 관련하여 원효의 철학적 경지를 잘 나타내는 말의 하나로서 '이변비중'(離邊非中, 변을 떠나더라도 중이 아니다)이 있다.

> 유(有)도 아니고 무(無)도 아니며, 보통의 변(邊)을 멀리 떠나며 동시에 중도(中道)에도 집착하지 않는다. 만약 무가 아니라면 곧 유로 떨어지고,

> 유가 아니라면 곧 무에 해당한다. 만약 무가 아니면서 유가 아니고, 유가 아니면서 무로 떨어지지 않는다고 말하면, 곧 무거운데도 내려가지 않고 가벼운데도 올라가지 않는다는 것과 같다. …… 혹은 실유(實有)에 집착하여 플러스 방향성만을 추구하고, 혹은 공무(空無)에 집착하여 마이너스 방향성만을 추구한다. 또한 속(俗)은 유이고 진(眞)은 공이라고 생각하여 둘의 변으로 나누어지면, 이 둘은 서로 다르다고 하는 론으로 떨어진다. 나아가 유도 아니고 무도 아니라고 생각하여 중(中)이라는 변에 집착하면, 결국 아무것도 생각할 수 없다는 론으로 떨어진다.
>
> —『유심안락도』(遊心安樂道)

결국은 개념적 사고 그 자체가 세계를 잘못 파악하는 것에 이바지할 뿐이다. 형식 논리를 넘어선 곳에 진리가 있음에도 불구하고, 진리를 말하기 위해서는 형식 논리에 가탁한 '무언가의 언어'를 사용하지 않으면 안 된다. 나가르주나(Nagarjuna, 용수〔龍樹〕) 이래로 인도 및 중국의 대승 불교계에서 전력을 다해 논의된 승의제(勝義諦)와 세속제(世俗諦) 문제가 아득히 먼 동방의 신라 땅에서 유식과 정토와 화엄을 포월하는 태세로 다시 말해지고 있다. 아마도 이러한 종합성과 포월성이야말로 해동불교의 최고의 영성적 표현이었을 것이다. 거기서는 단지 화엄만을 말하는 듯이 보여도 실은 화엄만을 말하고 있는 것이 아니고, 단지 중론만을 말하는 듯이 보여도 실은 중론만을 말하고 있는 것이 아니다. 화엄과 중론과 유식의 언어를 말하고 있는 자간에 선(禪)과 정토와 밀교(密敎)가 들어 있다고 보지 않으면 안 된다. 그것이야말로 '회통'인 것이다.

이러한 이야기 방식은 후에 조선 시대의 성리학에서 표면적으로는 주자학만을 말하고 있는 듯이 보이면서도 실은 양명학과 도가와 불교를 포월하고자 하는 이퇴계의 이야기 태도로 이어진다. 이와 같은 조선적 영성의 존재방식을 파악할 수 없게 되면, 조선사상사를 참으로 이해할 수 없다. 표면만을 보아서는 아무 소용도 없는 것이다. 이 점이 표면을 보고 있는 것만으로도 이해할 수 있는 일본사상과의 차이다.

> 변(邊)을 떠나지만 중(中)이 아니고, 중이 아니지만 변을 떠나는 까닭에, 불유(不有)의 법(法)은 무에 머무르는 것이 아니고, 불무(不無)의 상(相)은 유에 머무르는 것이 아니다. 일(一)이 아님과 동시에 이(二)를 융합하는 것이기 때문에, 진(眞)이 아닌 것이라고 하더라도 속(俗)으로 되는 것이 아니고, 속이 아닌 이(理)라고 하더라도 진으로 되는 것이 아니다. 이(二)를 융합하지만 일(一)이 아닌 까닭에, 진속(眞俗)의 성(性)이 정립하지 않는 것은 아니고 염정(染淨)의 상(相)이 갖춰지지 않는 것이 아니다. 변을 떠나지만 중이 아닌 까닭에, 유무의 법이 생기지 않는 것이 아니고, 옳고 그름의 뜻이 주연(周延)하지 않는 것이 아니다. 그런 까닭에 깨트리는 것이 없는 채 깨지지 않는 것이 없고, 정립하는 것이 없는 채로 정립되지 않는 것이 없는 까닭에, 이것을 칭하여 '무리(無理)의 지리(至理)', '불연(不然)의 대연(大然)'이라고 하는 것이다.
>
> —『금강삼매경론』

유도 아니고 무도 아니다. 양극단도 아니라면 중도에 집착하는 것도 아니다. 깨트림도 아니고 깨트리지 않음도 아니며, 세움도 세우지 않음도 아니다. 이것이야말로 '무리의 지리'이자 '불연의 대연'이다. 이것이 화쟁의 논리인바, 화쟁이란 무쟁(無諍)인 것이다. 현대 한국의 논자들 가운데는 원효의 이 철학이 19세기에 같은 경주에서 동학을 연 최제우의 부조리 철학인 '불연기연'(不然其然)으로 이어지고 있다고 하는 사람이 있다. 이것도 역시 조선적 영성 내지 신라적 영성의 복류수가 역사의 틈새로 분출한 예일지도 모른다.

철학사에서 원효를 어떻게 파악할 것인가

원효는 조선이 낳은 최대의 철학자 가운데 한 사람이다. 따라서 당연히 한국에서는 철학적 영웅으로서 다루어지고 있다. 그러나 나는 그 영웅으로서의 취급방식에 실은 원효를 이해할 수 없게 만드는 계기가 숨어 있는 것은 아닌지 생각하고 있다. 요컨대 원효의 '화쟁'과 '회통'의 **철학적 심오함**을 민족주의적으로 강조하는 나머지 그것을 주창한 원효라는 사람 그 자신에 대한 이해가 느슨해지는 것이 아닐까 한다. 내 생각에 원효의 본질은 니힐리즘이다. 화엄, 유식, 선, 염불(念佛)이라는 전혀 다른 세계관을 동시에 신체화할 수 있었던 그의 근저에 니힐리즘이 있었으리라는 것이다. 그 니힐리즘의 심연을 이해할 수 없다면, '화쟁'도 '회통'도 표면적인 기호로 떨어지고 만다. 하지만 과문한 탓인지 나는 원효를 니힐리즘이라는 관점에서 파악하는 한국의 학문적 성과를 알지 못한다. 한국에서 '원효는 니힐리즘이다'라고 한마디로 말하게 된다면, 아카데미즘의 세계로부터는 반영구적으로 배제되고 말 것이다.

또한 원효를 어떻게 파악할 것인가 하는 것은 조선사상뿐만 아니라 일본사상을 이해하는 데서도 중요한 참조축이 된다. 고대 그리스에서도 인도에서도 중국에서도 철학적 논의의 성숙 단계에서는 반드시 그 논의들 자체를 철학적으로 묻고자 하는 사조가 일어나는데, 크게 두 가지 유형이 있다. 하나는 "어떤 철학적 주장의 논리적 근거는 무엇인가"라는 유형의 물음이며, 또 하나는 "모든 철학적 주장은 논리적으로 말해 근거가 없다"라는 유형의 물음이다. 이것을 이제 '메타 메타피직스'라고 부르기로 하자. 형이상학(메타피직스)을 논리학적으로 철학한다고 하는 의미다. 고대 그리스에서는 소피스트와 소크라테스(Socrates)가 그에 해당하며, 인도에서는 니야야학파를 절정으로 하는 인도 논리학의 발달이 그것이다. 중국에서도 장자, 혜시(惠施), 명가(明家), 후기 묵가(墨家)가 그와 같은 사명을 짊어졌다. 철학의 발상지에서는 반드시 이 운동이 일어나는

데, 원효야말로 조선 최초의 '메타 메타피지션'이었다.

그러나 일본에서 '메타 메타피직스'는 도겐(道元)에 이르기까지 등장하지 않는다. "메타피직스(형이상학)의 논리 철학적 근거를 메타 수준에서 묻는 학문이 발달하지 않는 곳에 철학적 사유의 심화는 없다"라고 말할 수 있다면, 일본에서는 역시 도겐에 이르기까지 철학은 없었던 것이다. 이것의 의미를 이제 조선과의 관계에서 생각해 본다면, "일본에서 메타 메타피직스가 나오지 않은 것은 어째서인가? 어쩌면 조선의 원효가 그것을 래디컬하게 해버렸기 때문에, 그것을 수용한 일본에서는 독자적인 메타 메타피직스가 필요 없게 되었던 것인지도 모른다"라는 가설을 제시하는 것도 가능할 것이다. 또는 일본에서는 무라사키 시키부(紫式部)나 후지와라노 사다이에(藤原定家)가 이 메타 메타피직스를 비(非)철학의 형식(이론적·원리적 인식 형식의 무화)으로 행한 것이라고 생각할 수 있을지도 모른다(모토오리 노리나가〔本居宣長〕는 무라사키 시키부가 그렇게 했다고 생각했다).

이와 같이 조선사상을 아는 것은 일본사상(그것의 누락된 부분도 포함하여)을 아는 데서도 유용하다. 서양과 인도 그리고 중국과의 비교만으로는 얻어지지 않는 일본에 관한 지견과 통찰을 조선을 아는 것으로부터 얻을 수 있다.

의상

의상(義湘, 625~702, 義相이라고도 쓴다)은 신라의 고승이다. 원효와 더불어 신라 불교에서 가장 중요한 승려로 여겨진다. 그는 당으로 가서 거기서 화엄(華嚴)을 배웠다. 화엄종(중국)의 제2조인 지엄(智儼)의 제자가 되어 독창적인 화엄 해석을 전개했다. 지엄의 사후에 그 후계가 맡겨졌지만, 고사하고 신라로 귀국했다. 귀국 후에 해동화엄종을 열었다고 한다. 부석사를 건립하고 근본 도량으로 삼았다. 『화엄일승법계도』(華嚴一乘法

의상『화엄일승법계도』

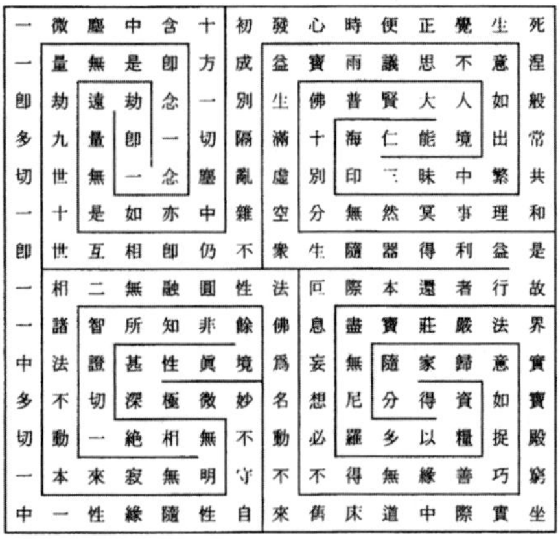

界圖) 등 다수의 저서가 있지만, 대부분 상실되었다(다만『화엄일승법계도』는 7언 30구의 시 부분은 지엄이 쓰고, 그림과 해석은 의상이 썼다고 하는 설도 있다).

의상의 중요성은 그가 당나라에서의 화엄철학 본거지로 가서 그 진수를 공부하고 화엄의 제1인자가 되었을 뿐만 아니라 스스로 독창적인 화엄철학을 구축하기도 했다는 점에 놓여 있다. 만약 그가 신라로 돌아오지 않고 당에 남았다면, 지엄의 후계자로서 중국에서의 화엄철학의 중추이자 그 사상적 발전의 중핵을 짊어졌을 것이라고 많은 불교학자들이 추측하고 있다(지엄의 뒤를 이은 것은 의상의 벗인 법장(法藏)이었다).

화엄사상이 신라 이후 고려 및 조선에서도 조선 불교의 철학적 중심의 위치를 견고히 차지해왔기 때문에, 의상의 역할은 특히 중요하다. 물론 조선 불교는 유식·선·천태(天台)·정토·밀교 등의 다양한 철학을 수용했지만, 신라 이후 현대 한국에 이르기까지 많은 시대에 그 중심을 차지한 것은 화엄이다. 중국 불교나 일본 불교와 비교할 때, 화엄의 영향이 특별히 가장 강한 것이 조선 불교라고 할 수 있을 것이다. 왜 조선 불교에서는 화엄이 계속해서 그 철학적인 중핵으로서 기능해왔던 것일까 하는 것에 대해서는 몇 가지 학설이 있지만, 결정적인 설득력을 지니는 것은 없다(뒤에서 논의).

의상의 『화엄일승법계도』는 화엄의 가르침을 독특한 방식으로 도식화한 것이며, 현대 한국에서도 많은 불교 신자들이 신봉하고 있다. 후에 조선 시대의 유학자인 이퇴계가 주자학의 가르침을 「성학십도」(聖學十圖)로 도식화했는데, 불교(화엄)에서 의상이 만든 그림과 유교(주자학)에서 이퇴계가 만든 그림은 조선이 산출한 2대 철학 그림이라고 할 수 있다.

이(理)철학의 시원

의상의 화엄학이 지닌 특징을 하나만 들자면, '이리무애'(理理無礙) 내지 '이리상즉'(理理相卽)을 주장한 것이다. 중국의 화엄학(징관(澄觀))에서는 사법계(事法界), 이법계(理法界), 이사무애법계(理事無礙法界), 사사무애법계(事事無礙法界)라는 네 개의 법계를 이야기하지만, 의상은 이리무애도 이야기했다.

> 삼승교(三乘敎) 안에서 분별의 병을 다스리고자 하여 사(事)를 회통하고 이에 들어갈 것을 종(宗)으로 이루기 위해, 만약 별교(別敎) 일승(一乘)에 의하게 되면, 이리상즉이면서 또한 사사상즉(事事相卽)도 얻어지고 또한 이사상즉(理事相卽)도 얻어진다.
>
> — 의상, 『화엄일승법계도기』(華嚴一乘法界圖記)

이 '이리상즉'이라는 관념에 대해서는 본성으로서의 이(공(空))와 제법(諸法) 각각의 이(공)가 상즉한다는 해석이 있다. 그때 전자가 주체가 되어 후자의 이를 상즉시킨다고 한다(김두진,* 『의상 — 그의 생애와 화엄사상』, 민음사, 1995).

덧붙이자면, 의상의 이리무애는 후대(고려 시대)의 균여(均如)에게 계승

된다. 의상-균여의 이리무애 논의가 나중의 조선 시대 주자학에서 일어난 다양한 논쟁(사단칠정〔四端七情〕 논쟁, 인심도심〔人心道心〕 논쟁, 인물성동이〔人物性同異〕 논쟁 등)에 영성적으로 이어져갔다고 하는 가설을 세우는 것도 그다지 무모하지는 않을지도 모른다. 화엄에서 본성으로서의 이(공)는 성리학에서 일리(一理)이고, 화엄에서 제법 각각의 이(공)는 성리학에서 만리(万理)에 가깝다. 요컨대 조선에서 이와 이의 관계를 주제적으로 캐묻는 틀은 불교와 유교의 벽을 넘어서서 신라 시대로부터 조선 시대 말기까지 연면히 이어진 것이라고 상상하는 것도 허용될 수 있지 않을까.

또한 일본의 가마쿠라(鎌倉) 시대 묘에보 고벤(明恵房高弁)은 화엄종의 흥륭을 의도했는데, 그는 의상을 존숭했다. 의상에 대한 오마주로서 화승인 조닌(成忍)과 슌가 법교(俊賀法橋)에게 「화엄종조사회전」(華嚴宗祖師繪傳, 화엄연기華嚴緣起)를 그리게 했다.

화엄사상

신라의 의상 이후 조선 불교에서 가장 중요시되어온 철학은 화엄이다. 물론 화엄 이외의 가르침도 적극적으로 받아들였지만, 특히 고려의 지눌(知訥) 이후에는 선과 화엄의 양축이 현대 한국에 이르기까지 많은 시대에 조선 불교의 중심이었다(시대에 따라서는 법화〔法華〕가 주류가 되기도 했다. 또한 민중의 신앙에서는 계속해서 정토〔淨土〕가 번성했다).

왜 조선에서는 화엄이 돌출된 지위를 유지할 수 있었을까? 여기서 이 문제를 조금 더 생각해보자.

신라 의상의 화엄사상에 대해 한국에서는 1970년대에 '전제왕권 이념설'이 강하게 주장되었다. 이것은 일본의 나카무라 하지메(中村元)*와 가마타 시게오(鎌田茂雄)*의 학설을 원용하여 화엄의 원융(圓融)사상은 전제왕권을 뒷받침하는 이데올로기라고 생각하는 것이다. 1970년대에 '전제왕권 이념설'을 최초로 주창한 것은 김문경(金文經)*이었다. 그는 화엄의 '일즉다, 다즉일'(一卽多, 多卽一)은 강력한 중앙집권적 국가를 필요로 하고, 또한 '일심, 유심'(一心, 唯心) 사상은 만물을 통섭하고자 하는 제왕이 사해(四海)를 지배하는 체제와 합치한다고 주장했다. 요컨대 화엄은 대중과는 유리되고, 왕실·귀족 세력과 밀착한 사상이라고 하는 것이다. 이후 한국을 대표하는 역사가인 이기백도 이 '전제왕권 이념설'에 입각하여 의상의 사상을 해석했다. 1980년대에 들어서서 이 '전제왕권 이념설'에 대한 반론이 제기되기 시작했는데, 그 논지는 '일즉다, 다즉일'이 전제왕권을 옹호하는 사상이 아니라 사회의 조화와 평등의 이론이었다고 하는 것이다(이상은 남동신,* 「의상 화엄사상의 역사적 이해」, 『의상의 사상과 신앙 연구』, 의상기념관 편집, 불교시대사, 2001에 따른다).

이 논쟁은 현재에 이르기까지 이어지고 있다. 덧붙이자면, '화엄은 조화와 평등의 사상'이라고 생각하는 논자 가운데는 "(화엄이 아니라) 유교야말로 전제왕권을 지탱하는 사상이다"라고 생각하는 사람이 많다. 여기서 우리가 주목해야 하는 것은 사상과 현실의 관계에 대한 이항대립적인 해석 경향이다. 요컨대 불교(화엄)와 유교의 어느 쪽이 전제주의적인가/수평 지향적인가라는 물음이 바로 이율배반적으로 추구되고 있는 것이다.

불교의 변천, 선(禪)의 유입

원측의 유식, 의상의 화엄, 그리고 원효의 십문화쟁(十門和諍)—신라의 불교는 바로 중국 불교의 최첨단의 현장과 호응하는 가운데 때때로 그것을 넘어서 전진하는 '생각'(生覺)이었다.

하지만 통일 신라 후기가 되면, 이 '생각'은 논리의 정치함이 아니라 현실의 고난 쪽으로 빠르게 눈을 돌리기 시작한다. 선과 미륵 신앙의 융성이 그것이다. 밀교도 유행했다. 밀본(密本), 명랑(明朗), 혜통(惠通) 등의 이름이 남는다.

박종홍은 불교계의 이러한 움직임과, 마찬가지로 신라 말기에 유행한 풍수설을 아울러 다음과 같이 해석한다. 현세의 고난을 극복하고자 할 때, 영원한 내세의 피안에서 그것을 구하는 것이 아니라 차안의 현실 세계에서 희망을 구하는 '미래상의 현세적 집약의 심화'야말로 한국 사상을 일관하는 토대다. 그리고 그 한국적인 결실로서 천도교의 '인내천'(人乃天, 사람이 곧 하늘, 제7장 참조) 사상이 있다는 것이다(『한국사상사(불교사상 편)』, 128~30쪽).

또한 신라 시대에는 중국으로부터 선이 유입되었다. 주로 육조(六祖) 혜능(慧能)의 남종선(南宗禪)이 당나라에 들어간 신라 승려들에 의해 전해졌다. 신라 시대에 선이 들어온 것은 그 후 조선 불교의 성격을 생각하는 데 중요하다. 왜냐하면 고려 시대 이후 교리는 화엄, 수행은 선이라는 두 개의 기둥에 의해 정비되었기 때문이다.

선은 신라 혜공왕 시대에 당으로부터 들어왔다고 한다. 신행(神行)이 북종(北宗)을 도입하고, 도의(道義)가 남종을 전래했다고 한다. 이 가운데 신수(神秀, 당)의 북종 계통은 조선에서는 발전하지 않으며, 육조 혜능의 남종 계통이 크게 발전하여 아래의 9산을 이루었다고 한다. 도의의 가지산(迦智山, 광주), 홍척(洪陟)의 실상산(實相山), 혜철(惠哲)의 동리산(桐裡山), 범일(梵日)의 사굴산(闍崛山), 현욱(玄昱)의 봉림산(鳳林山), 도윤(道允)의 사자산(獅子山), 무염(無染)의 성주산(聖住山), 지증(智證)의 희양산(曦陽山), 이엄(利嚴)의 수미산(須彌山, 해주)이 그것이다. 이 9산을 중심으로 하여 신라에서는 육조 혜능의 남돈(南頓, 돈오〔頓悟〕를 중시하는 남종〔南宗〕)이 성행했다. 이 흐름이 고려 시대 지눌에 이르러 조선 선의 최고 경지에 도달한다.

아미타 신앙·미륵 신앙

신라 시대뿐만 아니라 근대에 이르기까지 '정토종'(淨土宗)이라는 종파는 조선에 존재하지 않았다. 하지만 이것이 정토 신앙의 부재를 의미하는 것이 아님은 말할 필요도 없다. 오히려 신라 시대 이후 조선에서 정토 신앙은 열렬했다.

『삼국유사』에는 신라에서의 아미타 신앙의 실례를 많이 기술하고 있다. 또한 원효가 노래하고 춤추면서 촌락의 민중에게 불교를 전하고, 모든 백성이 '나무아미타불'을 부른다고 하는 『삼국유사』의 기사를 믿는다면, 원효의 시기에 이미 신라에서는 정토 신앙이 침투해 있었다고 할 수 있을 것이다. 이 때문에 "원효가 정토종을 열었다"는 속설이 상당히 널리 믿어지고 있다.

또한 신라에서는 아미타 신앙과 함께 미륵 신앙도 대단히 번성했다. 그것을 나타내기라도 하듯이 미륵보살반가사유상(彌勒菩薩半跏思惟像)도 신라에 많이 전해진다.

미륵하생(下生) 신앙은 화랑사상에 받아들여져 미륵이 화랑으로서 현세에 나타난다고 믿어졌다(뒤에서 논의).

또한 신라 말에는 미륵하생 신앙이 궁예(弓裔)라는 특이한 인물을 낳았다. 궁예는 스스로를 미륵불(彌勒佛)이라 칭하고, 조선반도 중부의 철원에 태봉(泰封)이라는 나라를 세우며, 스스로는 비단으로 장식한 백마에 올라타 향과 꽃을 든 남자아이와 여자아이를 앞장세우고 범패(梵唄)를 부르는 200명 이상의 비구승을 뒤쪽에 데리고 외출했다. 스스로 20여 권의 불경을 저술했지만, 그 내용은 요망했다. 석총(釋聰)이라는 승려가 그 점을 지적하자 궁예는 철추로 석총을 쳐 죽였다. 부인 강씨(康氏)가 지아비에게 간언하자 궁예는 노하여 부인의 음부를 쇠방망이로 찢어 죽였다. 청광보살(靑光菩薩)·신광보살(神光菩薩)이라고 이름 붙인 두 명의 자식도 죽였다(이상은 『삼국사기』 및 이능화,* 『조선불교통사』에 따른다).

궁예를 평하여 근대 한국의 철학자 박종홍은 '혹세무민'(惑世誣民)이라고 말하고 있으며, 한국에서 궁예에 대한 평가는 대개의 경우 '혹세무민'으로 끝난다. 그러나 신라 말이라는 난세에 왜 궁예와 같은 **매력적인** 인물이 태어났는가 하는 것은 유교적인 도덕적 통치의 이념으로부터 벗어나 다각도로 검토되어야 하는 것이 아닐까? 조선사에는 '부도덕하다'는 이유 하나만으로 '춘추의 필법'에 의해 '혹세무민'이라는 딱지가 붙고 그 이상의 해명과 해석이 중단되어버리는 대상이 수없이 존재한다. 궁예도 그 가운데 한 사람이며, 역사 연구나 사상 연구는 유교적 도덕관으로부터 어서 해방되지 않으면 안 된다.

6. 신라의 불교 이외의 사상

화랑의 사상

화랑(花郎)이란 신라에서 청년 귀족 전투 집단의 장이었다. 평시에는 산과 물에서 유락과 수행을 하고 전시에는 솔선하여 싸우는 아름다운 청년 집단이 화랑도(花郎徒)인데, 화랑은 그 지도자다. 6세기 전반에 처음으로 등장하며, 신라 멸망까지 존속했다. 그 사이에 화랑이 된 자는 약 200명이라고 말해지며, 화랑도는 한 사람의 화랑마다 수백 명에서부터 천 명에 달했다고 한다.

여기서는 화랑을 노래한 향가(신라 시대의 가요)를 두 수만 소개하고자 한다. 『삼국유사』에 수록되어 있다.

우선은 기파랑(耆婆郎)이라는 화랑을 기리는 향가다. 잘 다듬어진 미의식과 차가운 에로티시즘이 그윽한 향기가 풍기는 시어에 깊은 '생명'을 부여하고 있다.

구름을 활짝 열어젖히매
나타난 달이

흰 구름을 쫓아 떠나니 어디인가
새파란 강물에
기파랑의 얼굴이 비쳐 있구나
여울내 물가에
임이 지니시던
마음의 끝을 좇고 싶구나
아아, 잣나무 가지가 높아서
서리조차 모르실 화랑이시여.

―『삼국유사』

또 한 수는 죽지랑(竹旨郎, 죽만랑〔竹曼郎〕이라고도 한다)이라는 화랑의 부하인 득오(得烏, 곡오〔谷烏〕라고도 한다)가 죽지랑에 대한 은의(恩義)와 연심을 아름답게 노래한 것으로, 아마도 여기에는 싸움을 임무로 하는 아름다운 남자들의 불타오르는 듯한 사랑의 마음이라는, 후세에 일본의 무사가 체현하고 있던 심성의 원형이 놓여 있다.

간 봄을 그리워함에,
모든 것이 울면서 시름하는구나.
아름다움을 나타내신
얼굴에 주름살이 지려 하는구나.
눈 깜짝할 사이에
만나보게 되리.
낭이여, 그리워하는 마음에 가는 길
다복쑥 우거진 구렁에서 잠을 잘 수 있는 밤도 있으리

―『삼국유사』

화랑의 사상은 유·불·선(도)의 3교를 합일한 것이고, '풍류'(風流)라고 말해졌다(실제로는 이 3교 이외에 샤머니즘도 섞여 있다).

신라에서 미륵하생 신앙이 번창하자 화랑과 미륵이 혼연일체가 되어 인식되었고, 화랑 그 자체가 신앙의 대상이 되었다. 예를 들어 진지왕(576~79) 때에 흥륜사(興輪寺)의 승려는 미륵불 앞에서 "원컨대 화랑으로 화신하여 이 세상에 나타나 주십시오"라고 간절히 기도했다. 마침내 한 승려가 꿈에 나타나 "웅천(熊川) 수원사(水源寺)로 가면 미륵선화(彌勒仙花)를 만날 수 있다"라고 알렸다. 승려가 수원사로 가자 문밖에 용모가 수려한 미소년이 서 있었다. 산의 영의 이야기에 따르면 그 미소년이야말로 미륵선화였다(『삼국유사』). 김사엽에 따르면, 신라어에서는 '꽃'(花)과 '용'(龍, 룻)이 거의 같은 음이며, 또한 '용'을 나타내는 또 하나의 말인 '미르'는 '미륵'(彌勒)과 통한다. 요컨대 꽃 = 용 = 미륵인 것이다.

덧붙이자면, 제2차 세계대전 이전의 전형적인 야마토(大和) 민족 중심사관을 대표하는 일본의 역사가 아유카이 후사노신(鮎貝房之進)*은 다음과 같이 말하고 있다. 화랑도는 신라의 고유한 민족성의 발로이기는 하지만, 신라 요컨대 현재의 경상도 땅에서 가장 주요한 민족은 야마토 민족이었기 때문에, "충의를 위해 죽기를 택한다"는 '화랑 기질'은 야마토 민족의 '의협적이고 삶을 아끼지 않는' 기질 그 자체라고 하는 것이다(鮎貝, 「花郎攷」). 이는 전형적인 일선동조론(日鮮同祖論)이며, 식민지 사관이라고 말할 수 있다.

신라의 대학자 최치원은 화랑에 관해 '실내포함삼교, 접화군생'(實乃包含三敎, 接化群生)이라고 말했다(「난랑비서」(鸞郎碑序)). 화랑의 사상적 본질은 유교·불교·도교의 3교를 포함한 것이라는 뜻이다. 그런데도 앞에서 말한 아유카이는 "화랑도의 퇴폐는 전적으로 3교의 접화 때문"이라고 한다(鮎貝, 「花郎攷」). 아유카이에 따르면 유교·불교·도교 경전의 현란한 문장에 심취해버린 신라인은 원래 지니고 있었던 "자랑해야 할 성정과 습속을 완전히 방기"해버렸다. 그 때문에 화랑도가 쇠퇴해버렸다는 것이다. 세계대전 이전에 일본의 국수주의적 사상가가 조선의 사상을 어떤 시각에서 보고 있었는지가 여실히 나타나 있는 견해라고 할 수 있을 것이다.

최치원 · 설총

최치원(崔致遠, 858~?, 호는 고운〔孤雲〕· 해운〔海雲〕, 경주 최씨의 시조)은 신라가 낳은 국제적인 대학자다. 그는 어린 나이에 당나라로 유학을 떠나 과거에 합격하고 거기서 활약했다. 특히 문장에 뛰어났다. 하지만 신라로 귀국한 후에는 뜻을 얻을 수 없었으며, 방랑과 시 짓기를 즐겼다.

최치원의 (앞에서 언급한) '접화군생'(接化群生)이라는 말이야말로 이 민족의 '한적 영성'을 가장 짧고 적확하게 표현한 것이라고 하는 이가 현대 한국의 철학자인 김태창이다. 김태창은 '접화군생'을 "접하여 화하게 하면 군생한다"로 읽고, '접'이란 '중심과 중심이 마주치는 것'이며, '화'는 '변하는 것', '군생'은 '여러 가지 존재가 생겨난다'라는 의미라고 한다. 그리고 이것이야말로 궁극의 생명사상인 한국 고유의 '한적 영성'의 표현이라고 한다.

또한 현대 한국의 시인 김지하(金芝河)는 19세기 말의 동학이 자신들의 자치 단위를 '포'(包)와 '접'(接)이라고 부른 것은 최치원의 '포함삼교, 접화군생'으로부터 취한 것이라는 설을 주장했다. 이 설은 동학 역사 연구자로부터는 부정되고 있지만, 최치원의 '포함삼교, 접화군생'이라는 말의 영향력의 크기를 이야기해준다.

설총(薛聰, 생몰연대는 알려져 있지 않다. 호는 빙월당〔氷月堂〕)은 원효가 신라의 공주와의 사이에서 낳은 아들이다. 설총은 희대의 천재라고 하며, '신라십현'(新羅十賢)의 한 사람으로 여겨진다. 그의 업적은 수없이 많지만, 특히 중요한 것은 방언(신라어)의 실제 음으로 중국 및 신라의 풍속과 사물의 이름 등을 모두 설명하고, 또한 육경(六經)을 훈해(訓解)했다고 하는 점이다. 신라어를 한자로 표현하는 방법은 일본의 만요가나(萬葉假名)와 통한다. 또한 한문을 신라어의 문법에 따라 읽는 방법은 일본의 훈독(訓讀)과 통한다. 『삼국유사』에서는 "지금에 이르기까지 해동에서 경전의 해명을 업으로 하는 자들은 이것을 전수하길 끊임없이 하고 있다"라고 하고 있기 때문에, 그것은 고려 말기까지는 전해지고 있었던 듯하다. 하지만 유감스럽게도 설총의 저작은 상실되었다. 신라어의 자료로서 가장 중요한 저작이 상실된 것으로, 되찾을 수 없게 흩어져 없어졌다.

풍수지리

신라 말의 도선(道詵, 827~98)은 선종의 승려이자 동시에 조선 풍수의 시조로 여겨진다. 하지만 최창조에 따르면, 조선에는 도선 이전에 이미 풍수사상이 유입되어 있었기 때문에, 도선을 조선 풍수의 시조라고 하는 것은 잘못이다(『한국의 풍수사상』, 49쪽). 확실히 『삼국사기』에 따르면, 신라 건국 초기에 석탈해(昔脫解)가 이미 풍수지리(風水地理)에 의해 길지(吉地)를 찾았다고 한다. 그러나 풍수지리 사상이 정리된 형태로 조선에서 강력하게 실천된 것은 역시 도선에서부터라고 하는 학자도 있다.

도선의 영향력은 절대적이었다. 그는 어디까지나 불교 승려이며, 조선에서 기도(祈禱) 불교의 시조라고도 말해진다. 불교와 풍수지리의 조화라고도 할 수 있는 설을 주창한 도선은 조선의 인심의 부패, 국운의 쇠미, 천재(天災)의 다발을 반도의 지형과 지세 탓으로 보았다. 그리하여 사탑(寺塔)을 약쑥으로 간주하여 산천의 지형이 나쁜 장소에 사탑을 세우면 국운이 회복된다고 말하고, 조선 전역의 곳곳에 사탑을 건립하고 불상을 설치했다.

7. 신라의 문학과 예능

향찰—신라어의 표기 방법

신라의 문화에서 특별히 언급해야 하는 것은 자신들의 언어를 한자로 표기하는 방법을 고안해냈다는 점이다. 일본의 만요가나와 비슷한 표기 방법이다. 이것을 향찰(鄕札)이라고 한다. 향찰로 쓰인 시가(향가)가 현존하기 때문에, 신라의 언어에 대해 (유감스럽게도 전반적이라고는 말할 수 없지만) 부분적으로는 알 수 있다.

향찰은 명사와 용언 등의 중요한 많은 부분은 한자어로 표현하며, 주로 조사나 연체형, 부사, 종결어미 등을 한자의 음을 빌려 표기하는 것이다. '온'(穩)은 조사인 '은'을 표기한 것이고, '위리고'(爲理古)는 종결 어미인 '~하고'를 표기한 것이라는 등이다. 예를 들어 '거온춘'(去穩春)이라는 향찰에서 '거', '춘'은 한자 그대로의 '가다', '봄'을 뜻하며, '온'은 신라어의 용언 연체형을 한자음을 빌려 표기한 것이다('去穩春'은 '가는 봄'의 뜻이게 된다). 따라서 이 향찰로부터는 '가다', '봄'이라는 의미의 말이 신라어로 어떠했는지는 알 수 없다.

또한 일본의 『만요슈』(萬葉集)처럼 풍부한 작품이 남아 있는 것은 아니기 때문에, 신라어의 복원은 완전하게는 이루어질 수 없다. 그럼에도 고구려나 백제의 문학 작품이 거의 현존하지 않는 것과 비교하면 특기할 만하다.

향찰은 후세에 이두(吏讀), 구결(口訣)이라는 한문 훈독법으로 계승되지만, 한문을 읽는 주된 방법이 훈독이 아니라 음독으로 되어가는 것과 더불어 향찰의 사상('한자어에 조선어를 섞어 넣는 글'이라는 방법)은 조선에서 쓰이지 않게 되고 한문 음독법의 순수화가 진행된다. 일본에서 헤이안(平安) 시대 이후 한자·한문과 가나의 세계가 양립해가는 것과는 전혀 반대의 방향성이었다.

덧붙이자면, 신라의 문학으로서는 향가(鄕歌)가 가장 중요하다. 향가는『삼국유사』에 여러 편 기록되어 있다.

신라의 예능

신라악(新羅樂) 451년(인교〔允恭〕 천황 42년)에 80명으로 이루어진 악대와 함께 일본에 전해졌다(『日本書紀』). 백제로부터 일본에 백제악이 전해지는 것보다 1세기나 앞선 일이었다.

신라의 검무희(劍舞戲)는 훨씬 후세인 19세기의 경주에서 최제우가 동학을 시작했을 때에 춘 검무와 연결되어 있을 것이다. 문헌상으로는 전통의 계승을 확정하기가 어렵지만, 신라의 연고지에서 화랑의 세계관과 밀접하게 결부된 검무의 영성이 19세기에 이르기까지 연면히 지하수로처럼 계속되어왔다고 생각할 수도 있을 것이다.

또한 신라악의 처용가(處容歌) 무희는 고려 왕조와 조선 왕조에서 궁중 연회의 상연 목록이 되고, 현재에 이르기까지 계승되고 있다는 의미에서 특히 중요하다. 이 가무의 원형은 유명한 처용설화로부터 채택되었다. 신라왕(헌강왕)이 동해용왕(東海龍王)의 아들인 처용에게 왕의 정사를 보필하게 하고 아름다운 여인에게 장가들였다. 그러나 처용의 처가 너무나 아름다웠던 까닭에, 역신(疫神)이 남몰래 연모하여 사람의 모습으로 화해 처용이 없는 밤에 몰래 침상에 들어와 동침했다. 처용이 밖에서 돌아오자 침상에 두 사람이 자고 있었다. 그것을 본 처용은 노래를 불렀다.

> 동경 밝은 달에
> 밤드리 노닐다가
> 들어와 자리 보니
> 다리가 넷이어라
> 둘은 내 것이런만

둘은 뉘 것인고
본디 내 것이다만
빼앗긴 걸 어찌하릿고

이와 같이 노래하고 나서 처용은 춤을 추며 집에서 밖으로 나갔다. 그러자 역신이 본래의 모습으로 돌아와 처용 앞에 무릎을 꿇고 말했다. "제가 당신의 아내를 사모해 오늘 밤 범했습니다. 그런데도 당신은 이것을 보고도 성난 기색을 보이지 않았습니다. 나는 당신에게 참으로 감복했고 아름다운 마음을 보았습니다. 이후로는 당신의 모습을 그림으로 그려놓은 것을 보게 되면, 결코 그 집 문 안으로 들어가지 않을 것을 맹세합니다." 이 일이 있고나서부터 신라에서는 사람들이 자기 집 문에 처용의 모습을 붙여놓았으며, 사악한 것이 집에 들어오는 일 없이 복만을 맞아들였다.

위와 같은 것이 『삼국유사』에 기록된 처용랑의 설화인데, 조선에서는 왕조가 바뀌어도 이 설화가 유달리 사랑받았다. 고려 왕조에서는 불교적인 각색으로 이야기가 만들어졌고, 조선 왕조에 이르기까지 역대 왕궁에서 가무의 주요한 상연 목록 가운데 하나가 되었다. 처용무는 현대 한국에서도 활발히 공연되고 있는 대표적인 춤이다.

제4장

고려

1. 약사(略史)와 문화

약사

918년, 왕건(王建)이 고려를 건국했다. 왕건은 본래 철원을 중심으로 하여 마진국(摩震國)·태봉국(泰封國)을 세운 궁예의 부하였다. 왕건은 다음 해 송악(松嶽, 개성)에 도읍을 정하고, 개경(開京)이라 명명했다. 왕건은 후백제의 견훤과 격렬한 세력 다툼을 벌였지만, 935년에 이를 격파하며, 후백제는 멸망했다. 이미 같은 해에 신라가 고려에 항복했기 때문에, 고려는 후삼국(후백제·태봉=후고구려·신라)을 통일한 것이 된다. 926년에 발해가 거란(契丹)에게 멸망당했기 때문에, 고려의 영토는 신라의 그것보다 북방으로 늘어났다. 서로는 압록강까지 이르렀지만, 동으로는 현재의 함흥 근처까지밖에 이르지 못했다.

태조(太祖, 왕건)는 지방 호족 세력을 견제하는 데 힘을 기울였고, 그 노력은 후대에도 계속되었다. 하지만 고려는 북방으로부터 이민족의 침략과 내부의 호족에 의한 반역으로 마지막까지 고생했다.

993년, 거란의 대군이 고려에 침입했다. 일단은 화약을 맺었지만, 거란은 1010년에 또다시 대군을 보내 침략하고 개경을 점령했다. 그때의 왕 현종(顯宗)은 나주로까지 피난했다. 거란은 한 차례 퇴각했지만, 또다시 1018년에 침략해 왔다. 이에 맞서 고려는 방어전을 펼치고 퇴각하는 거란군을 압록강 부근의 귀주(龜州)에서 격파했다. 그 후 고려는 거란과의 국경에 천리장성을 쌓았다.

여진(女眞)족의 한 부족인 완안부(完顔部)가 1115년에 금(金)을 건국했다. 금은 1125년에 거란을 멸망시키고, 이어서 송(宋)의 수도 변경(汴京, 현재의 카이펑〔開封〕)을 함락시켰다. 고려는 이 금에게 사대(事大)의 예를 갖추게 된다.

1170년에 무신(武臣)의 난이 일어난다. 권력의 중추에 있던 문신(文臣)의 횡포에 맞서 지위가 낮았던 무신이 반기를 든 것이다. 그러나 이번에는 무신들이 서로 죽이게 되었다.

1196년에 최씨 무신 정권이 탄생하여 실권을 쥐었고, 고려 왕가는 힘을 잃었다. 최씨 무신 정권은 1258년까지 이어진다.

1206년에 몽골의 테무친(Temuchin)이 칭기즈칸(Genghis Khan)이 된다. 1231년에는 몽골군이 고려를 침공하고, 그 후 1259년까지 여섯 번에 걸쳐 고려는 몽골의 침입을 받는다. 1232년에 고려는 도읍을 개경에서 강화도로 옮기고, 여기서 몽골에 대한 항전을 계속했다. 하지만 강화파가 1258년에 최씨 정권을 무너뜨리고, 1270년에 고려왕을 부활시켰다. 이에 항전파는 강화도를 나와 남쪽의 진도, 나아가서는 제주도로 거점을 옮겨 항전했다. 삼별초(三別抄)의 난이라고 한다. 하지만 몽골과 고려 연합군에 의해 1273년에 진압되었다. 몽골과 고려 연합군은 삼별초군을 격파한 후, 다음 해 곧바로 일본을 덮쳤다. 일본에 대한 공격은 1274년과

표 5. 고려의 왕조(년 수는 재위년)

1	태조(太祖)	918~43
2	혜종(惠宗)	943~45
3	정종(定宗)	945~49
4	광종(光宗)	949~75
5	경종(景宗)	975~81
6	성종(成宗)	981~97
7	목종(穆宗)	997~1009
8	현종(顯宗)	1009~31
9	덕종(德宗)	1031~34
10	정종(靖宗)	1034~46
11	문종(文宗)	1046~83
12	순종(順宗)	1083
13	선종(宣宗)	1083~94
14	헌종(獻宗)	1094~95
15	숙종(肅宗)	1095~1105
16	예종(睿宗)	1105~22
17	인종(仁宗)	1122~46
18	의종(毅宗)	1146~70
19	명종(明宗)	1170~97
20	신종(神宗)	1197~1204
21	희종(熙宗)	1204~11
22	강종(康宗)	1211~13
23	고종(高宗)	1213~59
24	원종(元宗)	1259~74
25	충렬왕(忠烈王)	1274~1308
26	충선왕(忠宣王)	1308~13
27	충숙왕(忠肅王)	1313~30/1332~39
28	충혜왕(忠惠王)	1330~32/1339~44
29	충목왕(忠穆王)	1344~48
30	충정왕(忠定王)	1349~51
31	공민왕(恭愍王)	1351~74
32	신우(辛禑)	1374~88
33	신창(辛昌)	1388~89
34	공양왕(恭讓王)	1389~92

1281년의 두 차례에 걸쳐 이루어졌다.

원(元)은 1260년에 즉위한 쿠빌라이(Kubilai Khan) 이후, 고려에 대해 융화책을 썼다.

1368년에 주원장(朱元璋)에 의해 명(明)이 세워졌다. 고려에서는 친원파와 친명파의 대립이 격화하게 된다. 친원파인 최영(崔瑩) 등은 우왕(禑王)을 옹립했다. 우왕과 최영은 요동 원정을 계획했고, 이성계(李成桂) 등을 지휘관으로 하여 공격을 명했다. 친명파인 이성계는 이 계획에 반대했지만 우왕은 출격을 명했다. 이성계 등의 지휘관은 대군을 이끌고 출격했으나, 압록강 하구의 위화도에서 머물렀다. 그리고 마침내 군을 개경으로 되돌려 역으로 최영을 격파하고, 우왕과 최영을 추방했다. 이 쿠데타를 '위화도 회군'이라고 한다. 우왕의 뒤를 이은 창왕(昌王)도 추방되고, 그 후의 공양왕도 추방되어 이성계에게 정권을 건네주고, 선양(禪讓)이라는 형식으로 고려 왕조는 멸망했다. 사실상의 역성(易姓) 혁명이다. 덧붙이자면, 패장인 최영은 조선 샤머니즘의 세계에서는 현대에 이르기까지 조선의 역사상 가장 원념(怨念)의 힘이 강한 인물로 여겨져 경외와 두려움의 대상이 되었다(표 5 참조).

문화

고려 시대는 거란·금·원의 침입을 받는다든지 왕과 문신이 방일과 향락에 흐른다든지, 무인 정권이 확립된다든지, 지방 호족이 제멋대로 할거한다든지 하는 등, 정치적으로는 혼란의 연속이었다. 하지만 문화면에서는 세계적으로 보아 특기해야 할 여러 가지 꽃피움이 있는 시대였다.

먼저 가장 특별히 언급해야 할 것은 불교 경전을 가능한 한에서 모아 편집하고 인쇄하는 대사업이 행해졌던 일이다. 현종 22년부터 60~70년에 걸쳐 대장경(大藏經)을 새겨 만들었다. 이것을 초조본(初雕本, 제1차 대장경)이라고 한다(1082년 완성). 그러나 몽골의 침략 때에 불타 없어졌다. 고종 23년에는 제2차 고려판 대장경(재조본〔再雕本〕)의 출판 사업이 행해졌다(1251년 완성). 한국의 해인사(海印寺)에 현존하는 이 재조본(제2차 판)은 그 아름다움, 정치함, 망라성 등의 모든 면에서 동아시아의 불교 경전 집성본 가운데 백미라고 불린다. 바로 인류가 자랑해야 할 유산이다. 이 대사업이 평화시가 아니라 국가의 일대 위기 때에 불교의 진리의 힘에 의해 그 위기로부터 탈출하고자 하는 '기도'의 사업이었다는 점도 기억해야 한다. 이 고려대장경은 중국과 일본에도 커다란 영향을 주었다. 일본에서 다이쇼(大正)로부터 쇼와(昭和) 시대가 되어 이루어진 대장경 인쇄 사업(『대정신수대장경』〔大正新脩大藏經〕)도 기본적으로 이 고려대장경을 토대로 하고 있다(다만 이 일본판에는 오자〔誤字〕가 많다).

또한 고려 시대에 금속활자가 만들어진 일도 특별히 언급할 만하다. 1377년에 청주의 흥덕사(興德寺)에서 인쇄된 『백운화상초록불조직지심체요절』(白雲和尙抄錄佛祖直指心體要節)은 현존해 있는 금속활자 인쇄본 가운데 세계에서 가장 오래된 것이다. 신성로마제국의 요하네스 구텐베르크(Johannes Gutenberg)가 금속활자로 활판 인쇄를 한 것(1430~40년대)보다 빠르다. 다만 이 인쇄본은 현재 프랑스 국립 도서관에 있다. 한국에서는 원본의 반환을 요구하는 움직임이 있다.

고려청자 역시 이 시대 기술의 높이를 나타내는 아름다움의 결정체다. 그 푸름이 보여주는 정신성의 높이는 고고한 빛을 발한다.

여기까지는 일본이나 한국에서 간행되고 있는 모든 역사 개설서에 '고려 문화의 정화'로서 쓰여 있는 것들이다. 하지만 실은 어떠한 역사서에도 쓰여 있지 않은 중요한 것이 있다. 그것은 고려 왕실의 방일(放逸)과 향락이다. 앞에서 말했듯이 끊임없는 외부로부터의 침략에 의해 고려는 언제나 국가 존망의 갈림길에 서 있었음에도 불구하고, 왕실 및 문신들은 때때로 향락에 빠졌다. 의종과 충렬왕이 그 대표적인 경우다.

이것은 무엇을 의미하는 것일까? 나로서는 거기에서 왕과 문신의 절망적인 니힐리즘을 본다. 이 니힐리즘은 문화적으로 반드시 호사스럽거나 절미한 '무언가'를 산출할 것이다. 그러나 그들이 만든 건조물은 남아 있지 않으며, 궁중에서 불리던 가요도 단편적으로만 남아 있다. 더 나아가 유감스러운 것은 한국에서도 일본에서도 고려의 집권 중추부에서의 이와 같은 니힐리즘에 올바른 가치를 부여하여 평가하는 사람이 전혀 없다는 점이다. 고려 왕실과 문신의 방일과 향락에 대해서는 모든 역사서가 규탄조로 비판하고 있다. 확실히 그들의 니힐리즘은 유교적인 의미에서는 '부도덕한' 행위였을 것이며, 또한 나라를 멸망시키는 간접적인 원인이 되기도 했다. 하지만 역사적인 사태를 국가나 도덕이라는 가치로부터 분리하여 평가하는 축이 한국과 북조선에 전혀 없다는 점이 자민족의 역사를 너무나도 단조롭게 유교적으로밖에 그릴 수 없는 이유라고 생각한다.

예를 들어 일본에서는 헤이안 시대의 후지하라(藤原)씨나 가마쿠라 시대의 미나모토노 사네토모(源實朝) 또는 무로마치(室町) 시대의 아시카가 요시마사(足利義政) 등의 니힐리즘을 국가와 도덕과 정치라는 가치로부터 분리하여 평가하는 축이 확고하게 존재한다(존재하지 않으면 안 된다). 그것은 문화를 해석하는 행위의 의미와 연결되어 있다. 문화를 도덕적 가치나 국가·민족적 가치로부터 분리하여 보는 훈련이 일본에는 침투해 있지만, 한국이나 북조선에서는 거의 성립해 있지 않은 것이다. 따라서 한국이나 북조선의 역사서는 어느 것이든 다 서술이 단조롭고 '춘추필법'(春秋筆法)으로 되고 마는 것이다.

'춘추필법'이란 유교에서의 역사 서술 방법론이다. 역사에서 누가 선이고 누가 악인지를 명확히 분류하고 악을 규탄하는 것이 올바른 역사기술이라고 생각하는 방법론이다. 한국과 북조선, 나아가 재일 조선인과 조선사를 전문으로 하는 일본인이 쓰는 조선의 역사들 가운데 이 '춘추필법'으로부터 벗어나 있는 것은 적다. 지적 태만이라고 해도 좋을 것이며, 조선사라는 학문 분야가 여전히 유교적인 도덕 지향성으로부터 자립해 있지 않다는 것을 보여준다.

이로 인해 무슨 일이 일어나는 것일까? 조선의 문화나 사상을 일면적으로만 보아야 한다는 이데올로기가 강화됨으로써 문화나 사상을 보는 눈길을 스스로 빈곤하게 만드는 사태가 계속해서 일어난다.

2. 불교

고려 시대 불교의 특징

신라 시대로부터 이어지는 불교의 정화는 고려 시대에 이르러 극히 융성하게 된다. 하지만 고려의 불교에는 신라의 그것과는 분명히 다른 특징이 있었다.

하나는 국가에 의한 불교의 제도화다. 신라 불교 역시 국가와의 관계가 대단히 깊고, 기본적으로 진호국가(鎭護國家, 불교의 교법〔敎法〕으로 난리와 외세를 진압하고 나라를 지킨다는 사상)라는 성격을 지니고 있었다. 하지만 고려는 그에 더하여 불교를 적극적으로 국가 제도 속에 깊이 짜 넣었다. 과거에 불교 승려를 위한 승과(僧科)를 설정한 것이 그 전형적인 예다. 불교가 국가에 의해 극진히 보호되고 승려 및 사원은 군역을 면제받았기 때문에, 호족과 개인이 다투어 절을 만들고 승려가 되는 사태가 일어났다. 이 혼란을 수습하기 위해 국가는 불교를 통제하고 제도화했던 것이다.

또 하나는 불교의 샤머니즘화, 도교화다. 본래 태조 왕건이 불교를 보호한 배경에는 건국 과정에서 도선이 초인적인 움직임을 보여주었다고 하는 신앙이 태조에게 있었기 때문이다. 도선은 불교 승려이기는 했지만, 풍수지리의 달인이기도 했다. 또한 거란의 침공에 맞서 선승(禪僧) 여철(如哲)이 풍수지리설과 불교를 뒤섞어 영험이 뚜렷한 선(禪)을 신봉하면 '북병자각'(北兵自却)의 공이 있을 거라고 설파하고(북병이란 거란군을 가리킨다), 국내에 500개의 선사(禪寺)를 열게 하는 일도 있었다. 북방으로부터의 위협에 대한 공포심을 불식한다든지 '가지기도'(加持祈禱, 밀교에서 병이나 재난, 부정 따위를 면하기 위하여 신불에게 드리는 기도) 할 때에 불교의 힘, 즉 불력(佛力)이 독실하게 신봉되었던 것이다.

고려는 위대한 승려를 수많이 배출했다. 대표적인 승려는 다음과 같다.

제관법사(諦觀法師, ?~961 또는 970년경). 천태(天台). 그의 『천태사교의』

(天台四教儀)는 명저로 여겨지며, 중국과 일본에도 영향을 끼쳤다.

균여대사(均如大師, 923~73). 화엄(華嚴). 신라의 의상을 이어받아 '이리무애'(理理無礙)를 이야기한다.

의통조사(義通祖師). 중국 천태의 제16대조, 천태를 중흥.

대각국사(大覺國師, 1055~1101, 의천〔義天〕). 고려 천태종.

보조국사(普照國師, 1158~1210, 지눌〔知訥〕). 고려 선, 정혜쌍수(定慧雙修).

원묘국사(圓妙國師, 1163~1245, 요세〔了世〕). 백련결사(白蓮結社). 천태의 지관(止觀, 마음을 고요히 하여 진리의 실상을 관찰하는 불교의 대표적인 수행 방법 가운데 하나)과 염불을 결합.

진각국사(眞覺國師, 1178~1234, 혜심〔惠諶〕). 간화선(看話禪, 불교에서 선 수행 방법 가운데 화두를 들고 수행하는 참선법), 수선사(修善社).

일연선사(一然禪師, 1206~89, 보각국사〔普覺國師〕).

부암화상(浮庵和尙). 서민 불교운동을 전개. 선을 비판하고, 천태지관에 의한 선.

백운화상(白雲和尙, 1299~1374, 경한〔景閑〕). 무심무념(無心無念) 선을 주창했다. 현존하는 가장 오랜 금속활자본인 『직지심체요절』의 저자.

태고화상(太古和尙, 1301~82, 보우〔普愚〕). 조계종(曹溪宗)의 종조(宗祖)를 지눌로 볼 것인가 태고로 볼 것인가 하는 논쟁이 있다. 임제종(臨濟宗)의 간화선.

뇌옹화상(瀨翁和尙, 1320~76, 혜근〔惠勤〕). 임제종의 간화선.

무학대사(無學大師, 1327~1405, 백초〔白超〕). 조선 시대에 걸쳐 활약했다. 간화선.

종파

본래 삼국 시대 및 통일 신라에서도 조선 불교에는 종파라는 관념이 결여되어 있거나 아니면 대단히 희박했다. 앞 장에서 말했듯이 통일 신라 시대에 5교종 및 9산 선문(禪門)이 형성되었지만, 이것이 명확한 종파로서 서로 배타적으로 자립했는지에 대해 한국의 학자들은 회의적이다. 조선 불승의 전형적인 모습은 오히려 신라 원효의 그것일 것이다. 그의 철학은 화엄·유식·삼론·정토를 가로지르는 것이었다. 초기의 선마저도 포섭하고 있다. 그는 특히 스스로의 종파를 내세우지 않았다("원효가 정토종을 열었다"라고 흔히 믿어지기는 하지만 이는 근거 없는 속설이다). 이와 같은 자세가 조선 불교의 한 전형이었다. 물론 각각의 승려가 스스로의 철학의 중심으로 삼는 교리는 승랑이라면 삼론, 의상이라면 화엄이라는 식으로 엄연히 존재했다. 하지만 그렇다고 해서 삼론종이나 화엄종을 내걸면서 오로지 그것만을 수련하는 스타일로 되지는 않았다(다만 의상은 해동 화엄종을 열었다고도 말해진다). 이 점이 중국과 다른 것은 물론이고, 같은 시기(나라 시대, 헤이안 시대)의 일본 불교와도 다른 모습이다.

하지만 고려 시대가 되자 양상은 변했다. 명확히 종파가 등장했다.

1101년의 「대각국사묘지명」(大覺國師墓誌銘)이 조선에서의 불교 종파에 관한 기록들 가운데 가장 이른 것이라고 여겨진다(김영태, 『한국 불교사』, 87쪽). 여기에는 계율종(戒律宗), 법상종(法相宗), 열반종(涅槃宗), 법성종(法性宗), 원융종(圓融宗), 선적종(禪寂宗)의 6종이 기록되어 있다. 대각국사(의천)가 천태종(天台宗)을 개창했기 때문에, 대각국사 이후에는 7종으로 되며, 나아가 명칭도 변했다.

이상과 같이 고려 불교가 지닌 특징의 한 방향은 그 종파화이지만, 다른 한편으로 그것과는 반대되는 통합화라는 현상도 일어난다. 이에 대해서는 의천 및 지눌 항에서 이야기하고자 한다.

균여

신라 의상의 이리무애(理理無礙)를 이어받은 것이 균여(均如, 923~73)다. 의상의 '이리상즉'(理理相卽)과 마찬가지로 균여의 '이리무애'라는 관념에 대해서는 다양한 해석이 있다. 대표적인 것들 가운데 하나는 이리(理理)라고 말할 때에 이 두 가지 이(理)에는 층위의 다름이 있다고 하는 것이다. 요컨대 전체에 두루 편재하는 이(법신리〔法身理〕)와 차별상적인 이(오신리〔吾身理〕)가 융즉무애(融卽無礙)의 관계에 있다고 하는 것을 말했다고 하는 견해다. 이것은 주자학에서 이일분수(理一分殊)의 이론과 흡사한 것이게 된다. 하지만 또 하나의 학설은 이 두 이에 층위의 차가 없고, 어느 쪽이든 전체적인 이를 이야기했다고 하는 것이다(김두진, 『균여 화엄사상 연구』, 208~13쪽).

의천

의천(義天, 1055~1101)은 제11대 국왕 문종의 넷째 왕자다. 대각국사(大覺國師)라고 칭해진다. 11세에 출가하며, 1085년에 송(宋)나라로 건너가 화엄, 천태, 율(律), 정토, 선 등을 폭넓게 배우고 다음 해 귀국했다. 1097년에 천태종을 열었다. 숙종 시대였다.

의천은 대대적인 문헌 수집 사업으로도 유명한데, 요(遼), 송, 일본으로부터 4,000여 권의 장소(章疏, 불교의 주석서)를 수집하고, 국내의 문헌도 모아 간행했다.

조선에서 천태의 가르침은 삼국 시대부터 있었지만, 천태종은 고려 시대에 의천에 의해 열렸다. 천태종의 근본 도량은 국청사(國淸寺)이며, 전국에 6대 본산을 소유하고, 고려 시대를 통해 번성했다.

한국에서는 의천의 공적으로서 그의 통합 지향을 드는 학설이 유력하다. "의천의 영향에 의해 종래의 수많은 종파들 가운데 화엄(교)과 천태(선)의 두 종(宗)만이 남아 번영해갔다"(김사엽, 『한국문학사』, 165쪽). 이러한 통합 지향은 뒤에서 이야기하는 지눌의 경우에도 두드러지게 나타나며, 고려 불교의 가장 커다란 특징의 하나라고 말할 수 있다. 일본의 나라(奈良) 불교가 화엄과 유식(법상〔法相〕) 등으로 분리된 채로 현재에 이르기까지 각 종파(사원)의 독립을 유지하고 있고, 헤이안 시대에는 진언종(眞言宗)과 천태종, 가마쿠라 시대에는 선이나 정토 계열의 종파도 확립되어 현재까지 번영하고 있는 양상과 비교하면, 고려 시대에 전체 불교가 통합·정리·수렴의 방향으로 나아가게 되었던 것에 대해서는 긍정적 평가를 내리기에 주저하게 된다. 예를 들어 고려 시대 이후 유식 계열의 교의는 표면상 눈에 띄지 않게 되어버렸으며, 밀교 계열은 크게 자라지 못했다(그렇다고 해서 이들 가르침이 소멸한 것은 아니다).

어찌 됐든 의천은 고려 불교의 통합을 지눌 이전에 성취한 승려로서 대단히 중요하다. 하지만 의천은 선에 대해서는 적대적이었다. 이 점이 다음의 지눌과의 명확한 차이점이다. 의천의 사후에 선(禪)과 교(敎)의 대립이 격화되었다.

본래 의천이 불교의 통합을 기도한 이유들 가운데 하나로서 당시의 선에 대한 강한 불신감이 있었다.

> 고선(古禪)과 금선(今禪)의 차이는 명실 공히 심하다. 옛날의 이른바 선은 교를 깔고서 선을 익히는 것이었는데, 오늘의 이른바 선은 교를 떠나 선을 이야기한다.
>
> —「별전심법의 후서」(別傳心法議 後序), 『만속장경』(卍續藏經)

오늘날의 '설선'(說禪)이라는 것은 이름만의 선이고 실이 없다. 불교의 교리로부터 멀리 떨어져 있다. 이것은 본래의 '습선'(習禪)과는 전혀 다른 타락한 모습이다. 의천의 이러한 위기의식으로부터 우리는 당시의 고려 불교에서 이른바 야호선(野狐禪)에 가까운 것이 대단히 창궐하고 있었으리라는 점을 알 수 있다.

이 위기를 타개하기 위한 의천의 이념은 '교관겸수'(敎觀兼修, 교와 관을 함께 닦는다)라는 것이었다. 요컨대 '교'(敎)로부터 떠나버린 '금선', 즉

'설선' 중심의 고려 불교에 다시 한 번 '교'를 부활시키고, 그와 동시에 수행 면에서는 '관'(觀)을 도입하는 것이다. '관'은 천태의 마하지관(摩訶止觀)이다. 의천은 좌선 대신에 그것과 닮은 수행 방법인 지관을 정통으로서 고려에 정립하고자 했던 것이다.

앞에서 김사엽의 '천태(선)'라는 말을 인용했지만, 천태와 선을 동일시하는 것은 위에서와 같은 의천의 생각에 의한다. 또한 여기서 '교'란 화엄과 천태를 가리킨다. 의천의 근본적 입장은 천태를 중심으로 하지만, 화엄도 역시 천태와 통하는 바가 있다고 하는 것이다.

지눌

의천 뒤에 나온 것이 지눌(知訥, 1158~1210, 호는 목우자〔牧牛子〕, 혜각존자〔慧覺尊者〕라고도 한다)이다.

지눌은 고려 시대의 가장 큰 승려이며, 조선 선종사에서도 가장 중요한 승려로 여겨진다. 그는 희종(熙宗)으로부터 불일보조국사(佛日普照國師)라는 시호를 받았다. 보조선(普照禪)을 시작하고, 오늘날 한국에서 가장 큰 종파인 조계종(曹溪宗)의 시작점들 가운데 하나가 되었다. 불교의 제도 측면과 선의 깨우침을 둘러싼 철학적인 측면 쌍방에서 지눌은 현재에 이르는 조선 불교계에서 가장 커다란 영향력을 행사하고 있다고 할 수 있다. 지눌은 '동방대성인'(東方大聖人, 재건보조비음기〔再建普照碑陰記〕), '해동총림대각사'(海東叢林大覺師, 보조국사수탑비관문〔普照國師樹塔碑觀文〕), '해동의 달마'(최남선, 「송광사 순례기」), '관음의 대신(代身)'(전설)로 존숭되었다. 또한 고형곤(高亨坤)*은 『해동 조계종의 원류』에서 "지눌은 따로 스승의 가르침을 이어받는 것 없이 대혜어록(大慧語錄), 이통현(李通玄)의 화엄신론(華嚴新論), 하택신회(荷澤神會)의 해오(解悟), 규봉종밀(圭峰宗密)의 선원도서(禪源都序) 등의 영향을 받은 점도 많으며, 선교 화회(和會)의 커다란 스케일로써 화엄법계(華嚴法界)를 자기 마음의 거울에서 돈오하고 화엄 교문(敎門)을 선문(禪門)화한 것은 해동 선종의 빛나는 금자탑이다"라고 말했다. 바로 지눌의 사상을 대단히 간결하게 정리한 평가라고 말할 수 있을 것이다. 요컨대 지눌에게는 직접적인 스승이 없으며, 그는 '무사독오'(無師獨悟)의 사람이었던 것이다. 지눌의 저작은 10종인데, 그 대부분이 현존한다. 조선에서는 진기한 일이다. 대표작은 『진심직설』(眞心直說)(1205)이다.

의천의 이념이 '교관겸수'였다고 한다면, 지눌의 그것은 '정혜쌍수'(定慧雙修, 정=선과 혜=교를 더불어 닦는다)였다. 의천이 선을 강하게 경계하고 비판했던 데 반해, 지눌은 선을 전면에 내세워 '선주교종'(禪主敎從, 선을 주로 하여 교를 따르게 한다)이라는 이 이후의 조선 불교 최대의 특징을 구축한 인물이었다. 이 경우 '혜=교'는 화엄이다. 요컨대 지눌 이후 조선 불교는 화엄과 선의 두 바퀴를 동력으로 하여 나아간다(다만 법화경〔法華經〕 등의 다른 가르침이 폐기된 것은 아니다).

본래 신라의 불교에서는 중관, 유식, 화엄 등이 남김없이 닦여졌다. 9산을 중심으로 하여 선도 유입되었다. 민중 사이에서는 아미타 신앙, 미륵 신앙이 활발했다.

하지만 고려 시대가 되면 갑자기 선이 대단히 왕성하게 되었다. 그 이유로 몇 가지가 생각된다. 기존 불교계의 부패와 타락, 중국(당)의 선의 융성이 시간적 차이를 거쳐 유입된 점, 거란·금·원이라는 이민족의 침입에 따라 정신면에서의 강인함이 종교계에서도 추구되었던 점 등이다.

지눌은 30대 때에 동지들과 함께 정혜결사(定慧結社)를 만들고, 또한 40세 때에는 지리산에 머물며 수행을 하는 등, '교'(敎)의 범위를 넘어서는 불교의 실천을 행했다. 그리고 송광사(松廣寺)에 들어가 선에 매진했다. 신라와 고려를 통해 조선에서는 중국의 남종(南宗) 계통의 선이 완전히 주류였지만, 지눌은 그중에서도 특히 육조 혜능 만년의 제자인 하택신회(荷澤神會)의 영향을 강하게 받았다고 한다. 이 점을 들어 에다 도시오(江田俊雄)는 다음과 같이 정리한다. 요컨대 육조 하에서 남악(南嶽)계 → 임제종(臨濟宗), 청원(青原)계 → 조동종(曹洞宗)으로 발전했지만, 하택계는 중국에서는 어느 사이에 폐지되었다. 그러나 이 하택계가 고려에 전파되어 지눌의 보조선·조계종으로 되어 되살아났다고 하는 것이다(江田, 『朝鮮佛教史の研究』, p. 233). 이는 하나의 해석이라고 할 수 있을 것이다.

병합 식민지 시대의 일본인 학자 다카하시 도오루(高橋亨)는 의천과 지눌의 출신과 경력의 차이로부터 '대각국사는 고려 관승(官僧)의 제1인자이고, 보조국사는 민승(民僧)의 제1인자다'라고 말했다(『李朝佛教』).

지눌의 철학

박종홍에 따르면 지눌 철학의 특징은 다음의 세 가지다. ① 회광반조(廻光返照), ② 돈오점수(頓悟漸修), ③ 정혜쌍수(定慧雙修).

박종홍은 "원효에서 화쟁의 논리가 그의 사상 전체를 일관한 것이라고 한다면, 지눌에서는 반조(返照)의 논리가 그의 신해(信解, 믿음과 깨달음) 전체의 기저를 형성하고 있다. 이 반조의 논리는 이미 제기되어 있는 쟁론(諍論)을 좀 더 고차적인 입장에서 화해시키는 것이라기보다는, 더 나아가 한 걸음 더 심화시켜 쟁론 무용(無用)의 토대를 분명히 하고자 하는 것"이라고 말한다(『한국사상사(불교사상 편)』, 180쪽).

반조란 무엇인가? 박종홍에 따르면 다음과 같다(같은 책, 180~82쪽). 일체의 중생은 우(愚)·지(智)와 선·악을 넘어서서 모든 것을 자연스럽게 언제나 잘 알고 있다. 그러나 이것은 대상 분별지인 식(識)이 아니며, 수행하여 얻어지는 증오(證悟)의 지혜도 아니다. 이것이야말로 진여자성(眞如自性)이다. 지눌은 『화엄경』(華嚴經) 회향품(回向品)의 "진여는 조명(照明)을 체(體)로 여긴다"(『절요사기』〔節要私記〕)와 『대승기신론』(大乘起信論)의 "진여자성에 대지혜광명(大智慧光明)이 있다"라는 말을 인용한다

(『원돈성불론』(圓頓成佛論)).

요컨대 모든 인간이 마음의 체로서 진여의 조명을 빛내고 있는 것인바, '공적영지'(空寂靈知)는 분별의 식도 아니고 증오의 지혜도 아니며, 성(聖)과 범(凡), 선과 악 등이라는 다양한 결과를 산출한다. 지눌은 종밀(宗密)의 말을 빌려 공적영지의 마음(空寂靈知之心)이야말로 모든 사람의 본래적인 면목이라고 말한다.

선에 대한 그의 테제는 '돈오점수'였다. 이것은 현대 한국에 이르기까지 조선 선의 가장 중핵을 이루는 세계관이다.

정혜쌍수에 대해서는 이미 이야기했지만, 지눌은 선과 화엄에만 전념했던 것이 아니라 천태와 정토교와 계율도 융섭·회통했다. 이것을 이종익(李鍾益)*은 '주선융교적 회통불교'(主禪融敎的 會通佛敎)라고 말한다.

3. 불교 이외의 사상과 문학

고려 시대의 유교와 풍수지리 사상

고려 시대 사상의 주류는 불교다. 하지만 '고려 시대는 불교 일변도'라고 말할 수 있는 사정은 전혀 아니었다. 유교도 활발하게 행해졌다. 특히 중요한 것은 제4대 광종 시기에 유교식 관료후보 선발 시험인 과거 제도가 도입되었다는 점이다. 양반(兩班)으로 불리는 문반(文班)·무반(武班) 구별도 설정되었다. 다만 과거에는 무과(武科)가 없었다(무과가 설치된 것은 조선 시대다). 그 대신에 불교 국가답게 승과(僧科)가 있었다(조선 시대에는 승과가 설치된 것이 짧은 기간뿐이었다). 양반 제도는 조선 시대로 이어진다.

교육 기관으로서 도읍에 국사감(國士監)이 설치되었다. 또한 지방에는 향학(鄕學)이 개설되고 사학(私學)도 활발해졌다. 과거를 위한 학문인 경

(經)·사(史)·장(章)을 맹렬하게 학습했다.

제16대 예종은 불교를 억제하고 유교를 장려했다. 거대해진 불교 세력의 정치에 대한 개입이 더욱더 심각해졌기 때문이다. 의종도 억불숭유(抑佛崇儒) 정책을 폈다.

최충(崔沖, 984~1068)은 '해동공자'(海東孔子)라고 불린 이름 높은 유학자였다.

고려 말기에는 주자의 학문이 들어왔다. 안향(安珦, 1234~1306, 호는 매헌(晦軒))이 처음으로 주자학(朱子學)을 도입했다고 한다. 일본에는 주자(朱子, 1130~1200)의 생전에 이미 주자의 학문이 들어와 있었다고 하기 때문에, 고려는 일본보다 상당히 늦게 주자의 학문을 도입했다고 할 수 있다.

덧붙이자면, 주자학과 성리학(性理學) 그리고 송학(宋學)은 일반적으로 거의 같은 내용을 가리키지만, 논자에 따라 각각 다른 의미를 나타내는 경우도 있다. 하지만 이 책에서는 이 말들을 동일한 의미(중국의 송 대에 주자에 의해 집대성된 '성즉리'(性卽理)를 테제로 하는 유학)로 사용한다. 특히 주자학과 성리학을 전혀 구별하지 않고서 사용한다.

고려 말기에는 주자학파가 형성된다. 의리(義理)를 중히 여기는 주자학의 생각이 고려·조선 교체기의 사상 동향에 강한 영향을 주었다. 원(元)의 과거에 합격하고 성균관의 대사성이었던 이색(李穡, 1328~96, 호는 목은(牧隱), 본관은 한산)은 고려·조선 교체기에 유학의 주자학화를 추진한 중심인물이다. 이색은 정도전(鄭道傳)보다 앞서 억불론(抑佛論)을 주장했다. 다만 그는 정도전과는 달리 불교를 부정한 것이 아니라 전국 곳곳에 절이 없는 장소가 없을 정도인 현 상황을 고치기 위해 새롭게 만들어진 절을 철거할 것을 주장했다. 그리하여 이색에 대한 평가는 조선 시대에 이르면 불교에 대한 그의 모호한 입장을 비판하여 "학문이 불순하다"라고 비난하는 것이 된다.

또한 고려에서는 풍수사상과 도참(圖讖)사상도 왕성했다. 풍수설은 신라 말기에 중국으로부터 본격적으로 도입되었다고 여겨진다. 불교 승려였던 도선(道詵)이 조선에서 풍수의 원조로 생각된다. 고려 시대에 풍수설은 도참사상과 결부되어 대단한 융성을 보였다.

시가

고려 시대의 가요를 여요(麗謠)라고 부른다.

고려 초에는 신라의 향가 전통이 계승되었다. 광종 시기 균여대사가 지은 「보현십원가」(普賢十願歌)가 오늘날까지 남아 있다. 또한 예종의 「도이장가」(悼二將歌)도 이두로 쓰여 있다.

다만 신라식 조선어 표기법이었던 향찰은 고려 시대에는 폐기되어버리며, 지방 관리가 행정상의 문서를 쓸 때에만 사용되었다(이 때문에 이두〔吏讀〕라고 불린다). 향찰의 쇠퇴는 고려에서는 신라보다도 더욱 한문을 중시했기 때문이라는 이유에 의해 설명된다(김사엽, 『조선문학사』 163쪽). 그 때문에 고려 시대의 조선어 문학은 남아 있는 것이 적다. 신라의 것은 향찰에 의한 작품(향가)이 남아 있으며, 조선 시대에 이르면 훈민정음(訓民正音, 제6장 참조)에 의한 작품이 많이 쓰이게 되지만, 그 사이의 고려 시대에는 한문에 의한 작품이 대부분이다. 이와 같은 한문 중시를 김사엽은 '자국어를 깔보는 입장'으로 규정하고 있다(같은 책, 195쪽). 여요의 표기 방법으로는 ① 한문에 의한 의역, ② 한시(漢詩)에 이두로 조사를 덧붙여 쓴 것의 두 종류가 있으며, 그밖에 구전으로 조선 시대까지 전해진 작품들 가운데는 후에 훈민정음으로 기록된 것도 있다.

김사엽에 따르면, 여요는 가사가 현존해 있는 것이 42수, 가사가 전해지지 않는 것이 40수다.

유명한 것으로서는 「보현십원가」, 「처용가」(處容歌), 「쌍화점」(雙花店) 등이 있다. 균여대사의 「보현십원가」는 불교의 송가다. 「처용가」는

제3장에서 소개한 대로 신라의 전설에 기초한 것이다.

「쌍화점」은 남녀의 성을 노래한 것으로서 후에 조선 시대 성종(成宗) 시기가 되면 주자학적 관점으로부터 음란한 것이라고 여겨져 궁중에서 배제된다. 하지만 아직 주자학적 세계관이 도입되기 전의 고려 궁중에서는 이와 같은 너글너글한 남녀의 노래가 불리고 있었다. 4절로 이루어져 있는데, 제1절의 가사는 다음과 같다. '회회아비'란 몽골의 위구르 사람을 말한다.

> 쌍화점(만두 가게)에 쌍화(만두)를 사러 갔더니
> 회회아비가 내 손목을 쥐었습니다
> (회회아비가 말하듯이) 이 이야기가 이 가게 밖에 나며 들며 하면
> 조그마한 어린 광대여 (나는 그것을) 네가 퍼뜨린 말이라 하리라
> 더러둥셩 다리러디러 다리러디러 다로러거디러 다로러
> 그 자리에 나도 자러 가리라
> 위 위 다로러거디러 다로러
> 네가 잔 곳같이 어수선한 곳이 없다

이와 같은 가요가 궁중에서 불린 배경에는 이 가요가 만들어진 당시의 고려라는 국가의 성격이 놓여 있다. 이 가요는 제25대 충렬왕 시대에 만들어졌는데, 이 시대는 방일과 향락 그리고 데카당적인 것이 조정에 흘러넘치고 있었던 것이다.

덧붙이자면, 이것과는 별도로 특히 유학자들에게 사랑받은 가요가 '경기체'(景幾體)의 작품이다. 이것은 메기는 소리로 '경기하여'(景幾何如, 경색은 어떠한가)라는 문구가 들어 있는 형식인데, 조선 시대 초기까지 수많이 지어졌다. 경기체의 작품으로 「화산별곡」(華山別曲), 「상대별곡」(霜臺別曲) 등이 있다.

제5장

조선 시대 1— 주자학(성리학)

1. 약사(略史)

조선 건국과 외적의 내습

친명파(親明派) 무장이었던 이성계(李成桂)는 친명파의 주자학자들에게 이론적 근거를 부여받아 1392년에 고려로부터 정권을 빼앗았다. 이성계는 국호로서 '조선'(朝鮮)과 '화령'(和寧)의 둘을 명(明)에 제시했고, 명은 '조선'을 선택했다.

조선은 명에게 사대의 예를 갖춘다. 일본과는 왜구(倭寇) 문제를 안고 있었지만, 무로마치 막부(室町幕府)와 교린 관계를 구축했다.

조선은 주자학을 근본적인 사상으로 삼고 불교를 배척했다. 관료후보 선발을 위한 과거를 고려에 이어 실시했다. 고려 시대에는 없었던 무과를 과거에 더하여 문과와 무과의 양 체제로 만들었다. 다만 고려에 있었던 승과는 한 시기를 제외하고는 폐지되었다. 제4대 왕인 세종(世宗, 재위

1418~50) 시대에 조선은 전기(前期)의 최전성기를 맞이한다. 세종은 재능 있는 학자들을 모아 1420년에 집현전(集賢殿)이라는 싱크탱크를 설치하고, 거기서 훈민정음(訓民正音)을 만들었다(1443년, 공포는 1446년).

1469년에는 이 국가의 근본 법전인 『경국대전』(經國大典)이 완성되어 조선 왕조의 법적 골격이 완전하게 이루어졌다.

언제나 북방으로부터의 침략과 왜구와 내부의 반란에 계속해서 시달린 고려에 비하면, 조선은 비교적 평화로운 시대가 많았다. 하지만 16세기부터 17세기에 남(일본)과 북(후금〔後金〕)으로부터 침략을 받아 괴멸적인 타격을 받게 된다.

우선 1592년에 일본의 도요토미 히데요시(豊臣秀吉)의 군대가 조선을 침략했다. 임진왜란(壬辰倭亂)이다. 이순신(李舜臣)이 이끄는 수군의 활약 등이 있어 조선은 반격했다. 1597년에 도요토미 히데요시의 군은 다시 조선을 침공했다. 정유재란(丁酉再亂)이다. 전쟁은 1598년 도요토미 히데요시의 죽음으로 끝났다. 덧붙이자면, 일본의 교토에 있는 미미즈카(耳塚, 귀무덤)는 이 전쟁에서 조선인의 귀와 코를 베어 소금에 절여 가지고 온 것을 공양한 무덤이다.

조선 왕조는 일본의 도쿠가와 막부(德川幕府)와 국교를 회복했다. 1607년에는 일본에 회답겸쇄환사(回答兼刷還使)를 파견했다(조선통신사). 또한 부산에 일본인 거류지인 왜관(倭館)을 설치했다.

1627년에 후금(後金, 여진)의 홍타이지(皇太極)의 군대가 조선을 침공했다(정묘호란〔丁卯胡亂〕). 1636년에는 홍타이지가 황제에 즉위하고(태종〔太宗〕), 국호를 후금에서 대청(大淸)으로 바꿨다. 같은 해에 홍타이지 자신이 조선을 공격하고, 조선의 임금인 인조(仁祖)는 한강 부근의 삼전도(三田渡)에서 홍타이지에게 굴욕적인 신하의 예를 갖춘다(병자호란〔丙子胡亂〕). 일본 및 후금의 침략 전쟁에 의한 국토의 초토화와 인민의 생명 파괴에 더해 여기서 조선의 국가로서의 굴욕도 극점에 도달했다.

후기로부터 말기로

조선에서 그 후 정권의 중추에 자리 잡은 것은 노론(老論)파였다. 노론파의 주장은 '북벌'(北伐)과 '대명의리'(對明義理)였다. 전자는 청을 타도한다는 의미이며, 후자는 멸망한 명의 도덕적 정통성을 존숭하고 계승한다는 의미다. 다만 표면상으로는 청에 대해 신하로서 따라 좇는 관계에 있기 때문에, 북벌을 공공연하게 말할 수는 없었다. 청에게는 연행사(燕行使)를, 일본에는 조선통신사를 보내 외교 관계를 구축했다(사신의 명칭에는 변동이 있다).

18세기에는 조선 왕조 최후의 절정기가 출현한다. 영조(英祖, 재위 1724~76)와 정조(正祖, 재위 1776~1800)의 시대다. 영조와 정조는 당파 간의 균형을 취하는 '탕평책'(蕩平策)이라는 인사 정책을 실시하여 노론파의 세력을 억눌렀다. 특히 정조는 채제공(蔡濟恭, 1720~99)이라는 남인(南人)파의 거물을 영의정(총리)에 앉히고 노론파를 견제했다. 또한 정조는 규장각(奎章閣)에 인재를 모아 싱크탱크를 만들었다. 두 사람은 조선 후기에 가장 영명한 왕이었다고 평가되고 있다. 정조는 그 자신이 주자학의 정통을 체현한 철인왕이었다.

하지만 1800년에 정조가 죽자 정조에 의해 탄압받고 있던 노론 벽파(僻派)가 반격을 전개했다. 우선 1801년에 가톨릭을 크게 탄압했고, 가톨릭에 가까웠던 남인파를 일소했다. 이것을 신유교난(辛酉教難)이라고 한다.

이후 조선은 노론파의 안동 김씨라는 일족이 외척이 되어 왕권을 자유롭게 조종하게 되고, 가톨릭에 대해서도 몇 차례에 걸쳐 탄압을 반복하여 괴멸적인 타격을 가했다.

19세기는 조선사에서 암흑 시대로 인식되고 있다. 안동 김씨, 풍양 조씨, 여흥 민씨 등의 일족이 외척으로서 정치를 농단하고, 민간에서는 예언서와 신흥종교가 유행했다. 민란이 계속해서 일어났으며, 지방 관리에 의한 수탈은 극도로 가혹했다.

표 6. **조선 왕조**

		재위년
1	태조(太祖)	1392~98
2	정종(定宗)	1398~1400
3	태종(太宗)	1400~18
4	세종(世宗)	1418~50
5	문종(文宗)	1450~52
6	단종(端宗)	1452~55
7	세조(世祖)	1455~68
8	예종(睿宗)	1468~69
9	성종(成宗)	1469~94
10	연산군(燕山君)	1494~1506
11	중종(中宗)	1506~44
12	인종(仁宗)	1544~45
13	명종(明宗)	1545~67
14	선조(宣祖)	1567~1608
15	광해군(光海君)	1608~23
16	인조(仁祖)	1623~49
17	효종(孝宗)	1649~59
18	현종(顯宗)	1659~74
19	숙종(肅宗)	1674~1720
20	경종(景宗)	1720~24
21	영조(英祖)	1724~76
22	정조(正祖)	1776~1800
23	순조(純祖)	1800~34
24	헌종(憲宗)	1834~49
25	철종(哲宗)	1849~63
26	고종(高宗)	1863~1907
27	순종(純宗)	1907~10

"조선의 19세기는 부패와 수탈과 혼란의 시대였다"라고 하는 것이 현대 한국 및 북조선에서 공통된 인식이다. 하지만 정말로 그러했던가? 이후의 역사학에서 19세기 상(像)의 재구축이 요구된다.

2. 주자학(성리학)의 수용과 도입

고려·조선 교대기의 사상

고려로부터 조선으로 통치권력이 이행해가는 시기를 이 책에서는 '고려·조선 교대기'라고 부른다. 이 시기는 고려까지의 불교 중심적인 문화와 사상을 혁신적인 주자학(朱子學) 중심으로 전환하는 기점이 되었다는 의미에서 조선사상사 전체 가운데서 특히 중요하다. 주자학 중심의 문화와 사상은 20세기까지 이어졌을 뿐만 아니라 현재의 조선반도에도 여전히 강한 영향을 끼치고 있기 때문에 14세기 말 이 시기의 중요성은 아무리 강조해도 지나치지 않다.

다만 조선 사회 전체의 주자학화는 단기간에 일거에 이루어진 것이 아니다. 확실히 정도전에 의한 배불(排佛)운동은 격렬했으며, 주자학적 급진파에 의한 변혁은 철저했다. 그럼에도 조선 사회의 주자학화는 250년 정도의 시간을 필요로 했다는 것이 한국 역사학계의 견해다. 요컨대 500년간의 조선 시대 중 거의 절반의 시간을 들여 사회가 점차로 주자학화해 갔다는 것이다. 특히 일본과 여진에 의한 침략 이후에 조선 사회 전반에 본격적인 주자학화가 침투했다.

고려 말기에 이색(李穡)은 성리학(性理學)을 사회 개혁의 학문으로서 적극적으로 받아들였다. 그는 많은 제자를 길렀지만, 그 가운데 역성혁명(易姓革命)을 긍정하여 이성계에 의한 정권 확립을 옹호한 것이 정도전이었다.

포은 정몽주와 삼봉 정도전

고려·조선 교대기에 두 사람의 정씨가 활약했다. 그들의 이름은 조선시대를 통해 저명하며, 명확한 가치를 부여받아 불리게 된다. 조선 시대의 격렬한 정쟁 배후에는 이 두 사람을 어떻게 평가할 것인가 하는 문제가 가로놓여 있었다.

그 두 사람이란 정몽주와 정도전이다. 두 사람 모두 이색의 제자였지만, 역성혁명을 둘러싸고 첨예하게 대립했다.

정몽주(鄭夢周, 1337~92, 호는 포은〔圃隱〕, 본관은 영일)는 고려 왕조에 충의를 다한다고 하는 입장을 관철했다. 요컨대 이성계의 역성혁명에 반대하는 입장이었다. 1392년에 정몽주는 이성계의 다섯째 아들인 이방원(李芳遠)의 수하에 의해 암살되었다. 따라서 그는 조선 왕조 건국에 대해서는 말할 필요도 없이 아무런 공헌도 하지 못했다.

하지만 이 정몽주야말로 후에 이상주의적인 주자학자들(사림파〔士林派〕)에 의해 추모되고 존숭받는다. 고려 왕조에 대한 충의가 변하지 않았기 때문이다. 사림파는 15세기 말부터 16세기 중반에 걸친 사화(士禍)에 의해 탄압을 받은 후, 결국 16세기 후반에 조선 정계를 장악하게 된다. 그러자 당연히 정몽주에 대한 사림파의 평가가 그대로 굳어지고, 이후 조선 왕조에서 "정몽주야말로 이상적인 사대부(士大夫)의 귀감이다"라는 평가는 흔들리지 않는 것이 되었다. 그는 도읍(개경)의 다리에서 암살되었는데, 그의 사후에 이 다리에 대나무가 피어난 이래로 이것이 변하지 않는 충의의 상징이 되었고, 이 다리를 선죽교(善竹橋)라 부르게 되었다.

암살되기 직전에 그는 역성혁명파의 이방원과 술자리를 함께했다고 전해진다. 거기서 정몽주의 마음을 변화시키려고 이방원이 "(진퇴를) 이런들 어떠하리 저런들 어떠하리/만수산 드렁칡이 얽혀진들 어떠하리/우리도 이같이 얽혀 백 년까지 누려보세"라는 내용의 노래(「하여가」〔何如歌〕)를 불렀다. 그러자 정몽주는 다음과 같은 노래를 불러 자신의 영원히 변하지 않는 마음을 전했다. 여기서 '임'은 고려 왕을 가리킨다.

이 몸이 죽고 죽어 일백 번 고쳐 죽어
백골이 진토되어 넋이라도 있고 없고

임 향한 일편단심이야 가실 줄이 있으랴

이 「단심가」(丹心歌)야말로 후에 조선 왕조의 도덕주의적인 사대부들이 가장 소중히 여긴 신조였다. 정몽주는 이 자리에서 돌아가는 길에 격살당했다고 전해진다.

정도전(鄭道傳, ?~1398, 호는 삼봉〔三峯〕, 본관은 봉화)은 정몽주와 정반대의 평가를 받게 되었다. 그는 조선 왕조 최초 시기의 제도 설계, 수도의 선정과 궁궐 건축, 주자학 이데올로기에 의한 역성혁명 이론 구축의 중심인물이었다. 즉 정도전은 조선 개국에 가장 공이 큰 인물이었던 것이다(그밖에는 조준〔趙浚〕 등). 그들은 이성계의 쿠데타에 도덕적 근거를 부여하여 정당성이 있는 역성혁명으로 규정했다. 나아가 전제(田制) 개혁을 단행하여 친원파(親元派)의 특권층으로부터 토지를 빼앗았다. 정도전은 1394년에 한성(漢城, 현재의 서울)으로 천도하고 경복궁 등의 왕궁을 건설했다. 정도전은 또한 조선의 법제도를 확립했다. 하지만 그 역시 최후에는 정몽주와 마찬가지로 이방원에 의해 죽임을 당하고 만다. 조선 왕조의 통치 이념에 따른 노선을 둘러싸고 이방원과 격렬한 대립이 있었기 때문이라고 말해진다(정도전은 사대부 실권형, 이방원은 왕 실권형의 통치 이념을 추진하고자 했다).

이와 같이 정도전은 조선 건국에 가장 큰 공적이 있었지만, 후에 조선 주자학의 주류를 이루는 사림파 사대부들로부터 '조선 최대의 악인'이라는 평가를 얻게 된다. 고려 왕조를 배반했기 때문이다. 오히려 조선 개국에 반대의 태도를 보인 정몽주야말로 가장 이상적인 사대부였다는 평가를 얻는다. 이것은 조선이라는 국가의 주자학적인 성격을 이해하는 데서 대단히 중요한 사실이라고 할 수 있다.

정도전은 또한 철저한 배불론(排佛論)을 부르짖은 것으로 너무나도 유명하다(「불씨잡변」〔佛氏雜辨〕). 그의 배불론의 내용은 기본적으로 주자가 주장한 것과 동일하지만, 그 이데올로기는 주자보다 더욱더 래디컬하게 사회화되었다. 요컨대 남송(南宋)에서는 실현될 수 없었던 불교 탄압이 조선에서는 강력하게 실현되었던 것이다.

3. 사림파의 대두와 사화

사대부의 분열—사림파와 훈구파

조선 왕조의 기초가 이루어지자 이 왕조의 정치는 안정되는 것처럼 보였다. 주자학이라는 강력한 통치 이념이 조선 왕조의 중심이 되었기 때문이다. 주자학은 중국의 전제적인 절대 왕정을 근거 지우는 사상으로 이 사상이 침투하면 정권은 안정되는 것처럼 보인다. 예를 들어 일본의 도쿠가와 막부(德川幕府)가 안정되는 데는 주자학을 통치 이념에 (조선 왕조만큼 전면적이지는 않았지만) 어느 정도 짜 넣은 것과 분명히 관계가 있을 것이다. 물론 조선도 주자학에 의해 안정된 면이 많다. 하지만 조선에서는 동시에 주자학의 원리성이 통치의 불안정성을 야기하기도 했다. 그것이 단적으로 나타난 것이 사림파(士林派)와 훈구파(勳舊派)의 첨예한 대립이었다.

1453년에 수양대군(首陽大君, 후의 세조)이 쿠데타(계유정난〔癸酉靖難〕)를 일으키고, 이에 반대한 사대부 그룹에 의해 세조 및 조선 개국의 공신들이 악으로 여겨지기에 이르렀다. 그들은 '훈구파'라는 딱지를 받게 되고 '소인배(부도덕한 무리)'로서 폄하되었다.

세조와 훈구파를 폄하한 그룹을 사림파라고 한다. 양 파는 격렬한 투쟁을 전개했다. 훈구파는 사림파에 대해 네 차례에 걸쳐 잔학한 탄압을 가했다. 이것을 사화(士禍)라고 한다. 무오사화(戊午士禍, 1498), 갑자사화(甲子士禍, 1504), 기묘사화(己卯士禍, 1519), 을사사화(乙巳士禍, 1545)가 그것이다. 이 사화에 의해 사림파는 타격을 받았고, 강렬한 원한의 생각과 마음이 극대화했다. 결국 16세기 후반, 선조 대(1567~1608)에는 사림파가 역습하여 정계를 장악하게 된다.

이에 따라 16세기 후반 이후에는 조선 왕조의 주류파를 일관되게 사림파가 형성하게 된다. 요컨대 조선 왕조의 기초를 만든 역성혁명파 사대부들이 악의 진영으로서 폄하되게 된 것이다.

사림이란 무엇이었던가? 이기백에 따르면 "지방에 근거지를 지니는 독서인 계층"이자 "중앙의 정계에 진출하기보다는 향촌에서 유향소(留鄕所)나 향청(鄕廳)을 통해 그들의 영향력을 행사해온 세력"(『한국사신론』, 244쪽)이다. '신진 세력', '사학파'(私學派)라고도 불리며, 정몽주와 길재(吉再, 1353~1419, 호는 야은〔冶隱〕, 이색·정몽주와 함께 고려 삼은〔三隱〕이라 한다)의 흐름을 흡수하고 있다. 학문적으로는 경학(經學)과 도학(道學)의 원리주의를 지키는 것이 생명선이다. 성종(成宗)을 기반으로 하며, 지방에서는 영남이 강하다.

이에 반해 훈구파란 "이성계의 건국에 공적을 세운 정도전과 조준 등을 비롯하여 역대의 왕들을 보좌하고, 조선 왕조의 제도 정비에 참가한 사람들"(같은 책, 241쪽)이다. 세조(世祖)를 기반으로 하며, 지방에서는 근기파(近畿派)가 많다. 이기백은 다음과 같이 말한다. "세종(世宗) 대의 집현전 학자도 이 훈구 세력에 포함된다고 볼 수 있다. 그러나 세조에 의해 성삼문 등의 사육신을 비롯한 많은 학자가 죽임을 당한 후에는 세조를 도와 그를 왕위에 추대한 사람들, 즉 정인지(鄭麟趾)·최항(崔恒)·양성지(梁誠之)·신숙주(申叔舟)·서거정(徐居正) 등이 주로 훈구 세력을 형성했다. …… 그들은 경기 안쪽을 중심으로 거주하고 있었기 때문에, 근기파라고 불리기에 걸맞은 세력이었다"(같은 곳). 요컨대 조선 왕조 건국의 공신이자 '관학파'(官學派)라고도 불린다. 그들의 경제적 기반은 공신전(功臣田)이었다.

절의 문제와 사육신 · 생육신

훈구파의 사림파에 대한 탄압과 그에 맞선 역습이 표면화한 것은 이른바 '절의(節義) 문제'에서였다. 이것은 단종과 세조의 어느 쪽을 지지할 것인가를 두고 사대부들이 벌인 사상적 투쟁이었다.

12세에 즉위한 단종은 황보인(皇甫仁)과 김종서(金宗瑞) 및 집현전 학사인 성삼문(成三問), 박팽년(朴彭年), 하위지(河緯地), 신숙주(申叔舟), 이개(李塏), 유성원(柳誠源) 등에게 보좌받으며 집권했다. 하지만 단종의 숙부인 수양대군(세조)은 황보인과 김종서를 죽이고, 어린 단종을 폐하여 노산군(魯山君)으로 격하시켰다. 이 사이에 수양대군은 세조로서 즉위하고, 노산군을 영월로 추방했다. 나아가 17세의 노산군을 죽여 강물에 던져버렸다(이 때문에 조선에서는 '비극의 소년 왕'이라면 단종이라고 하는 명확한 이미지가 사람들에게 공유되고 있다). 현상윤(玄相允)*은 "이 사건은 조선 왕조 역사상 최대의 비극일 뿐만 아니라 신하의 절의와 삼강(三綱) 및 오상(五常)에 관계되는 문제였기 때문에, 유학자들 사이에 여론이 비등하고, 단종을 사모하여 모복(謀復)운동을 한 자들은 충신으로 여겨지고, 세조를 도운 자들은 소인으로 칭해지게 되었다"(『조선유학사』, 39쪽)라고 하고 있다.

이 절의 문제에서 '사육신' 및 '생육신' 사건이 일어난다.

사육신(死六臣)이란 성삼문, 박팽년, 하위지, 이개, 유응부(兪應孚), 유성원의 여섯 사람이다. 유응부 이외에는 집현전 학사였다. 그들은 세종 및 문종으로부터 단종(세종의 손자이자 문종의 아들)의 보필을 명받았다. 단종이 세조에 의해 폐위된 후에 복위 계획을 모의했지만, 그 계획을 실행하기 직전에 밀고당하고 사로잡혀 죽임을 당했다.

생육신(生六臣)이란 김시습(金時習), 원호(元昊), 이맹전(李孟專), 조려(趙旅), 성담수(成聃壽), 남효온(南孝溫, 또는 권절〔權節〕)의 여섯 사람이다. 그들은 "두 임금을 섬기지 않는다"라고 하는 충신의 도리를 관철하여 두문불

출(杜門不出, 문을 닫아걸고 밖으로 나오지 않는 것)이나 방랑이라는 선택지를 택하여 남은 생을 보낸 사대부들이다.

이 '사육신' 및 '생육신'은 조선 왕조가 끝나고 병합 식민지 시대가 되어서도 여전히 사람들의 마음에 '훌륭한 충의의 선비'로서 강하게 기억되고 있었다. 일본에서 말하면 마치 아코 낭사(赤穗浪士, 겐로쿠 15년 음력 12월 14일, 즉 1703년 1월 30일 심야에 옛 주인 아사노 나가노리의 원수 기라 요시히사의 집을 습격하여 기라 일가를 살해한 겐로쿠 아코 사건을 일으킨 아코번의 오이시 요시오 등 47명의 낭사 — 옮긴이)와 같은 자리매김이라고 할 수 있을 것이다.

사화

사화(士禍)는 훈구파의 사림파에 대한 탄압이다. 1498년부터 1545년의 반세기 사이에 네 차례 일어났다. '4대 사화'라고 한다. 그 내용은 다음과 같다.

우선 무오사화가 1498년(연산군 4년)에 일어났다. 연산군은 사림에 의해 폭군으로 여겨진 왕이다. 연산군 앞의 왕인 성종에 관한 『성종실록』(成宗實錄)의 편찬과 관련해 주자학적인 논쟁이 일어나 김종직(金宗直)의 문인(門人)인 김일손(金馹孫), 정여창(鄭汝昌) 등이 탄압받았다.

다음으로 갑자사화가 1504년(연산군 10년)에 일어났다. 이것도 연산군의 통치를 둘러싸고 일어난 사건이다.

나아가 기묘사화가 1519년(중종 14년)에 일어났다. 중종 시대였다. 사림의 대표인 조광조(趙光祖)가 죽임을 당했다.

마지막으로 을사사화가 1545년(명종 1년)에 일어났다. 이것에 관련된 이는 윤임(尹任)과 윤원형(尹元衡)이었다.

사화란 무엇이었는가? 두 가지 측면이 있다. 하나는 중앙의 보수적인 훈구파와 지방의 소토지 소유를 기반으로 하는 신진적인 사림파의 투쟁이었다. 또 하나는 성리학의 범위 내에서이긴 하지만 사장(詞章)적인 경향이 강한 학문(훈구파)과 성리학 가운데서도 가장 형이상학적인 경향이 강한 학문(사림파)과의 투쟁이었다.

사화의 결과 후자는 지방의 서원 등에 틀어박혀 성리학의 형이상학을 철저하게 연구했다. 여기에서 중국에도 일본에도 없는 대단히 형이상학적인 심(心)과 천(天)의 성리학이 극도로 정교하고 치밀하게 발달하는 기반이 이루어졌다.

지치주의와 조광조

갑자사화(1504) 이후 사림파는 지치주의(至治主義)라고 말해야 할 이념을 내걸었다. 그 중심이 조광조(趙光祖, 1482~1519, 호는 정암〔靜庵〕, 본관은 한양)였다. 그는 대사헌(大司憲)을 맡았던 개혁파의 대표적 인물이었다. 중종 때에 등제했으며, "도학을 숭상하고, 인심을 바로잡으며, 성현을 본받고, 지극한 정치를 행할 것"을 주장하여 중종으로부터 깊은 신뢰를 받았다. 또한 소학(小學)과 향약(鄉約)을 육재화속(育才化俗, 인재를 기르고 사람들을 교화함)의 방법으로 삼아, 민중에게 효친경장(孝親敬長, 부모에게 효도하고 연장자를 공경함)의 풍속을 가르치고, 선비에게 수기치인(修己治人)의 도에 힘쓰게 했다(현상윤, 『조선유학사』, 51쪽). 현량과(賢良科)를 설치하여 개혁을 위한 인재를 모았다. 그 개혁의 내용은 유교 원리주의라고도 할 수 있는데, "우리 임금을 요(堯)·순(舜)으로 만들고, 우리 백성을 3대의 인민으로 만든다"라고 하는 이상주의에 기초한 것이었다.

결국 조광조 일파는 모반을 기도했다는 밀고를 당해 유배되고 사형에 처해졌다. 이것이 1519년의 기묘사화다.

현상윤에 따르면 지치주의 유학파가 좌절한 것에는 다음과 같은 세 가지 원인이 있었다. ① 그의 과격한 지론 때문에 중종이 싫증을 나타냈다. 처음에 중종은 조광조를 중용했지만, 얼마 지나지 않아 그의 주장의 과

격함과 융통성 없음에 싫증이 났다. ② 조정 신하들의 불평을 샀다. 개국공신을 개정함으로써 삭훈(削勳, 공적을 깎음)당한 자들의 불평을 샀다. ③ 소인(小人)을 엄격하게 배척했기 때문에 간신배들의 원한을 샀다(같은 책, 52~53쪽).

이언적과 태극 논쟁

이언적(李彦迪, 1491~1553, 호는 회재〔晦齋〕)은 을사사화(1545)에 의한 유배를 경험하면서도 주자학의 '이'(理) 측면을 철저하게 만드는 것에 매진한 유학자였다. 그는 태극(太極) 논쟁으로 조선 주자학의 논쟁적 성격의 효시가 되었으며, 또한 이를 중시하는 이퇴계 학문의 모태가 되기도 했다. 아들인 이전인(李全仁)이 주자와 육상산(陸象山) 등의 학설에 이언적 등의 학설을 덧붙여 편집한 「태극논변」(太極論辯)이 있다.

조선 주자학은 어떤 철학적 문제에 관해 두 개의 진영이 격렬한 논쟁을 벌이고, 그것이 오래 계속되는 전통을 지닌다. 대표적인 것으로 16세기의 태극 논쟁, 사단칠정(四端七情) 논쟁, 인심도심(人心道心) 논쟁, 18세기의 인물성동이(人物性同異) 논쟁 등이 있다. 이러한 '논쟁 전통'의 출발점이 태극 논쟁이다.

태극 논쟁은 본래는 경주에 사는 손숙돈(孫叔暾, 호는 망재〔忘齋〕)과 조한보(曺漢輔, 호는 망기당〔忘機堂〕) 사이에서 시작되었다. 그러나 이 두 사람 사이의 논쟁에 관한 자료는 남아 있지 않다. 이 두 사람의 대립에 젊은 이언적이 가담한 시점인 1517년부터 논쟁이 본격화했다(다만 조한보 측의 자료는 남아 있지 않다).

태극에 관해서는 우선 남송의 주자와 육구연(陸九淵, 호는 상산〔象山〕)의 논쟁이 중요하다. 이것은 주렴계(周濂溪)의 '태극도설'(太極圖說)에서 '무극이태극'(無極而太極)이라는 문장을 어떻게 해석할 것인가 하는 것에 관련되어 있었다. 육상산은 이 '무극'(無極)이라는 글자는 필요 없다고 주장했지만, 주자는 "무극이 없으면 태극은 사물처럼 실체를 지닌 것이 되어버리며, 모든 것에 침투할 수 없다"라고 말하며 '무극이태극'의 철학적 의미를 설명했다. 또한 육상산은 '극'(極)을 '중'(中)으로 해석했지만, 주자는 '극'은 '궁극에 이른 것'(지극[至極])이며, '치우침이 없는 것'을 의미하는 '중'과는 다르다고 해석했다.

이와 같은 전제를 이어받아 이언적과 조한보가 논쟁한 것인데, 이언적은 주자의 입장을 견고히 하고자 하며, 그 입장에서 조한보를 비판했다. 조한보는 '무극이태극'을 하나의 실체이자 모든 것의 근본이라고 간주하고, 이 적멸(寂滅)의 본체가 마음에 내재해 있기 때문에 이것을 체득하면 모든 것이 융통한다고 생각했다.

이 태극 논쟁은 조선 성리학에서 최초의 본격적인 학술 논쟁이었다. 이 과정에서 이미 이후 20세기까지 끝없이 이어지는 조선 성리학의 논의 원형이 떠오르고 있다고 생각할 수 있다. 그것은 다음과 같은 세 가지다. ① 주자라는 정전을 기준으로 하여 논쟁 당사자 쌍방이나 일방이 어느 쪽이 좀 더 정전에 충실한가라는 논의 패턴을 전개하는 것. ② 안과 밖, 체(體)와 용(用) 등이라는 이중성을 중시하는가 아니면 그 일체성을 중시하는가에서 대립하는 것. 주자학을 견지하는 한에서 이중성을 부정하는 것은 불가능하지만, 그럼에도 불구하고 일체성과 직접성을 희구하는 양명학적인 방향성은 조선 성리학에도 존재했던 것이다. ③ 사람의 마음과 본성과 감정의 존재방식 및 그것과 초월성이나 퇴락성의 관계에 대한, 만족할 줄 모르는 형이상학적 추구의 정신. 이것은 아마도 일본의 에도 유학(江戶儒學)과의 확연한 다름일 것이다. 에도 유학의 경우에는 번쇄하고 치밀한 형이상학적 논의에 파고 들어가기 전에 신도(神道) 등의 다른 사상 체계와 결합시킨다든지, '시처위론'(時處位論)이나 '수토론'(水土論)에서 전형적으로 보이듯이 '일본'이라는 필터를 사용하여 중국에서의 논의를 상대화하는 길을 찾는 경향이 두드러진다. 하지만 조선에서는 중세 유럽의 신학 논쟁에서처럼 어디까지나 정교하고 치밀하게 논의하는 전통이 있었다.

성리학의 이(理)

그런데 여기서 성리학(주자학)에서의 이(理)라는 개념에 대해 조금 설명해둘 필요가 있어 보인다. 사림파가 성숙해진 이후 조선 유교에서는 20세기에 이르기까지 거의 모든 논의가 이와 기에 관한 것으로 되기 때문이다(그로부터 일탈한 것은 이른바 '실학'파의 일부뿐이었다). 조선의 경우 이와 기라는 틀의 힘은 근대에 다가가서도 전혀 쇠퇴하지 않았다. 오히려 19세기부터 20세기 초에 걸쳐 성리학의 이기론(理氣論), 특히 이의 힘은 극대화한다.

이(理)에 관해 여기서는 조선 성리학만의 시야에서가 아니라 성리학 일반과 관련해 설명하고자 한다.

이란 무엇인가? 이것과 관련해 현재의 유학 연구에서 일정한 합의는 없다. 알기 쉽게 말하자면, 이란 원리이자 법칙이자 논리이자 질서다. 하늘에 의한 자연의 질서 그대로 인륜과 사회도 움직여야 한다는 의미에서 '도덕적 자연의 법'이다. 영어로 '리'(li)를 번역할 때에는 거의 언제나 'principle'이라는 말을 사용한다.

서양으로부터 철학이 들어온 근대 시기에 일본과 중국과 한국의 학계에서는 이를 서양의 이데아라든가 로고스라든가 에이도스(형상)라는 개념과의 유사성이라는 관점에서 활발히 논의했다. 가장 유사하다고 생각된 것이 에이도스다. 요컨대 아리스토텔레스(Aristoteles)에게서의 질료(휠레)가 성리학에서의 기에 상응하고, 형상(에이도스)이 이에 상응한다는 논의인 것이다. 아리스토텔레스의 틀과 성리학의 틀은 확실히 흡사하다고도 말할 수 있다. 다만 같은 것이 아님은 물론이다. 아리스토텔레스에게서 형상으로 생각된 '혼'(魂)은 성리학에서는 이가 아니라 기라고 하는 것 등, 그 '어긋남'은 일일이 다 말하기가 어렵다. 또한 이 점과는 별도로 이마누엘 칸트(Immanuel Kant)의 이성(순수이성 및 실천이성)에 상응하는 것이 성리학의 이라고 하는 논의도 실로 활발하게 이루어졌다.

그 후 일본의 중국 철학계에서는 서양의 철학적 틀에 아우르는 형태로 "이는 이데아다, 아니 로고스다, 아니 에이도스다, 아니 페어눈프트(Vernunft, 이성)다"라든가 "서양의 이데아나 로고스나 에이도스나 페어눈프트에 상응하는 개념이 동양에도 있었다"는 등등으로 논의하는 발상 그 자체가 서양 중심주의라고 하는 반성이 이루어지며, 1980년대 무렵부터는(요컨대 포스트모던 이후에는) 앞에서와 같은 논의는 거의 이루어지지 않게 되었다. 그러나 중국·홍콩·대만(臺灣)의 '인문학'적인 철학자들은 "칸트의 순수이성·실천이성과 동일한 논의가 중국에서는 (주자의 시대인) 12세기까지 이미 이루어지고 있었다"라고 하는 도덕주의적인 인문학을 고집했다(현대 신유학). 이것은 전형적인 "중국 중심주의적인 것으로 보이는 동시에 서양 중심주의적인 언설"이지만, 아무래도 중국인 학자들은 그 점을 느끼지 못하고 있는 듯하다.

이와 같이 성리학의 이를 둘러싼 근대적인 논의는 서양 중심주의적으로 전개되어왔지만, 일본에서는 일치감치 그와 같은 경향으로부터 벗어나는 연구도 이루어졌다. 대표적인 것은 야스다 지로(安田二郞, 1909~45)*다. 야스다는 논문「주자의 존재론에서 '이'의 성질에 대하여」(1939)에서 서양의 이데아, 로고스, 에이도스와 이의 차이를 철학적으로 분석하고, 이와 그 개념들이 명확히 다르다고 이야기한다. 특히 중요한 것은 이데아나 에이도스가 '보다'라는 동사와 관련되어 있는 데 반해, 이에는 '보다'라는 동사와 관련되는 요소가 없다는 점이다. 주자의 이에 대한 야스다 학설의 핵심은 이의 근원적 의미가 '생각되어 얻다'라는 것이다. 이는 '의미로서의 존재'라고 하는 점에 놓여 있다. 야스다에 따르면, "이의 근원적인 의미가 무엇인가라고 말한다면, 그것은 단적으로 '생각되어 얻다'라는 것에 놓여 있었다".

야스다의 "이는 의미다"라는 해석은 이의 무형성과 이중성(존재근거 및 당위성)을 잘 표현하고 있다고 생각된다. 주자 자신의 생각에 이는 원리성, 논리성, 규범성, 당위성 등을 종합적으로 함의하고 있으며, 따라서 이를 그러한 개념들로서 말하더라도 문제가 없음은 물론이지만, 이들을 종합하여 말한다면 "이는 의미다"라고 말하더라도 좋을 것으로 생각된다. 기에는 의미가 없기 때문이다. 기의 운동과 그 양상 자체에는 의미가 없다. 그러나 그 운동과 양상에는 원리성, 논리성, 근거성, 규범성, 당위성 등의 의미가 부착되어 있다. 그 의미가 이라고 하는 생각인 것이다.

이와 같이 생각함으로써 "기 자체는 이가 아니지만(요컨대 원리성과 규범성 등을 지니지 않지만), 기가 있는 곳에는 반드시 이가 있다(요컨대 원리성과 규범성 등이 있다)"라고 하는 성리학의 테제를 설명할 수 있는 것으로 생각된다. 한국에도 한형조(韓亨祚)*처럼 "이는 의미다"라고 해석하는 학자가 있다.

하지만 나로서는 한 걸음 더 나아가 "이는 분절화(分節化)다"라고 생각하고 싶다. 기의 세계에는 다양성이 있고, 무엇보다도 우선 사물과 사물의 구분이 있으며, 구분된 각각의 것의 개별적 의미와 습성과 당위성과 그 근거 등이 있다. 그러나 이러한 구별들은 기 자체가 아니며, 그것들을 '다른 것'으로서 나타나게 하는 것도 기 자체가 아니라 이인 것이다. 이가 없다면 기 자체의 다양성과 구분의 세계의 의미가 나타나지 않는다. 이즈쓰 도시히코(井筒俊彦)*는 화엄의 사(事)는 분절된 세계이고, 이는 무분절의 세계라고 했지만(『의식과 본질』), 나로서는 성리학은 그 반대가 아닌가라고 생각한다. 요컨대 불교(화엄)에서는 이=개별적인 사물의 분립을 무화하는 세계=공으로 생각하지만, 성리학에서는 그와 반대로 기의 다양성과 변화를 자연 도덕적인 의미를 지니고서 분절화하는 것이 이인 것이다. 이즈쓰는 송학(성리학)의 이는 본질이라고 말했다. 그러나 이 본질은 사물을 분절화하는 본질인 것이다.

기는 일기(一氣) → 이기(二氣, 음양) → 오행(五行) → 만물이라는 식으로 복수의 층위로 만물을 구별해 가지만(일기는 전체로서의 기를 가리킨다), 이들 모든 구별 자체는 기가 아니라 이에 놓여 있다. 그리고 기에 복수의 층위가 있는 것처럼, 이에도 복수의 층위가 있다. 가장 중요한 것은 일리(一理)와 중리(衆理, 만리(萬里))의 차이이다. 나는 전자를 〈이 α〉, 후자를 〈이 β〉라고 부르고 있다.

〈이 α〉: 일리 / 통체태극(統體太極) / 소이연지고(所以然之故)

〈이 β〉: 만리 / 각구태극(各具太極) / 소당연지칙(所當然之則)

〈이 α〉는 '하나의 이'이고 '소이연지고'(그렇게 된 까닭=사물이 그러그러해야 하는 근거)다. 이에 반해 〈이 β〉는 '각각의 개별적인 것들에 고유한 이'이며, '소당연지칙'(바로 그래야 하는 준칙=사물이 바로 그러그러해야 할 준칙)이다. 이 두 층위는 이의 서로 다른 분절화 층위이다. 〈이 β〉는 이 우주와 인륜이 하늘의 도덕적 법칙성대로 존재하고 움직여 가는 것의 당위성을 의미하는 분절화의 층위다. 이에 반해 〈이 α〉는 이 우주와 인륜이 자연 도덕적으로 존재하고 움직여 가는 근거를 의미하는 분절화의 층위다. 그리고 이를 파악하고 실천하는 주체에게도 〈주체 α〉와 〈주체 β〉라는 층위의 차이가 있다. 후자는 〈이 β〉만을 파악하고 실천하는 주체이지만, 전자는 〈이 α〉까지 파악하고 실천하는 주체다. 다만, 사실은 이에게는 더 나아가 메타 레벨의 〈이 X〉가 있다. 이것은 〈이 α〉와 〈이 β〉를 성립시키고 있는 궁극적인 의미 지평이다. 이 〈이 X〉를 파악하고 실천하는 자야말로 성리학적인 사회에서의 궁극의 주체인 〈주체 X〉인 것이다. 이와 같이 생각하면, 조선 성리학사를 조금 더 쉽게 이해할 수 있게 되는 것이 아닐까 한다.

덧붙이자면, 이와 맞짝을 이루는 개념인 기는 단순한 물질이 아니다. 영어로는 '기'(qi)를 'vital force'라고 번역하는 경우가 있는 것에서 알 수 있듯이 이것은 생명적인 힘을 지닌 물질인바, 나의 말로 하자면 '영적 물질'(spiritual matter)이다. 성리학에서는 마음·지각·정신활동·감정·감각 등이 모두 기의 영역에 속한다.

4. 서경덕과 그 계통

화담 서경덕—선천과 후천

서경덕(徐敬德, 1489~1546, 호는 화담〔花潭〕, 본관은 당성)은 기를 중시한 철학자로 「원리기」(原理氣), 「태허설」(太虛說), 「귀신사생론」(鬼神死生論), 『화담집』(花潭集) 등의 저작이 있다.

서경덕은 현대의 일반적인 한국인에게는 독창적인 철학자로서보다는 황진이(1506년경~67년경)와의 에피소드로 유명하다. 황진이는 절세 미녀임과 동시에 최고 수준의 지성을 갖춘 당대 제일가는 여성이자 기생이었다. 기생이란 단순한 작부를 말하는 것이 아니며, 그녀들에게는 사대부와 시문(詩文)을 주고받을 수 있는 고도의 지성이 요구되었다. 미모와 지성을 함께 갖추고 평판이 높은 황진이는 당대 제일의 지와 덕을 갖추고 있다고 칭송받은 서경덕에게 접근하지만, 서경덕은 황진이의 유혹에 응하지 않았다. 인구에 회자된 이 에피소드로부터 서경덕을 도학적인 강직한 사람으로 이미지화하는 한국인도 많다. 하지만 그의 철학은 오히려 도학을 넘어서 있다. 주자학을 출발점으로 하고 있지만, 이보다 기를 두드러지게 중시하는 것이 그의 독자적인 철학이다.

서경덕의 철학을 응축하여 표현한 작품이 「원리기」다. 그의 논의를 살펴보자. 우선은 '선천'(先天)과 '후천'(後天) 개념이다.

《선천》

태허(太虛)는 맑고 형체가 없다. 이것을 일컬어 선천이라 한다. 공간적으로는 한이 없고, 시간적으로는 시작이 없으며, 그 끝을 알 수 없다. 그 맑은 동시에 비고 고요한 것이야말로 기의 근원이다. 그것은 무한한 공간에 널리 퍼져 있으며, 어떠한 틈도 없이 전체를 가득 채우고 있다.

《후천》

선천이 홀연히 열린다. 열리게 하는 무언가 동력이 실체로서 있는 것이 아니라 선천이 스스로 그렇게 열리지 않아서는 안 되어 열리는 것이다. 이것을 '이(理)의 때'라 한다. 『역경』에서 말하는 '느껴서 마침내 통한다'는 것이자 『중용』에서 말하는 '도는 스스로 이끌어 간다'는 것이자 주렴계가 말하는 '태극이 움직여 양(陽)을 낳는다'는 것이다. 움직임과 고요함이 반드시 있고, 닫힘과 열림이 없을 수가 없는 것은 무슨 까닭인가? 우주의 기틀이 스스로 그렇게 되는 것이다.

—「원리기」

주렴계(周濂溪)는 "극이 움직여 양을 낳는다"라고 말했지만, 그 최초의 움직임은 어떻게 해서 생겨난 것일까? 아리스토텔레스적으로 말하면, 부동의 원동자를 둘러싼 물음이다. 서경덕은 이에 대해 '기자이'(機自爾, 기틀이 스스로 그렇게 된다)고 말했다. 이 '기틀'은 운동의 내재성을 말하는 것이 아니라 내부와 외부를 포섭한 전체론적인 전체라고 보아야 한다. 자연은 하나의 기이자 전체다. 그 전체성이 어느 부분에서 움직임의 조짐을 보이면, 그 부분만이 움직이는 것으로 보인다. 하지만 정확하게는 그 부분만이 아니라 전체가 움직이고 있는 것이다. 그 양상을 서경덕은 "기틀이 스스로 그렇게 된다"라고 말했던 것이다.

기(氣)철학

서경덕은 기철학을 전개한다. 그에 따르면 기는 무시무종(無始無終)이다(「태허설」).

> 노자는 "유는 무에서 생긴다"라고 말했는데, 이것은 허(虛)가 곧 기임을 알지 못하는 것이다. 노자는 또한 "허가 기를 낳을 수 있다"라고 말했지만, 이것도 잘못이다. 만약 "허가 기를 낳는다"라고 한다면, 아직 기가 생기기 전에는 기가 없는 것이게 되고, 허는 죽은 게 된다. 이미 기가 없다고 하게 되면 무엇에 의해 기가 생긴단 말인가? 기는 시작도 없고 생겨남도 없다. 시작이 없는 것이라면 어디서 끝날 것인가? 생겨남이 없는 것이라면 어디서 없어질 것인가?
>
> —「태허설」

기와 이의 관계에 대해 서경덕은 다음과 같이 말한다. 서경덕의 태극은 우주의 사물이 움직일 때에 그 동력이 되는 것이지만, 그것은 주자학의 이=태극처럼 기와는 다른 실체를 지닌 존재가 아니다. 동력이 사물을 움직인다든지 그치게 한다든지 하는 그 분절화의 힘 그 자체를 태극이라고 말하고 있다.

> 기의 근원은 처음에 일(一)이다. 하지만 기가 일이라고 한다면 그것은 이(二)를 품고 있다. 태허는 일(一)이지만, 그 가운데에 이(二)를 품고 있다. 이(二)의 단계가 되면, 열림과 닫힘이나 움직임과 고요함이나 낳음과 극복함이 반드시 있다. 그처럼 열리고 닫히게 하고, 움직이고 고요하게 하며, 낳고 극복하게 하는 까닭이 되는 시원을 일컬어 태극이라 하는 것이다. 기의 밖에는 이가 없으며, 이는 기의 주재(主宰)다. 이 주재라는 것은 밖으로부터 와서 주재하는 것이 아니다. 기가 일에 작용함에 있어 그러한

까닭의 올바름을 잃지 않게 하는 것을 주재라고 하는 것이다.

—「이기설」

이와 기의 선후 관계에 대해서는 다음과 같이 말한다.

이는 기보다 앞선 것이 아니다. 기에게는 시작이 없다. 이에게도 본디부터 시작은 없다. 만약 이가 기보다 앞서는 것이라 한다면, 기는 시작을 지니게 된다.

—같은 글

이상과 같은 논의로부터 서경덕을 기철학자라고 한다. 조선이 성리학을 이데올로기로 하여 국가 건설을 시작하고부터 1세기 이상을 거쳐 여기서 성리학의 이의 체계에 대해 근원적인 수정을 가하고자 한 철학자가 나타났던 것이다.

서경덕의 계통

서경덕의 제자로는 다음과 같은 인물들이 배출되었다. 조선 왕조의 정통에서 벗어난 인물들이 많은 것이 주목된다.

허엽(許曄, 1517~80, 호는 초당(草堂), 본관은 양천)은 허균(許筠, 1569~1618, 호는 교산(蛟山))의 아버지다. 허균은 『홍길동전』이라는 기상천외한 소설을 쓴 것으로 저명한 인물이다.

이지함(李之菡, 1517~78, 호는 토정(土亭), 본관은 한산)은 『토정비결』(土亭秘訣)의 저자로서 유명하다(다만 참된 저자인지 여부는 분명하지 않다). 이것은 1년의 운세를 점치는 책으로 현재의 한국에서도 변함없는 인기를 자랑하고 있다. 그는 기행으로도 유명한데, 한강 언저리 마포의 굴에서 살며 솥을 머리에 이고 다닌다든지, 본의 아니게 관직에 나섰을 때는 관청에 걸인청이라는 이름의 시설을 만들어 걸인들을 모아 생업을 가지게 한다든지 했다. 이지함은 조선 시대의 3대 기인 가운데 한 사람으로 여겨진다.

또한 서경덕과 직접적인 관계는 없더라도 기를 중시하는 철학을 전면에 내세우는 유학자가 조선 시대를 통해 여럿 출현했다. 그 가운데 가장 철저한 실현자는 임성주(任聖周, 1711~88, 호는 녹문〔鹿門〕, 본관은 풍천)이다. 그는 우주의 모든 것은 오직 기뿐이라고 하여 유기론(唯氣論)이라고도 불러야 할 철학을 주장했다. 또한 조선 시대 말기의 최한기(崔漢綺)는 대단히 독창적인 기철학을 내세웠다(그에 대해서는 다음 장에서 이야기한다).

5. 이퇴계와 그 계통

퇴계 이황

이황(李滉, 1501~70, 호는 퇴계〔退溪〕, 본관은 진성 또는 진보)은 경상도 예안현 온계리(지금의 경상북도 안동시 도산면 온혜리)에서 태어난다. 「주자서절요」(朱子書節要), 「자성록」(自省錄), 『퇴계집』(退溪集) 등의 방대한 저작이 있다. 시(詩)에도 능했다. 만년에는 도산서당에 머물며 후진을 길렀다(그의 사후에 이 서당이 도산서원이 된다). 이퇴계는 영남 지방(경상도)의 거유(巨儒)이자 현재도 경상북도에서는 절대적인 존숭을 받고 있지만, 한국 전체에서도 가장 존경받고 있는 유학자다. 유명한 「성학십도」(聖學十圖)는 성리학의 정수를 열 개의 주제별로 도식화한 것이다. 덧붙이자면, 도산서원에는 곳곳에 '삼태극'(三太極) 그림이 그려져 있다. 삼태극이란 보통의 태극이 음양의 이원(二元)으로 그려지는 데 반해, 삼원(三元)의 그림으로 그려진 것을 말한다. 일본의 미쓰도모에(三つ巴, 바깥쪽으로 도는 소용돌이 모양이 셋 있는 무늬) 형태와 비슷하다. 중국에는 없는, 조선의 독자적인 세계관이라고 여겨진다. 삼태극의 '삼'은 천지인(天地人)을 나타낸다고 해석되는 경우도 있지만, 도산서원의 삼태극은 하늘과 땅과 만물을 나타낸다고 해석되고 있다.

사단칠정 논쟁

이퇴계가 젊은 기대승(奇大升, 1527~72, 호는 고봉〔高峯〕, 본관은 행주)과 펼친 이른바 '사단칠정(四端七情) 논쟁'은 조선 유학사상 최대의 철학 논쟁이었다.

'사단칠정 논쟁'은 '사칠(四七) 논쟁'이라고도 한다. 사는 사단을, 칠은 칠정을 가리킨다. 사단은 측은(惻隱)·수오(羞惡)·사양(辭讓)·시비(是非)라는 네 개의 정(情)인데, 『맹자』(孟子)에서 각각 인(仁)·의(義)·예(禮)·지(智)라는 네 개의 도덕성(성〔性〕)의 전조라고 여겨졌던 것들이다(주자는 도덕성이 내재해 있는 것들의 실마리로 해석한다). 칠정은 『예기』(禮記)에 나오는 희(喜)·노(怒)·애(哀)·구(懼)·애(愛)·오(惡)·욕(欲)이라는 일곱 개의 정(情)이다. 사단도 칠정도 정(기)이라는 점에는 변함이 없다. 그러나 주자학에서 사단은 도덕성(성=이)과 직결되는 정인 데 반해, 칠정은 인욕(人欲)에 빠질 가능성이 있는 정이라고 하는 다름이 있다. 사단과 칠정 사이에는 현저한 거리가 있는 것이다. 이러한 현저한 거리를 이기(理氣)와의 관계에서 어떻게 설명할 것인가 하는 것은 주자학에서 대단히 중요했다. 덧붙이자면, '사칠 논쟁'은 이제는 영어권에서도 유명하며, 'the Four-Seven Debate'라는 술어가 정착해 있다.

논의를 위한 개념들을 정리하면, 다음과 같다.

성(性, 본성)=이		성즉리(性卽理)가 주자학의 근본(심즉리心卽理를 주창하는 육상산, 왕양명과의 차이).
심(心)=기(氣)		마음에는 이가 갖추어져 있다. 마음은 성과 정을 통어한다(심통성정心統性情).

정(情)=기		정은 기이지만, 성이나 이와의 관계는 어떠한 것인가?	
미발(未發)	심기	마음이 아직 발하고 있지 않은 상태.	성(이) 그 자체인 것인가, 그렇지 않은 것인가?
이발(已發)	심기	마음이 이미 발한 상태.	성(이)과의 관계는 어떤 것인가?
사단(『맹자』)	정기	측은·수오·사양·시비.	성(이) 그 자체와 어떻게 다른가?
칠정(『예기』)	정기	희·노·애·구·애·오·욕.	성(이)과의 관계는 어떠한가?

일의 발단은 아래와 같다. 정지운(鄭之雲, 1509~61, 호는 추만〔秋巒〕, 본관은 경주)이 「천명도」(天命圖)라는 도설(圖說)을 작성했다. 그 설명에 "사단발어리, 칠정발어기"(四端發於理, 七情發於氣, 사단은 이에서 발하고 칠정은 기에서 발한다)라고 되어 있었다. 그것을 보고서 이퇴계가 수정 의견을 내놓았다. 정지운은 이퇴계의 수정 의견에 기초하여 도설을 "사단이지발, 칠정기지발"(四端理之發, 七情氣之發, 사단은 이가 발한 것이고 칠정은 기가 발한 것이다)이라고 정정했다. 조선 유학사에서 가장 유명한 '이기호발설'(理氣互發說, 이도 발하고, 기도 발한다)을 이퇴계는 주장했던 것이다. 하지만 젊은 기대승이 이것을 보고서 사단과 칠정을 이와 기로 이항대립적으로 나누는 것은 잘못이라고 하는 논의를 담은 편지를 이퇴계에게 보내 질문했던 것이다. 그 내용은 다음과 같은 요지였다.

사람의 마음이 아직 발하지 않은 것을 성이라고 하고, 이미 발한 것을 정이라고 합니다. 성은 완전한 선이지만, 정에는 선과 악이 있습니다. 사단(측은·수오·사양·시비)과 칠정(희·노·애·구·애·오·욕)에는 물론 구별이 있습니다만, 그것은 사단을 이야기한 『맹자』와 칠정을 이야기한 『중용』의 관점이 다르기 때문에 나온 구별인 것이지 본래 칠정의 바깥에 별개의 사단이 있는 것은 아닙니다.

만약 "사단은 이로부터 발하는 것으로 순수한 선이고, 칠정은 기로부터 발하는 것으로 선도 악도 있다"라고 하게 되면, 이것은 이와 기를 두 개의 것으로 나누는 것으로 되고 맙니다. 그렇다면 칠정은 성(이)과는 관계없는 것이 되어버리며, 사단은 기와 관계없는 것이 되고 맙니다. 이것은 잘못입니다. 올바르게는 칠정도 성이 발한 것이기 때문에 성과 관계가 있으며, 사단도 정이기 때문에 기인 것입니다.

"사단의 발은 순수한 이이기 때문에 선이 아닌 것은 아니며, 칠정의 발은 기를 겸하기 때문에 선악이 있다"라고 고쳐 말하더라도 올바르지 않습니다.

맹자(孟子)가 말한 사단이란 성이 발할 때에 기가 간섭할 수 없고 본연의 선이 곧바로 완성되는 것입니다. 이것은 순수하게 천리(天理)가 발한 것입니다만, 칠정의 밖으로부터 나오는 것일 수는 없습니다. 칠정 속에서 마음이 올바르게 발하여 중용의 상태로 분절화한 부분이 사단인 것입니다. 따라서 사단과 칠정을 이항 대립적으로 파악해서는 안 되는 것입니다.

이는 기의 주재(主宰)이고, 기는 이의 재료입니다. 하지만 이는 약하고 기는 강한 것입니다. 이는 형체가 없지만 기는 그림자와 형체가 있습니다. 그 때문에 기가 흘러가고 발현할 때에 기의 작용에 의해 '지나침'과 '미치지 못함'의 차이가 반드시 생기는 것입니다. 이에 의해 칠정이 발할 때 어느 경우에는 선이 되고 어느 경우에는 악이 되며, 성의 순수하게 선한 본체가 혹은 완전하게 나타나지 않는 경우가 생기는 것입니다. 그러나 그 가운데 선한 것은 천명의 본연 그 자체이며, 악한 것은 기의 나타남이 '지나침'과 '미치지 못함'으로 되어 버린 것입니다. 그런 까닭에 사단과 칠정은 처음부터 두 개의 다른 의미를 지니는 것이 아닙니다.

—「고봉상퇴계사단칠정설」(高峯上退溪四端七情說)

이에 대해 이퇴계는 기대승에게 편지를 보내 '이기호발설'을 논리적으로 올바른 것으로 증명하고자 말을 아끼지 않았다.

그에 대해 기대승은 반론의 편지를 보냈는데, 또다시 이퇴계는 기대승에게 편지를 보내 반론했다. 여기서 유명한 "사단이발이기수지, 칠정기발이이승지"(四端理發而氣隨之, 七情氣發而理乘之, 사단은 이가 발하여 기가 이것에 따르고, 칠정은 기가 발하여 이가 이것을 탄다)라는 테제가 나온다. 이후의 조선 유학사는 이퇴계의 이 테제를 둘러싼 논쟁의 역사라고 해도 지나친 말이 아닐 정도로 중요한 명제가 된 것이다.

이퇴계는 말한다.

> 칠정은 이에 관여하지 않는다는 뜻은 아닙니다만, 외물(外物)이 밖으로부터 와서 느껴 움직이는 것이 칠정입니다. 그리고 사단이 느껴 움직이는 것도 본래부터 칠정과 다르다는 뜻은 아닙니다. 그러나 사단은 이가 발하여 기가 이것에 따르는 것이고, 칠정은 기가 발하여 이가 이것을 타는 것입니다.
>
> 사단에 기가 없다는 것이 아니며, 칠정도 역시 이가 없다는 것은 아닙니다.
>
> 저와 당신의 견해는 처음은 같지만 결론이 다릅니다. 그 다름은 다른 것이 아닙니다. 당신은 "사단도 칠정도 모두 이와 기를 겸하는 것이다"라고 하고, "이름은 다르지만 그 내실은 같다"라고 말합니다. 요컨대 이와 기를 나누어 범주화해서는 안 된다는 생각입니다. 그러나 저의 생각은 "사단과 칠정이 다른 것이라고 하는 가운데 같은 부분도 있다"라고 하는 논의를 세우는 방법인 것입니다.
>
> 본래 이를 주로 삼는 논의(주리〔主理〕)와 기를 주로 삼는 논의(주기〔主氣〕)의 다름이 있다고 한다면, 이 둘을 나누어 범주화하는 것에 잘못이 있다고는 할 수 없는 것입니다.
>
> —「답기명언론사단칠정 제2서」(答奇明彦論四端七情 第二書)

기대승이 또다시 이퇴계에게 반론의 편지를 보내 8년간에 걸친 이 논쟁은 끝나게 된다.

이발 · 이동 · 이도

이퇴계의 "이도 발하고 기도 발한다"라는 '이기호발론'(다만 '호발'이라는 말로 이퇴계의 입장을 규정한 것은 기대승이다)은 그 후의 조선 유학사에서 가장 큰 주제들 가운데 하나였다. 이퇴계가 이를 운동성과 함께 파악하고 있음은 그가 후에 다른 곳에서 '이동'(理動, 이는 움직인다)을 말한 것으로부터도 분명한 것으로 보인다.

그가 '이발'(이가 발한다)이라고 말한 것은 아마도 주체로부터 이(분절화의 의미)를 맞이하러 가는 것이 아니라 이가 자발적으로 주체를 맞이하러 온다고 하는 사태를 말하고 있는 것이 아닐까라고 나는 생각한다. 그 '발한 이'는 기대승과의 논의에서 사단이라는 모습을 취하고 있었지만, 실제로는 사단만이 아니다. 모든 이(분절화의 의미)가 발하면서 주체를 향해 온다고 하는 감각을 마치 돈오(頓悟)처럼 체득할 수 있는가 없는가가 관건이라는 것을 말하고 있다(선의 돈오는 현실의 모든 분절화를 무화시키는 것이기 때문에, 여기서 선과 성리학의 정반대 방향성이 명확해진다). 물론 이는 기가 아닌 까닭에, 스스로 움직이는 실체를 지니지 않는다. 그러나 인간이 사유와 행동에서 어떤 높이에 도달했을 때, 마치 이가 스스로 움직이고 발하여 주체를 덮치는 것과 같은 영성적 경지에 도달하는 것인바, 사대부다운 것, 가고 서고 앉고 눕는 일상적 행동에서 언제나 그 경지에 도달해 있어야 한다는 것이 이퇴계의 철학이 아니었을까? 마치 대승 불교(반야〔般若〕· 화엄)의 공(空)에 세계의 (비)존재 구조로서의 공과 주체의 의식 수준의 공이 있는 것처럼, 성리학의 이에도 세계 구조의 분절화로서의 이와 주체의 의식 수준의 이가 있는 것이다. 이퇴계를 이해하기 위해서는 이 점을 잘 알지 않으면 안 된다.

또한 이퇴계는 만년에 이르러 '이도'(理到, 이가 이른다)에 대해서도 말하고 있다.

이퇴계는 기대승에게 다음과 같이 말했다.

'물격'(物格, 사물이 이른다)과 '물리지극처무불도'(物理之極處無不到, 물리의 극처에 이르지 않음이 없다)의 학설은 삼가 그 가르침을 듣고 싶습니다. 이전에 제가 잘못된 설을 굳게 고집했던 사정은 다음과 같습니다. 요컨대 주자가 "이에는 정의(情意)가 없고 계도(計度)가 없으며 조작도 없다"라고 한 학설을 (제가) 알고 그것을 지켰던 것이지만, (다른 한편으로 그와 같은 이이기 때문에) '제'가 '물리의 극처'를 극하고 거기에 이를 수 있는 것이어서 이가 어떻게 스스로 '극처'에 이를 수 있는가라고 생각했던 것입니다. 그런 까닭에 '물격'의 '격'(格, 이르다)과 '이르지 않음이 없다'의 '이르다'(到)는 어느 것이나 다 '자기 자신이 이른다(格)'는 것이자 '자기 자신이 이른다(到)'는 것이라고 생각했던 것을 고집했던 것입니다.

—「답기명언 별지」(答奇明彦 別紙),
『퇴계선생문집』 제18권(退溪先生文集 卷之十八)

이것은 이가 '이른다'(到)는 것인가 주체가 '이른다'(到)는 것인가라는 논의다. 이전에 '이가 발한다'라고 그토록 강하게 주장한 이퇴계는 왜 이제(만년에) 와서 '자신은 이전에 이가 아니라 자기 자신이라는 주체의 능동성을 믿었다'고 말했던 것일까?

기대승에게 보낸 이 편지에서 이퇴계가 말한 것은 이의 체(體, 본체)와 용(用, 작용·나타남)의 관계였다.

그렇게 되면 바로 '격물'(格物, 사물에 이른다)을 말하게 되면 그것은 본래 자기가 '물리의 극처'를 극하여 거기에 이르는 것을 말하는 것입니다만, '물격'(사물이 이른다)을 말하는 경우에는 어째서 '물리의 극처'가 자기 자신이 극한 바에 따라서 이르지 않는 곳이 없다고 말할 수 없겠습니까? 정의도 없고 조작도 없는 것이 이 이의 본연의 체이자 우거(寓居)하는 바에 따라서 발현하고 이르지 않는 곳이 없는 것이 이 이의 지극히 신묘한

용이라는 것을 여기서 아는 것입니다.

—같은 글

그리고 이퇴계는 "이전에는 이의 본체가 무위(無爲)라는 것만을 보고서 이의 묘용(妙用)이 현상하여 행해지는 것을 알지 못하고 거의 이를 죽은 사물로서 인식하고 있었습니다만, (그렇다면) 도(道)로부터 떠나기는 매우 먼 것입니다"(같은 글)라고까지 말하고 있다.

하지만 이것은 이퇴계의 본의였을까? 이전에 그토록 전력을 기울여 '이발'을 증명한 철학자의 말일까? 이퇴계는 정말로 이의 체와 용의 논리로 '이도'를 이해할 수 있었다고 말한 것일까?

나로서는 그렇지 않다고 생각하고 싶다.

사실 이것은 이와 주체의 계층성을 전제하지 않으면 이해할 수 없는 말이 아닐까라고 나는 생각한다. 요컨대 주체와 이의 관계는 언제나 일방적으로 능동-수동 또는 수동-능동의 관계에 있는 것이 아니다. 이와 주체의 계층적인 관계성에서 주체가 능동적으로 움직이는 경우도 있다면, 이가 능동적으로 움직이는 경우도 있음을 말하고 있는 것이다.

여기서 이의 본체란 앞에서 말한 〈주체 X〉와 관계가 없는 상태의 〈이 X〉를 말한다(〈이 α〉와 〈이 β〉의 본체는 〈주체 α〉와 〈주체 β〉와 관계하고 있다). 이것은 기와의 관계에서 이야기되는 말이 아니다. 이의 본체라 하더라도 결코 기와 무관하게 존재하는 것은 아니다(불상리〔不相離〕). 다만 이 〈이 X〉는 〈주체 X〉와는 무관한 것이다. 그러나 주체가 이와 관계하는 순간, 이는 발동(發動)하고 신묘한 용으로서 발현한다. 이때 이는 이르는 것이지만, 그렇다면 왜 '이르지 않음이 없음'인 것일까?

이 '이르지 않음이 없음'이라는 경지는 이미 우리에게 있어 명백한 것으로 보인다. 요컨대 그것은 〈이 X〉의 경지인 것이다. 그리고 〈이 X〉가 발현한 순간, 주체도 동시에 〈주체 X〉로 된다. 주체와는 관계없이 존재

할 수 있었던 이와 기가 일거에 모두 〈주체 X〉와의 관계에 의해 '의미' 지어지고 분절화되는 것이다. 이때 이에는 본체인가 묘용인가라는 구별은 없어져 있다. 그것은 마치 의상과 균여가 '이리무애'(理理無礙)라고 말했을 때, 그 이에 '오신리'(吾身理)와 '법신리'(法身理)의 구별이 없고 모든 이와 모든 이가 원융상즉(圓融相卽)의 관계에 돌입하는 것과 흡사하다(다만 화엄의 이는 분절화가 아니라 무분절화다). '이도'의 순간에 모든 〈이 α〉와 모든 〈이 β〉는 공존하고, 모든 〈주체 α〉와 모든 〈주체 β〉 역시 공존하는 것이다. 그것이 '이도'의 경지일 것이다. 화엄에서 '사사무애법계'(事事無礙法界)라고 부르는 세계가 퇴계에서는 모든 주체와 모든 사태가 분절화 되면서도 공존하는 세계로 되는 것일 터이다. 그것은 바로 '이발'의 세계를 넘어서서 '이도'의 체험을 거쳐서야말로 가능해질 것이다.

이퇴계의 계통

이퇴계의 계통으로는 다음과 같은 학자들이 있다.

김성일(金誠一, 1538~93, 호는 학봉〔鶴峯〕, 본관은 의성)은 이퇴계의 뛰어난 제자다. 조선의 사절로서 일본에 가 교토에서 후지와라 세이카(藤原惺窩)와 깊은 관계를 맺었다.

유성룡(柳成龍, 1542~1607, 호는 서애〔西厓〕, 본관은 풍산).

정경세(鄭經世, 1563~1633, 호는 우복〔愚伏〕).

정시한(丁時翰, 1625~1707, 호는 우담〔愚潭〕).

이익(李瀷, 1681~1763, 호는 성호〔星湖〕). 이른바 '실학'(實學)의 대가. 서학도 섭렵했다. 『성호사설』(星湖僿說), 『성호문집』(星湖文集)의 저자.

이상정(李象靖, 1710~81, 호는 대산〔大山〕). '이주기자론'(理主氣資論)을 주창했다.

이항로(李恒老, 1792~1868, 호는 화서〔華西〕). 위정척사론(衛正斥邪論). 이(理)를 극도로 중시.

이진상(李震相, 1818~85, 호는 한주〔漢州〕). 이(理)를 극도로 중시. '심즉리'(心卽理)를 주창했다.

특별히 언급해야 하는 것은 이 계통으로부터 이익이라는 '실학'의 대가가 나타났다는 점이다. 더 나아가 18세기에 조선이 비로소 가톨릭(천주교)과 만났을 때에 그것을 이러한 퇴계 → 성호의 학통(남인)이 중심이 되어 수용했다고 하는 역사적 사실이다.

조선 말기에는 이 학맥으로부터 '이일원론'을 주창하는 위정척사론자(양이론자〔攘夷論者〕)들이 배출되었다.

6. 이율곡과 그 계통

율곡 이이

이이(李珥, 1536~84, 호는 율곡〔栗谷〕, 본관은 덕수)는 이퇴계와 나란히 서는 조선 유학계의 거두다. 그는 강릉에서 태어나 15세에 어머니를 잃는다. 그의 어머니 신사임당(申師任堂)은 한국에서 여성으로서 최고의 귀감으로 여겨지는 인물로, 그 총명함과 문인적인 지성의 높이로 인해 공경과 숭배를 받는다. 그녀는 고요하고 우아한 그림을 그리는 예술가이기도 했다. 이율곡은 18세에 금강산에 들어가 승려가 되지만, 19세에 유학으로 돌아온다. 「천도책」(天道策), 「성학집요」(聖學輯要), 「격몽요결」(擊蒙要訣) 등의 저작이 있으며, 『율곡전서』(栗谷全書)로 정리되어 있다. 「천도책」은 23세 때에 과거의 답안으로서 쓴 논문으로, 이율곡은 이때를 포함하여 9회 과거를 치러 모두 수석(조선에서는 장원이라고 한다)으로 합격했다. 전에도 없었고 앞으로도 있을 수 없는 빼어난 재능을 지닌 인물이었다. 그는 관계(官界)의 중추로서 오래 집권했다. 하지만 일본이 조선으로 공격해 올 때의 방어책으로서 '십만양병설'을 헌책했으나 받아들여지지 않았다고 한다. 도요토미 히데요시의 침략은 이율곡이 죽은 지 8년 후의 일이었다.

이기설(理氣說)에 관해서는 '기발이승일도설'(氣發理乘一途說, 기일도설〔氣一途說〕)을 주창하고, 또한 '이통기국론'(理通氣局論)을 부르짖었다. 전자는 이퇴계에 반대하여 "이는 발하지 않는다. 기만이 발한다", "기가 발하여 이가 그것에 올라탄다"고 하는 것이며, 후자는 "이는 보편적이지만(통〔通〕), 기는 개별성·특수성(국〔局〕)을 지닌다. 하지만 기의 그 개별성과 특수성에 보편적인 이가 올라타면, 이도 역시 개별성·특수성을 지닌다"라고 하는 것이다. 철학적으로 대단히 중요한 테제이며, 이율곡의 학파는 이후 이러한 테제를 내걸고서 조선 시대 말기까지 세력을 유지한다. 덧붙이자면, 이율곡의 학문이 주자학 그 자체인가 아닌가에 관해 한국 내에서 논쟁이 있다.

'주리파'와 '주기파'

앞에서 이야기한 이퇴계와 기대승에 의한 사단칠정 논쟁은 조선 유학사에서 최초의 커다란 철학 논쟁이었다고 하는 점에서만 중요한 것이 아니다. 이 논쟁을 계기로 하여 후대에 학파 또는 당파가 형성되어 조선 유학계를 갈라놓았다는 의미에서도 중요하다.

요컨대 이율곡이 기대승의 논의를 지지하고 "이는 발하지 않는다"라는 것을 명확히 하자 조선 유학계는 이퇴계와 이율곡의 2대 학파로 분단되었던 것이다. 그 후 전자가 동인을 거쳐 남인이라는 당파가 되고, 후자가 서인이라는 당파가 된다. 남인은 이퇴계의 이기호발설을 주장하고, 서인의 주류파가 된 노론은 이율곡의 기발이승일도설을 주장했다. 남인은 영남학파를 형성하고 주리설(主理說)을 주장한다. 후자는 기호학파를 형성하고 주기설(主氣說)을 주장한다. 이와 같이 조선 유학계는 이퇴계 계통(영남학파)과 이율곡 계통(기호학파)의 두 동강이로 나뉘게 된다.

덧붙이자면, '주리파', '주기파'라는 것은 당시 유학자들의 논의 속에서 사용된 '주리'(主理)와 '주기'(主氣)라는 말을 계승하여 병합 식민지 시대의 일본인 학자 다카하시 도오루(高橋亨)가 '이퇴계 계통은 주리파', '이율곡 계통은 주기파'라는 식으로 명명한 것이다.

하지만 이는 커다란 오해를 불러일으키는 호칭이다. '주기'라고 하면 마치 이보다 기를 중시한 것처럼 생각된다. 그러나 그것은 잘못으로, 사실은 '주기파' 역시 엄격한 이주의자였다. '주기파'는 '이는 발하지 않는다'고 하기 때문에 이퇴계 계통으로부터 '기를 주로 한다'는 꾸지람을 받아 그런 딱지가 붙게 되었던 데 지나지 않는다. 현상윤은 다음과 같이 말한다.

> 《주기파》…… 따로 이와 기 양자 가운데 기를 주로 한 것이 아니라 오히려 기를 억누르고 이를 높일 것을 이야기했음에도 불구하고, 오로지 기발리승을 이야기했다고 하여 주리파가 그들을 주기파라고 불렀다.
>
> — 현상윤, 『조선유학사』, 131쪽

이와 같이 '주리파', '주기파'라는 말은 자의적이라고 하여 현재의 한국 학계에서 그다지 사용되지 않게 되었다. 하지만 한형조처럼 이 말에 문제가 없다고 하는 학자도 있다.

이율곡의 견해

이율곡의 철학적 주장 가운데 '이발의 부정', '이통기국' 외에 중요한 것은 '인심'(人心)과 '도심'(道心)을 둘러싼 성혼(成渾, 1535~98, 호는 우계〔牛溪〕, 본관은 창녕)과의 논쟁이다. 본래 이 '인심·도심 논쟁'은 이율곡에게서 시작된 것이 아니라 중국에서 이어진 오랜 격심한 논의의 연장선상에서 조선에서는 우선 이퇴계와 노수신(盧守愼) 사이에서 시작되었다.

이율곡과 성혼의 논쟁도 역시 인심과 도심을 둘로 볼 것인가 하나로 볼 것인가에 관한 것이었다.

이 인심과 도심 문제를 포함하여 이와 기에 관한 견해도 설명한 (성혼에게 보낸) 이율곡의 편지의 요지를 소개하고, 그의 철학을 개관해보자.

> 이는 기의 주재이고, 기는 이가 올라타는 것입니다. 이와 기는 둘이 아니지만, 또한 하나도 아닙니다. 하나가 아닌 까닭에 '하나이자 둘'이라고 할 수 있으며, 둘이 아닌 까닭에 '둘이자 하나'라고 할 수 있습니다. 이와 기는 서로 떨어질 수 없으며, 또한 서로 섞이는 일이 없는 것입니다.
>
> 이는 하나입니다. 하지만 이미 기에 올라타 있는 까닭에 그 기의 다양성에 따라서 다양성을 지닙니다. 따라서 천지에 있어서는 천지의 이가 되고, 만물에 있어서는 만물의 이가 되며, 우리에게 있어서는 우리의 이가 됩니다. 이와 같이 동일한 하나의 이라 하더라도 동일하지 않은 것은 이가 올라타는 바의 기의 다양성 때문인 것입니다.
>
> 하지만 천지와 사람과 사물이 각각의 이를 지니고 있다 하더라도, 그것들은 모두 동일한 이입니다. 이것을 통체일태극(統體一太極)이라고 합니다. 그러나 하나의 이라 하더라도 사람의 성(性)과 동물의 성은 다르며, 개의 성은 소의 성일 수 없습니다. 각각 서로 다른 성을 지니고 있는 것입니다.
>
> 인심과 도심은 다른 이름이 붙어 있습니다만, 그 원천은 오직 하나의 마음(心)입니다. 이 심이 발하면, 어떤 때는 이와 의가 되고, 어떤 때는 식욕과 성욕이 됩니다. 요컨대 그 발하는 방식의 다름에 의해 서로 다른 이름이 붙어 있는 것입니다. 만약 당신(성혼)이 말하듯이 '이기호발'(이도 발하고 기도 발한다) 하는 것이라면, 이와 기는 두 가지 서로 다른 것이 되어 버리며, 각각이 마음속에서 다른 근거지를 지니게 됩니다. 요컨대 마음이 발하기 전에 이미 인심과 도심이라는 서로 다른 마그마(묘맥〔苗脈〕)를 지니게 됩니다. 그리고 이가 발하면 도심이 되고, 기가 발하면 인심이 되는 것

입니다. 그렇게 되면 나의 마음에는 두 개의 본질이 있게 됩니다. 이것은 크게 그릇된 견해입니다.

마음을 발하도록 하는 것은 기입니다. 그리고 발하는 근거가 이입니다. 기가 아니라면 발할 수 없으며, 이가 아니라면 발하는 까닭이 없습니다. 선후도 없고 이합(離合)도 없는 것입니다. 따라서 이도 발하고 기도 발한다고 할 수는 없는 것입니다.

주자도 "사단은 이가 먼저 발하고, 칠정은 기가 먼저 발한다"라고 말한 것은 아닙니다. 이퇴계가 "사단은 이가 발하고 기가 이에 따르며, 칠정은 기가 발하고 이가 이에 올라탄다"라고 말한 말 속에서 "기가 발하고 이가 이것에 올라탄다"라고 말하는 것은 올바르지만, 이것은 칠정에만 들어맞는 것이 아니라 사단도 역시 "기가 발하고 이가 이것에 올라타는" 것입니다. 이것은 인심에서도 천지만물에서도 동일한 것입니다.

—「답성호원」(答成浩原) 요지

이율곡의 계통

이율곡의 계통(기호학파)은 당파로 말하면 서인이다. 서인은 후에 노론과 소론으로 분열한다. 노론파야말로 20세기에 조선이 멸망하기에 이르기까지 조선 정계의 중추부를 장악한 가장 크고 가장 강한 당파였다(당파에 관해서는 다음 절을 참조). 이율곡의 학맥에는 아래와 같은 대학자들이 나타났다(덧붙이자면, 율곡 계통에는 기라성 같은 대학자가 수많이 나타났다. 여기서 거론하는 것은 그 가운데 극히 일부에 지나지 않는다).

김장생(金長生, 1548~1631, 호는 사계〔沙溪〕). 예학(禮學)의 대가. 이율곡의 문인(門人)으로 송시열의 스승.

김집(金集, 1574~1656, 호는 신독재〔愼獨齋〕). 김장생의 아들. 예학의 대가다.

송시열(宋時烈, 1607~89, 호는 우암〔尤庵〕). 김장생 · 김집의 문인. 노론파의 영수이며, 북벌론의 주창자다. 『송자대전』(宋子大全)의 저자.

권상하(權尙夏, 1641~1721, 호는 수암〔遂菴〕). 뒤에서 논의.

이율곡의 학문이 지니는 특징은 이성적이고, 현실 사회에서 실천성이 높다는 점이다. 대단히 이로정연하게 유학의 학설을 이해했을 뿐만 아니라 현실 정치에서 충분히 그것을 실천했다. 그 이성적인 자세는 이성만이 아니라 영성을 지니고서 마음공부에 몰두한 이퇴계와는 명확히 성격이 다르다. 이율곡의 후학들도 그의 사상 경향을 잘 이어받아 이성적인 유학 이해의 질을 한없이 높였다고 말할 수 있을 것이다. 그것이 예학과 '인물성동이(人物性同異) 논쟁'이라는 유학사상 최고 수준의 치밀한 논의로 이어졌다. 그리고 17세기 이후 조선 왕조의 멸망에 이르기까지 이율곡의 학통은 계속해서 조선 유학의 주류가 된다.

7. 당쟁과 노론 패러다임

당파의 분립

훈구파와의 항쟁에서 승리한 사림파는 권력을 장악하자 일찌감치 1575년에 서인파와 동인파로 분열하며, 여기서 붕당 싸움(당쟁)이 시작된다. 서인은 이율곡 및 성혼을 신봉하는 진영이고, 동인은 이퇴계 및 조식(曺植, 1501~72, 호는 남명〔南冥〕)을 신봉하는 진영이다.

이퇴계가 살아 있을 때부터 이미 중앙에서는 당쟁(黨爭)이 시작되고 있었다. 당쟁이란 사대부들이 몇 개의 당파로 나뉘어 관직이나 정통성을 둘러싸고서 격렬한 권력투쟁과 이념투쟁을 전개하는 사태다. 조선 유교의 고질병이라고 여겨진다.

선조 초기에 심의겸(沈義謙)과 김효원(金孝元)이 조정의 요직(인사권을 장악하는 이조의 전랑〔銓郞〕직)을 둘러싸고 사이가 나빠진 것에 당쟁의 발단이 놓여 있었다. 당시의 양반들은 이 두 사람 중 어느 한쪽의 진영에 붙

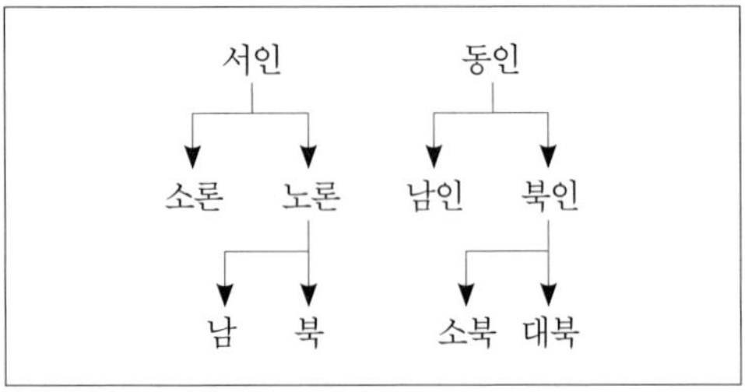

당파

었으며, 그것이 서인(西人)과 동인(東人)이라는 두 당파로 완전히 나뉘어 서로 반목했다. 1575년의 일이다. 유교에서의 군자(君子)와 소인(小人)이라는 구별이 이 당파 싸움의 근본에 놓여 있었다. 서로 상대방을 소인이라고 매도했다.

서인파는 얼마 안 있어 이율곡을 신봉하는 노론(老論)파와 성혼을 신봉하는 소론(少論)파로 분열한다. 그리고 동인파는 이퇴계를 신봉하는 남인(南人)파와 조식을 신봉하는 북인(北人)파로 분열한다. 그리고 그 후 북인파는 대북(大北)파와 소북(小北)파로 분열한다. 나아가 1762년의 왕위 계승 사건과 관련하여 노론파도 남과 북으로 나뉘며, 1794년에는 남과 북이 각각 벽파(僻派)와 시파(時派)로 된다(노론만이 아니라 남인도 벽파와 시파로 나뉜다. 조선에서 가톨릭을 최초로 수용한 것은 남인의 시파다).

이리하여 조선 시대의 폐해인 사대부들의 진흙탕 당쟁이 20세기 왕조 멸망에 이르기까지 계속된다.

예론

16세기 말부터 17세기에 걸쳐 조선 유학의 가장 큰 특징이라고도 할 수 있는 예(禮)에 관한 논의가 활발해지며, 정교하고 치밀한 예가 실천될 뿐만 아니라 당파투쟁과 예의 해석이 결부되어 치열한 논쟁이 펼쳐졌다.

예송(禮訟)이란 무엇인가? 효종이 사망한 후, 효종의 계모이자 인조의 계비인 자의대비(慈懿大妃) 조씨가 대행왕(大行王)을 위해 어떠한 복상(服喪)을 해야 하는가라는 논의가 일어났다. 이에 대해 서인의 송시열과 송준길(宋浚吉)은 기년복(朞年服, 1년간의 복상)을 주장하고, 남인의 윤휴(尹鑴)와 허목(許穆)은 삼년복(三年服, 햇수로 3년의 복상)을 주장했다. 조정은 기년복을 채용했다. 이 문제에 관해 격렬한 논쟁이 전개되어 현종 시대 모두(15년) 및 다음 숙종 20년경까지 35년에 걸쳐 이어졌다. 이것이 예송이다. 현상윤은 "당쟁적인 감정으로 주로 중상의 말을 이야기하게 되었다. 남인 측의 논의에 그와 같은 혐의가 두드러졌다"라고 한다(『조선유학사』, 191쪽).

예론에 대한 해석

예론(禮論)이란 무엇이었던가?

한국에서는 "일본의 식민지 사관에서 예론은 당쟁과 더불어 조선의 정체성이 나타난 전형적인 예로 생각되었다"라는 인식이 강하다. 그렇다면 이 '일본의 인식'에 맞서 한국에서는 어떠한 인식을 내세우는가?

현대의 유학 연구의 대가인 윤사순(尹絲淳)*은 예론과 성리학의 밀접한 관계를 강조하고, 예론이란 '성리학의 형식주의적 객관화'이며, "성리학의 명분론적 사고가 정치적 현실에 투영된 합리주의적·형식주의적 생활양식이다"라고 한다. 그런 뒤 다음과 같이 말한다.

> 이러한 것은 일본에는 그 예가 없으며, 중국에서만 유사한 사례가 보인다. 하지만 그렇다 하더라도 한국의 경우처럼 생명을 던질 정도로 종교화한 예 숭상의 사조에는 미치지 못한다. 특히 일종의 선학(禪學)적인 주정주의 경향을 지니고 있었던 까닭에 예의식이 박약한 육왕학(陸王學)이 한국에서 발전할 수 없었던 점을 생각하면, 이러한 종교화한 '예 숭상의 사조'는 바로 '정주학(程朱學) 절대 우위'의 결과에 의한 것으로 판단된다.

예 숭상의 종교적 경향이 이제 한국 성리학의 하나의 특징이라고 해도 지나친 말이 아니다.

—「한국 유학의 정립 과정」, 71쪽

고려대 총장을 역임한 홍일식(洪一植)*은 다음과 같이 말한다.

이 대립의 초점이 '예'였다는 점을 생각하면, '예송'은 고매한 이념의 논쟁으로서 세계사에서도 달리 예를 찾아볼 수 없는 위대한 투쟁이었다. 이처럼 위대한 이념의 논쟁을 역사의 치부로서 인식해온 것이기 때문에 우리의 자기 부정의 정도를 추량해볼 수 있다. 지금이야말로 근본적인 시각의 전환이 있어야 한다.

—『한국인에게 무엇이 있는가』, 87쪽

홍일식은 유학 연구자가 아니지만, 애국주의를 견지하는 학자다. 한국에서는 애국주의적인 보수주의자가 예론을 높이 평가하는 현상이 있다.

노론 패러다임과 조선형 중화사상

16세기 후반에 사림파가 분열하여 당쟁을 시작하고서부터 결국 20세기에 이르기까지 격렬한 당파 싸움이 끝나지 않는 시대가 이어졌다. 18세기 후반에는 영조와 정조라는 영명한 왕이 나와 '탕평책'(蕩平策)이라는 당파 간의 균형책을 채택했지만, 1800년에 정조가 사망하자 조선 정계는 다시 노론의 권력에 의해 잠식당하게 된다.

조선 후기 이후의 정계에서 가장 강력한 권력을 지닌 노론은 대유(大儒) 송시열에 의해 만들어졌다.

명(明)의 붕괴와 조선 전기 사회질서의 혼란(일본과 후금의 침략으로 인한 것이다)이라는 두 개의 중요한 위기를 동시에 경험한 조선 후기에는 사대부가 새로운 주체 개념을 내세움으로써 왕권의 안정을 도모하지 않으면 안 되었다. 그들의 새로운 인간관·사회관·언설관에는 새로운 화이관(華夷觀)의 뒷받침이 있었으며, 또한 화이관이란 요컨대 조선관인 동시에 주체관이었다.

17세기에 노론파가 선택한 주체 이념은 대명 의리론, 북벌 대의론, 문화 자존이었다. 명이 멸망하여 야만인(여진)인 청(淸)이 중원을 지배한 후에는 명이 체현하고 있던 중화가 청에게는 계승되지 않고 그것을 조선이 계승했으며, 따라서 조선이야말로 중화 문명이 가장 번영하는 곳이라고 하는 화이(華夷)의식에 기초한 이념이기 때문에, 이것을 '소중화'(小中華)라고 한다.

그렇다면 왜 '조선=중화'라는 등식을 강고하게 내세운 노론파는 주자학 원리주의로 된 것일까? 송시열을 필두로 하여 그 이후 노론파의 논의는 오로지 주자학의 원리에만 충실하고자 하는 격렬한 순수주의로 기울어져간다(예론과 인물성동이 논쟁도 그러한 흐름이다). 그 이유는 그들이 "조선이야말로 중화의 전체이며, 그 중화란 주자학이다. 즉 조선이야말로 주자학의 전체적인 체현자다. 청은 중원에 자리 잡고는 있지만, 중화의 전체가 아니라 부분에 지나지 않는다. 청은 야만인의 국가이기 때문에, 중화의 도덕을 부분적으로밖에 체현할 수 없다. 중화의 도덕 원리는 주자학 그 자체이기 때문에, 청의 주자학은 조선의 그것보다 열등하다"라고 생각했기 때문이다.

사람과 동물의 본성을 둘러싼 논쟁

18세기 초에는 집권 당파인 노론 내부에서 주자학의 심성론(心性論)에 관한 순수한 철학적 논쟁이 일어났다. 이것을 '인물성동이론'(人物性同異論) 내지 '호락 논쟁'(湖洛論爭)이라고 한다. 인(人)은 인간을 가리키고,

물(物)은 사물이지만 주로 동물을 가리킨다. 사람의 본성과 사물(동물)의 본성은 같은가 다른가 하는 논의였다. 이 논쟁은 18세기 후반까지 오래 계속되었으며, 18세기부터 19세기를 거쳐 20세기 초에 걸친 북학사상(北學思想)과 개화사상(開化思想) 및 의병투쟁에까지 커다란 영향을 주었다.

발단은 이간(李柬, 1677~1727, 호는 위암〔巍巖〕, 본관은 예안)과 한원진(韓元震, 1682~1751, 호는 남당〔南塘〕, 본관은 청주)이라는 동문 사이의 논쟁이었다. 이간은 노론의 거두 권상하(權尙夏, 1641~1721, 호는 수암〔遂菴〕, 송시열의 제자, 이율곡의 정통 혈통)의 문인(門人)이며, 『위암유고』(巍巖遺稿)가 있다. 한원진 역시 권상하의 문인이며, 『남당집』(南塘集)이 있다. 둘은 권상하 문하의 강문팔학사(江門八學士) 가운데서도 가장 걸출한 인물이었다고 말해졌다.

이 둘의 논쟁은 얼마 안 있어 낙하(洛下, 서울)에까지 파급되었다. 낙하에 사는 이율곡 계통의 학자들은 이간을 지지하여 인물성동(人物性同)을 주창했다(이것을 낙론〔洛論〕 또는 낙학〔洛學〕이라고 부른다). 또한 호서(湖西, 충청도)에 살았던 이율곡 계통의 학자들은 한원진을 지지하여 인물성상이(人物性相異)를 주창했다(이것을 호론〔湖論〕 또는 호학〔湖學〕이라고 부른다). 호론과 낙론 사이의 논쟁인 까닭에 이것을 호락 논쟁이라고 부른다.

도식적으로 말하면, 다음과 같이 된다. 이간은 인물성동일(사람과 사물의 성은 같다)이라고 주장했고, 한원진은 인물성상이(사람과 사물의 성은 다르다)라고 주장했다.

조금 더 상세하게 말하자면, 다음과 같다.

이간의 생각(사람과 사물의 성은 같다)은 다음과 같다. 오행(五行, 목〔木〕·금〔金〕·화〔火〕·수〔水〕·토〔土〕)의 이(理)가 오상(五常, 인〔仁〕·의〔義〕·예〔禮〕·지〔智〕·신〔信〕)이며, 사람도 동물도 오상의 덕을 선천적으로 지닌다는 점에 변함이 없다. 이는 본래 우주의 모든 것을 관통하고 있는 것이며, 그것이 오상의 본연의 성이다. 그렇다면 왜 사람과 동물이 다른 것인가 하면, 사람과 동물은 그 육체가 다르기 때문에, 그 육체를 구성하는 기질(기〔氣〕)이 정(正)·편(偏)·통(通)·새(塞)라는 다양성을 지니기 때문이다. 사람의 기는 정(올바름)·통(보편에 통해 있음)의 완전한 것이기 때문에, 기를 통해 발현되는 오상이 완전하다. 그러나 동물의 기는 편(치우쳐 있음)·새(막혀 있어 보편에 통하지 않음)의 불완전한 것인 까닭에 기를 통해 발현되는 오상도 불완전하다.

이에 반해 한원진의 생각(사람과 사물의 성은 다르다)은 다음과 같다. 그는 이율곡의 이통기국설에 기초하여 만물이 각각 서로 다른 이를 지니고 있다고 생각한다. 왜냐하면 기의 다양성(기국)에 따라서 그 기에 올라타는 이도 역시 다양성을 지니기 때문이다(기국지리〔氣局之理〕). 오상이란 오행의 뛰어난 기의 이이며, 사람은 오상이 완전하게 갖추어져 있지만, 동물은 오상을 모두 지니는 것이 아니라 치우쳐 있다. 따라서 사람과 동물의 성은 다르다. 왜냐하면 사람도 동물도 마찬가지로 기의 작용을 지니지만, 사람의 그것은 섬세하고 순수한 까닭에 이도 역시 섬세하고 순수한 오상으로 되는 데 반해, 동물의 기의 작용은 거칠고 탁한 까닭에 그 거칠고 탁한 기에 의해 성격을 부여받은 이도 역시 거칠고 탁한 이가 되어 인의예지를 모두 지닐 수 없기 때문이다. 그러나 예를 들어 벌과 개미의 기의 작용을 살펴보면, 집단을 형성하여 여왕벌이나 여왕개미에게 충의를 다 바쳐 활동하고 있다. 요컨대 벌과 개미는 오행 중에서 의에 관련된 기에 관해서만은 뛰어나다는 것을 알 수 있다. 앞에서 말했듯이 "오상이란 오행의 뛰어난 기의 이"이기 때문에, 벌과 개미는 오상 가운데 의의 이만은 발현하고 있다고 할 수 있다. 그러나 그 경우에도 오상의 도덕성 전체를 발현하고 있다고는 할 수 없기 때문에 인간과는 다르다. 동물의 경우에는 기가 치우쳐 있는 까닭에 이도 치우치고 마는 것이다.

위와 같은 것이 양자 주장의 요점이지만, 사실 이 논쟁에는 또 하나의 다른 논점도 있었다. 두 견해의 입각점을 생각해보면, 기의 작용이 발할 때에 이는 어떠한 상태로 되어 있는가 하는 점을 명확히 하지 않으면, 논의도 서로 맞물리지 않는 것이 아닐까 생각되는 것이다. 그 부분에 관해 호론과 낙론이 격렬한 논쟁을 벌인다.

도식적으로 말하면, 낙론(사람과 사물의 성은 같다)은 "미발(未發)의 심체(心體)는 순수하게 선하다. 기의 맑고 상쾌한 것(淸爽)이 마음이기 때문이다. 마음이 발한 후에 사려가 나타나 선·불선이 나온다"라고 주장하는 데 반해, 호론(사람과 사물의 성은 다르다)은 "마음이야말로 바로 기질이다. 기질이라는 것은 맑고 탁한 것이 뒤섞여 있다. 따라서 미발의 심체에 이미 선악이 있어 뒤섞인 상태에 놓여 있다"라고 주장한다.

하지만 이것과는 다른 해석도 있다. 이상익(李相益)*에 따르면 낙론도 호론도 미발의 심체가 순수하게 선하다는 것은 인정한다. 이 점에서 양자에게 다름은 없다. 그러나 낙론은 기질의 양을 문제로 삼고 있는 것이어서 차이는 질의 차원에서 논의하고 있는 데 반해, 호론은 질(기질의 순수함과 불순함)을 고려하고 있어 성의 같음과 다름은 양(편〔偏〕, 전〔全〕)의 문제라고 한다(『기호성리학연구』).

어쨌든 호론과 낙론은 사람과 동물의 성의 같음과 다름, 미발의 심체와 선악의 관계 그리고 마음의 중층성 등에 관해 논의를 계속하게 된다.

인물성동이론의 의미

유학에서의 이러한 대대적인 논쟁에는 어떠한 의미가 있었던 것일까?

예를 들어 '실학'(實學)과의 관계를 중시하는 논자도 있다. 확실히 인물성동이 논쟁은 '실학'에 대한 영향이라는 의미에서 중요한 역할을 수행했다고 말할 수 있다. 다만 이에 대해서는 두 가지 견해가 있다. 하나는 낙론(사람과 사물의 성은 같다)이야말로 '실학'에 강한 관련성을 지닌다고 하는 견해이며, 또 하나는 호론(사람과 사물의 성은 다르다)이야말로 '실학'에 강한 관련성을 지닌다고 하는 견해다. 전자는 사람과 사물이 동일한 분절화를 공유한다는 보편적인 관점이야말로 근대적 세계관에 가깝다고 하는 생각이다. 후자는 경험적 개체를 그 개별성으로서 인식하는 것이야말로 근대적 세계관에 가깝다고 하는 생각이다.

또한 그것과는 별도로 호론과 낙론(모두 노론파)을 당시의 정치·외교 상황과 연관 지어 논의하는 사람도 있다. 호론(사람과 사물의 성은 다르다)은 차별적인 세계관을 갖고 있고, 당파적으로는 남인을 인정하지 않으며, 영조의 탕평책(당파에 관계없이 인재를 등용)에도 반대의 입장을 취했다. 나아가 오랑캐(야만족)의 나라인 청에 대해서도 조선의 도덕적 존엄을 강조하는 입장을 견지했다. 조선 시대 말기에 일본이 조선을 침략했을 때 그에 저항하는 의병사상으로도 기능했다. 이에 반해 낙론(사람과 사물의 성은 같다)은 수평적인 세계관을 지니고 있고, 다른 당파인 남인도 인정하며, 영조의 탕평책에 대해서도 찬성했다. 또한 청에 대해서도 어느 정도의 수평성을 인정했다.

제6장

조선 시대 2—'실학', 양명학, 유교 이외의 사상

1. 이른바 '실학'

'실학'이란 무엇인가

조선 시대의 유교는 주자학(성리학) 일변도였던가, 그렇지 않았던가? 이 물음에 대답하기는 의외로 어렵다.

물론 500년간의 통치 기간 모두를 유교의 한 유형에 지나지 않는 주자학이 전면적으로 지배했다고 생각하는 것은 잘못이다. 뒤에서 이야기하듯이 조선 시대에는 양명학자도 있었다. 하지만 조선에서는 공적으로 당당하게 양명학(陽明學) 간판을 내걸 수 없었다. 양명학은 특수한 가문의 가학(家學)으로서 사적으로 은밀히 연구되고 마음속에서 인정되었던 것이다. 따라서 양명학이라는 비-주자학의 학문이 존재하지 않았다고 할 수는 없지만, 공적으로는 거의 존재감이 희박했다고 할 수 있다.

조선 시대에 비-주자학적이었던 유교적 학문의 틀의 하나가 '실학'이다. 하지만 한국에서 이 '실학'을 둘러싼 평가는 일정하지 않다. 실학이라는 말 자체가 원래는 주자학의 용어다. 불교와 노장(老莊) 및 기송사장(記誦詞章)의 학(과거 시험 등을 위해 시문을 외우고 형식적인 문장 재능을 연마하는 학문)에 맞서 마음(心)과 성(性)과 이(理)를 받드는 도덕의 학(요컨대 주자학)의 우위를 선언하는 말로서 실학이라는 두 문자가 본래 있었던 것이다. 따라서 비-주자학적인 학문의 틀에 대해 '실학'이라는 말을 사용하는 것은 본래 피해야 할 일이었을지도 모른다.

그러나 병합 식민지 시기에 정인보*(鄭寅普, 1893~1950, 호는 위당〔爲堂〕, 본관은 동래) 등에 의해 이 '실학'이라는 개념이 극적으로 고안되었다. 조선도 **공리공론**의 주자학 일변도가 아니라 사실은 근대로의 이행으로 연결되는 반-형이상학적이고 현실적이며 실용적인 학문이 피어나고 있었다고 하는 생각이다. 이 책에서는 주자학에서 주장되고 있었던 본래의 실학(도덕적 실천의 학)과 구별하기 위해 병합 식민지 시기부터 새롭게 주장된 반-형이상학적인 '실학'을 언제나 작은따옴표(' ')를 붙여 표기하고자 한다. 다만 한국에서 이 경향의 학문을 기술할 때에 작은따옴표를 붙여 표기하지 않는다는 것은 말할 필요도 없을 것이다.

한국에서 그리고 동시에 그 영향을 받은 전후 일본에서도 조선 '실학'을 실태 이상으로 반-주자학적인 학문이라고 파악하고 기술하는 경향이 두드러졌다. 마치 조선 시대에는 주자학(허학〔虛學〕)과는 전혀 다른 '실학'이라는 학문 분야가 있고, 그 학문을 받드는 '실학파'라는 학파가 존재하며, 이것이야말로 참된 학문이어서 주자학을 배격한 것처럼 기술해왔던 것이다. 하지만 이것은 역사적 사실에 반한다. '실학'이라는 개념은 조선 시대에 존재하지 않았으며, 당연히 '실학파'라는 학파는 존재하지 않았다. 또한 '실학'이 완전히 반-주자학적이라고 이해하는 것도 잘못이며, 주자학과 '실학'은 마찰이나 갈등을 품으면서도 양립하거나 뒤섞이거나 했다는 것이 실태다. 가장 철저한 '실학'자였던 박제가(朴齊家)

마저도 주자학을 정면에서 부정한 적은 한 번도 없었을 뿐만 아니라 유배된 후에 자식에게 보낸 편지에서는 주자학을 열심히 공부할 것을 촉구하고 있다.

덧붙이자면, 북조선은 이데올로기적인 입장에서 반동인 주자학을 부정하고 '실학'을 대단히 높이 평가한다. 그런 이유도 있어 해방 후에 우선 '실학'을 열심히 연구한 것은 북조선 학자들이었다. 그들은 다음과 같이 말한다.

> 실학사상은 조국의 부강 발전을 지향하는 진보적인 양반, 자신의 생활의 개선을 요구하여 일어난 농민 및 도시 평민의 이익과 지향의 반영이며, 조선의 유물론적인 전통의 계승 발전이었다.
>
> —정진석*·정성철*·김창원*, 『조선철학사』, 308쪽

북조선에서의 '실학'에 대한 위와 같은 평가는 완전한 잘못이라고는 할 수 없지만, 지나친 평가라고 할 수 있다.

'실학'의 분류

그렇다 하더라도 17세기 이후의 조선에서 주자학적인 형이상학과는 다른 경향(반-주자학이 아니라 비-주자학)의 학문이 활발해진 것 자체는 사실이다. 요컨대 이기론이나 심성론 등이라는 철학적·스콜라적인 논의와는 다른 학문이 발달했던 것이다. 이것은 분명히 주자학적인 형이상학으로는 사회를 개혁할 수 없다는 현실적인 인식을 토대로 하고 있다. 특히 문제가 된 것은 당연히 경제다. 일본 및 후금(청)에 의한 침략 전쟁을 거친 후 조선 사회는 극도로 피폐했다. 그러나 정권 중추부에서 비현실적인 북벌론(청을 타도한다)을 내세워 전후 부흥이 늦어졌고, 역으로 주자학적인 사상 통제는 극도로 강화되었다. "조선이야말로 명의 정통적인

계승자다"라는 인식 때문이다.

'실학'자의 계통 분류에 관해서는 한국의 학계에 다음과 같은 입장들이 있다.

① '실학'적인 경향의 학문을 일괄적으로 '경제학파'로 분류하는 입장.

② '경세치용(經世致用)학파'와 '이용후생(利用厚生)학파'의 두 파로 분류하는 입장.

③ '전기 실학파'와 '후기 실학파'의 두 파로 분류하는 입장.

④ '경세치용학파', '이용후생학파', '실사구시(實事求是)학파'의 세 파로 분류하는 입장.

본래 '실학'적인 학문의 효시는 이수광(李睟光, 1563~1628)이라고 여겨진다. 그 후 『반계수록』(磻溪隨錄)을 쓴 유형원(柳馨遠, 1622~73)이 나온다. 그 후 이 경향의 학문을 계승한 것은 남인인 성호(星湖) 이익(李瀷, 1681~1763)이었다. 이익의 계통으로부터 안정복(安鼎福), 윤동규(尹東奎), 이가환(李家煥), 정약용(丁若鏞) 등의 '실학'자들이 배출되었기 때문에 이를 성호학파라 부르며, 그 학문 경향에 따라 경세치용학파라고도 부른다.

또한 성호학파와는 별도로 집권 당파인 노론으로부터도 '실학'이 등장했다. 원수인 청으로부터 최신의 문물을 배울 것을 주장한 북학파(北學派, 북은 청을 가리킨다)인데, 그들이 내세운 주장의 중심이 이용후생을 충실하게 하는 것이었던 까닭에, '이용후생학파'라고 부른다. 홍대용(洪大容), 박지원(朴趾源), 박제가(朴齊家) 등이 이 계통의 대표적 인물이다(다만 박제가의 가계는 소론).

그러나 이들 두 계통은 1800년 정조 사후에 일망타진되었다. 그 후 겨우 명맥을 유지한 것이 청조 고증학(考證學)의 영향을 받은 이규경(李圭景), 김정희(金正喜), 강위(姜瑋) 등의 '실학'자들로 이를 '실사구시학파'라 한다. 이 계보는 세력으로서는 강하다고 할 수 없었지만, 조선 말기의 개화파로 계승되었다는 의미에서 대단히 중요한 계보다.

'실학'과 영성

조선사학자인 강재언(姜在彦)*은 다음과 같이 설명한다. "조선의 전통 유교인 주자학이 이조 중기 무렵부터 점차 현실에 길들여져 허학화한 데 반해, 유학 내부로부터의 내재적 비판을 통해 등장한 '실사구시' 사상 및 학문을 실학이라고 하며, 그 학파를 실학파라고 부른다"(姜在彦, 『朝鮮を知る事典』, p. 182).

이것은 내 나름의 표현으로 말하자면, 조선 중기부터 성리학이 지나치게 영성을 추구하는 방향으로 나아간 것을 비판 내지 반성하고, 영성과는 다른 현실성을 추구한 것이 '실학'이었다는 것이다. '이발'파(이퇴계의 학맥)는 마음공부(수행)에 지나치게 집중하고, '기발'파(이율곡의 학맥)는 대의명분론과 예론에 지나치게 몰두했다. 그 결과 조선 인민의 육체적 생명은 훼손되고 고갈되었다. 순수한 영성을 지나치게 추구하여 생명이 파괴되었던 것이다. 조선의 생명을 회복할 수 있기 위해서는 순수한 영성의 추구가 아니라 물질성·현실성·사실성의 추구가 필요하다고 생각한 것이 이른바 '실학'파였다. 따라서 이것은 단적으로 '영성의 부정'을 말하는 것이 아니다. 마음공부와 대의명분·예 등에 과도하게 기울어져버린 성리학을 생명을 회복하기 위한 학문으로 변화시키고자 한 것이 '실학'이다. "현실에 길들여져 허학화한 주자학을 비판하고 실증성과 합리성에 뒷받침된 현실 유용의 학문을 실학이라고 한다"라고 정의하게 되면, '실학'이 지니고 있던 영성적인 측면을 무시해버리게 된다.

예를 들어 가장 중요한 '실학'자들 가운데 한 사람이었던 이익의 계보로부터 왜 그토록 극렬한 천주교(天主教, 가톨릭) 신자가 많이 배출되었던 것인가? 종래의 '실용주의적 실학'관으로는 설명할 수 없을 것이다. '실학'자들은 단순히 물질·현실·실용 중시주의자들이 아니었다. 어디까지나 성리학이라는 영성적 세계관을 유지하면서 현실 개혁을 지향한 학자들이었다고 생각해야 할 것이다. 가장 실리주의적인 '실학'자였던 박제가마저 유배 후에는 오로지 성의(誠意)만을 강조했다. '이용후생'은 단지 실리적인 개념이 아니라 『서경』(書經) 「대우모」(大禹謨)에 나온 원래의 말처럼 '정덕(正德) → 이용(利用) → 후생(厚生)'인 것이었다. 그리고 '정덕'이라는 영성적인 측면은 결코 부정되지 않았다. 본래 '실학'을 최초로 주창한 정인보도 양명학자이지 단지 실리·실용만을 중시한 인물이 결코 아니다.

덧붙이자면, 일본의 오가와 하루히사(小川晴久)*는 조선뿐만 아니라 중국과 일본의 '실학'을 '실심실학'(實心實學)이라는 개념으로 파악하고 있다. 유교적인 '실학'은 단지 현실적·실용적인 학문을 추구한 것이 아니라 어디까지나 '실심'(전통적인 유교 용어로 말하자면 '수기'(修己))의 측면이야말로 가장 중요한 관심사였다고 하는 주장이다. 크게 귀 기울여 마땅한 견해다.

지봉 이수광과 반계 유형원

조선 시대에 가장 일찍 '실학'적 경향의 학문을 연 것은 이수광(李睟光, 1563~1628, 호는 지봉〔芝峯〕, 본관은 전주)이라고 한다. 그는 일본 및 여진에 의한 침략으로 고통당하고 있던 시대에 태어났다.

그의 학문을 '실학'적이라고 하는 이유는 그의 저서 『지봉유설』(芝峯類說)을 보면 잘 알 수 있다. 3,435개 항목으로 분류하여 기술하는 백과전서적인 책인데, 삼라만상에 대한 자연과학적인 시각을 갖추고 있다.

그는 3회에 걸쳐 사신으로서 중국(베이징)을 방문했다. 마테오 리치(Matteo Ricci)의 『천주실의』(天主實義)를 조선에 소개한 것도 이수광이다. 또한 안남(安南, 베트남)을 조선에 소개했다. 이광정(李光庭)과 권희(權憘)가 베이징에서 리치가 제작한 세계지도인 「곤여만국전도」(坤與萬國全圖)를 구입하여 조선에 가져온 것은 이 지도가 간행된 다음 해인 1603년의 일인데, 이수광은 이 지도에 관해서도 『지봉유설』에 기록했다.

유형원(柳馨遠, 1623~73, 호는 반계〔磻溪〕, 본관은 문화)은 이수광보다 60년 후에 태어난 학자이지만, 그를 조선 '실학'의 비조라고 하는 학설도 유력하다. 또는 '초기의 실학사상을 총정리한 학자'(강만길〔姜萬吉〕*)라는 평가도 있다. 저서에 『반계수록』(磻溪隨錄)이 있다. 그는 한 번만 과거를 치러 진사가 되었지만, 관계에는 한 번도 진출하지 않으며, 전라도의 시골로 이주하여 농민과 함께 지냈다. 스즈키 다이세쓰(鈴木大拙) 식으로 표현하자면, 대지의 영성과 더불어 산 사람이라고 할 수 있다.

『반계수록』에서는 정치 · 경제 · 사회 · 군사 · 교육 · 역사 · 지리 · 언어 등 광범위하게 걸쳐 있는 논의를 전개하고 있는데, 유형원이 가장 중요시한 것은 토지제도였던 것으로 보인다. 그는 고대 중국에서 주창된 정전제(井田制)를 가장 이상적인 토지제도라고 하면서 조선의 현실에 적합한 제도 개발을 주장했다.

성호 이익

이익(李瀷, 1681~1763, 호는 성호〔星湖〕, 본관은 여주)은 조선의 '실학'에서 특히 중요한 위치를 차지하는 대유학자이며, 그의 학문을 이어받은 성호학파는 기라성 같은 인물들을 배출했다.

이익의 학문은 경세치용을 중시하는 두드러진 경향이 있기 때문에 그의 학파를 경제치용학파라고도 부른다. 또한 그는 서학(西學, 서양의 학문)을 적극적으로 수용하고, 마테오 리치의 『천주실의』, 에마뉘엘 디아스(Emmanuel Diaz)의 『천문략』(天問略), 줄리오 알레니(Giulio Aleni)의 『직방외기』(職方外紀)를 비롯해 당시 서학의 책들을 거의 섭렵했지만, 서교(西教, 그리스도교)에 대해서는 강하게 비판했다. 강재언은 이와 같은 이익의 입장(서학을 긍정하고 서교를 부정)에 대해 조선에서의 '동도서기'(東道西器)론의 효시라고 평가한다('동도서기'는 19세기 말부터 20세기 초에 걸쳐 일본의 '화혼양재'〔和魂洋才〕, 중국의 '중체서용'〔中體西用〕과 마찬가지 의미로 사용된 말이다).

이익의 문하로부터는 권철신(權哲身), 권일신(權日身) 등 저명한 그리스도교(가톨릭=천주교) 신자가 배출된다. 그의 학통을 우파와 좌파로 분류하고, 우파는 서교를 수용하지 않았던 데 반해 좌파(소장파)는 서학과 서교를 모두 수용했다고 하는 분류가 이루어지기도 한다.

이익은 당파로서는 이퇴계 계통인 남인에 속한다. 남인에서 가톨릭 신도가 많이 나온 까닭은 무엇인가? 그것은 이(理)의 발동성 문제일지도 모른다. 이퇴계는 이의 발동성을 이야기했다(제5장 참조). 이는 고정되어 있는 것이 아니라 스스로 발하는 것이다. 그 발동성이 이퇴계의 경우에는 주자학의 이념을 넘어서서 이퇴계적인 영성으로 되었지만, 그의 후계자들 가운데는 이 영성을 가톨릭적인 이의 발동으로서 체현한 자가 있었다는 것이다. 이퇴계의 영성적 이학(理學)이 후세에 왜 가톨릭이나 '실학'의 이념으로 연결되었는지에 관해서는 이후 한층 더 나아간 고찰과 연구가 필요하다.

이익의 저서 『성호사설』(星湖僿說)은 전체 3,057개 항목을 분류하여 백과전서적으로 기술한 것인데, 조선 '실학'의 금자탑의 하나다. 『성호사설』에는 일본(왜)의 군사력에 관한 분석도 있다(「왜지수성」(倭知守城)). ① 일본의 최북단은 에조치(蝦夷地)이기 때문에, 조선과는 달리 북으로부터의 외적의 침입이 없다. 이 방면의 방비를 소홀히 하더라도 문제가 없기 때문에, 중앙에 있는 권력이 평안하고 무사하다. ② 일본의 성은 조선의 성과 달라서 견고하고 무너지지 않는다. ③ 임진왜란 때에 왜가 점거한 평양성을 천병(天兵, 명군)이 공격했지만, 왜인은 성에 토굴을 파고 그 속에서 철포를 쏘아댔다. 이와 같은 기묘한 계책과 병사의 용감함과 날램 때문에 명군은 퇴각했다. 이와 같은 '성을 지키기' 위한 계책은 조선의 군사 전문가도 배워야 한다.

성호학파

성호 이익의 후계이자 그의 학문 경향을 이어받은 학자들을 성호학파라고 한다. 당파로서는 남인이다. 앞에서 말했듯이 경세치용학파로도 분류된다.

성호 우파(서교를 부정)로서는 신후담(愼後聃, 1702~61, 호는 하빈〔河濱〕, 본관은 거창)과 안정복(安鼎福, 1712~91, 호는 순암〔順菴〕, 본관은 광주)이 있다. 그들은 유교의 입장에서 천주교를 비판했다. 신후담은 천주교의 혼삼품설(魂三品說, 영혼〔靈魂〕·각혼〔覺魂〕·생혼〔生魂〕)을 부정하고 유교의 일혼설(一魂說, 하나의 혼이 기질로서 다양하게 현상한다)을 주장했다. 또한 천주교의 천당·지옥설을 비판하고, 『직방외기』의 서학 세계도 강하게 비판했다. 또한 안정복은 『천학고』(天學考)와 『천학문답』(天學問答)을 저술하여 성호 좌파의 소장 사대부들이 천주교에 접근하는 것을 경계했다.

성호 좌파(서학과 서교를 모두 긍정)의 대표격으로 권철신(權哲身, 1736~1801, 호는 녹암〔鹿菴〕, 본관은 안동)이 있다.

그밖에 이 학파에는 윤동규, 이가환, 이중환 등이 있으며, 뒤에서 이야기할 다산 정약용이라는 거인에게서 집대성된다.

이 학파로부터 실로 기라성 같은 학자들이 배출되었지만, 조선 왕조의 권력 구도에서는 그 모두가 이단 내지 방류였다. 이 학파의 두드러진 특징은 종교로서의 서교(가톨릭) 및 학문으로서의 서학(양학)에 대해 강하게 기울어진다는 것인데, 물론 조선에서는 서교와 서학이 모두 금지되어 있었기 때문에 그것만으로도 이 학파가 지닌 이단으로서의 성격이 두드러진다.

1801년에 일어난 노론 벽파에 의한 대대적인 천주교 탄압에 의해 성호학파는 거의 전멸한다. 이해부터 1880년대까지 조선에서는 서학도 서교도 공식적으로 인정되지 않았으며, '서학 부재의 시대'(강재언)가 이어진다. 같은 시기에 일본이 난학(蘭學)으로부터 개국, 문명개화 방향으로 크게 나아가는 것과 비교하면, 19세기라는 시대에 조선과 일본의 방향성이 180도 달랐음을 알 수 있다.

청담 이중환과 다산 정약용

'실학'적인 세계관과 풍수지리적인 세계관을 합체한 저작으로서 이중환(李重煥, 1690~?, 호는 청담〔淸潭〕, 본관은 여주)의 『택리지』(擇里志)가 있다. 그는 남인, 성호학파에 속하는 사대부였지만, 조선 전역의 지리에 관해 풍수적인 동시에 '실학'적인 관점에서 분석하고 있다.

"재물은 하늘로부터 내려온다든지 땅으로부터 솟아오른다든지 하는 것이 아니다. 우선 풍요로운 토지가 중요하며, 다음으로는 배와 수레를 이용하여 물자를 교류할 수 있는 장소가 중요하다"라고 그는 말한다. 자연조건으로서의 지리와 인간의 이용을 위한 행위가 함께 필요하다고 하는 것이다. 전자는 풍수, 후자는 '실학'으로 연결된다.

그리고 구체적으로 조선 팔도의 지리에 대해 분석하고, 그 후 생리(生利), 인심, 산수에 대해 이야기하고 있다.

정약용(丁若鏞, 1762~1836, 호는 다산〔茶山〕·사암〔俟菴〕·여유당〔與猶堂〕, 본관은 나주)은 뒤에서 이야기할 북학파의 홍대용, 박지원, 박제가보다 나중에 태어났지만, 학파로서 남인의 성호학파에 속하기 때문에 여기서 다룬다.

정약용이야말로 조선 '실학'에서 가장 균형 잡힌 전체적 인간이라고 할 수 있다. 그는 유배된 전라도 강진에서 방대한 저작을 집필했다(『여유당전서』〔與猶堂全書〕로 정리되어 있다).

그는 유학에서는 성리학보다 공자와 맹자로 돌아가자는 입장을 취했다. 이것과 관련하여 그는 일본의 이토 진사이(伊藤仁齋)나 오규 소라이(荻生徂徠)학파의 유학을 높이 평가했다. 진사이도 소라이학파도 잘 알려져 있듯이 성리학을 비판하고 공자와 맹자로 돌아갈 것(진사이)이나 삼대(三代)의 성인을 가장 높이 평가할 것(소라이)을 주장했는데, 정약용은 자신과 동일한 생각을 자신보다 일찍 일본의 유학자들이 가지고 있었다는 것에 경탄하고 칭찬했다. "일본에는 과거가 없기 때문에 자유롭게 학문할 수 있다. 따라서 자유가 없는 조선보다 일본 쪽의 학문이 더 나아갔다"라고 그는 말한다.

정약용은 또한 가톨릭(천주교)을 신봉했다. 당시의 사대부로서는 생명을 건 신앙이다. 남인(성호학파) 소속이고, 형제가 가톨릭 신자였다고 하는 이유도 작용하고 있다.

"성(性)이란 마음의 좋아함이다"라고 하는 등, 성리학과는 근본적으로 다른 획기적인 인간관을 전개했다.

북학파

'북학'(北學)은 박제가의 저작 「북학의」(北學議)에서 채택된 말이다. '북'은 청을 가리킨다. 요컨대 문명이 발달한 청에게서 배움으로써 조선의 궁벽한 상황을 구해야 한다는 것이 북학파의 주장이다. 이것은 당시 가장 힘이 강했던 노론파에 의한 '북벌'(北伐), 요컨대 명=중화의 원수인 청=오랑캐를 타도한다는 주장과 정면으로 대립하는 것이었다. 물론 노론이라 하더라도 현실적으로 북벌이 불가능하다는 것은 잘 알고 있었다. 그러나 청=오랑캐에 대한 복수심, 원한, 멸시의 감정은 노론에게 강하게 공유되어 있었다.

북학파의 특징을 하나만 들고자 한다. 그것은 '제작'(製作), '기'(器) 사상이다. 그것은 문헌 중심적이고 고증학적인 명물지학(名物之學)이 아니라 좀 더 현실적인 실제의 사물을 대상으로 한 명물도수지학(名物度數之學, 명물도수란 명목이나 사물, 법식, 수량 따위를 통틀어 이르는 말이다)이었다.

홍대용은 성인(聖人)이 자연을 본보기로 하여 기(器)를 만들었던바, '이천시물'(以天視物, 천으로써 사물을 본다)하지 않으면 안 된다고 했다. 박지원은 '사(士)의 학'이 '농공상의 이(理)'를 포괄하는 것이라고 했다. 이덕무(李德懋)도 '인생일용(人生日用)의 일'과 효제(孝弟), 윤상(倫常)을 함께 해야만 하며, 사소한 기예라 하더라도 멸시해서는 안 된다고 주장했다.

서학의 영향도 컸다. 홍대용은 서양의 산술의상(算術儀象)의 기예를 높이 평가하고, 박제가도 서양인은 기하(幾何)에 밝아 이용후생의 방법에 정통하다는 것을 강조한다. 또한 박제가가 오랑캐인 일본을 평가하는 이유도 거기에는 온갖 장인과 기예를 발달시키는 풍토가 있기 때문이었다.

더 나아가 북학파의 특징은 스스로 기구를 만들었다는 점에 있다. 홍대용, 박지원도 직접 기구를 만들었으며, 박제가도 손수 기와를 굽기도 했다.

박제가는 또한 '사물'을 배운다는 것의 중요성을 강조했다. 그는 사대부가 현실의 '사물'을 알지 못하는 것을 비판한다. 그가 기술자와 장인(직인)의 지식을 중요시한 것은 당연하다. 그것은 서적에 쓰여 있지 않은 '사물'이 새롭게 현실 세계에 출현하고 있는 상황을 반영했다.

이것은 지식이라는 것의 성격 및 그에 대한 접근 방법도 변화시킨다. 박제가는 경륜과 재기가 있는 사람들을 선발해 중국에 파견하고, 그 법을 배우며 그 기구를 사고, 그 기예를 전하여 국내에 널리 보급한다는 제도적인 '학중국'(學中國, 중국을 배운다) 안을 주장했다.

또한 박제가는 「시사책 정유증광」(試士策 丁酉增廣)에서 선비에는 도덕지사(道德之士)와 문학지사(文學之士) 및 기예지사(技藝之士)가 있는데, 현행 과거는 좁은 의미의 선비만을 선발하는 것이라는 점을 비판한다. 이것은 새로운 '작'(作)사상을 제도적으로 체계화하고자 하는 생각이었다.

북학파의 중심인물은 홍대용, 박지원, 박제가다.

담헌 홍대용

노론파의 홍대용(洪大容, 1731~83, 호는 담헌(湛軒), 본관은 남양)은 북학파의 비조로 여겨진다. 그의 저작은 전집 『담헌서』(湛軒書)로 정리되어 있는데, 특히 걸작으로 여겨지는 것은 「의산문답」(毉山問答)이다. 여기서 홍대용은 지구가 구체이고 우주가 무한하다는 것을 이야기하고, 지구의 자전에 대해서도 언급했다.

홍대용은 북학파 가운데서, 아니 조선 '실학'파 가운데서 가장 과학적이라고 말할 수 있는 성향의 소유자였다. 천문학과 수학에 조예가 깊었고, 청주의 자택 가까이에 사설 천체 관측소인 농수각(籠水閣)을 만들어 천체 관측에 힘썼다.

몇 차례 이야기했듯이 17세기에 노론파가 선택한 주체 이념은 대명의리론, 북벌 대의론, 문화자존이었는데, 이 노론파로부터 '인물성동'(사람과 동물의 본성은 같다)을 표방한 세력이 나온다. 나아가 이 계통에서 '인물균'(人物均, 사람과 동물은 고르다)을 표방한 '균'사상이 나온다. 홍대용은 이러한 철학적 입장으로부터 등장한다. 그는 '화이일야'(華夷一也, 중화와 오랑캐는 하나다)라는 획기적인 테제를 내세운다. 여기서 중화=명=조선=청이라는 등식이 성립한다. 이것을 '역외춘추론'(域外春秋論)이라고 한다. 북학의 철학적 기초에는 홍대용의 이와 같은 세계 인식이 놓여 있었던 것이다.

연암 박지원

북학파의 중심인물은 박지원(朴趾源, 1737~1805, 호는 연암〔燕巖〕, 본관은 반남)이었다. 홍대용보다 여섯 살 연하였던 그는 홍대용과 마찬가지로 노론파에 속해 있었다.

『열하일기』(熱河日記)는 그가 1780년에 연행사로 수행하여 연경(베이징)에 갔을 때의 여행기인데, 그 내용의 세밀함은 마치 발자크(Balzac)의 소설에서 섬세하게 그려진 파리의 풍속에 대한 묘사처럼 풍부하다.

또한 그는 제1급의 풍자소설을 썼다. 「양반전」, 「허생전」, 「호질」 등이 유명하다.

다만 박지원의 저작은 동시대에는 간행되지 않고 필사본으로 읽혔다. 1900년 및 1914년에 그의 저작들로부터 취사선택한 선집이 편집되었고, 1911년에는 『열하일기』가 간행되었으며, 1932년에 여섯 책으로 이루어진 판본이 간행되었다.

그의 학문관은 박제가의 『북학의』(北學議)에 쓴 「북학의 서(序)」에 잘 나타나 있다.

> 학문하는 방법에는 별다른 길이 없다. 모르는 것이 있으면 길 가는 사람을 붙들고서 물어보아야만 한다. 설사 상대가 종이라고 하더라도 나보다 글자 하나라도 많이 알고 있으면 그에게 배워야만 한다. 자기가 남보다 잘 모르는 것을 부끄럽게 여기면서도 자기보다 나은 사람에게 묻지 않는다면, 죽을 때까지 고루하고 대책 없는 지경에 스스로 갇혀버리게 된다.

당시의 양반의 발언으로서는 대단히 이례적인 것이라고 할 수 있다.

박지원은 『열하일기』에서 주목해야 할 논의를 전개하고 있다. 즉 고대의 성인이 문자와 법을 만들었지만, 그 법을 모두 실천할 수는 없었다. 그러나 후세에 이르러 천명을 받은 군주는 학문이 성인보다 우수한 것은 아니지만, 그 법을 실천할 수 있었다. 어떻게 중화민족만이 그럴 것인가? 오랑캐가 중원을 지배하자 그 도를 답습하여 법을 실천했다. 이제 연경에 오면, 요·순·우(禹)·주공 단·공자로부터 관중(管仲)·걸(桀)·주·몽염(蒙恬)·시황제(始皇帝)·상앙(商鞅) 등의 법가까지 다 보고 확인할 수 있다고 한다. 즉 박지원은 여기서 '제작'을 '기획'과 '실천'으로 나눈다. 모든 기획은 성인이 한 것이지만 완전히 실천할 수는 없었기 때문에, 후세의 인간이 그 작업을 하지 않으면 안 된다. 그리고 이 실천에서는 한족도 오랑캐도 나눌 수 없다는 것이다.

박지원은 또한 「북학의 서」에서 순과 공자도 사물에 접하여 기교를 창작하고 일에 임하여 기구를 제작했다고 말했다. 이와 같이 군자는 모름지기 '제작'을 실천해야 한다는 것이지만, 실제로 사대부는 '제작'을 하는 일이 없었다. 『열하일기』에서 박지원은 조선에서 수레가 사용되지 않은 이유를 사대부의 잘못이라고 한다. 즉, 언제나 책을 읽으면서 『주례』(周禮)는 성인(聖人)의 작품이라고 하고, 수인(輸人)과 여인(輿人), 거인(車人)과 주인(輈人)을 논의하면서도 이것을 만드는 법과 부리는 기술을 연구하지 않는 것인데, 이것은 바로 책을 헛되이 읽는 것이며 학문이 아니라고 한다. 또한 황제(黃帝), 수(倕), 상앙, 이사(李斯) 등이 제도를 실행해온 것을 높이 평가하고, 수천 년 역사에서의 많은 성인들의 노고를 인정하고 있다. 즉 그의 성인 개념은 유학의 도통(道統) 개념을 넘어서서 다른 학문의 인간들을 포함하고 있으며, 제작을 실천한 자들은 모두 성인이라 부르고 있는 것이다.

덧붙이자면, 박지원은 한편으로 북학을 주창했지만, 다른 한편으로 청에 대한 비판정신도 왕성했다. 예를 들어 청의 『고금도서집성』(古今圖書集成)과 『사고전서』(四庫全書)에 관해 신랄하게 비판했다. 즉, 그는 그러한 서적들의 편찬에 명의 『영락대전』(永樂大全)과 같은 사상통제의 의도가 있는 것이라고 의심하고, 또한 건륭제(乾隆帝)의 문화정책은 분서갱유보다 교묘하고 그 화(禍)가 심각하다고 했던 것이다.

또 하나 덧붙이자면, 19세기 개화파의 시조인 박규수(朴珪壽)는 박지원의 손자다.

초정 박제가

북학파 가운데, 아니 결국은 모든 '실학'파 가운데 가장 과격한 조선개혁론을 부르짖은 이는 박제가(朴齊家, 1750~1805년경, 호는 초정〔楚亭〕, 본관은 밀양)다. 그의 호(초정)가 중국 초나라의 굴원(屈原)을 기려 만들어진 것으로부터 알 수 있듯이 그가 나라를 걱정하는 마음은 깊고 강인했다.

그는 네 번에 걸쳐 베이징을 방문했다. 유리창(琉璃廠)의 오류거(五柳居)를 무대로 펼친 청의 대지식인들과의 지적 교유는 잘 만든 드라마를 보는 듯하다. 그를 대단히 높게 평가한 청 측의 인물은 기윤(紀昀, 『사고전서』의 편찬관)과 옹방강(翁方綱, 금석학의 대가) 등이었다.

특별히 언급해야 할 것 가운데 하나는 박제가가 서얼(서자)이었음에도 불구하고 정조에 의해 중용되고, 마찬가지로 서자였던 이덕무, 유득공(柳得恭), 서이수(徐理修)와 함께 1779년에 규장각의 검서관(檢書官)으로 발탁된 일이다(사검서〔四檢書〕). 규장각은 1776년에 창설된 왕립 서고 겸 싱크탱크다. 조선에서는 서얼에 대한 멸시가 심했고, 아버지를 아버지라 부르는 것이 허락되지 않았으며, 적통인 남자들과 같은 자리에 있을 수도 없었다. 이것은 조선 사회에서 커다란 문제가 되고 있었다. 사검서의 발탁은 당시로서는 그야말로 이례적인 일이었다.

정조와 박제가는 학문적 신뢰 관계가 깊었다. 그와 같은 관계의 깊음도 있어 박제가는 1778년에 연행사로 수행하여 베이징을 방문한 후, 『북학의』라는 정책 건의서를 저술하여 왕에게 바쳤다. 이 글은 조선 '실학'의 책들 가운데서도 가장 급진적인 현실 개혁책이었다. 그의 주장을 정리하자면, '작'(作), '통'(通), '리'(利)의 긍정과 촉진이라고 할 수 있다. 조선 사회에서는 사농공상 중 공상(工商)이 두드러지게 멸시받고 있었다(사에 의한 농의 극단적인 중시). 그에 따라 공업 및 상업이 발달되지 못하고 미개한 상태로 오히려 퇴보해 있었다(고려 시대에는 개성상인을 중심으로 상업이 발달해 있었다). 박제가는 '물건을 만드는 것=작', '물건을 유통시키는 것=통', '의(義)의 관념을 변화시켜 이익과 편리를 추구하는 것을 인정하는 것=리'를 과감히 주장했다.

그뿐만이 아니다. 그는 '서사초빙책'(西士招聘策)을 주장했다. 중국의 흠천감(欽天監)에 있는 서양인 학자를 조선에 초빙하여 관상감(觀象監)에서 서양의 학문과 기술을 조선의 자제들에게 가르치도록 함으로써 조선의 이용·후생의 발전을 기대할 수 있다는 것이다.

또한 박제가는 조선어를 중국어로 하자는 과격한 주장을 펼쳤다. 조선인은 한문을 사용하면 중국인과 충분히 의사소통이 가능하지만, 음성 언어는 중국인과 전혀 통하지 않는다. 이것은 소통에 있어 효율적이지 않기 때문에 차라리 조선의 언어를 중국어로 하자는 것이다. 그의 이와 같은 '모화'(慕華)의 입장은 너무나도 치우쳐 있는 것으로 그는 '당벽'(唐癖), '당괴'(唐魁) 등으로 업신여겨졌다.

박제가는 과거의 무과에 합격했다. 무예에 깊은 관심이 있었고, 『무예도보통지』(武藝圖譜通志)를 저술했다. 그림을 그려 넣어 다양한 무예를 설명하는 이 책은 조선 최초의 무예에 관한 본격적인 서적이다.

이미 이야기했듯이 박제가는 '물'(物)에 대해 민감했는데, 그 배경에는 오행에 대한 그의 특이한 사상이 놓여 있었다. "오행이라는 것은 백성이 유용하게 사용함으로써 생활하는 것이며, 날마다 씀에 없어서는 안 되는 것이다"라고 그는 말한다. 그리고 수리(수문), 석탄, 철, 동, 수레, 집, 연와(煉瓦), 목공 등 "생활 속에서 구체적으로 이용되는 사물", 그것도 "필수품으로서 활용되어야 할 일용품"을 오행이라고 한다. 그는 수, 화, 금, 목, 토를 두 개의 차원에서 파악한다. 즉 하나는 자연 상태에 있는 그대로의 수, 화, 금, 목, 토이며, 또 하나는 인간이 이용할 수 있는 대상으로서 수, 화, 금, 목, 토이다. 그리고 전자보다 후자를 좀 더 참된 의미에서의 수, 화, 금, 목, 토라고 생각한다. 다시 말하면 인간이 이용할 수 없는 오행이라는 것은 가치가 없다고 주장한다.

또한 박제가는 베이징에 가면 반드시 서적·비판(碑版)·정이(鼎彝)·고동(古董)과 그 밖의 기완(器玩) 잡물이 거래되는 유리창(琉璃廠)을 찾았다. 그러나 이 유리창의 기물에 대해 홍대용은 부정적인 반응을 보이고 있다. 즉 그는 유리창의 기물이 사대부의 기풍에 나쁜 영향을 줄 수 있다고 하고, 중국이 쇠퇴해가고 있는 것을 개탄했다. 이덕무 역시 사치스러운 기물에 대해서는 적극적인 평가를 하지 않았다. 그러나 박제가는 고동서화(古董書畫)가 사치스럽고 민중의 생활에 도움이 되지 않기 때문에 불필요하다고 하는 견해에 대해 반발하고 있다. 아름다운 자연은 생활에 직접 도움이 되지 않는데도 사람들은 이것을 사랑한다. 그와 마찬가지로 고동서화도 고전의 세계를 형상화한 것이고, 마음의 풍요로움을 위해 필요하며, 천기(天機)를 활발하게 하는 것이다.

또한 박제가는 '독왕지신'(獨往之神, 독창적인 창조성)과 '전문지예'(專門之藝)를 지닌 '벽자'(癖者)를 높이 평가한다. 그러나 세상에는 이와 같은 '벽자'(특별한 분야에 관한 이를테면 '~광')를 비웃는 사람들이 많다고 그는 말한다.

박제가가 말하는 '북학'이란 '북=청'의 우수한 문명에서 배운다는 의미다. 하지만 당시 조선 정계에서 가장 힘을 지니고 있던 노론에게는 "청의 문물에서 배운다"는 따위의 것은 도저히 받아들여질 수 없었다. 결국 1800년에 정조가 갑자기 사거(死去)하자 박제가는 유배되었다.

추사 김정희와 혜강 최한기

저명한 서예가이자 금석학자인 김정희(金正喜, 1786~1856, 호는 추사(秋史)·완당(阮堂), 본관은 경주)는 박제가의 제자다. 다만 김정희는 대개 북학파로는 분류되지 않는다. 박제가와의 공통점은 당시 조선의 세계관적인 벽을 넘어서서 청이라는 별천지를 직접 견문했을 뿐만 아니라 청의 제1급 지식인들과 대등하게 교류하고 대단한 인정을 받았다는 점이다. 그는 금석학 수준이 대단히 높으며, 또한 서예를 잘해서 그의 '추사체'는 조선 제일의 수준으로서 현재까지 높이 평가되고 있다. 그는 '실사구시'(實事求是, 사실을 얻는 데 힘쓰고 옳음을 구한다)라는 말을 사랑했다. 실증적인 그의 자세는 치밀한 경학(經學)과 금석학으로 열매를 맺었다. 당대 청의 학문으로부터 본질적인 영향을 받았다고 할 수 있을 것이다. 그가 베이징에서 벗으로 사귄 지식인은 『사고전서』의 편찬자들 가운데 한 사람이었던 옹방강과 『황청경해』(皇淸經解)의 편자였던 완원(阮元) 등, 쟁쟁한 인물들이었다. 청조 고증학의 대가였던 그들에게 인정받은 것이 조선의 좁은 성리학적 학문 세계로부터 벗어나 동아시아적인 개방성을 지닌 추사의 학문과 예술을 만들었다고 할 수 있다.

덧붙이자면, 일본의 후지쓰카 지카시(藤塚鄰)*는 박제가·김정희 등 조선 사대부들과 청의 지식인들과의 교류를 연구하여 제1급의 업적을 남기고 있는데, 그것은 『청조문화동전 연구』(淸朝文化東傳の硏究)로 정리되어 있다.

최한기(崔漢綺, 1803~79, 호는 혜강〔惠江〕, 본관은 삭녕)야말로 조선 시대를 통틀어서 가장 독창적인 철학자였다고 할 수 있을 것이다. 그를 '실학'이라는 (좁은) 범주 속에 넣는 것이 좋은지 어떤지에 관해 정설은 없다. 오히려 '기(氣)철학자'라고 부르는 게 좋을 것이다.

그는 김정희의 문하에 들어가 북학파의 학문적 분위기와 서경덕의 기 철학을 흡수했다. 서울 남대문에서 가까운 자택에 온갖 책을 구입해 들여놓고, 동시대 중국으로부터 들어온 새로운 지식을 모두 섭렵하고 있었다.

그의 철학적 입장이 조선에서 참으로 독창적인 것은 그의 철저한 경험주의에 놓여 있다. 본래 조선의 불교나 유교는 모두 연역주의적인 경향을 강하게 지닌다. 진리 체계는 미리 선험적으로 존재하는 것이며, 주체가 이루어야 할 것은 그 진리 체계를 연역적으로 체득하는 것이라는 경향이 화엄(불교)과 성리학(유교)에서도 두드러진 특징으로서 존재한다. 유교라고 하면 이른바 '주리파'이든 '주기파'이든 이(理)의 내용(인의예지)은 미리 선험적으로 존재하는 것이다. 그것 자체를 의심하는 일은 있을 수 없다. 의심하기 시작한 것은 북학파 학자들이었다. 최한기는 경험 이전의 인식을 받아들이지 않았다. 따라서 당연히 이(理)를 의심한다. 선험적으로 이가 실재한다는 것을 부정한다. 그는 자신의 학문을 '기학'(氣學)이라고 명명했다. 서양의 천문학과 물리학을 조선에 소개하고, 수학과 기계 제작 기술 등의 과학 기술을 보급하며, 외국과의 통상을 주장했다. 저서로서 『신기론』(神氣論), 『기측체의』(氣測體義), 『인정』(人政) 등 여럿이 있다.

그 밖의 '실학'자들

이른바 '실학'적 경향을 지니는 학자는 위에서 거론한 사람들 이외에도 수많이 존재한다.

김육(金堉, 1580~1658, 호는 잠곡〔潛谷〕). 이상적인 세법인 대동법(大同法)을 성립시켰다.

윤휴(尹鑴, 1617~80, 호는 백호〔白湖〕). 고전에 대한 새로운 해석을 내세웠다. 『대학』, 『중용』 등에 대해 독자적인 이해를 보여준다.

박세당(朴世堂, 1629~1703, 호는 서계〔西溪〕). 『대학』을 독자적으로 해석하는 등 경전 이해를 새롭게 했다.

유수원(柳壽垣, 1694~1755, 호는 농암〔聾巖〕). 사민평등(四民平等)과 사민분업(四民分業)을 주창하고 상업을 긍정했다.

안정복(安鼎福, 1712~91, 호는 순암〔順菴〕). 실증을 중시하는 역사학을 전개했다.

원중거(元重擧, 1719~90, 호는 손암〔遜菴〕). 일본을 객관적으로 인식하고, 왜(倭)가 아니라 화국(和國)이라 불렀다.

황윤석(黃胤錫, 1729~91, 호는 이제〔頤齊〕). 명의 『성리대전』(性理大全)을 서학에 의해 보완하고자 했다.

이덕무(李德懋, 1741~93, 호는 아정〔雅亭〕). '사검서'의 한 사람.

이규경(李圭景, 1788~1850, 호는 오주〔五洲〕). 명물도수(名物度數)의 학을 발전시킨다.

박규수(朴珪壽, 1807~77, 호는 환재〔瓛齋〕). 박지원의 손자로 개화파의 비조가 된다.

이제마(李濟馬, 1837~1900, 호는 동무〔東武〕, 본관은 전주). 한의학자이자 '사상철학'(四象哲學)이라는 독창적인 철학에 기초하여 『동의수세보원』(東醫壽世保元)을 썼다.

이러한 '실학'자들에 관해서는 오가와 하루히사(小川晴久)·장젠(張踐)*·김언종(金彦鍾)* 편, 『일·중·한 사상가 핸드북』(日中韓思想家ハンドブック)(勉誠出版, 2015)을 참조할 수 있다. 이 책에서는 지금까지 일본에 그다지 소개된 적이 없었던 조선의 '실학'자들에 대해서도 소개하고 있다.

2. 양명학

조선의 양명학

명의 왕양명(王陽明)의 학문인 양명학(陽明學)은 이퇴계 시대에 조선으로 유입되었다. 하지만 이퇴계가 양명학을 강하게 비판하고 배격했기 때문에, 양명학은 왕성해지지 못했다.

최명길(崔鳴吉, 1586~1647, 호는 지천〔遲川〕, 본관은 전주), 장유(張維, 1587~1683, 호는 계곡〔谿谷〕, 본관은 덕수), 정제두 등이 조선의 대표적인 양명학자이다.

가장 명확한 양명학자라고 할 수 있는 정제두(鄭齊斗, 1649~1736, 호는 하곡〔霞谷〕, 본관은 연일)의 사상이 지닌 특징은 주지주의이자 분석적이라는 점이다. 그는 말한다.

> 기(氣)의 본체는 이(理)이며, 심(心)의 본체는 성(性)이다.
>
> 심이란 성의 기(器, 기〔氣〕가 나타난 것)이며, 성이란 심의 도(道, 이〔理〕가

미묘하게 된 것)이다. 그 온전한 체를 말하면 심이라 하고, 그 본질적인 모습을 말하면 성이 된다. 심을 말하게 되면 성이 존재하고, 성을 말하게 되면 심이 본체다.

—「존언」(存言)

이와 같은 분석적인 본체론은 예를 들어 혼일(渾一)적인 입장을 취하는 일본의 오시오 주사이(大塩中齋)의 사상에서는 보이지 않는 것이다. 또한 예를 들어 "이란 그대로 예(禮)이다. 예란 그대로 심의 본체인 것이며, 모두에게 조리가 존재한다"라고 말하는 것과 같은 예에 대한 언급도 일본 양명학과는 전혀 취지를 달리하는 점이다.

북조선 학계에서는 조선 양명학을 다음과 같이 평가한다.

주자학적인 객관적 관념론을 자기의 이론적인 무기로 하는 이조 봉건 통치 계급에 반대하고 중소 토지 소유자의 이익을 대변하여 양명학이 연구되었다. 그들의 철학은 관념론의 범위를 벗어나지 못했지만, 당시의 진보적인 양반 계급을 대변하여 부패한 봉건 통치 계급을 폭로하고 집권층 양반의 이익을 대변하는 주자학과 투쟁하는 가운데 많은 진보적인 견해를 표명했다.

—정진석 · 정성철 · 김창원, 『조선철학사』, 308쪽

중국에서의 '양명학=관념론'이라는 도식을 북조선도 답습하고 있지만, 이전의 중국에서는 양명학이 주관적 관념론인 까닭에 봉건적 사상이라고 생각되고 있었던 데 반해, 북조선에서는 양명학을 관념론이기는 하지만 진보적이라고 평가하고 있다. 현재의 중국에서는 양명학을 높이 평가하는데, 북조선에서의 양명학에 대한 평가는 그것을 선취한 것이었다고 할 수 있다.

누가 양명학자인가

조선에서는 양명학이 금지되어 있었기 때문에, 말할 필요도 없이 공공연히 양명학자를 자칭하는 것은 결코 가능하지 않았다. 은밀히 양명학을 받드는 표면상의 주자학자를 '양주음양'(陽朱陰陽)이라고 하지만, 조선에서 누가 양명학자였는지 또는 누가 양명학을 공부했는지에 관한 판별법이 있다. 정인보(鄭寅普)의 『조선양명학파삼별법』(朝鮮陽明學派三別法)이 그것이다. 삼별법은 다음과 같다.

① 분명한 저서나 언설이 있어 양명학이라고 하는 것에 의심이 없는 자. 예를 들어 지천 최명길, 계곡 장유, 하곡 정제두와 그 직계 제자와 방계 제자.

② 양명학을 비난하지만 사실 이것은 궤변이고, 내심으로는 양명학을 주장하는 것을 숨기고 있는 자. 원교(圓嶠) 이광사(李匡師), 신재(信齋) 이영익(李令翊), 초원(椒園) 이충익(李忠翊).

③ 양명학을 일언반구도 말하지 않고 주자학을 준봉하지만, 주장의 주요 부분이 되는 정신을 보면 양명학이라는 것을 알 수 있는 자. 담헌 홍대용.

이러한 삼별법은 엄격한 사상 통제가 있었던 조선조 학자들의 경향을 조사하기 위해서는 대단히 의미심장한 판별법이라고 할 수 있다.

말하는 김에 하자면, ③의 유형에 대해서는 "**조선에서는** 양명학을 일언반구도 말하지 않고"라는 단서를 붙이는 것이 좋다. 홍대용은 연행사 일행으로서 청에 갔을 때, 청의 지식인들과의 교류에서는 양명학을 높이 평가하고, 오히려 양명학 평가에 인색한 청의 사대부들에 대해 열심히 양명학의 장점을 이야기하고 있다(『건정필담』〔乾淨筆談〕).

양명학과 '실학'

양명학과 '실학'은 어떤 관계에 놓여 있는 것일까?

성호 이익처럼 명확히 육왕학을 부정하는 '실학자'도 있다. 그는 이퇴계 계통의 남인이기 때문에, 아무래도 양명학을 부정적으로 평가할 수밖에 없는 처지였다(이퇴계는 왕양명을 명확히 부정).

양명학과 (경제학적) '실학'의 관련성을 처음으로 지적한 업적은 정인보의 『양명학연론』(陽明學演論)이다.

이른바 '실학파', 그중에서도 북학파와 양명학의 관계, 나아가 박제가와 양명학의 관계를 논의한 학자도 있지만, 이 사실 관계에 대해서는 신중한 고찰이 필요하다.

조선 후기에 양명학과 '실학'을 절충한 학자가 있었다고 하는 정인보의 지적은 다음과 같다.

양득중(梁得中, 1665~1742, 호는 덕촌〔德村〕)은 양명의 양지설(良知說), 명덕근본설(明德根本說)과 실사구시를 절충하며, "이용후생을 주로 한 실학이 양명학을 겸비한 태도는 그 기원을 덕촌에서 찾을 수 있다". 그는 양지설을 이야기하면서 스승인 명재(明齋) 윤증(尹拯)과 함께 유형원의 『반계수록』을 칭찬하고, 영조에게도 『반계수록』의 중요성을 건의하며, 그런 까닭에 영조는 '실사구시'를 정책의 요강으로서 채택했다. 또한 그는 개물성무(開物成務, 만물의 이치를 깨달아 모든 일을 이룸)와 이용후생을 실사구시와 동조공관(同條共貫, 사리가 서로 통함)이라고 하여 가장 중요시하고, 그의 "양지학과 실사구시의 절충이라는 새로운 학풍은 북학파에 계승" 되었다고 하는 것이다.

3. 불교

억압당한 불교

조선 시대에 불교는 억압되었다. 왕조가 시작됨과 동시에 정도전에 의

한 격렬한 배불론(排佛論)이 전개되었으며, 도시 지역 사찰의 다수는 폐지되고 산간 지역의 몇 안 되는 이름 있는 사찰들만이 남게 되었다. 불교 승려는 한성 성내로 들어오는 것이 금지되었다.

이와 같은 수난의 시대였기 때문에 불교사상도 정체했다고 하는 인식이 일반적이다. 그러나 조선 시대 500년 사이에 불교가 아무것도 하지 않고 오직 굴욕적으로만 목숨을 부지한 것은 아니다. 조선 시대의 불교가 침체해 있었다는 것은 ① 체제 유교 측으로부터의 인식, ② 식민지 시대의 일본인 학자에 의한 인식, ③ 불교 학설의 발전사와 사회에서의 불교의 역할사를 혼동한 인식 등등에 의한 복합적인 잘못된 인식이다.

조선 시대의 불교에서 특별히 언급해야 할 것으로서 다음과 같은 것들이 있다.

우선 무엇보다도 정권과의 관계의 변천이다. 건국 초기에는 정도전에 의해 격렬한 배불론이 주창되고, 주자학적 세계관에 의해 불교는 폄하되었다. 그러나 조선 조정이 시종일관 불교를 배척한 것은 아니다. 제4대 세종은 만년에 불교의 세계로 도피했으며, 또한 제7대 세조는 명확한 흥불(興佛)의 입장을 채택했다(세조가 부도덕한 왕이라고 평가되는 이유들 가운데 하나로서 그가 불교를 옹호한 것을 주자학적 사대부가 몹시 혐오한 측면이 있다). 그 후 제9대 성종은 척불(斥佛) 정책을 행하며, 제10대 연산군과 제11대 중종은 폐불(廢佛)을 추진했다. 그러나 그 후 불교가 박멸당한 것은 결코 아니다. 왕비를 중심으로 하는 왕궁의 여성들은 불교 옹호자가 많으며, 문정대비처럼 명확한 흥불을 추진하는 왕비도 있었다. 조선 시대 후기는 대체로 주자학의 지배가 강해지는 시대이지만, 그럼에도 불교는 멸망하지 않았다.

둘째로 중요한 것은 '구국흥법'(救國興法)이라고 불리는 불교의 역할이다. 특히 중요한 것은 일본의 도요토미 히데요시에 의한 침략에 맞서 서산대사(휴정) 및 사명당(유정)이라는 구국의 고승이 출현했다는 점이다. 이 두 사람의 걸출한 승려는 현재에 이르기까지 불교도뿐만 아니라 일반적인 한국 국민의 존경과 숭배를 계속해서 받고 있다. 또한 의승군(義僧軍)에 의한 저항도 특별히 기록해야 할 일이다.

셋째는 고려 시대에 시작된 선과 교의 두 기둥이 조선 시대 후기에 거의 고정되었다는 것이다. 이 경우 교는 화엄 중심으로 된다. 이에 따라 유식과 밀교 등은 조선 불교의 정통으로부터는 벗어나며, 또한 정토 계통(염불)과 천태종 계통도 교·선에 포섭되면서 명맥을 유지하게 된다. 다만 신앙으로서는 정토 및 밀교가 번성했다. 법화경 신앙도 강했다.

덧붙이자면, 일본의 정토진종(淨土眞宗)의 오쿠무라 조신(奧村淨信)이 1585년(텐쇼 13년)에 조선의 부산에 고덕사(高德寺)를 세웠다. 일본 불교가 조선에 포교한 최초의 사례다. 오쿠무라는 오다 노부나가(織田信長)의 신하로 혼간지(本願寺) 제12세 교뇨(教如)의 제자였다. 하지만 고덕사와 오쿠무라는 도요토미 히데요시의 군대와 함께 일본(히젠 가라쓰)으로 철수하게 되었기 때문에 일본 불교와 조선의 관계는 끊어졌다(에다 도시오〔江田俊雄〕, 『朝鮮佛教史の研究』, p. 427).

조선 시대에도 위대한 승려가 수많이 배출되었다. 대표적인 승려는 다음과 같다.

무학대사(無學大師, 1327~1405, 자초〔自超〕). 뇌옹(瀨翁, 앞에서 언급)의 제자.

함허화상(涵虛和尙, 1376~?, 기화(己和), 호는 득통〔得通〕). 불교와 유교의 일치를 이야기한다.

설잠대사(雪岑大師, 1435~93, 김시습〔金時習〕, 호는 매월당〔梅月堂〕). 조동선(曹洞禪).

보우대사(普雨大師, 1509년경~65, 호는 허응〔虛應〕, 나암〔懶庵〕). 유불 융화를 설파한 고승이다. 그는 일정론(一正論)을 주창했다. 여기서 일(一)이란 불교의 일심(一心)이며, 정(正)이란 유교의 중(中)이다. 이 둘을 합일시켜 유불의 융화를 꾀했다. 그는 결국 순교했다.

서산대사(西山大師, 1520~1604, 휴정〔休靜〕). 뒤에서 논의.

사명대사(四溟大師, 1544~1610, 유정〔惟政〕). 보살의 화신이라고 불렸다. 뒤에서 논의.

부휴선사(浮休禪師, 1543~1615). 소요대사(逍遙大師). 시승(詩僧).

편양선사(鞭羊禪師, 1581~?). 걸식하며 지낸다.

백곡화상(白谷和尙, 1619~80, 처능〔處能〕).

백암화상(栢庵和尙, 1631~1700, 성총〔性聰〕). 불전 간행.

백파선사(白坡禪師, 1767~1852). 삼종선(三種禪)을 주창한다. 뒤에서 논의.

초의선사(草衣禪師, 1786~1866). 다성(茶聖)이라고 불린다. 뒤에서 논의.

서산대사(휴정)와 사명당(유정)

휴정(休靜, 1520~1604)은 속성이 최씨, 호는 청허(淸虛)였다. 서산대사라는 이름으로 알려진 조선 불교의 고승이자 영웅이다. 안주에서 태어났다. 부활한 승과(과거)에 급제했다. 불교계에서 높은 지위에 올랐지만, 그 자리를 버리고 금강산·두류산·태백산·오대산·묘향산 등의 명산을 돌아다니며 수행과 교육에 전념했다.

선조 25년에 도요토미 히데요시에 의한 임진왜란이 일어난다. 선조는 묘향산에 있던 서산대사에게 국난의 타개를 부탁했다. 서산대사는 총궐기의 격문을 돌리고 조선의 승려를 전투에 참가시켜 일본군에 저항했다. 의승군을 구성한 승려의 숫자는 5,000명을 넘었다. 선조 26년에는 서산대사의 제자인 유정(惟政)이 의승(義僧) 800명을 조직하여 의승군에 가담하고, 명군과 함께 일본군과 싸워 평양성의 회복에 공을 세웠다. 그 후 서산대사는 묘향산으로 돌아가 후진을 지도했다. 그의 제자는 1,000명을 넘는다고 말해지며, 조선 시대의 승려들 가운데 가장 위대하고 지고한 인물로서 현재에 이르기까지 존경과 숭배의 대상이 되고 있다. 『청허

집』(淸虛集) 등의 저작이 있다.

서산대사 사상의 특징은 그가 확립했다고 하는 산승선가(山僧禪家)다. 또한 바로 그가 고려의 지눌(知訥)이 구축한 교선(敎禪)을 일체화하는 전통을 가장 올바르게 계승하고, 억불 정책을 채택한 조선 시대에 불교의 정통을 부활시켰다고 한다. 그 과정에서는 당연히 불교계 측의 문제도 척결한다고 하는 자세도 강하게 관철되었다. 그는 타락한 승려를 10종류로 분류하고 강하게 비판했다.

서산대사의 수많은 문하 가운데 특히 '구국의 화신', '호국의 성왕(聖王)'으로까지 불리는 것이 유정(惟政, 1544~1610)이다. 속성은 임씨이고 밀양 사람, 호는 송운(松雲), 사명당(四溟堂)이다.

임진왜란 때에는 서산대사와 함께 평양성 탈환에 전공을 세웠다. 정유재란 때에는 1,000명 이상의 의승군을 이끌고서 가토 기요마사(加藤淸正)의 진을 포위하며, 가토와의 화평 회담을 성공시켰다.

그 후 일본과의 강화에 관한 전권을 왕으로부터 위임받아 대마도를 거쳐 교토까지 갔다. 일본 측에서는 그를 설보화상(說寶和尙)이라고 부르며 커다란 경의를 가지고 대했다. 조선에서 가토 기요마사와 대담했을 때 유정은 "왜장의 머리를 자르면 싸움이 끝날 것이기 때문에 왜장의 머리야말로 우리나라의 보물이다"라고 말했는데, 그 일로 인해 일본에서는 그를 설보화상이라고 부르며 그 대담함을 칭찬했던 것이다. 유정은 일본과 국교를 재개하는 임무를 수행하고, 조선인 포로 3,000여 명을 데리고 조선으로 돌아왔다.

그 후에는 원주의 치악산 및 가야산·해인사에 머물렀으며, 1610년(광해군 2년)에 세상을 떠났다. 저서로 『사명집』(四溟集), 『분충서난록』(奮忠紓難錄)이 있다.

백파선사(긍선)

백파선사(白坡禪師, 1767~1852)는 정조로부터 철종 시대에 활약한 승려이며, "교는 사구(死句), 선은 활구(活句)"라는 말이 유명하다.

그는 이른바 삼종선(三種禪) 논쟁을 전개한 것으로 유명하다. 삼종선이란 조사선(祖師禪), 여래선(如來禪), 의리선(義理禪)의 셋인데, 백파는 이 가운데 의리선을 가장 낮은 급으로 평가하여 물의를 빚었다. 왜냐하면 그가 말하는 의리선의 전형은 지눌(보조국사)이라고 생각되기 때문이다. 백파는 조사선이야말로 불법(佛法)의 흔적조차 남기지 않으며 만법인아(萬法人我)가 모두 있는 그대로 진여(眞如) 전체를 나타내는 것이라고 이야기했다. 이것이 바로 화엄의 사사무애의 경지라고 그는 생각한다. 그에 비하면 여래선에는 아직 불법의 악취가 있으며, 사사무애의 경지에는 도달해 있지 않다. 더구나 의리를 시끄럽게 이야기하는 의리선에 이르러서는 깨달음과는 인연이 없는 것이라고 한다.

백파의 이러한 비판은 대단히 중요하며, 조선 불교에서는 근대에 들어서서도 여전히 이른바 의리선을 어떻게 파악할 것인가에 관해 논쟁이 이어졌다.

초의

조선에서 차 문화는 불교와 밀접하게 관련되어 있다. 초의(草衣, 1768~1866)는 '다성'(茶聖) 또는 '다신'(茶神)이라고 불리는 승려였다. 「동다송」(東茶頌), 「다신전」(茶神傳) 등의 작품이 있다. 초의는 또한 '실학'자인 다산 정약용이나 추사 김정희와도 깊은 교류를 가졌다. 앞에서 말했듯이 정약용은 유학만이 아니라 가톨릭도 포섭한 철학자였다. 19세기 조선에서는 유교·불교·그리스도교를 넘어선 일종의 '영적인 교류'의 시공간이 열려 있었다고 할 수 있을 것이다.

초의는 백파의 삼종선을 비판했다.

4. 도교 및 예언사상, 샤머니즘

수도의 선정과 예언사상

조선 왕조는 1392년에 건국되었는데, 수도를 한성으로 정한 것은 2년 후인 1394년이다. 수도의 선정에는 정도전이 나섰다. 처음에는 계룡산에 수도를 꾸미고자 했지만, 결국에는 현재의 서울인 한성에 도읍을 정했다. 어느 쪽이든 풍수지리 사상에서 명당(이상적인 지형)이었다. 결과적으로 조선 왕조는 외적과 부패로 고생하면서도 500년 이상 존속했기 때문에, 수도를 한성으로 삼은 것은 좋은 선택이었다고 할 수 있을 것이다.

조선 시대에는 다양한 신흥종교와 그에 의한 예언이 유포되어 있었다는 것이 근간의 연구에 의해 밝혀지고 있다.

조선 시대 후기에 가장 커다란 영향력을 지닌 예언서는 『정감록』(鄭鑑錄)이다. 이것은 조선 왕조의 이씨가 얼마 안 있어 멸망하고, 대신에 계룡산을 본거지로 하는 정씨의 왕조가 출현한다는 역성혁명의 예언서인데, 그 음산한 재앙과 재화의 묘사에 의해 조선 시대 말기의 인심을 동요시켰다. 조선 정부는 이것을 금서로 삼았지만 뿌리 깊은 인기를 유지했으며, 현재도 모르는 사람이 없다.

무조(巫祖) 전설

조선 시대의 샤머니즘에 관해 학문적으로 가장 확실한 지식의 공급원은 병합 식민지 시대에 조선총독부가 행한 무속(巫俗)에 대한 조사다(무속은 샤머니즘을 말한다). 병합 식민지 시대의 조사이기 때문에, 조선 시대 샤머니즘의 실태 그 자체는 아니다. 병합 식민지 시대에는 근대화라는 이름 아래 샤머니즘이 변형되었다고 말해지기 때문에, 병합 식민지 시대의 기록을 그대로 조선 시대의 샤머니즘과 동일하다고 할 수는 없다. 그러나 조선 샤머니즘에 관해 가장 신뢰할 수 있는 가장 오랜 객관적이고 학문적인 기록은 병합 식민지 시대의 것인 까닭에, 이 기록을 토대로 조선 시대 이전의 샤머니즘에 대해 이야기하는 것은 어느 정도 가능하다.

조선총독부에 의한 조선 무속 연구로서 가장 신뢰받고 있는 것이 아카마쓰 지조(赤松智城)*와 아키바 다카시(秋葉隆)*에 의한 『조선 무속의 연구 상·하』(朝鮮巫俗の硏究 上·下)(1937, 1938)다. 이 연구에 따르면 조선의 수많은 무조(巫祖) 전설을 분석한 결과, 샤머니즘의 시조는 많은 경우에서 신분이 높은 여성이라고 한다. 아카마쓰와 아키바는 이 책에서 '사희(捨姬) 전설'로 불리는 유형의 무가(巫歌)를 채록하고 있다. 조선어로는 '바리공주'(鉢里公主, 바리데기)라고 불린다('바리'는 '버리다'라는 뜻, '공주'는 '아가씨'). 이 무가는 조선 샤머니즘의 가장 원형적인 내용을 구비하고 있는 것들 가운데 하나라고 말해진다. 아카마쓰와 아키바는 이 무가의 성립을 조선 시대라고 하고 있지만, 최길성(崔吉城)*은 좀 더 오랜 시대로까지 소급된다고 한다.

이 무가의 줄거리는 다음과 같다. 왕이 무당에게 자신의 아들(왕자)의 결혼에 관해 점치게 했다. 무당은 "대개년(大開年, 결혼 운수가 좋은 해)에 결혼하면 세 명의 아들로 베풂을 받지만, 폐길년(閉吉年, 결혼하기에 나쁜 해)에 결혼하면 딸만 일곱 명이 태어난다"라고 말했다. 하지만 왕은 무당의 점괘를 무시하고서 왕자를 결혼시켰다. 그러자 무당의 예언대로 왕자(새롭게 왕이 되었다)에게는 딸만 일곱 명이 태어났다. 새로운 왕은 격노하여 일곱째 딸을 버렸다. 왕비가 이를 보고서 다시 데려왔지만, 새로운 왕은 허락하지 않고 이 딸을 바다에 버렸다. 부처가 이 딸을 발견하고서 산신에게 기르도록 했다. 새로운 왕 부부는 병에 걸린다. 일곱째 딸을 버린 탓이라고 무당은 말한다. 새로운 왕은 버린 딸(바리데기)을 찾아 그 아이로부터 불사의 약을 얻지 못하면 죽는다는 꿈을 꾼다. 찾아낸 바리데기는 약수를 찾으러 떠나 지옥의 문으로 들어간다. 거기서 무상신선(無上神仙)과 결혼하여 일곱 명의 아들을 낳아주고 그 답례로서 약수를 얻는다.

그것을 가지고 바리데기가 이 세상으로 돌아오자 새로운 왕과 왕비는 죽어 있었지만, 약수를 마시게 하자 양친은 다시 살아났다. 그 후 바리데기는 무녀가 되었다. 이상이 이 무가의 줄거리다(최길성에 의한 요약을 좀 더 요약).

최길성은 이 무가를 분석하여 이것은 부계 계승 이야기이며, 여자에 대해 부정적인 한국인의 전통적 인생관이 표현되어 있다고 한다. 바리데기가 일곱 명의 아들을 낳는 것은 여자라는 이유로 버려진 그녀의 한을 풀었다는 의미라고 한다. 버려진 막내딸이 병을 치유하는 능력을 지닌 효녀의 역할을 하는 것이 상징적이다. 아키바는 고귀한 사람의 딸이 무조가 되었다는 점을 강조했지만, 최길성은 오히려 영계로의 여행을 통해 신비한 주술의 힘을 지니고서 무녀가 되었다는 것이 강조되고 있다고 본다(최길성, 『韓國のシャーマニズム: 社会人類学的研究』, pp. 387~404).

사람이 죽는 장면—샤머니즘의 관점에서

여기서 영혼을 불러내는 굿을 진행할 때 불린 무가를 하나 소개한다. 조선 샤머니즘의 분위기를 조금이지만 느껴볼 수 있을 것이다. 식민지 시대에 아카마쓰 지조와 아키바 다카시가 채록한 「죽엄의 말」이라는 것으로, 시흥의 무부(巫夫) 하영운(河永云)의 구전에 의한 것이다. 지금 죽으려고 하는 자에게 저승의 왕의 사신이 와서 억지로 저세상으로 데려가는 장면이다. 조선 샤머니즘적인, 너무도 무시무시한 죽음에 대한 두려움의 세계관이 잘 표현되어 있다.

> 어야 영가(靈駕)시요/사람이 죽어지면, 일홈 달너지고 성도 달너지네/일홈은 영가시요, 성은 그부(鬼簿)더라/상유변부능기의 팔만사천문 열어/잠장간 들어오소사/에야 영가시요/아모생 망재씨는 철나지액년(天羅至厄年)/원진이별연(寃嗔離別年), 살포(殺捕)갈인연, 사노망신연(死鏖亡

身年)을 당하야/한명이 그뿐인지, 시대가 되엇는지/저승 지부왕전(地府王殿)에서 팔배특배자(八牌特牌子) 노와/성화갓치 재촉하니, 엇떤 사자 나오든고/일직사자, 월직사자/조리씨 저반의 강림도령/팔배자 독배자 내여주며/아모도 아모골 아모동 아모성 망재씨/성화착래로 잡어오랴 분부가 지엄하니/저 사자 거동 보소/지부왕의 명을 밧고/망녕그물 손에 들고, 쇠사슬 빗겨 차고/활등갓치 구분길로 살갓치 빨니 나와/압산에 외막치고, 뒷산에 장막 치고/마당 한가운데는 명패 긔끝헤 꼬자 놋코/일직사자, 월직사자, 강림도령/봉의 눈 불읍뜨고, 삼각수 거슬으고/문지방 가루집고/이바 망재야, 어서 밧비 나스거라/쳔동갓치 뒤질으니/가택이 문허지고, 우주가 밧귀는 듯/아모생 망재씨 일신수족이 벌벌 떨니고/진퇴유곡 되엿슬제/사랑동 아들아기, 진지동 딸아기, 애중헌 며눌아기/자문지잔상, 별머리 위성/면전나전 식상거완 찰여놋코/입담 조흔 만신 불러, 젹젹이 풀어내니/그도 잠시 인정이라 못잡어가요/두 번재 일직사자 밧게서 들어오며/어서 나오거라 밧비 나스거라/시리갓치 재촉하니/조부조상과 성조지신이 조만이 애걸하니/그도 인정이라 못잡어 내더귀요/삼세 번재 강림도령이 와락 뛰여 달여들어/텬동갓치 소래하며, 우뢰갓튼 큰 소래로/벽녁갓치 호통하니/망재씨 일신수족을 벌벌 떨고/진퇴유곡 되엿실제/강림도령 달여들어/한번 잡어 낙구워치니, 열손에 맥이 업고/두 번 잡어 낙궈치니, 열발에 맥이 업고/ 삼세번 낙구워치니/폇든 손 때든 다리 감출 길이 전혀 업네/삼만육천 일신수족을 감출 길이 전혀 업네/살어서 하든 말삼 한마듸 할 길 업네/아모니 정신 찰여, 부모동생 처자권속/다시 보고 죽자 한들, 한 명이 돌아오고/시대가 되엿스니, 살어날 길 전혀 업네/그 압헤 안진 사람, 사랑동 아들 진진동 딸/애중헌 며누리, 백년처권 일가친척/좌우로 늘어안저, 수족을 주물으며/대성통곡 우룸우니, 대신 갈 이 뉘 잇슬가/……/할 일 업고 속절 업다, 이렇듯 탄식할 제/삼갑사자(三甲使者) 달녀들어/머리에 텬상옥(天上玉), 이마에 벼락

옥(霹靂玉)/눈에 안경옥, 쇠 밋테 바눌을 단단이 걸어놋코/입에 하무물녀 귀에 쇠 채여노니/망재씨 명끈는 소리, 대텬바다 한가운데/일천석 실은 중선 닷줄 끈는 소래갓다/아모생 망재씨 속절 업고 할 일 업다/문박글 내다보니, 밥 세 그릇 신세켤네/돈 석 냥과 젯상에 밧쳐놋코/초성조혼 구낭이 초혼 불너외난 소래/나 죽을 시 분명하다/망재씨 할 일 업서 세상을 리별하고/탄식하고 돌아스며/혼백혼신이 방안을 살펴보니/신체육신 방안에 뉘여두고/자손들이 늘어안저/나무아미타불관세음보살 염불하며/앙텬탄식 설니 울며/하날을 울어러 탄식한다.

—『朝鮮巫俗の研究』上卷, pp. 279~337

(심우성 옮김, 『조선 무속의 연구』, 179~82쪽에서 인용)

죽음에 이른 조선 사람들의 비통함과 이 세상에 대한 강인한 집착을 이 무가로부터 여실히 알아볼 수 있다. 죽음의 사자가 죽음에 처해 있는 자를 몇 번이나 덮쳐서 견고한 도구로 호되게 닦아세우지 않으면 망자는 죽지 않는 것이다.

5. 그리스도교

천주교의 수용

조선으로 천주교(가톨릭)가 유입된 것은 일본보다 상당히 늦었다.

조선에서 그리스도교와 관련된 학문은 천학(天學 또는 천주학〔天主學〕) 또는 서학이라고 불렸다. 마테오 리치의 『천주실의』(天主實義) 2권이 최초로 들어왔다. 이 책에 대해서는 이수광, 유몽인(柳夢寅, 호 어우당〔於于堂〕), 이익이 언급했다. 특히 이익은 발문을 써서 그리스도교를 간결하게 요약했다. 『천주실의』는 1603년에 간행되었지만, 일본에서는 다음해에 이미 하야시 라잔(林羅山)이 다 읽은 책으로 기록되어 있으며, 1684년에는 일본어 번역이 완성되었다. 조선에서도 연대는 분명하지 않지만 조선어(훈민정음) 번역본이 나왔다.

이익이 당파로서 남인이고 그의 제자들 가운데 '성호 좌파'가 천주교에 접근한 것과도 깊은 관계가 있지만, 조선에서 천주교 및 서학의 수용은 남인파, 그중에서도 진보파인 시파(時派)가 주도했다.

서학을 적극적으로 배운 주요한 인물은 이가환(李家煥, 이익의 종손), 정약전(丁若銓), 정약종(丁若鍾), 정약용(이상은 정씨 3형제), 이승훈(李承薰), 이벽(李蘗), 권철신(權哲身), 권일신(權日身)(이상은 권씨 2형제), 황사영(黃嗣永) 등이었다. 대부분 당파로서 남인에 속하고, 혈연 관계에 의해 긴밀히 연결되어 있었다. 그들은 광주 양근을 근거지로 하여 서학에 몰두했다. 이 점은 양명학의 수용과 연구가 소론이라는 당파 및 강화도라는 지역을 중심으로 혈족 관계에 있는 학자들에 의해 추진된 것과 유사하다. 당파·혈족·동문·지역의 요소가 조선에서 이단사상의 생존방식으로서 중요하다는 점에 주의해야 할 것이다.

가장 이른 시기에 가장 열심히 천주교에 몰입한 것은 이벽이었다. 공식적으로는 1784년에 이승훈(호 만천〔蔓川〕)이 베이징에서 세례를 받은 것이 조선에서 최초의 그리스도교도다. 하지만 비공식적으로는 그보다도 훨씬 이전에 그리스도교가 유입되어 있었다고 하는 학설도 유력하다. 이승훈 다음으로 윤유일(尹有一)이 1797년에 베이징에서 세례를 받았다.

그리스도교가 들어온 당초에 조선에서의 가장 큰 문제는 조상 제사에 관한 것(전례 문제)이었다. 1791년에는 윤지충(尹持忠)이 인척인 권상연(權尙然)과 함께 어머니의 장의 때에 신위(위패)를 불태워 없앴다. 유교를 받드는 조선 양반으로서는 절대로 있을 수 없는 행위였다. 윤지충은 ① 유교식의 장례는 미신이라는 것, ② 천주교의 진리야말로 귀중하다는 것, ③ 어머니 역시 천주교도였고, ④ 그 유훈에 따랐다는 것 등을 주장했지만, 남인 벽파에 의해 탄핵되어 권상연과 함께 처형되었다. 이것을 신해진산(辛亥珍山)의 변(신해사옥)이라고 부른다. 정조의 통치 시기였다.

1794년에는 천주교 신자 수가 4,000명에 달했다. 청으로부터 주문모(周文謨) 신부가 조선에 들어왔다.

천주교에 대한 탄압

19세기에 조선의 천주교에는 탄압과 그 뒤를 잇는 탄압이 더해졌다. 암흑과 같은 시대였다. 하지만 순교자가 늘어나면 늘어날수록 신앙의 힘은 점점 더 강해졌다고 생각할 수 있다.

1800년에 정조가 의문의 죽음을 당하고 어린 순조(純祖)가 즉위하자 그 외척이었던 안동 김씨를 비롯해 노론의 세력이 폭발적으로 강해졌다.

1801년 정월에는 천주교에 대한 최초의 탄압이 이루어져 사학(邪學, 서학) 엄금령이 발표되었다. '신유교난'(辛酉教難)이라고 한다(신유사옥이라고도 한다). 이승훈·정약종 등이 처형되고, 이가환·권철신은 옥사하며, 정약전·정약용은 유배되었다. 남인 시파는 일소되었다. 나아가 청나라 사람인 주문모 신부를 사형에 처해 효수하고, 이어서 윤지헌(尹持憲, 윤지충의 동생) 등 전라도의 서학도도 많이 처형되었다.

이때 황사영이 비밀리에 박해의 모습을 비단에 빽빽이(1만 3,311자) 써서 베이징에 밀서로서 보내고자 하고 있었던 곳에서 체포당하고 비단이 압수되었다. 비단에 쓴 글의 내용은 박해의 상세한 모습, 박해를 초래한 조선 정계의 문제(당쟁), 그리고 조선 천주교의 부흥을 위한 방책이었다. 이 사건은 조야를 뒤흔들며, 황사영은 능지처참(凌遲處斬, 몸통과 머리, 두 손, 두 발을 절단하여 모두 서로 다른 장소에 내놓는 것)의 극형에 처해졌다. 이것을 '황사영 백서 사건'이라고 한다.

이 이후 베이징 주교는 한때 조선에서의 포교에 소극적으로 되었지만,

조선 교도들의 신앙은 쇠퇴하지 않았다. 1838년에 신자 수는 9,000명이 되었다. 특히 로랑-마리-조세프 앙베르(Laurent-Marie-Joseph Imbert) 주교는 서민 부녀자들에 대한 포교에 열심이었다.

1839년에 두 번째의 커다란 탄압이 일어났다. 이것을 '기해교난'(己亥教難)이라고 한다(기해사옥이라고도 한다). 이해의 4월부터 12월까지 이어진 탄압에서 78명이 사형당했다. 그 가운데 여성이 50명 가까이 차지했다. 앙베르 주교 등 프랑스인도 세 사람이 처형되었다. 이 탄압이 한창일 때 헌종은 국왕의 이름으로 비로소 천주교를 나라의 법으로 금지했다.

1846년의 '병오교난'(丙午教難)에서는 마카오에 유학하여 조선에서 최초의 사제가 된 젊은 김대건(金大建, 1821~46, 본관은 김해) 등이 처형되었다. 안드레아 김대건에 대한 경모는 현재도 대단히 강하며, 서울의 절두산에는 커다란 비가 있어 신자들의 신앙을 모으고 있다.

병오교난 이후에도 교세는 쇠퇴하지 않으며, 1850년에는 교도 수 1만 1,000명이 되고, 1857년에는 1만 5,000명을 넘어서며, 1866년에는 2만 명에 달했다고 추측된다.

1866년에는 '병인교난'(丙寅教難)이 있었다. 흥선대원군에 의한 천주교 탄압으로, 프랑스인 선교사 9명을 처형하고, 1872년까지 8,000명 이상의 조선인 신자들이 순교했다.

개신교(프로테스탄트)의 유입

조선에 개신교가 들어온 것은 가톨릭보다 상당히 늦어 19세기 말에 이르러서부터이다. 1885년에 서양인이 인천으로부터 조선에 들어와 개신교를 전하며, 그 후 빠르게 교세를 늘려가게 된다(제7장 참조).

6. 훈민정음과 문학

세종과 집현전

세종은 집현전에 당대 일류의 학자들을 모아서 언어학을 연구하게 했다. 당시 중국의 최첨단 언어학 지식과 견문도 섭취하면서 학자들은 1443년에 훈민정음을 완성했다. 세종은 이것을 1446년에 반포했다. 이를 통해 조선어를 대단히 정확하게 표기할 수 있게 되었다. 세계적으로 보아도 실로 독창적인 문자다. 덧붙이자면 이 문자의 창제 원리 해설서인 『훈민정음 해례본』은 긴 기간 동안 사라져 있었지만, 일본의 식민지 시대에 발견되었다.

훈민정음은 획기적인 문자였지만, 조선 시대의 사대부들은 한자를 진서(眞書)라 부르고, 훈민정음을 언문(諺文)이라고 부르며 멸시했다. 훈민정음을 사용하여 사대부가 쓴 소설도 있기는 했지만, 주류는 아니었다. 하지만 남의 부인에 대한 편지나 가요에서는 사대부도 훈민정음을 많이 사용했다. 또한 이 문자는 한문에 대한 언해(諺解, 유교와 불교의 경전에 대한 번역이나 주해)에 사용되었다. 여성들은 편지 등에 이 문자를 자주 사용했으며, 여성이 훈민정음으로 쓴 소설도 많이 나왔다. 하지만 20세기 초에 조선 왕조가 멸망하기까지 공식 문서에 훈민정음이 사용된 적은 거의 없었다.

덧붙이자면, 현재의 한국에서는 훈민정음을 한글이라고 부르고 있는데, 이것은 식민지 시대에 처음으로 이름 붙여진 호칭이며, '위대한(한) 문자(글)'라는 의미다.

훈민정음의 사상

훈민정음은 조선어를 정확하게 적는 문자이지만, 한자(漢字) 한 글자를 하나의 문자로 표기할 수 있는 문자다. 조선어 어휘의 음절은 신라 시대 이후 폐음절(마지막이 자음으로 끝나는 것)이 극도로 증가했다. 이것을 표기할 수 있는 문자의 개발은 예를 들어 일본어처럼 개음절(마지막이 모음으로 끝나는 것)이 대부분인 언어의 경우보다 극단적으로 어려웠다. 이 문제를 훈민정음에서는 다음과 같이 해결했다. ① 자음을 나타내는 자모와 모음을 나타내는 자모의 조합으로 하나의 문자를 구성한다. ② 음절의 마지막 자음을 하나의 문자의 하부에 끼워 넣음으로써 하나를 이루는 문자 속에 '자음+모음+자음'이라는 구조를 표현한다(음절의 마지막 자음은 두 개가 연속되는 경우가 있다). 이리하여 자음을 나타내는 자모 17개와 모음을 나타내는 자모 11개를 만들고 그 조합으로 하나의 1음절 1문자의 음절 문자를 창조한 것이 훈민정음이다. 중국어의 반절(反切, 두 한자의 음을 반씩만 따서 한 음으로 읽는 방법)이라는 개념을 빌리면서도 그것을 독창적인 기호로 표기함으로써 하나의 음절을 하나의 문자로 표기할 수 있게 되었다. 예를 들어 '발'(發)이라는 한자의 조선어 음을 반절로 표기하면 '반달(半達)'이 된다. '半'의 첫 자음 〔b〕와 '達'의 첫 자음 뒤의 음 〔al〕을 조합시킨 〔bal〕이 '發'의 조선어 음이라고 하는 의미다. 훈민정음은 이 반절을 '半達'이라는 한자로 표기하지 않고, 〔b〕 〔a〕 〔l〕을 나타내는 자모의 기호를 각각 ㅂ, ㅏ, ㄹ이라는 형태로 결정하고 그것을 하나의 문자로 조합해 '발'로 하는 것이다.

자모는 모두 유교적인 음양오행 사상으로부터 만들어졌다. 자음의 자모는 오행, 모음의 자모는 음양이다. 우선 자음의 경우, 모든 자음을 어금닛소리 〔k〕 〔g〕 등, 혓소리 〔d〕 〔n〕 〔t〕 〔l〕 등, 입술소리 〔b〕 〔m〕 〔p〕, 잇소리 〔s〕 〔sh〕 〔td〕 〔z〕, 목청소리 〔h〕 〔ng〕의 다섯 가지 종류로 분류한다. 각각 오행의 목, 화, 토, 금, 수에 해당된다고 생각한다. 모음의 경우에는 모든 모음을 양모음, 중성모음, 음모음으로 분류한다. 이 모음 자모와 자음 자모의 조합의 논리(이〔理〕)에 의해 우주의 모든 음(기〔氣〕)을 표기한다는 사상이다.

「용비어천가」

세종 시대인 1445년에 「용비어천가」(龍飛御天歌)가 지어졌다. 조선 조정의 유래와 공적을 찬양하여 노래 형식으로 만든 것이다. 이것은 훈민정음이 반포되기 전해의 일이며, 훈민정음으로 쓰인 문헌들 가운데 가장 오랜 것이다. 그런 의미에서도, 또한 노래의 내용 면에서도 대단히 중요한 작품이다. 서두의 몇 구절은 현재도 인구에 회자되고 있다.

> 뿌리가 깊은 나무는 바람에 움직이지 아니하므로, 꽃이 좋고 열매가 많으니,
>
> 샘이 깊은 물은 가뭄에 그치지 아니하므로, 내가 이루어져 바다에 가느니.

이 노래는 조정의 의식이나 종묘의 제사뿐만 아니라 공적이고 사적인 잔치 자리에서도 사용되었다.

소설

조선 시대는 소설이 꽃핀 시대다.

그 이유 가운데 하나는 훈민정음이 발명되어 자신들의 구어를 그대로 표기할 수 있게 된 것이다. 한자를 진서로 여기고 훈민정음은 부녀자의 문자로서 사대부에게 멸시받긴 했지만, 이 문자를 손에 넣은 여성들은 이 문자로 편지나 문학 작품을 쓰게 되었다.

그렇지만 한문 소설도 많이 쓰였다. 조선 시대 전기에 많이 쓰인 것은 패관소설(稗官小說)이다. 잡스러운 이야기나 기이한 이야기, 음란한 이야기도 많지만, 특히 중요하고 격조 높은 작품으로서 성현(成俔, 1439~1504, 호는 허백〔虛白〕, 본관은 창녕)의 『용재총화』(慵齋叢話)가 있다. 또한 '방랑 시인'으로 유명한 김시습(金時習, 1435~93, 호는 매월당〔梅月堂〕, 본관은 강릉)이 명나라의 『전등신화』(剪燈新話)의 영향을 받아 쓴 전기소설(傳

奇小說) 『금오신화』(金鰲新話)는 조선에서 처음으로 소설의 형식과 내용을 갖춘 작품으로 높이 평가된다. 이 작품은 일본에서도 인기를 얻어 두 차례 번각되었다.

16세기 말의 일본에 의한 침략 전쟁 및 17세기 초의 후금(後金, 청)에 의한 침략 전쟁 후, 조선에서는 군담(軍談)소설(군기〔軍記〕소설)이 활발하게 쓰이게 되었다. 유성룡의 저명한 사서 『징비록』(懲毖錄)은 군담으로서도 읽혔다.

군담소설의 유행 후, 군기 이외의 소설도 수많이 쓰이게 된다. 처음에는 한문으로 쓰였지만, 얼마 안 있어 훈민정음으로 쓰이게 되었다. 대표적인 작품으로서 『박씨 부인전』과 『홍길동전』 등이 있다. 작자 미상의 『박씨 부인전』은 박씨라는 얼굴과 체격이 유난히 우람한 여성이 도술을 구사하여 초인적인 활동을 하며 활약하는 이야기다. 『홍길동전』은 허균의 작품이며, 조선 시대 소설들 가운데서 최고 걸작으로 여겨진다.

17세기의 김만중(金萬重, 1637~92, 호는 서포〔西浦〕, 본관은 광산)은 사대부들이 한시(漢詩)에만 관심을 보이는 것을 비판하고, 대중소설이야말로 조선에 필요하다고 주장했다. 그리고 스스로 『구운몽』(九雲夢)과 『사씨남정기』(謝氏南征記)라는 두 편의 소설을 썼다. 내용은 중국을 무대로 한 권선징악이지만, 유교뿐만 아니라 불교와 도교의 요소도 작품 속으로 짙게 유입되어 있다. 3교가 뒤섞인 세계관을 소설로 표현했다고도 말할 수 있다. 『구운몽』은 중국의 『홍루몽』(紅樓夢)의 영향을 받고 있다.

궁중 여성의 손으로 이루어진 궁정 소설도 쓰였던 듯하다. 현재 전해지는 것은 『계축일기』(癸丑日記), 『한중록』(閑中錄) 등 세 작품 정도이지만, 섬세하고 정감적인 문체는 일본 헤이안 시대의 궁중 문학과 통하는 점이 있다.

18세기 후반에는 주자학적인 철인 군주였던 정조가 문체반정을 수행했다. 이것은 당시의 사대부들이 중국의 패관소설을 즐겨 읽고 고문(古

文)으로부터 일탈한 비속한 잡문체를 즐기고 있는 것을 경계하고, 주자학과 당송 8대가의 정통적인 문체로 돌아갈 것을 추진한 것이다. 특히 연행사(燕行使)가 되어 중국과 직접 교류가 있었던 사대부들은 연경(燕京, 지금의 베이징)에서의 실시간 유행을 숙지하고 있었기 때문에, 비-주자학적인 문화에 매력을 느끼고 있었다. 박지원은 그 대표격인데, 그를 중심으로 한 살롱에 출입하는 일파는 문체에 관해 자송문(自訟文, 반성문)을 쓰는 사태에 이르렀다.

박지원은 앞에서 말했듯이 풍자소설의 걸작을 몇 가지 썼다.「허생전」,「호질」(虎叱),「양반전」,「예덕선생전」(穢德先生傳) 등은 그 치열한 비판정신에 의해 불멸의 명작이라고 하기에 어울리는 것들이다.

가사와 시조

조선 시대에 활발해진 것이 가요다. 사대부들은 가요에서는 훈민정음을 잘 사용했기 때문에, 한문에 의한 표기와는 다른 서정법이 발달했다. 다만 성리학자는 엄격한 도덕의식을 지니고 있었기 때문에, 조선 시대 초기에 존재했던 다양한 가요와 음곡(音曲, 음란한 것도 포함되어 있었다)을 도태시키고, 결국 가사(歌辭)와 시조(時調)만 남았다.

물론 사대부들의 관심 중심은 한시에 있었지만, 가사와 시조를 짓는 사대부들도 있었다. 이퇴계도 시조를 12수 남기고 있다(「도산12곡」).

이 분야에서 특히 저명한 것이 정철(鄭澈, 1536~93, 호는 송강〔松江〕, 본관은 연일)이다. 그의「관동별곡」(關東別曲),「사미인곡」(思美人曲),「속미인곡」(續美人曲)은 조선 가요(가사)의 최고 걸작이라고 불린다. 정철은 시조도 84수 남기고 있는데, 조선 사대부로서는 두드러지게 많은 작품 숫자다.

시조는 병자호란 후에 융성기를 맞이한다. 시조의 최고봉은 윤선도(尹善道, 1587~1671, 호는 고산〔孤山〕, 본관은 해남)라고 여겨진다. 그의 인생은 몇 차례의 유배와 은둔으로 점철된다. 마지막은 전라도의 남해 고도에서 시 짓기에 침잠하며 은자적인 시 세계에서 노닐었다.

여류의 가사 문학(규중가도〔閨中歌道〕, 내방〔內房〕가사라고 한다)도 왕성해지며, 『홍길동전』의 작자 허균의 누이인 허난설헌(許蘭雪軒, 1563~89)이 가장 격조 높다고 평가된다.

기녀(기생)는 술자리에서 사대부들에게 문학적 재능을 드러냈기 때문에 우수한 작품을 지을 수 있었다. 기생이 쓴 시조로서는 최고의 명기로 여겨지는 황진이(黃眞伊)의 것이 가장 유명하다.

> 동짓날 기나긴 밤을 한 허리를 베어내어
> 춘풍 이불 아래 서리서리 넣었다가
> 어른 님 오신 날 밤이어드란 굽이굽이 펴리라

파격

조선 시대에는 파격(破格)의 문학자가 수많이 등장했다. 그들은 주자학적인 도덕 세계가 허구라는 것을 잘 알고 있었고, 그것을 과감하게 표현했다. 파격의 문학자로서는 앞에서 말했던 『홍길동전』을 쓴 허균, 「호질」, 「양반전」 등의 풍자소설을 쓴 박지원 등이 있지만, 김병연(金炳淵, 김삿갓, 1807~63, 호는 김립〔金笠〕, 본관은 안동)도 조선 시대를 통해 가장 파격적인 문학자들 가운데 한 사람이었다. 그는 명문이지만 불우한 가문 태생으로 전국을 방랑하고, 구걸을 하거나 기식하거나 하면서 기상천외한 익살스러운 시들을 남겼다. 그의 파격의 시는 수많지만, 여기서는 한 수만을 소개하고자 한다. 읽는 방식은 다양할 수 있지만, 여기서는 내 나름의 읽기를 제시한다.

> 是是非非非是是(시시비비비시시) 옳음을 옳다 하고 아님을 아니라 함은

옳음에 아니어서 옳으니라.

是非非是非非是(시비비시비비시) 아님을 옳다 하고 옳음을 아니라 함은 아님에 아니어서 옳음이라.

是非非是是非非(시비비시시비비) 아님을 옳다 하고 옳음을 아니라 함은 이 아님에 아님이라.

是是非非是是非(시시비비시시비) 옳음을 옳다 하고 아님을 아니라 함은 이 아님을 옳음이라 함이라.

신라의 원효가 '불연(不然), 대연(大然)'이라고 말한 것이나 김삿갓과 동시대 동학의 창시자 최제우가 '불연(不然), 기연(其然)'이라고 말한 것과 마찬가지로 절대 모순의 자기 비동일에 대한 말 그대로의 전체 긍정이라고도 말해야 할 영성적 세계가 여기서도 열려 있다. 지배층의 허위와 허구의 부패 세계를 절대적 영성의 힘으로 뒤집고자 하는 인물이 이 한반도에서는 때때로 출현하는 것이다.

예능과 문학

조선 시대 중기 이후로 예능은 광대와 재인(才人)이라는 세습 샤먼 계열의 창우(倡優)들이 떠맡았다. 일본에서도 현대에 이르기까지 긴 기간 예능을 떠맡은 사람들은 혹독한 차별에 노출되었지만, 조선에서도 차별이 심했다. 조선 시대의 신분 제도에서는 팔천(八賤)이라는 차별받는 백성들의 계급이 있었다. 사노비 · 승려 · 백정 · 무당(샤먼) · 광대 · 상여꾼 · 창기(신분이 낮은 기생) · 공장(工匠)이 팔천이었다(승려와 공장이 천민 계급에 속해 있다는 점에 주의. 다만 승려는 천민이 아니었다는 설도 있다). 예능은 주로 이 천민 계급에 의해 이루어졌다(팔천 이외의 방랑 예인도 있었다).

창우는 궁중, 관아, 양반의 집, 그 밖의 각종 잔치에 불려가 오락을 제공했다. 지방 각지의 축제에 흥행하며 돌아다니는 일도 많았다. 농경 정주 사회에서 방랑자는 특히 차별을 받았다. 떠도는 예인의 대표는 사당패였다. 젊은 여자와 그 남편이자 고용주이기도 한 남자(거사(居士)라고 한다)가 짝을 이루어 20~30쌍 정도가 한 무리가 되어 부락들을 돌며 오락을 제공하고 매춘도 했다. 조선 시대 말기에는 소년을 사당(社堂)으로 하는 남사당패가 생겨나 오락과 남색을 제공했다.

17세기 말부터 18세기 초에 걸쳐 판소리라는 예능이 확립되었다. 판소리는 소리꾼과 고수 두 사람이 펼치는 예능으로 짜임새로서는 대단히 단순한 궁극의 형식이라고 할 수 있지만, 그 내용 및 창조하는 세계는 한없이 심오하다. 짜임새로서는 연극이라고는 할 수 없으며, 일본의 헤이케 이야기와 유사하다. 소리는 창(唱)이라고 불리며, 그 시가가 긴 것은 전편을 노래하는 데 몇 시간을 필요로 한다. 『춘향가』, 『심청전』, 『흥부가』, 『변강쇠 타령』 등 12편의 유명한 곡이 있으며, 현재의 한국인은 그 가운데 몇 곡의 내용을 거의 알고 있다. 판소리는 기본적으로 유교적인 세계관을 노래한 것이지만, 그 묘사는 인간의 욕망을 적나라하게 그리고 있으며, 특히 정력절륜의 변강쇠와 그 아내인 음녀(淫女) 옹녀 이야기 등은 인간의 성적 에너지에 대한 찬가와 그것에 대한 유교적인 억제의 균형을 절묘하게 그리고 있다. 판소리는 현대 한국이 자랑하는 중요한 예능 장르의 하나이며, 세계적으로 그 이름을 알리고 있다.

제7장

조선 말기 및 대한제국

1. 약사

19세기란

19세기, 특히 1880년경까지는 조선의 역사에서 암흑의 시대로 파악되고 있다. 이것은 한국, 북조선, 일본의 학자가 일치하는 점이다.

그 이유에는 몇 가지가 있다.

첫째는 정치의 정체(停滯)다. 구체적으로는 왕의 외척 문제에 기인하는데, 이것은 조선 왕조만의 문제가 아니었다. 고려 왕조도 이 문제로 고생했다. 적폐라고 말할 수 있다.

둘째는 민중의 피폐다. 이 시대를 '민란의 시대'라고도 부른다. 수많은 민중 반란이 일어났다.

셋째는 학문의 정체다. 일본이 난학(蘭學)을 받아들인 것과 같은 상황은 19세기 최초의 80년 가까운 사이에 조선에서는 일어나지 않았다. 오히려 주자학 진영에서 '이'(理)의 힘을 강화하여 중화 중심주의를 철저하게 만드는 사태가 일어났다. 조선사상사가인 강재언은 이러한 이유들로 19세기를 '공백의 80년'이라고 부르고 있다.

나아가 산업의 정체가 있다. 근대화라는 의미에서는 이 세기에 산업이 발달하지 못한 것이 가장 커다란 타격이 되었다.

다른 각도에서 또 하나 중요한 것은 이 시대에 대한 연구가 진전되지 못한 것이다. 사실 19세기가 정말로 '암흑'이었는지 아닌지 알 수 없다. 어쩌면 '19세기는 암흑 시대'라는 인식은 오류일 수도 있으며, '암흑'이라는 것은 '관점'에 의존한 가치 판단이기 때문에 관점이 변하면(예를 들어 근대에 대한 회의) 그 가치 판단도 변할 가능성이 있다. 대체로 이 시기에는 대단히 파격적이고 독창적인 철학자와 문학자가 배출되었다. 김추사(서예가), 김정호(조선 전토의 지도를 작성), 최한기(기철학자), 최제우(동학), 김삿갓(파격의 방랑 시인) 등이 그들이다. 정말이지 전대미문의 상상력을 발휘할 수 있었던 시대였음에 틀림없다. 최근에는 19세기에 동학만이 아니라 다양한 신흥종교가 왕성하게 출현했다는 것이 종교학 연구로 밝혀지고 있다. 상업의 발달에 관해서도 근간에는 보부상(행상인) 네트워크의 놀랄 만한 실태를 비롯해서 연구가 진전되고 있다. 하지만 아직 '새로운 19세기 상'의 구축에 성공했다고는 말할 수 없다.

약사

1863년에 고종이 즉위한다. 고종의 아버지인 대원군(大院君, 1820~97)이 실권을 장악하고 강력한 쇄국 정책을 추진한다. 1866년에 프랑스 함대가 강화도에 침입했지만, 조선군은 이것을 격퇴했다(병인양요〔丙寅洋擾〕). 1871년에는 미국 함대가 강화도를 공격했지만, 조선군은 이것도 격퇴했다(신미양요〔辛未洋擾〕). 이렇듯 두 차례에 걸쳐 외적을 물리치는 데 성공했기 때문에, 대원군은 배외 정책을 강화한다.

1876년에 일본과 불평등한 수호조약(조일수호조규〔朝日修好條規〕, 강화도 조약)을 맺고, 여기서 조선은 개국한다. 이에 의해 불평등조약 체제가 성립한다. 1880년대에는 서양 나라들과 차례로 통상조약을 맺는다.

1882년에 한성(漢城)에서 임오군란(壬午軍亂)이 일어난다. 병사와 민중에 의한 항일 폭동이다. 고종은 정권을 대원군에게 양도하고 왕비인 민비(閔妃)는 도망했다.

1884년에는 급진적인 개화당에 의해 갑신정변(甲申政變)이 일어난다. 일본이 조선의 내정에 무력으로 간섭하는 사건이었다.

1894년, 전라도에서 전봉준(全琫準)이 봉기한다. 갑오동학농민전쟁이다(이전에는 동학당의 난, 갑오농민전쟁 등으로 불렸다). 이것을 계기로 청일전쟁이 시작된다.

1894년에 김홍집(金弘集)을 중심으로 한 세력에 의해 근대적인 개혁인 갑오경장(甲午更張)이 이루어졌다.

1895년에 청일전쟁은 일본의 승리로 끝난다. 이해 10월, 일본의 주(駐)조선 공사인 미우라 고로(三浦梧樓)를 주모자로 하는 테러리스트(수비대·영사관원·경찰·건달 등으로 이루어진 일본인 및 조선인)가 왕궁을 습격하여 왕비 민비(현대 한국에서는 그녀가 대한제국의 황후여야 했던 사람이라는 의미에서 명성황후〔明成皇后〕라고 부른다)를 살해하고 그 유해를 불태워버리는 희대의 만행을 저질렀다. 이 수치스러운 행위를 저지른 조슈(長州)의 기병대 출신인 미우라 고로 등은 곧바로 일본으로 보내졌고, 군법회의 결과 무죄가 되었다.

1896년에는 서재필(徐載弼), 이상재(李商在), 윤치호(尹致昊) 등이 독립협회를 결성하고 『독립신문』을 발간했다.

1897년, 조선은 청나라로부터 독립하여 대한제국이 된다. 이에 따라 동아시아에는 대청제국, 대일본제국, 대한제국의 세 제국이 병립하게 된다.

1904년에 일본과 러시아가 전쟁을 시작한다. 1905년에 제2차 한일협약으로 대한제국은 외교권을 잃는다. 초대 한국 통감으로 이토 히로부미(伊藤博文)가 조선(대한제국)에 부임한다.

1907년 5월, 친일파 이완용(李完用) 내각이 성립한다. 6월, 헤이그 밀사 사건이 일어난다. 7월, 고종이 양위하고 순종(純宗) 즉위한다. 같은 달에 제3차 한일협약이 조인된다.

1908년 12월, 동양척식회사가 설립된다.

1909년 1월, 순종이 지방 순행에 나서고 이토 히로부미가 모시고 다닌다. 같은 해 4월에는 이토 히로부미가 한국 병합에 동의하고, 6월에 통감을 사임했다. 10월, 하얼빈 역에서 이토 히로부미가 안중근(安重根)에게 암살된다. 12월에 친일파인 일진회가 순종과 소네 아라스케(曾禰荒助) 통감(이토의 후임)에게 한일합방 상주문을 제출했다.

1910년 3월, 여순에서 안중근이 처형된다. 5월, 육군 대신 데라우치 마사타케(寺內正毅)가 통감이 된다. 8월 29일, 결국 대한제국은 일본에 병합된다.

2. 위정척사사상

양이사상

조선 시대 말기에는 유학자들 가운데 일부가 위정척사(衛正斥邪)사상을 내걸었다. 정(正, 正學)은 유교를 의미하고, 사(邪, 邪學)는 서양과 왜 및 그 학문을 의미한다. 유교의 정통을 지키고, 야만적인 서양(양이〔洋夷〕)과 일본(왜)을 배척한다는 조선판 양이(攘夷)사상이다. 대표적인 유학자로서 이항로, 기정진(奇正鎭), 김평묵(金平默), 최익현(崔益鉉), 유중교(柳重教), 유인석(柳麟錫) 등이 있다.

이 사상의 배경에는 성리학의 이(理)를 중시하는 조선 유학의 강한 경향이 놓여 있다. 명(明)이 멸망한 후 명의 중화가 조선으로 옮아왔다는 조선판 중화사상(소중화 사상)이 노론(이율곡 계통)을 중심으로 퍼졌다. 또한 이퇴계 계통에서는 이를 극도로 중시하는 경향이 생겨났다.

조선 말기에는 이발파로서 이진상(李震相, 1818~86, 호는 한주〔寒主〕, 본관은 성산)이 특히 저명하며, 곽종석(郭鍾錫, 1846~1919, 호는 면우〔俛宇〕, 본관은 현풍)이 그 계승자였다. 기발파로서는 임헌회(任憲晦)가 저명했는데, 그의 문인 전우(田愚)는 이기(理氣) 절충론을 주장했다. 이와 같은 흐름 속에서 이항로와 기정진이라는 대표적인 척사론자가 등장했다.

위정척사사상의 철학적 근거는 전적으로 주자학의 이기론이었다. 그들이 지켜야 할 것은 주자학의 이였다. 그들이 말하는 이란 주자학적 원리의 체계임과 동시에, 그것을 완전히 체현하고 있는 지상 유일한 정치체로서의 조선=중화다. 현대의 최근덕(崔根德)은 척사론의 성격을 '이기론적 척사론', '인수론적(人獸論的) 척사론(조선은 사람이고 서양과 왜는 짐승이라는 생각)', '화이론적(華夷論的) 척사론'의 셋으로 분류하지만, 어떠한 척사론도 '이기', '인수', '화이'의 세 요소를 나누어 가진다.

화서 이항로

이항로(李恒老, 1792~1868, 호는 화서〔華西〕, 본관은 벽진)의 입장은 한국에서는 '이존기비론'(理尊氣卑論) 내지 '이주기객'(理主氣客)의 주리론이라고 여겨진다. 그의 주장은 다음과 같다.

이는 사물에 명령하고 기는 사물로부터 명령받는다. 이는 사물로부터 명령받지 않으며, 기는 사물에게 명령하지 않는다. 이는 주이고, 기는 객이다. 이는 객으로는 되지 않으며, 기는 주로 되지 않는다. 이와 같은 이와 기의 절대적 관계는 단지 형이상학의 문제인 것이 아니라 현실적인 문제이기도 하다. 요컨대 이가 주가 되어 기가 사역되면, 이것은 순리이기 때문에 일체의 사물이 올바르게 나아가며, 세상은 바르게 되고 천하는 태평해진다. 하지만 역으로 기가 주가 되어버리면, 이것은 역리이기 때문에 일체의 사물은 모조리 배치되고, 세상은 어지러워지고 천하는 위기에 처한다. 본래 이는 순선(純善)이지만 기는 잡박(雜駁)함을 지니기 때문에, 이가 주가 되면 만물은 순선하게 되지만, 기가 주가 되면 만물은 선으로도 되고 악으로도 되기 때문에 예측 불가능해진다. 이와 같은 이와 기의 관계는 한층 더 구체성을 늘려 세계정세에 그대로 적용된다. 요컨대 이항로에게 있어 이란 조선을 중심으로 하는 중화 세계이며, 기란 서양이다. 조선을 중심으로 하는 중화 세계=이=주=존이며, 서양=기=객=비다. 이 관계는 절대적이고 뒤집을 수 없으며, 따라서 준별하지 않으면 안 된다. 중화 세계는 순선을 구하는 이의 주체이지만, 서양은 형기(形氣)의 노예가 되어 바르지 못한 욕망투성이가 되어 있다. 조선(이)이 주가 되어 서양에 명령하면 순리로 되어 세계는 바르게 되지만, 역으로 서양(기)이 주가 되어 조선을 사역하게 되면 역리로 되어 세계는 어지러워지고 위기에 빠진다.

이와 같이 이항로는 이와 기를 각각 실체화하여 조선(중화 세계)과 서양의 둘로 구분하고, 이기론이 본래 지니고 있던 명분론적 성격을 극단에 이르기까지 밀고 나갔다. 주자학의 본래의 이기론은 과학적 성격을 강화하면 "모든 것은 기에 의해 이루어져 있으며, 거기에 이가 몇 개의 층위(일리〔一理〕와 중리〔衆理〕)에서 존재한다. 그 기와 이의 다양하고 복잡한 관계를 인식하는 것이 안다는 것이다"라는 분석적인 앎이 되지만, 도덕주의적인 명분론의 성격을 강화하면, "A는 이이고 B는 기이다. 따라서 A는 존귀하고 B는 비천하다"라는 실체주의적이고 본질주의적인 이항 대립의 이데올로기가 되고 만다. 이항로의 이기론은 서양의 충격을 받아 극도의 불안에 빠진 중화의 이의 수호자가 후자의 성격을 극단으로까지 강화하여 도달한 경지라고 할 수 있다.

노사 기정진

기정진(奇正鎭, 1798~1879, 호는 노사〔蘆沙〕, 본관은 행주)은 전라도 순창에서 태어났다. 그는 이(理)를 절대적인 것으로 하는 철학을 주창했는데, 스승이 있었던 것은 아니고 평생 독학으로 일관했으며, 전라도 장성에서 사색에 몰두했다.

기정진이야말로 이의 절대성을 극점으로까지 증폭한 철학자였다. 그의 입장은 한국에서는 '이일원론'(理一元論) 내지 '유리론'(唯理論)이라고 부른다. 그의 철학은 이기이원론에서 이의 상대적 우위성을 이야기한 것이 아니라 이를 절대화하여 '이는 무대(無對)'라는 경지로까지 나아갔다. 이를 다른 것(요컨대 기)과의 관계성에서 파악해서는 안 되며, 그렇게 할 수 없다는 것이 그의 경지였다. '이기'라는 개념으로 파악하고 있는 한, 이는 상대적인 것이 될 수밖에 없다. 사실은 '이기'가 아니라 절대적인(無對) '이'만이 우주의 근본으로서 흘러 다니는 것이다. 기는 이 속에 있는 것(이중사〔理中事〕)이며, 이가 흘러 다니는 손과 발(차리유행지수각〔此理流行之手脚〕)의 역할을 하는 데 지나지 않는다. 따라서 이와 기는 두 개의 것이 아니다. 이와 기를 동등한 자격으로 분리할 수 없다. 기는 이로부터 명령을 받는다. 명령을 하는 자는 주인이고, 명령을 받는 자는 종이 된다. 종이 힘들여 일하고 주인은 공을 얻는 것이 하늘의 경륜, 땅의 의로움이다.

이러한 생각은 현실의 세계 인식으로도 손쉽게 옮아간다. 즉 이의 체현자로서 지배층 및 조선이 절대이고, 그것과 민중이나 양왜(洋倭)와의 관계를 상대적인 것으로서 이해할 수 없다. 지배층 및 조선이야말로 우주에서 절대적인 존재인 것이다.

기정진의 철학은 문인(門人)인 정재규(鄭載圭, 1843~1911, 호는 노백헌〔老栢軒〕, 본관은 초계) 및 손자인 기우만(奇宇萬, 1846~1927, 호는 송사〔松沙〕, 본관은 행주) 등으로 계승되었다.

흥선대원군

조정에서 가장 강력하게 양이를 주창한 것은 흥선대원군(興宣大院君, 1820~98, 본명은 이하응〔李昰應〕, 대원군이라고도 하며 본관은 전주)이었다. 그는 고종의 친아버지로서 권력을 휘둘렀다.

대원군은 1866년에 천주교(가톨릭)에 대해 큰 탄압을 가하고, 프랑스인 신부 9명과 신자 8,000명을 처형했다. 이것을 병인교난(丙寅教難, 병인사옥, 병인박해라고도 한다)이라고 한다. 이에 프랑스군이 보복했지만, 대원군은 강화도에서 프랑스군을 격퇴했다(병인양요〔丙寅洋擾〕). 또한 대동강에서는 미국의 상선 제너럴 셔먼 호를 불태웠다. 이에 대해 미국 측이 강화도를 공격했지만, 조선 측은 이를 격퇴했다.

대원군이 1871년에 전국 각지에 세운 '척화비'는 그의 양이사상을 응축한 것으로 유명하다. 거기에는 "양이침범 비전즉화 주화매국 계아만년자손"(洋夷侵犯 非戰則和 主和賣國 戒我萬年子孫, 서양 오랑캐가 침범하는데 싸우지 않으면 곧 화친하는 것이며, 화친을 주장하는 것은 나라를 파는 것이다. 우리들 자손만대에 경계하노라)라고 쓰여 있었다.

그러나 그가 자식인 고종의 비(妃)로 맞아들인 민비와 결정적으로 불화하는 상태가 지속되고, 결국 이 두 사람의 격렬한 대립이 조선 시대 말기의 혼란에 박차를 가하게 되었다.

면암 최익현

최익현(崔益鉉, 1833~1906, 호는 면암〔勉菴〕, 본관은 경주)은 이항로 밑에서 공부한 강직한 위정척사론자이며, 의병투쟁의 지도자였다.

1868년에 사거한 이항로와 1879년에 사거한 기정진에 비해 최익현의 시대는 조선(중화 세계)에게 있어 위기가 더욱 심화되어 있었다. 일본의 침략이 강압적인 동시에 명백히 진행되고 있었다.

최익현은 1905년의 제2차 한일 협약에 항의하여 1906년 6월에 봉기했다. 일본에 대해서는 사죄와 신의를 회복할 것을 촉구하고, 동양 평화를 위해 한·일·청 3국의 협력을 설득했다. 단순한 배외주의가 아니라 일본이 도덕을 회복하는 조건 아래에서의 조·중·일 협력 체제였다. 최익현은 대한제국군에 체포되어 대마도로 보내졌지만, 왜놈이 주는 음식은 먹지 않겠다고 하는 기개를 보이고서 옥중에서 죽었다.

그가 1906년(요컨대 제2차 한일협약 체결 후)에 쓴 「일본 정부 대신에게 보내는 글」에서는 일본이 신의를 짓밟은 죄상으로서 아래의 16항목을 들고 있다. ① 1884년에 다케조에 신이치로(竹添進一郎)가 조선의 황상을 파천시키고 재상을 살해한 것, ② 1894년에 오토리 게이스케(大鳥圭介)가 조선의 궁궐을 불태우고 약탈한 것, ③ 1895년에 미우라 고로(三浦梧樓)가 조선의 국모(민비=명성황후)를 살해하는 희대의 대역무도를 저질렀음에도 불구하고 범인을 조선으로 돌려보내지 않은 것, ④ 하야시 곤스케(林權助)·하세가와 요시미치(長谷川好道)가 행한 협박과 겁탈은 헤아릴 수 없지만, 가장 큰 죄는 철도 부설이고, 그밖에 어획·벌채·삼포(蔘圃, 조선 인삼밭)·광산·항해의 이권 등 재산을 빼앗았으며, ⑤ 군사상의 필요라고 칭하여 토지를 강제로 점거하고, 묘를 파헤치고 가옥을 허물었으며, 소인배를 발탁하여 뇌물을 횡행케 했고, ⑥ 러일전쟁을 위해 철도를 부설하고 토지를 수용하며 군법을 시행한 것이라면, 전쟁이 끝나면 원래대로 되돌려야 하는데 하지 않았고, ⑦ 대한의 독립을 위한다고 하여 반역자 이지용(李址鎔)을 속여 의정서를 강제적으로 체결하게 했고, ⑧ 지식인이 상소문으로 호소하는 것은 임금과 나라에 대한 충성심에서 하는 일임에도 불구하고 이들을 사로잡아 벌을 주고 죽였던바, 이것은 충언과 공론의 길을 막는 것이며, ⑨ 동학의 잔당과 토비(土匪)와 같은 더러운 놈들을 조종하여 일진회와 같은 단체를 만들고 선언서를 작성하게 하여 그것을 민론(民論)이라 하고, 역으로 보안회나 유약소 등에서 논의가 일어나면 그것은 치안 방해라고 하여 단속하는 것,

⑩ 인부를 강제적으로 모집하여 동물과 같이 부리고, 조금이라도 마음대로 되지 않으면 폭력을 휘두르며, 또한 어리석은 이들을 모집하여 멕시코에 팔아버려 거기서 원한에 가득 찬 삶을 살게 했고, ⑪ 전화·우편의 지배권을 빼앗고 통신 기관을 장악했으며, ⑫ 정부의 각 부서에 고문관을 강제로 배치하고 높은 급료를 받으면서 대한제국을 멸망시키려고 하고 있고, 특히 군경의 감축을 꾀하고 있으며, ⑬ 차관을 강제하고, '재정정리'라는 미명 아래 새로운 화폐라 칭하여 구화와 바꿀 수 없는 것을 강요함으로써 막대한 이익을 얻고 대한제국의 재정을 고갈시켰으며, 통용되지도 않는 종잇조각을 무리하게 유통시켜 고리를 탐내고, 높은 급료의 고문을 초빙하는 등, 대한의 피를 빨아먹고 있으며, ⑭ 1905년에 이토 히로부미·하야시 곤스케·하세가와 요시미치 등이 군병을 거느리고서 조약(제2차 한일협약)을 강제적으로 맺게 하고, 우리 정부의 위정자의 이름을 한 사람 한 사람 부르면서 조약 체결의 가부를 묻고 인장을 빼앗아 제멋대로 날인하고, 우리의 외교권을 박탈하여 통감을 두고 우리의 독립권을 잃게 했으며, ⑮ 처음에는 일본이 외교의 감독만을 한다고 하면서 결국에는 내정까지 장악하고, 자신들이 관장하는 관청을 날마다 늘리며 자기가 주인인 것처럼 위협하고 있고, ⑯ 이민 조례를 제정하여 강제적으로 인종을 변화시키고자 하는 악랄한 음모를 꾸미고 있는 것.

이상은 일본이 저질러온 죄과 가운데 커다란 것 일부만을 든 것에 지나지 않는다.

3. 동학

수운 최제우

1860년, 최제우(崔濟愚, 1824~64, 호는 수운[水雲], 본관은 경주)가 경주에서 동학(東學)이라는 새로운 사상·종교를 창시했다. 동학은 그 후 1894년에 전라도에서 몰락 양반과 농민들이 주체가 되어 일어난 봉기(갑오동학농민전쟁)의 정신적 거점이 되었기 때문에 특히 중요하다.

최제우의 사상에서 두드러진 특징이 되고 있는 것은 그 하이브리드성이다. 융합되어 있는 것은 유교, 불교, 도교만이 아니다. 한국에서 동학 연구의 제1인자인 박맹수는 동학 탄생의 사상적 배경으로 신라의 풍류도, 신라의 원효, 조선의 이퇴계, 서학, 샤머니즘, 비기도참 사상(祕記圖讖思想, 예언서 등), 민족 고유의 생명사상을 들고 있다(박맹수, 『동경대전』, 14~17쪽).

최제우에 따르면 1860년이라는 시기에 조선은 눈에 띄게 동요하고 있었다. 정치 세계만이 아니라 민중의 마음도 역시 불안과 동요에 사로잡혀 있었다. 직접적으로는 애로호전쟁(제2차 아편전쟁)에 의해 베이징이 영국과 프랑스 군대에 점령되었다고 하는 충격적인 소식이 조선을 타격했다. 수백 년 동안 중화 시스템 속에서 지내고 있던 조선인이 갑자기 서양 열강의 제국주의적인 침략이라는 현실에 경악했던 것이다. 공식적으로 조선 왕권은 서학도 서교도 모두 다 엄격하게 금지하고 있었지만, 재야의 선비나 민중들은 "서양인의 무력은 무적이고, 신세계를 창조하는 힘도 강하며, 그뿐만 아니라 새로운 덕을 수립하고 있기도 하다"라는 인식을 급속히 지니게 되었던 듯하다. 특히 서양인이 "도를 이루고 덕을 세웠다"(최제우의 말)라고 해야 할 것은 아닐까라고 조선의 사람들이 말했다는 것은 앞에서 본 보수적인 위정척사사상이 서양을 오로지 비(卑)·사(邪)·금수로 본 것과는 대단히 다른 인식이었다. 오히려 민중들 속에서는 보수적인 이 중심주의 명분론자들보다 서양을 좀 더 높이 평가하는 축이 생겨나고 있었다고 보는 것이 올바를 것이다.

이와 같은 절박한 위기감 속에서 1860년에 최제우는 갑자기 일종의 접신 상태에 빠진다. 그리고 상제(上帝)가 그에게 직접 말하는 목소리를 들었다. 그 계시는 유교·도교·불교·샤머니즘이 어우러진 신비적인 것이었다. 최제우는 이것을 '동학'이라고 이름 지었다. 얼마 안 있어 그 소문을 들은 지식인들이 최제우를 찾아온다. 동시에 그는 21문자의 주문을 정하고 이것을 소리 내어 외우는 것을 수행으로 삼았다. 이것은 서민들에게 호소력을 지니며, 눈 깜짝할 사이에 널리 퍼졌다. 또한 아마도 신라 전통을 계승한 것으로서 검무를 중시하고, 침략자에 대항하고자 했다. 덧붙이자면, 한국에서는 '인내천'(人乃天, 사람이 곧 하늘)이라는 말이 최제우의 것이라고 하는 '정설'이 있지만, 이것은 잘못으로 최제우는 '인내천'이라는 말을 하지 않았다.

하지만 어찌 됐든 하늘 내지 상제가 직접 강림했고, 하늘의 마음이 그대로 사람의 마음이라고 최제우가 이야기한 것은 사실이다. 지금까지 이것은 왕권 측의 주자학적 세계관에 대한 전면적인 대항이라고 해석되어 왔지만, 오히려 천인합일이라는 영성적 세계관을 그때까지 사대부 계층이 독점하여 그로부터 민중을 배제하고 있었던 것을 최제우가 일거에 민중으로까지 개방한 것이라고 생각할 수 있을 것이다. 최제우의 사상을 극도로 '반봉건적'이라고 평가하는 것은 잘못이며, 그의 사상이 완전히 수평 지향적이었던 것도 아니다.

위기감을 품은 조선 조정은 1863년에 최제우를 잡아들이고, 다음 해에 '좌도난정'(左道亂正)이라는 죄로 효수형에 처한다.

뒤에서 이야기하는 최제우의 '불연·기연'(不然·其然)은 원효의 화쟁 논리에서 '불연·대연'(不然·大然)과 비슷하다. 박종홍은 원효와 최제우 사이에 일맥상통하는 점이 있다고 말한다(『한국사상사(불교사상 편)』, 98쪽). 그뿐만이 아니다. 현대 한국의 유교 연구자인 최재목은 "최제우는 이퇴계 좌파"라고까지 말한다. 최제우의 사상에는 분명히 이퇴계의 영향이 있다는 것이다. 확실히 최제우의 아버지는 이퇴계의 학문을 닦은 인물이었다. 또한 최제우의 검무는 필시 신라 화랑의 영향도 받고 있다. 이와 같이 최제우의 동학은 경주라는 신라의 옛 땅에서 면면히 생명을 유지해온 사상적 자원을 수렴한 영성의 사상이라고 할 수 있다.

최제우의 말

이하에서는 최제우의 말을 직접 음미해보자. 최제우 자신의 고백에 따르면 1860년 4월에 갑자기 '상제'가 그에게 내려왔다.

> 뜻밖에도 4월에 마음이 선뜩해지고 몸이 떨려서 무슨 병인지 알아낼 수도 없고 말로 형상하기도 어려울 즈음에, 어떤 신선의 말씀이 있어 문득 귀에 들리므로 놀라 캐어물은즉, 말씀하시기를 "두려워하지 말고 무서워하지 말라. 세상 사람이 나를 상제라 이르거늘 너는 상제를 알지 못하느냐?" (최제우가) 그 까닭을 물으니 (상제가) 대답하시기를 "나 또한 (이 세상에) 공이 없으므로 너를 세상에 내어 사람에게 이 법을 가르치게 하니 의심하지 말고 의심하지 말라"라고 하셨다. (최제우가) "그러면 서양의 도로써 사람을 가르치리이까?"라고 말하자, (상제가) 대답하시기를 "그렇지 않노라. 나에게 영부(靈符, 신성한 부적)가 있으니 그 이름은 선약(仙藥)이요 그 형상은 태극(太極)이요 또 형상은 궁궁(弓弓)이니, 나의 영부를 받아 사람을 질병에서 건지고 나의 주문을 받아 사람을 가르쳐서 나를 위하게 하면, 너도 또한 오래 살며 덕을 천하에 펴리라"라고 하셨다.
>
> — 최제우, 「포덕문」(布德文)

이것이 최제우가 처음으로 상제의 목소리를 들었을 때의 모습이다. 그는 다른 글에서 이때의 모습을 좀 더 상세하게 다음과 같이 묘사하고 있다. 당시의 조선을 에워싼 상황의 혼란함과 극도로 불안한 민심에 최제우의 마음이 완전히 동기화해 있다는 것을 알 수 있다.

> 경신년(1860) 4월에 천하가 어지럽고, 민심도 경박하고 메말라서 헤쳐 나갈 바를 알지 못하게 되었다. 또한 괴상하고 어긋나는 말이 있어 세상을 대혼란에 빠트렸다. 서양 사람들이 도를 이루고 덕을 세웠다고 한다. 그 조화의 경지에 이르러서는 이루지 못하는 일이 없고, 무기로써 공격하고 싸우는 데 이르러서는 그 앞에 당할 사람이 없다고 한다. …… 나 또한 두려운 생각이 들어 다만 이 세상에 늦게 태어난 것을 한탄하였지만, 그 즈음에 몸이 몹시 섬뜩해지고 떨리더니 몸 밖으로는 영이 몸에 접하는 기운이 있고 몸 안으로는 가르치는 말씀이 내렸다. 이것을 보려고 하나 보이지 아니하고 들으려 하나 들리지 않으니 마음으로 더욱 괴이하게 여겨졌지만, 마음을 닦고 기운을 바르게 하여 "어찌하여 이러십니까" 하고 물었다. 그러자 그 목소리가 말했다. "내 마음이 곧 네 마음이니라(吾心卽汝心). 사람들이 어찌 이를 알리오. 사람들은 눈에 보이는 하늘과 땅은 알아도 보이지 않는 귀신이 무엇인지 알지 못하니 귀신이라는 것도 나니라. 너에게 무궁무궁(無窮無窮)의 도를 주노라."
>
> ―최제우, 「논학문」(論學文)

이렇게 하여 상제=천주(天主, 한울님)를 받아들인 최제우에게 얼마 안 있어 멀리서부터 지식인들(사방현사(四方賢士))이 모여들었다. 그리고 최제우는 그 사람들에게 가르침을 전하게 된다.

최제우에 따르면 그의 가르침의 이름은 '천도'(天道)다. 서양의 도(道)와는 같지만, 이(理)가 다르다고 한다. 요컨대 최제우의 도는 무위하면서 되게 하는 것이다. 도가 같다고 해서 이것을 서학이라고 할 수는 없으며, 동학이라고 한다.

중요한 것은 상제=천주=한울님이 '오심즉여심'(吾心卽汝心)이라고 말하는 장면이다. 이것은 객관화된 표현으로는 '천심즉인심'(天心卽人心)이라고도 일컫는다. 즉 하늘의 초월적인 신의 마음이 사람들의 마음

그 자체라고 하는 것이다.

또한 최제우의 중요한 개념으로서 '다시개벽'(「몽중노소문답가」(夢中老少問答歌)), 요컨대 '후천개벽'(後天開闢)이 있다. 세계 질서가 대전환하는 때를 맞이하여 지금까지의 역사의 운행과는 근본적으로 질이 다른 하늘과 땅이 열리지 않으면 안 된다는 외침이었다.

주문

최제우가 상제=천주(한울님)로부터 도를 받은 것은 1860년 4월 5일(음력)이었다. 그 후 그는 1년 동안 수련을 쌓고, 1861년 3월부터 4월에 주문(呪文)과 「포덕문」(布德文) 등을 지어 6월경부터 동학을 퍼뜨리기 시작했다. 주문을 사람들에게 주고 영부(靈符)로 병을 치료했다고 한다.

동학에서 가장 중요하다고 여겨지는 주문으로는 '선생주문'과 '제자주문'이 있다. 전자에는 '강령주문'과 '본주문'이 있으며, 후자에는 '초학주문', '강령주문', '본주문'이 있다. 이 가운데 '제자주문'의 '강령주문' 8글자와 '본주문' 13글자를 합친 것을 '21글자 주문'이라고 하며, 이것은 마치 일본의 정토진종(淨土眞宗)에서 '나무아미타불'(南無阿彌陀佛)과 마찬가지로 동학에서 가장 중요한 글자가 된다.

• 선생주문(先生呪文)

강령주문(降靈呪文): 지기금지사월래(至氣今至四月來)

본주문(本呪文): 시천주영아장생 무궁무궁만사지(侍天主令我長生無窮無窮萬事知)

• 제자주문(弟子呪文)

초학주문(初學呪文): 위천주고아정 영세불망만사의(爲天主顧我情永世不忘萬事宜)

강령주문(降靈呪文): 지기금지원위대강(至氣今至願爲大降)
본주문(本呪文): 시천주조화정 영세불망만사지(侍天主造化定永世不忘萬事知)

【의미】(최제우의 설명)

• 선생주문

강령주문: 궁극적인 혼원한 한 기운이 이제 바로 이르러 도에 들어오고 기운이 접하는 것을 알 때, 4월이 오기에 충분하고
본주문: 한울님을 모시고 안에 신령을 맞이하며 밖으로 기화(氣化)를 얻으면, 나로 하여금 장생케 하고 무궁무궁한 만사를 알게 하네.

• 제자주문

초학주문: 한울님을 위하면 내 정을 원하게 되고, 영세(永世)에 잊지 않게 되면 만사에 떳떳해지네.
강령주문: 궁극적인 혼원한 한 기운이 이제 바로 이르러 도에 들어오고 기운이 접하는 것을 알 때, 원하면 커다란 강림이 있고 기화하는 것을
본주문: 한울님을 모시고 안에 신령을 맞이하며 밖으로 기화를 얻으면, 무위하면서 조화가 정해지고, 영세에 잊지 않게 되면 만사가 알려지네.

최제우는 이 주문에 대해 「논학문」에서 다음과 같이 설명하고 있다.

'지기'(至氣)라는 것은 대단히 중요한 말인데, 이 '기'(氣)는 "허령이 창창하여(虛靈蒼蒼) 일에 간섭하지 아니함이 없고 일에 명령하지 아니함이 없다"는 뜻인바, 요컨대 "혼원한 한 기운"이다.

이 가르침의 핵심은 '시천주'(侍天主)인데, 최제우에 따르면 이 '시'

(侍)라는 것은 "내유신령, 외유기화, 일세지인, 각지불이"(內有神靈, 外有氣化, 一世之人, 各知不移, 안으로는 신령함이 있고, 밖으로는 기화가 있어, 온 세상 사람이 이 영성 안에 있다는 것을 안다)라는 뜻이다. '시천주'는 '천주를 모시다'라는 뜻인데, 이 '시' 자를 어떻게 해석할 것인가를 두고서 여러 학설이 있다. '시중들다', '받들다', '섬기다' 등의 뜻이 있지만, 나로서는 '모시다'라고 해석하는 것이 가장 좋다고 생각한다. 최제우의 '시(모시다)'는 '시'의 주체와 객체가 분리되어 있는 것이 아니라 하나로 됨과 동시에 존경하며 모시는 것이다.

불연기연

1863년 11월, 요컨대 체포되기 약 1년 전에 최제우는 「불연기연」(不然其然)이라는 불가사의한 글을 쓴다.

> 기연으로써 미루어 보면 기연은 기연이나 불연을 탐구하여 생각하면 불연은 불연이라 …… 이러므로 필연적이라 말하기 어려운 것은 불연이요, 쉽게 판정할 수 있는 것은 기연이라. 근원을 탐구하여 견주어 생각하면 불연이고 불연이며, 요컨대 불연 그 자체다. 하지만 조물자에 부쳐 보면 기연이고 기연이며, 요컨대 기연의 이치 그 자체인 것이다.
>
> —「불연기연」

'기연(그러하다)'과 '불연(그렇지 않다)'이 무엇을 가리키는지는 명료하지 않으며, 실로 다양한 해석이 있다. 예를 들어 박맹수는 "인간의 경험과 이성으로 이해가 가능한 세계"가 '기연'이고, "인간의 경험과 이성으로 이해할 수 없는 세계"가 '불연'이라고 한다(박맹수, 『동경대전』, 82쪽). 또한 김용옥(金容沃)*은 "문명 이전의 세계를 불연이라 하고, 문명 이후의 세계를 기연이라 했다. 기연이라는 것은 우리의 상식적 인과가 통하는 세계이며, 불연이라는 것은 그와 같은 인과로부터 단절된 세계이다" (김용옥, 「기철학의 구조」, 『사상』 제792호, 291쪽)라고 한다.

나(오구라)로서는 이것은 최제우가 스스로에 대한 정치적 압박과 세계 정세의 지각 변동을 강하게 감지하는 가운데 지금까지 조선인이 믿고 살아온 분절화의 존재방식이 근본적으로 대변혁을 맞이하고 있다는 언표라고 생각한다. '기연'이란 주자학적인 이에 의한 분절화에 따라 구분되고 의미 부여되고 가치 부여된 자연 도덕적인 세계다. 조선인은 이 세계에서 수백 년 동안 살아오면서 그것을 자명한(기연) 것이라고 여겨왔다. 이 '기연'의 세계를 인식하는 것이 이성이며, 인식할 수 있는 인간이 사대부(지식인)라고 생각해왔다.

하지만 이제 세계는 문명적인 대전환의 때를 맞이하고 있다. 지금까지 '그렇다'(기연)고 생각해온 분절화의 세계는 완전히 혼란해졌다. '그렇지 않다'(불연)는 세계를 받아들이지 않고 그것을 배제할 것인가? 그러한 것이 아니라 '불연'을 받아들여 그것을 새로운 '기연'으로 할 것인가? 받아들이면 후천개벽할 수 있지만, 받아들이지 않으면 후천은 개벽하지 않는다. 이 빠듯한 임계점에 우리가 서 있다는 것을 어째서 오랜 이(기연)의 세계의 인간은 알지 못하는가? …… 최제우는 이것을 말하고 싶었음에 틀림없다.

동학의 의미

조선에서 동학사상의 중요성을 과소평가해서는 안 된다. 그것의 반부패·반봉건주의·반제국주의의 주장이 19세기 후반이라는 동아시아의 격동기에 있어 대단히 중요하다는 것은 말할 필요도 없다. 그와 더불어 중요한 것은 이전에 대단히 엘리트주의적이었던 조선의 사상에서 거의 역사상 최초라고 해도 좋을 평등사상이 불타올랐다는 사실이다. 유럽에서는 프로테스탄트, 일본에서는 신란(親鸞)의 사상이 그 이전의 엄격한 계급 제도, 종교 조직의 번거로운 규칙과 까다로운 예절을 타파하는 수평 지향의 혁신운동으로서 이미 존재했다. 그러나 조선에서는 19세기에 이르기까지 주자학이라는, 상하의 수직적 질서를 극도로 강조하는 고도의 엘리트주의적인 철학적 교리가 사회를 지배했다. 이것은 민중의 종교·사상적인 실천이 없었음을 의미하지 않는다. 민중층은 주로 불교와 샤머니즘 및 풍수사상, 예언사상 등을 열렬히 믿어왔다. 하지만 사회의 계급·계층 질서를 **아래로부터** 때려 부수는 사상은 나오지 않았다. 동학은 그런 의미에서 획기적이다.

동학의 평등사상이 19세기 조선에 출현했다는 사실은 그것이 자국 내의 반부패 운동의 원동력이 되었을 뿐만 아니라 제국주의의 큰 파도 가운데서 그에 맞서 **아래로부터** 항거하는 방향성을 19세기의 다른 어떠한 동아시아 사상보다 선명하게 내세울 수 있었다는 의미에서 대단히 중요하다. 근대에 일본의 정토진종이 제국주의 측의 사상으로 변질되어 일본의 침략 행위에 동반했던 사실과 선명한 대비를 이룬다고 할 것이다.

덧붙이자면, 동학의 '평등'사상은 조선 왕조를 부정하는 것과 같은 서양 근대적인 민주주의 사상은 아니다.

또한 기의 사상이 사회 저변층의 세계관이었다는 것도 아니다. 어디까지나 그것은 엘리트층의 추상적인 관념이었다. 이 점이 종래의 사상사에서 오해되고 있었던 점이다. '기일원론은 민중의 사상'이라는 것은 단적으로 잘못이다.

해월 최시형

그런데 최제우의 사후에 최시형(崔時亨, 1827~98, 호는 해월〔海月〕, 본관은 경주)이 제2대 교주가 되었다. 그는 최제우를 존숭하고, 최제우의 가르침을 복원, 편집하여 간행했다. 한문체의 『동경대전』(東經大全)과 훈민정음으로 된 『용담유사』(龍潭遺詞)다. 최시형 시대에 동학은 경상도로부터 전라도에 걸쳐 급속히 보급되며, 교단 조직도 갖추어졌다. 각 지역의 최소 단위를 '포'(包)라 부르고, 접주(接主)가 이를 이끌었다. 접주 위에는 도접주(都接主)를 두고, 가장 커다란 단위로서 중앙의 도주(道主)가 있었다. 정연한 자치 조직의 탄생이었다.

1892년에는 이전에 처형된 최제우의 원을 푸는 운동(해원〔解冤〕운동)을 전라도 및 충청도에서 대대적으로 펼쳤다. 이것이 하나의 계기가 되어 1894년의 갑오동학농민전쟁이 발발했다.

최시형은 최제우의 뒤를 이은 인물이고 스승을 물론 존숭하고 있었지만, 사실 이 두 사람의 세계관은 상당히 달랐다. 한마디로 최제우는 샤머니즘적인 세계관의 소유자였던 데 반해, 최시형은 애니미즘적인 세계관의 소유자였다. 최시형이 제2대 교주가 됨으로써 동학은 메시아니즘적인 사상 축(최제우 축)에 만물일체적인 수평 지향의 사상 축(최시형 축)이 합체된 종교로서 변신했다고 말할 수 있다.

최시형은 '인(人)=천(天)'이라는 등식을 토대로 삼았다. 철저한 평등사상의 소유자였다. 아이들이 다가오더라도 "한울님이 오셨다"라고 말할 수 있다고 가르쳤다. 그의 수평 지향성은 살아 있는 자들에게만이 아니었다. 죽은 자와의 사이에서와 사물과의 사이에서도 수평 지향을 관철했다. 제사를 지내며 조상 숭배를 위한 위패와 먹을 것을 죽은 자를 위해서가 아니라 죽은 자와 산 자를 위해 두는 것(향아설위〔向我設位, 나를 향하여 신위를 놓는다〕라고 한다)이나 식사를 하는 것을 '이천식천'(以天食天, 한울로써 한울을 먹는다)이라고 표현한 것도 그 나타남이다('이천식천'의 사상은 1970년대가 되어 김지하에 의해 '밥이 하늘이다'라는 사상으로 계승된다).

최시형의 말

최시형의 사상은 어떠한 것이었던가? 여기서는 오지영(吳知泳)의 『동학사』를 인용하고자 한다.

선생은 도를 가르칠 때 언제나 "한울님을 섬기듯이 사람을 섬기라"라는 말을 유일한 가르침으로 삼았다. 사람과 사람 사이에 부귀빈천·노약남녀·적자인가 첩의 자식인가, 주인인가 노예인가 등의 다름을 나누어서는 안 된다고 하고, 사람과 사람이 서로 만날 때에는 서로 예를 갖추어야 한다는 것을 가르쳤다. 천지(天地)도 귀신도 모두 나의 몸에 있는 것이기 때문에 무릇 제사를 행할 때에는 자신 쪽으로 정면을 향하게 위패를 놓고서 의식을 행하라고 가르쳤다.

— 오지영, 『동학사』, 72쪽

또한 "수운 선생의 임종 시에 내가 이어받은 것은 '수심정기'(守心正氣) 네 글자뿐이다. '수심정기'는 나의 도의 정신이다. …… 나의 한 기운은 우주의 원기(元氣)와 상통하는 것이며, 나의 일심은 '조화'의 그렇게 하는 바임과 더불어 한 개인의 활용이다. 따라서 한울은 즉 나이며, 나는 즉 한울이다"라고도 가르쳤다.

— 같은 책, 73~74쪽

도를 닦는 차례는 한울을 공경하고, 사람을 공경하고, 물건을 공경하는 것이다. …… 물건을 공경할 수 없는 자를 어떻게 한울과 사람을 공경하는 자라고 할 수 있을 것인가?

— 같은 책, 86쪽

"한울로써 한울을 먹는다"는 천지의 대법이다. 물건도 모두 나의 동포이며, 물건도 모두 한울의 표현이기 때문에, 물건을 공경하는 것은 한울을 공경하는 것이며, 한울을 기르는 것이다. 천지신명이 물건으로부터 (사람에게로) 옮아가는 것이다. 여러분은 물건을 먹는 것은 한울을 먹는 것이라고 알고, 사람이 오는 것은 한울이 오는 것이라고 알라.

— 같은 책, 87쪽

최시형에 따르면, 인간은 모두 한울님이다. 인간만이 아니라 모든 자연도 물건도 모두 한울님이고, 사람과 동물과 하늘과 땅의 움직임, 마음, 행위와 행동 모두가 한울님이며, 또한 한울님의 조화인 것이었다. 여기서는 이미 스승인 최제우가 지니고 있던 수직적인(다만 수평성과 모순되지 않는다) 상제라는 관념은 희박해지고 있다. 조선사상에서 애니미즘적인 세계관이 전면에 나오는 것은 이 최시형이 거의 유일한 예라고 해도 좋을 것이다.

덧붙이자면, 한국에서도 '인내천'(人乃天, 사람이 곧 하늘)이라는 것이 최제우 사상의 핵심이라는 설명이 자주 이루어지지만, 정확히 말하면 이것은 동학 제2대 교주인 최시형의 사상을 제3대 교주인 손병희가 개념화한 것이며, 최제우는 이 말을 하지 않았다.

한국과 북조선에서의 동학 평가

현대 한국에서 자국의 사상을 말할 때에 동학을 말하지 않는 것은 생각할 수 없다. 그러한 만큼 민주화 이후의 한국에서 자민족의 사상 자원으로서 동학의 중요성은 막대한 것으로 파악되고 있다. 현대 한국의 귀재 김용옥은 "동학은 최근의 1987년 '6월 혁명'을 별도로 하면, 조선 역사상 최대의 민중운동이다. 동학은 19세기 후반 조선 민중의 심령을 사로잡고, 20세기의 모든 근대성의 토착적 기반을 형성했다. 21세기를 눈앞에 둔 오늘날, 동학은 새롭게 태동하고 있다"(김용옥, 「기철학의 구조」, 『사상』 제792호, 291쪽)라고 말한다.

덧붙이자면, 현대 한국에서 동학을 가장 깊이 연구하고 있는 이는 박맹수다. 그는 한국 전토를 구석구석까지 돌며 동학 관계의 사료와 증언을 수집했을 뿐만 아니라 여성들이 집필하는 동학 소설 시리즈를 기획하는 등, 동학의 현대화에 적극적으로 몰두하고 있다. 그는 장일순 및 김지하에 의한 "죽임의 문명에서 살림의 문명으로"라는 사상을 동학을 통해 실천한다. '죽임의 문명'이란 근대의 무기 · 전쟁 · 과학 기술의 문명이며, '살림의 문명'이란 상생과 평화와 영성의 문명이다. 이와 같은 운동을 통해서도 동학은 현대 사회에 생생한 영성을 아낌없이 제공하고 있다.

북조선에서 동학은 조선사상사에서 기일원론의 절정으로서, 조선사상 전체에서 최고의 도달점으로서 평가되고 있다. 다음은 정진석 · 정성철 · 김창원에 의한 최시형에 대한 평가다.

> 동학사상에서의 주된 철학적 내용은 유기론적인 유물론을 중심으로 하여 독창적으로 체계화된 범신론적인 견해다. …… 그는 인간이 즉 신이고, 인심이 즉 천심이라고 했는데, 이것은 인간 이성에 대한 존중이며, 봉건적인 질서로부터 개성의 해방을 요구하는 것과 일치하는 사상이었다. 이것은 당시의 역사적인 조건 하에서는 진보적인 측면이었다. 이러한 그의 사상은 당시의 봉건 질서에 반대하는 농민의 사상을 표현했다.
>
> —정진석 · 정성철 · 김창원, 『조선철학사』, 330~31쪽

'인심 즉 천심 = 이성 존중 = 반봉건적 = 개성의 해방 = 농민의 사상 = 진보적'이라는 도식은 아무래도 무리가 있다.

갑오동학농민전쟁, 동학에서 천도교로

1894년, 전라도에서 전봉준(全琫準, 1854~95, 호는 해몽(海夢), 녹두장군이라고 불린다. 본관은 천안)이 봉기한다. 직접적인 이유는 지방 관리의 부패 · 압정에 대한 저항이었다. 고부 군수인 조병갑(趙秉甲)은 희대의 악한 지방관이었다고 한다. 이 지방 장관에 대한 봉기가 '척왜양창의'(斥倭洋倡義)라는 배외사상과 결부되어 있는데, 근대 이후 한국에서 있었던 시위 행동의 원형이 되었다고 할 수 있다. 요컨대 직접적인 도화선은 자국 정치의 부패에 의한 것이지만, 거기에 불이 붙으면 강대하거나 사악한 외

국 세력에 대한 폭발로 되는 것이다.

그런데 동학은 대한제국으로부터 식민지 시대에 걸쳐 그 방계 흐름이 친일적인 입장을 명확히 하기에 이른다. 이 부분은 현재에 이르기까지 논쟁의 과녁이 되었다. 서양과 일본의 세력에 반대하는 입장이었던 동학이 왜 그 후 입장을 바꾸었는가라는 것이다. 친일 단체인 일진회를 둘러싼 이 움직임에 관해서는 제8장에서 이야기한다.

4. 개화사상, 애국계몽사상, 동양연대론 등

개화사상

19세기가 끝나갈 즈음에 개화사상이 등장한다. 개화사상의 추진자는 개화파였다.

개화파는 18세기 북학파의 거두였던 연암 박지원의 손자인 박규수(朴珪壽, 1807~77, 호는 환재〔瓛齋〕, 본관은 반남)에게서 시작된다는 학설이 일반적이다. 그 문하에서 박영교(朴泳教, 1849~84, 본관은 반남), 박영효(朴泳孝, 1861~1939, 본관은 반남), 서광범(徐光範, 1859~97, 호는 위산〔緯山〕, 본관은 대구), 홍영식(洪英植, 1856~84, 호는 금석〔琴石〕, 본관은 남양) 등이 성장했다. 박규수의 사후에 개화파가 형성되어가는 과정에서 중요한 역할을 수행한 것이 역관인 오경석(吳慶錫, 1831~79, 호는 역매〔亦梅〕, 본관은 해주), 한의사인 유홍기(劉鴻基, 1831~84년경, 호는 대치〔大致〕, 본관은 한양), 승려인 이동인(李東仁, 1849년경~81, 법명은 천호〔淺湖〕) 등이었다. 1884년의 갑신정변, 1894~95년의 갑오개혁에 즈음하여 주도한 세력이 개화파다.

개화파는 '급진파'와 '온건파'의 둘로 나뉜다.

'급진파'는 수구파로부터 권력을 탈취하여 일거에 변법을 지향했다. 1884년의 갑신정변을 주도하여 실패한 세력이며, 김옥균(金玉均, 1851~

94, 호는 고균(古筠), 본관은 신안동=장동), 박영효, 홍영식 등이 있다.

이에 반해 '온건파'는 청(淸)과의 관계를 파기하지 않은 채 그대로 개국하여 근대화해가는 시나리오를 지녔다. 수구파와 타협도 하면서 점진적인 개혁을 지향했다. '급진파'의 실패를 이어서 1894~95년의 갑오개혁을 주도한 세력이며, 김홍집(金弘集, 1842~96, 호는 도원(道園), 본관은 경주), 김윤식(金允植, 1835~1922, 호는 운양(雲養), 본관은 청풍), 어윤중(魚允中, 1848~96, 호는 일재(一齋), 본관은 함종), 유길준(俞吉濬, 1856~1914, 호는 천민(天民), 본관은 기계) 등이 있다.

독립협회와 애국계몽사상

청으로부터 독립을 추진하는 세력은 1896년에 독립협회를 결성한다. 주요 구성원은 서재필(徐載弼, 1864~1951, 호는 송재(松齋), 본관은 대구), 이상재(李商在, 1850~1927, 호는 월남(月南)), 윤치호(尹致昊, 1864~1945, 호는 좌옹(佐翁), 본관은 해평) 등이었다. 그들이 발간한 『독립신문』 창간호에서는 서재필이 한문이 아니라 훈민정음으로 의사소통을 추진할 것을 선언했다. 조선 왕조는 1897년에 청으로부터 독립한다.

또한 대한제국 시기부터 조선 내지 한국(대한제국)을 근대적인 주권 국가로서 명확히 인식하고, 애국 및 계몽사상을 정력적으로 전개한 지식인들이 배출되었다. 대표적인 인물로는 박은식(朴殷植)*, 장지연(張志淵), 신채호(申采浩) 등이 있다. 그들의 언론 활동은 1910년의 한국 병합 이후 더욱더 격렬해지기 때문에, 그들에 관해서는 다음 장에서 이야기하기로 한다.

동양연대론

조선 말기부터 대한제국 시기에는 동양연대론이 다양하게 주창되었다. 위정척사사상이나 항일사상에 비하면 일본에 대한 대결 자세가 강고

하지 않기 때문에, 한국에서는 그다지 평가되지 않는 사상이다. 그러나 실제로는 현대의 한국인이 생각하는 것 이상으로 동양연대론의 입장을 취하고 있던 인물들이 많았다. 현대 한국에서 대표적인 항일의 영웅(의사〔義士〕)으로 여겨지고 있는 안중근도 그 사상의 본질은 동양(한·중·일)연대론이었다. 그 연대를 일본의 위정자가 방해하기 때문에 항일을 하는 것이다. 또한 1919년 3·1운동에서의 독립선언서도 좁은 의미에서는 항일사상이지만, 넓은 의미에서는 동양(조·일)연대론이었다(이 점이 한국에서는 비판되기도 한다).

1909년에 하얼빈 역에서 이토 히로부미(伊藤博文)를 암살한 안중근(安重根, 1879~1910, 본관은 순흥)은 한·중·일의 동양연대주의자였다. 그의 사상 편력은 다층적이다. 젊은 안중근은 1894년의 갑오동학농민전쟁 때에는 조선 정부 측의 의병으로서 농민군을 상대로 싸웠다. 그 후 가톨릭 세례를 받고 상하이에 갔으며, 그 후 조선에 돌아와 애국계몽운동에 매진했다. 1907년에는 블라디보스토크에서 의병투쟁을 개시하지만 패배한다. 1909년에 이토를 암살하여 체포된 후에는 사형 판결을 받아 뤼순 감옥에서 처형되었다. 그는 옥중에서 「동양평화론」을 쓴다. 여기서 한·중·일 3국에 의한 동양평화회의를 설립하고 공동 은행·공동 화폐를 발행하여 경제를 공동으로 발전시킬 것, 3국의 청년들로 하여금 2개 국어 이상의 교육을 받게 하고, 평화군을 창설할 것, 그리고 한국·중국에 대해 일본이 그 행위를 반성할 것 등을 주장했다. 본래는 한국의 병합에 반대했던 이토를 암살한 것은 높이 평가할 수 없지만, 그의 이상은 21세기의 오늘날에도 동아시아의 지침이 될 수 있는 것이다.

안중근은 말할 것도 없이 친일파가 아니라 독립운동가이지만, 그의 사상의 알맹이가 사실은 일본과의 연대론인바, 그는 단순한 항일론자가 아니었다. 덧붙이자면, 그의 인격과 사상은 동시대 일본인에게 감명을 주었으며, 안중근을 높이 받들어 공경하는 일본인도 있었다.

친일파 및 친일 단체

조선 시대 말기부터 대한제국 시기에는 친일 단체가 생겨났다. 동학의 방계 흐름과 관련되는 일진회가 그 대표적인 존재다. 친일 단체에 대해서는 한국에서도 북조선에서도 100퍼센트 부정적인 평가밖에 없는 것은 당연하지만, 객관적이고 냉정한 분석의 대상이 된 것이 아니라 어찌됐든 민족 반역자로서 처음부터 단죄하는 논조밖에 없다. 일진회를 긍정적으로 평가하는 논조가 전혀 없음은 물론이지만, 일진회란 어떠한 단체였던가, 그들의 주장에는 조금의 이유도 없었던가 하는 것조차 전혀 묻지 않는 상황은 좋지 않을 것이다. 왜 이 시기에 강력한 친일 단체가 생겨났고, 이토 히로부미의 보호국화 정책에 반대하여 적극적으로 한일합병을 주장했는가 하는 것에 관해서는 감정론이 아니라 냉정한 학문적 분석이 필요할 것이다.

5. 종교

불교

조선 말기 불교의 양상은 모호하다. 상당히 피폐해 있었다는 학설과 그렇지 않다는 학설이 있다. 1894년부터 1897년까지 조선을 여행한 영국인 이사벨라 B. 비숍(Isabella B. Bishiop)은 다음과 같이 쓰고 있다. 현대 한국인이 들으면 대단히 불쾌해질 것임에 틀림없는 기술이다.

> 이 깊은 산속으로 은둔해버린 빈사의 불교는 귀신 신앙이 덧칠되어 청나라의 불교와 마찬가지로 거의 신격화된 여러 성자들 밑에서 질식하고 있다. 예를 들어 문도(門徒)와 같은 일본의 커다란 불교 개혁파의 특색인, 정의를 추구하는 숭고한 목적이나 향상심은 어디에서도 보이지 않는

다./수행승들은 매우 무식하고 미신이 심하다. 스스로가 믿고 있는 종교의 역사나 교의에 대해 거의 아무것도 알지 못한다.

—이사벨라 버드, 도키오카 게이코 옮김, 『조선기행』, 187쪽

조선 시대 500년간 학대를 받아온 불교가 빈사 상태에 있는 모습이 이러한 것인가? 단순한 서양 여행자의 눈에 비친 종교 현장의 묘사를 그대로 믿을 수는 없지만, 거기에 어느 정도의 사실이 놓여 있다는 것도 확실할 것이다. 동시대 일본인의 눈에도 마찬가지로 보인 듯하다. 병합 식민지 시기 일본인 학자 다카하시 도오루(高橋亨)도 "조선 불교는 피폐해 있다"라고 보았다. 하지만 이러한 견해가 한국인으로부터 '제국주의자의 견해', '식민지주의자의 견해', '서양 중심의 견해'로서 비판되고 규탄되는 것은 물론이다. 그럼에도 불구하고 한국인 학자로부터 "서양인이나 일본인의 견해와는 근본적으로 다른 조선 말기의 불교 실태"가 어떠했는지에 관해 설득력 있는 설명을 들을 수는 없다. 아마도 이것이 문제일 것이다.

메이지 초기부터 일본 불교가 조선에 유입된다. 덴쇼(天正) 시대에 부산에 포교한 오쿠무라 조신(奥村浄信)의 후예인 대곡파(大谷派) 본원사(本願寺)의 오쿠무라 엔신(奥村圓心)이 1877년(메이지 10년)에 부산에서 포교했다. 이것은 메이지 정부의 국가 정책에 따른 것이었다. 그는 불교 포교와 더불어 구빈의 자선사업을 행했는데, 이것이 조선에서 일본인이 행한 최초의 사회사업이었다. 1881년(메이지 14년)에는 일련종(日蓮宗)의 와타나베 니치운(渡辺日運)이 포교를 시작했다. 청일전쟁까지 이 두 종파가 조선에 파고 들어갔다. 청일전쟁부터 러일전쟁까지의 시기에는 본파(본원사파)의 나카야마 유이넨(中山唯然)과 정토종(浄土宗)의 미즈미다 지몬(三隅田持門)이 부산에서 포교를 개시했다. 러일전쟁 후에는 진언종(眞言宗), 조동종(曹洞宗), 임제종(臨濟宗)도 포교를 시작했다(江田, 『朝鮮佛教史

の研究』, p. 427).

덧붙이자면, 조선 시대에 불교 승려는 한성(서울) 성내에 출입할 수 없었다. 임진왜란 때에는 의병군이 활약했기 때문에 성내 출입이 허용되었지만, 1623년에 다시 출입이 금지되었다. 그러나 조선 시대 말기에 일본의 승려가 조선에 들어오자 그들은 한성 성내에 대한 출입을 허락받아 서울에 포교 장소를 마련했다. 일련종의 사노 젠레이(佐野前励)가 1895년에 김홍집 총리대신에게 조선 승려의 한성 입성을 허용할 것을 상신하여 허가받았다. 1896년에는 조선 승려와 일본 승려가 합동으로 서울 성내에서 무차대법회(無遮大法會)를 행했다. 이 이후 조선 승려도 서울 성내에서 포교할 수 있게 되었다(김영태, 『한국불교사개설』, 222쪽).

조선 말기, 대한제국 시기의 대표적인 승려는 다음과 같다.

이동인(李東仁). 개화사상의 소유자로 1879년에 일본으로 건너가 외교 활동을 한다. 후쿠자와 유키치(福澤諭吉)와 교류하고, 문명개화의 현장을 알게 된다. 동본원사에서 정토진종의 승려가 된다.

경허선사(鏡虛禪師, 1849~1912). 근대 선(禪)을 개시했다. 만공(滿空)의 스승이며, 무소유를 주창했다.

그리스도교

가톨릭에 대한 조선 시대의 최후이자 최대의 탄압은 흥선대원군 시대에 일어나 1872년까지 계속되었다(제6장 참조).

1886년에 조선은 프랑스와 조약을 맺었는데, 이에 따라 프랑스는 신앙의 자유와 정교 분리의 원칙을 조선에 인정하게 했다. 이것은 근대의 입구에 서 있는 조선에서 종교 분야에서 일어난 최대의 사건이었다. 이 때까지 천주교도는 상복을 입고 있었지만, 그것으로부터도 자유롭게 되고 포교 활동을 시작했다. 프랑스 선교사는 '양대인'(洋大人)이라고 불리고 치외법권을 향유하는 등, 10여 년 전 흥선대원군에 의한 대대적인 탄압 때와는 180도 다른 입장에 섰다.

조선에 프로테스탄트(개신교)가 유입된 것은 1885년이었다. 가톨릭에 대한 최후의 대탄압으로부터 10여 년 후의 일이다. 이해에 헨리 G. 아펜젤러(Henry G. Appenzeller, 조선 감리교의 개척자)와 호레이스 G. 언더우드(Horace G. Underwood, 조선 장로교의 개척자)가 인천을 거쳐 조선에 들어왔다. 아펜젤러는 정동 제일감리교회와 배재학당을 설립했다. 언더우드는 연희전문학교(현재 연세대의 전신)를 설립했다.

프로테스탄트는 선교·교육·의료의 세 가지 사업을 적극적으로 전개하여 눈 깜짝할 사이에 세력을 확대했다. 특히 부녀자와 노동자 대중을 향한 선교에 힘을 들였다. 1886년에는 여성 교육기관인 이화학당(현재 이화여대의 전신이 되는 여자 중학교)이 설립되었다.

1900년에 『신약성서』가 조선어로 완역된다(『신약전서』). 『구약』의 완역은 1911년의 일이다(『구약전서』). 이 번역 사업을 통해 근대 조선어가 문법·어휘·정서법 면에서 비약적으로 발전했다.

1907년에는 부흥회 운동이 전개되어 신자 수를 크게 늘렸다. 1900년에 그리스도교 신자 수는 8만 명 정도였지만, 1910년에는 20만 명이 되었다.

윤치호는 미국에서 신학을 공부한 최초의 조선인이었다. 미국으로 가기 전에는 일본에서 2년간 머무르며 나카무라 마사나오(中村正直)와 후쿠자와 유키치에게 배웠다.

이 시기의 중요한 프로테스탄트 계열 인물로는 최병헌(崔炳憲, 1858~1927, 호는 탁사〔濯斯〕)과 길선주(吉善宙, 1869~1935, 호는 영계〔靈溪〕) 등이 있다.

신흥종교

이 시기 조선에서는 민족의 위기, 서양 지식의 유입, 일본 국수주의의 영향 등에 의해 많은 신흥종교가 창시되었다. 그 가운데는 고난과 시련을 극복하고 현재에 이르기까지 크게 세력을 확대해온 것도 많다.

가장 강력한 신흥종교들 가운데 하나가 증산교(甑山敎)다. 강일순(姜一淳, 1871~1909, 호는 증산〔甑山〕, 본관은 진주)에 의해 창시되었다. 증산교는 현재의 한국에서도 상당히 강한 영향력을 지니고 있다.

또한 1909년에 나철(羅喆, 1863~1916, 호는 홍암〔弘巖〕, 본관은 나주)에 의해 대종교(大倧敎)가 시작되었다. 단군신화에 기초하는 국수주의 종교다. 나철의 종교는 철학적이기도 하다. 3과 1을 우주의 근본으로 하는 '삼일 철학'이 그것이다.

제8장

병합 식민지 시기

1. 약사와 문화

조슈(長州)의 역할

1910년 8월에 일본(대일본제국)과 한국(대한제국)은 병합된다. 조선 측은 의병투쟁 등으로 저항하지만, 일본은 순서에 따라 침략 정책을 실시한다.

덧붙이자면, 일본의 조선 지배에 처음부터 가장 깊이 관계했던 것은 조슈번(長州藩) 출신자들이었다. 특히 통치 초기의 요직은 조슈벌(閥)이 차지했다. 이것은 어떤 외국의 통치에 일본의 특정 지역 출신자들이 거의 전면적으로 관계했다는 점에서 대단히 특징적인 사례였다. 조슈번 출신자들이 조선에서 행한 일의 폭력성은 두드러진다. 이 사실은 좀 더 주목될 수 있을 것이다.

역대 한국 통감과 조선 총독은 다음과 같다. 이토 히로부미(초대 한국 통감, 조슈 출신), 소네 아라스케(曾禰荒助, 제2대 한국 통감, 조슈 출신), 데라우치 마사타케(寺内正毅, 제3대 한국 통감 및 초대 조선 총독, 조슈 출신), 하세가와 요시미치(長谷川好道, 제2대 조선 총독, 조슈 출신), 사이토 마코토(齋藤實, 제3대 및 제5대 조선 총독, 미즈사와〔水澤〕 출신, 아버지는 미즈사와 번사), 야마나시 한조(山梨半造, 제4대 조선 총독, 사가미쿠니 오오스미군〔相模國大住郡〕 출신), 우가키 가즈시게(宇垣一成, 제6대 조선 총독, 비젠노쿠니 이와나시군〔備前國磐梨郡〕 출신), 미나미 지로(南次郎, 제7대 조선 총독, 오이타현 구니사키군〔大分県國東郡〕 출신), 고이소 구니아키(小磯國昭, 제8대 조선 총독, 도치기현 우쓰노미야〔栃木県宇都宮〕 출신, 아버지는 신쇼 번사), 아베 노부유키(阿部信行, 제9대 조선 총독, 가네사와〔金澤〕 출신, 아버지는 가네사와 번사)다. 하세가와 요시미치까지는 무단 통치라고 불리는 가혹한 폭력적 통치를 행했다. 미즈사와(현재는 이와테현) 출신인 사이토 마코토 이후, 문화 통치라고 불리는 비교적 유연한 방식으로 극적으로 변했다.

조슈 출신자이든 아니든 침략자인 것에는 변함이 없으므로 후자만을 높이 평가하는 것은 의미가 없어서 피하고 싶지만, 한 가지 점만 덧붙이자면, 대만의 총독부 민정장관을 역임한 고토 신페이(後藤新平) 역시 사이토 마코토와 마찬가지로 미즈사와 출신이었다. 이토 히로부미에게 하얼빈 행을 강하게 권유한 것이 고토 신페이였다(러시아 재무장관 블라디미르 코코체프〔Vladimir Kokotseff〕와 만나기 위함이었다). 이토는 마음이 내키지 않았지만, 고토의 강한 권유에 의해 1909년 10월에 하얼빈에 도착한다. 거기서 안중근에게 죽임을 당하는 것이다.

이 배경에는 고토와 이토의 대륙 인식의 다름이 놓여 있었다. 이토는 원래 동아시아보다도 영미를 중심으로 한 서양과의 관계를 중시하는 생각을 지니고 있었다. 그러나 고토는 이토에게 좀 더 적극적으로 조선과 만주에 관계할 것을 요구했다. 이를 위해서는 러시아와의 관계가 결정적으로 중요하다. 동아시아의 복잡한 관계성을 잘 알고 있던 고토는 일본은 이미 동아시아에 깊이 발을 들여놓았기 때문에 영미와의 관계만을 축으로 해서는 안 된다고 생각했던 것이다.

야마가타 아리토모(山縣有朋)와 같은 침략파이든 이토와 같은 소극파이든 조슈벌의 조선에 대한 관계 방식은 다면성과 다각성을 결여하고 있는 듯하다. 미우라 고로(三浦梧樓, 조슈 기병대 출신)와 같이 맹목적이고 저돌적이며 맹진하는 성격을 지니는 경우도 있다. 이에 반해 고토나 사이토의 경우에는 좀 더 중층적이고 심모원려하고 있으며, 사태의 다면성을 잘 이해하고자 했던 듯하다. 메이지 유신 때에 승리한 조슈와 패배한 도호쿠 지방의 심성의 다름이 나타나 있는 것인지도 모른다.

약사

일본은 토지조사사업을 통해 그때까지 모호했던 조선인의 토지 소유권을 확정했다. 이 사업의 결과, 조선 전토(全土)의 약 40퍼센트가 총독부의 것으로 되었다고 한다(다만 여러 학설이 있다). 병합 식민지 조선의 빈곤은 이 토지조사사업과 깊은 관계가 있다는 학설이 유력하지만, 그것에 반대하는 학설도 근간에 설득력을 늘리고 있다.

병합 식민지 지배의 처음부터 1919년까지의 통치를 일반적으로 무단통치라고 한다.

1919년 2월 8일에 도쿄에서 조선인 유학생들(조선청년독립단)이 독립선언서를 발표한다.

같은 해 3월 1일에 조선에서 독립선언서가 발표되며, 대규모의 독립운동이 일어난다. 일본에서는 이것을 '만세운동'이라고도 불렀다. 독립선언서는 천도교의 손병희(孫秉熙, 1861~1922, 호는 의암〔義菴〕, 본관은 밀양), 그리스도교의 이승훈(李昇薰, 1864~1930), 불교의 한용운(韓龍雲, 1879~1944) 등이 기초했다. 민족 대표 33인이 선언서에 서명했는데, 그 내역은 천도교도 15명, 그리스도교도 16명, 불교도 2명이었다. 3월 1일

이후, 경성에서 있었던 운동에 호응하여 조선 각지에서 '독립만세'를 외친다. 그 과정에서 많은 조선인이 희생되었다. 경성의 이화학당에서 공부하고 있던 여학생 유관순(柳寬順, 1902~20, 호적 이름은 柳冠順, 본관은 고흥)은 고향 천안에 돌아와 거기서 '만세운동'에 가담했으며, 체포되어 고문을 받고 서대문 형무소에서 17세의 생명을 빼앗겼다. 그녀는 '조선(한국)의 잔다르크'라고 불리며, 한국에서는 순국열사로서 깊은 존경을 받고 있다.

이 독립운동을 계기로 총독부의 통치 방침이 무단 통치로부터 문화 통치로 변했다고 한다.

1920년에는 『조선일보』, 『동아일보』라는 신문이 발간된다(둘 다 오늘날에도 한국을 대표하는 일간지다).

1925년에 일본에서 치안유지법이 제정된다. 이것은 조선에서도 시행되었지만, 치안유지법과 한 세트로 하여 일본 국내에서 시행된 보통선거법은 조선에서는 시행되지 않았다. 보통선거법은 속인주의가 아니라 속지주의를 취하고 있었기 때문에, 조선인뿐만 아니라 조선에 거주하는 일본인에게도 시행되지 않았다. 역으로 일본에 거주하는 조선인에게는 선거권도 피선거권도 주어졌기 때문에, 중의원 의원이 되는 조선인(박춘금〔朴春琴〕, 1891~1973)도 나왔다.

1929년에는 광주에서 일본인 학생이 조선인 여학생의 머리를 잡아당기며 희롱한 일로 인해 조선인 학생들이 들고 일어나 대규모의 광주학생항일운동이 일어난다.

1940년에 창씨개명이 시작된다. 이것은 유교식 성(姓) 체계를 지니고 있던 조선인에 대해 일본식 씨(氏) 체계를 도입하고자 한 것이다. 단지 '김'이라는 성을 '가네다'라는 일본식 성으로 변화시키는 것이 아니라 조선인의 가족·혈족 제도를 근저로부터 변화시키는 것이었다.

덧붙이자면, 1930년대 말부터 학교나 공적 시공간에서는 일본어를 사용하는 것이 의무화되고 조선어가 금지되었다. 이것을 해방 후의 북조선에서도 한국에서도 보통 "조선어 내지 한국어가 말살되었다"라고 표현하지만, 오해를 부르는 말이다. 공적 시공간에서 사용을 금지당한 것뿐이기 때문에, 물론 조선어가 '말살'된 것은 아니다. 다만 조선어의 영성을 사적 시공간에 가두어 넣고 일본어의 헤게모니를 압도적인 우위에 놓는 정책을 총독부가 전개한 것은 확실하다.

병합 식민지의 성격

1910년의 한일병합으로부터 1945년의 해방까지의 기간을 이 책에서는 '병합 식민지 시기'라고 부른다. 그 사이의 조선은 '병합 식민지'다.

이 기간에 대만과 조선의 병합 식민지를 포함한 넓은 의미에서의 일본을 〈일본 1〉이라 하고, 식민지를 갖기 전 이른바 내지만의 일본을 〈일본 2〉라 한다(오키나와와 사할린도 〈일본 2〉로부터는 제외된다). 나아가 일본의 병합 식민지로 되어 〈일본 1〉의 구성원이 된 조선을 〈조선 1〉이라 하고, 〈일본 2〉와 구별되는 민족 공동체로서의 조선을 〈조선 2〉라 한다. 이 〈일본 1〉과 〈일본 2〉의 구별, 〈조선 1〉과 〈조선 2〉의 구별이 모호한 것이 병합 식민지 시기에 대한 다양한 인식에 혼란을 불러일으키고 있다.

이 기간의 조선은 단순한 일본의 식민지가 아니다. 유럽에서는 예를 들어 독일이 병합한 폴란드나 오스트리아를 '독일의 식민지'라고는 말하지 않는다. 그것과 마찬가지로 조선을 단지 일본의 식민지라고 부르는 것은 올바르지 않다.

역사적 사실로서는 〈일본 2〉와 〈대한제국 2〉는 합병했던 것이며, 이것을 조금 더 〈일본 2〉를 주체로 하여 말하게 되면, 〈일본 2〉가 〈대한제국 2〉를 병합했던 것이다.

다만 단순한 합병이나 병합이 아니었던 것은 확실하며, 〈조선 1〉은 〈일본 1〉의 식민지적인 성격을 다분히 지니고 있었다. 따라서 독일과 폴

란드, 오스트리아의 관계와 동일한 것이 아니다.

그래서 나는 '병합 식민지'라는 새로운 말을 사용하기로 했다.

이 개념을 사용함으로써 지금까지 의문스럽게 생각되고 있었던 것이나 은폐된다든지 날조된다든지 해왔던 것이 상당히 명확하게 해명될 수 있지 않을까 생각한다.

이 〈일본 1〉에는 도쿄(〈일본 2〉의 중심)와 경성(총독부)이라는 두 개의 중심이 있게 된다. 이 두 개의 중심은 하나의 굳건한 바위가 아니었기 때문에, 서로 어긋나는 경우도 있었음은 물론이다.

이 시기에 〈일본 1〉이 〈조선 1〉을 순수한 객체로서 수탈과 폭력적 지배만을 했다고 하는 것처럼 역사를 그리는 것은 역사적 사실에 대한 모독임과 동시에, 역사를 살아간 조선인에 대한 멸시이기도 하다. 왜냐하면 만약 〈일본 1〉이 〈조선 1〉에 대해 수탈과 폭력적 지배만을 했다면, 왜 이 시기에 친일적인 조선인이 그 정도로 많이 출현했는지가 설명될 수 없기 때문이다. 친일적인 조선인은 기회주의적이고 민족을 배신한 비겁자였던 것일까? 만약 그렇다고 한다면 조선인의 다수가 많든 적든 기회주의적이고 민족 반역적이었다는 것이게 된다. **올바른 조선인**은 항일 파르티잔 활동을 한 김일성 일파(조선민주주의인민공화국의 원점)나 상하이와 충칭에서 임시정부를 만든 독립운동가(대한민국의 원점)만으로 되고 말 것이다. 따라서 언제나 김일성과 상하이 임시정부의 어느 쪽에 좀 더 많은 민족 정통성이 있는가를 둘러싼 투쟁을 남북이 전개하게 된다.

그렇지만 이 시기에 〈일본 2〉와 〈조선 2〉가 대등한 관계에서 '합병 상태'에 있었던 것은 말할 필요도 없이 결코 아니다. 어디까지나 주체성은 〈일본 2〉에 놓여 있었다. 〈조선 2〉에 주어진 주체성은 적었다.

그러나 그렇다 하더라도 역시 주체성과 객체성은 0 대 100이 아니라 단계적 등급을 이루는 것이다. 예를 들어 주체성 28 대 객체성 72라는 식으로 말이다.

병합 식민지 시기의 역사를 〈일본 2〉와 〈조선 2〉가 적대하는 시공간으로서만 그리는 것은 해방 후(전후)의 단일민족 국가관에 기초한 내셔널리즘의 패러다임에 얽매이게 된 사람들의 방법론이다. 그것도 전혀 의미가 없다고는 말할 수 없다. 사실 〈일본 2〉와 〈조선 2〉의 대립은 뿌리 깊은 것이며, 그것은 당연히 〈일본 2〉가 〈조선 2〉를 지배했기 때문이었다. 하지만 이 시기에 일어난 일을 그와 같은 단일민족 국가적인 내셔널리즘의 패러다임으로부터만 그리는 것은 역사의 왜소화 그 자체다. 〈일본 1〉과 〈조선 1〉의 관계를 역사로부터 배제해서는 안 되는 것이다.

병합 식민지 시기에는 〈일본인 1〉과 〈조선인 1〉 사이에서 적대와 융합의 관계가 복잡하게 기능했다. 1929년에 광주에서 일본인 중학생이 조선인 여학생에게 모멸적 행동을 한 것에서 발단하여 충돌이 있었고, 이것이 광주학생항일운동이라는 전국적 규모의 커다란 반일 데모로 확대되었지만 이것은 예외이며, 3 · 1운동(1919) 이후 이 광주학생항일운동보다 더 커다란 데모는 해방될 때까지 일어나지 않았다.

병합 식민지 시기에 〈일본인 1〉이 〈조선인 1〉을 철저히 멸시하고 가혹한 차별을 행하며 폭력적인 지배만을 했다고 하는 것은 전후에 만들어진 허상이다. 만약 그렇다면 왜 폭동이 일어나지 않았는지 설명할 수 없다. 물론 〈일본 2〉는 경찰 등의 폭력 장치 및 치안유지법 등의 법적 장치에 의해 강권적인 힘에 의한 통치를 실행했다. 그러나 그것만으로 통치가 완료되었다고는 볼 수 없다. 내선일체, 황국신민화, 병참기지화라는 지배의 교묘함과 복잡함을 극도로 단순화해서는 안 된다.

문화

1919년 3월의 3 · 1운동 후에 조선총독부의 통치 방침이 변한다. 그때까지의 무단 통치로부터 조선인에게 문화 활동을 허용하는 문화 통치로 전환한다(앞에서 말했듯이 이때 조선 총독이 조슈벌의 하세가와 요시미치로부터

미즈사와 출신의 사이토 마코토로 바뀌었다). 이에 따라 신문의 발간, 새로운 경향의 문학의 대두, 사상의 다양화 등의 현상이 일어났다.

병합 식민지 시기의 근대적 지식은 주로 일본으로부터 일본어에 의해 유입되었다. 문학, 철학, 공산주의, 자연과학 등, 서양 근대의 온갖 새로운 지식이 일본어로부터 조선에 이입되었다. 지식은 어휘와도 깊이 관련된다. 서양 개념을 일본에서 번역한 어휘는 그대로 조선어의 어휘가 되었다. 병합 식민지 시기에 일본의 중고 책을 조선에서 판매한 어떤 고서점 주인은 당시 일본의 책이 조선에서 날개 돋친 듯이 팔렸다고 회상한다. 가장 많이 팔린 것은 세계문학 전집류였으며, 역으로 그다지 팔리지 않은 것은 와카(和歌)나 하이쿠(俳句)를 비롯한 일본의 고전문학이었다고 한다.

또한 이 시기에는 '신여성'이라고 불리는 여성들이 등장했다. 주로 도시에 사는 교육받은 여성을 가리킨다. 또한 이것과는 별도로 근대적 자본주의 문화를 향유하는 '모던 걸'도 등장했다. 경성의 모던 보이와 모던 걸의 패션은 당시의 동아시아에서 최첨단을 달리고 있었다.

소비문화의 발달은 백화점의 매출 상황으로부터도 확인된다. 병합 식민지 시기에 경성에는 일본 자본의 미쓰코시 백화점, 미나카이 백화점, 조지아 백화점, 히라타 백화점과 조선 자본의 화신 백화점이 있었는데, 그 매출액은 엄청났으며, 미쓰코시의 판매대는 여성들의 패션 아이템이었다. 소비문화는 엔터테인먼트로도 직결된다. '서울에 딴스홀을 허하라'라는 요청 광고가 신문에 게재되기도 했다.

물론 병합 식민지 시기에 소비문화만이 발달한 것은 아니었고, 도시와 농촌 지역의 격차는 심했지만, "조선은 착취받아 도탄의 고통에 허덕이고 있었을 뿐이다"라는 역사관은 올바르지 않다.

인간관

병합 식민지 시기는 근대화의 시대였기 때문에 당연히 인간관에도 커다란 변혁이 있었다. 그것을 한마디로 말하면 '개인의 등장'이다. 개인은 조선에서도 분명히 등장하고 있었다. 그것은 〈일본 2〉에서 나타난 나쓰메 소세키(夏目漱石)의 고뇌와 유사한 고뇌를 조선의 개인도 하고 있었음을 의미한다. 하지만 그것은 종래의 조선사에서는 거의 언급되지 않았다. 병합 식민지 시기에 관한 서술은 철두철미 민족적인 세계관만을 전면에 내놓은 것밖에 없었다. 마치 병합 식민지 시기의 조선인은 개인이라는 것을 깨닫지 못한 채 민족적 가치관만을 지니고 있었던 것처럼 그려져왔다. 공동체와 민족으로부터 자기를 분리하고 끝없는 외로움을 경험한 개인이 조선에는 없었다는 생각을 만약 조선사 서술자가 공유하고 있다면(분명히 공유하고 있지만), 그것은 조선인이라는 존재에 대한 근본적인 멸시를 의미하는 것이 아닐까?

그렇지만 조선에서는 나쓰메 소세키의 개인주의, 요컨대 "사람에게서 사람에게로 건너가는 다리는 없다"(『행인』(行人)에 인용된 독일의 속담)라는 절망적인, 절대적인 타자와의 단절이라는 사상과 동일한 수준까지 '개인'을 심화시킨 사상가는 없었던 것으로 생각된다. 나로서는 이것이야말로 일본이 조선을 지배한 것에 의한 가장 근원적인 억압이 아니었을까 생각한다. 요컨대 지배를 하고 있었을 때에도, 그 지배가 끝나고 나서도 조선인·한국인이 '개인'이라는 문제를 근본적인 깊이로까지 내려가 사고할 수 없고, 언제나 중간 단계에서 민족과 국가라는 가치로 사고를 스스로 회수하고 마는 회로로 밀고 가는 것, 이것이야말로 일본 지배에 따른 문제인 것이다.

2. 일본에 대한 저항, 독립사상

독립선언서

1919년 3월 1일에 독립운동이 일어났는데, 이때의 「3 · 1 독립선언서」의 내용을 요약하여 정리하면 다음과 같다.

> 우리는 여기에 우리 조선이 독립된 나라인 것과 조선 사람이 자주적인 국민인 것을 선언하노라. 이것을 세계 모든 나라에 알려 인류가 평등하다는 큰 뜻을 밝히며, 이것을 자손만대에 알려 겨레가 스스로 존재하는 마땅한 권리를 영원히 누리도록 하노라. ……
>
> 낡은 시대의 유물인 침략주의, 강권주의에 희생을 당하여 역사 있은 지 여러 천 년에 처음으로 다른 민족에게 억눌려 고통을 겪은 지 이제 십 년이 되도다. 우리가 생존권마저 빼앗긴 일이 무릇 얼마며, 정신의 발전이 지장을 입은 일이 무릇 얼마며, 겨레의 존엄성이 손상된 일이 무릇 얼마며, 새롭고 날카로운 기백과 독창성을 가지고 세계 문화의 큰 물결에 이바지할 기회를 잃은 일이 무릇 얼마인가! ……
>
> 병자수호조약(1876년의 조일수호조약, 강화도조약) 이후, 시시때때로 굳게 맺은 약속을 저버렸다하여 일본의 신의 없음을 탓하려 하지 아니하노라. 학자는 강단에서, 정치인은 실생활에서 우리 조상 때부터 물려받은 이 터전을 식민지로 삼고, 우리 문화 민족을 마치 미개한 사람들처럼 대하여 한갓 정복자의 쾌감을 탐낼 뿐이요, 우리의 영구한 사회의 기틀과, 뛰어난 이 겨레의 마음가짐을 무시한다 하여, 일본의 옳지 못함을 책망하려 하지 아니 하노라. 자기를 일깨우기에 다급한 우리는 다른 사람을 원망할 여가를 갖지도 못하였노라. …… 오늘 우리의 할 일은 다만 나를 바로잡는 데 있을 뿐, 결코 남을 헐뜯는 데 있지 아니하도다. 엄숙한 양심의 명령을 따라 자기 집의 운명을 새롭게 개척하는 일일 뿐, 결코 묵은 원한과 일시의

감정을 가지고 남을 시기하고 배척하는 일이 아니로다. 낡은 사상과 낡은 세력에 얽매인 일본 위정자의 공명심의 희생으로 이루어진 부자연스럽고 불합리한 이 그릇된 현실을 고쳐서 바로잡아, 자연스럽고 합리적인 올바른 바탕으로 되돌아가게 하는 것이다.

처음부터 이 겨레가 원해서 된 일이 아닌 두 나라의 합병의 결과는 마침내 억압으로 이뤄진 당장의 편안함과, 차별에서 오는 고르지 못함과 거짓된 통계숫자 때문에, 이해가 서로 엇갈린 두 민족 사이에 화합과 수없는 원한의 도랑이 날이 갈수록 깊이 패이는 지금까지의 사정을 한번 살펴보라.

용감하게 옛 잘못을 고쳐 잡고, 참된 이해와 동정에 바탕한 우호적인 새 시대를 마련하는 것이, 서로 화를 멀리하고 복을 불러들이는 가까운 길인 것을 밝히 알아야 할 것이 아니냐!

또한 울분과 원한이 쌓이고 쌓인 이천만 국민을, 힘으로 붙잡아 묶어둔다는 것은 다만 동양의 영원한 평화를 보장하는 노릇이 아닐 뿐 아니라, 이것이 동양의 평안함과 위대함을 좌우하는 사억 중국 사람들의 일본에 대한 두려움과 샘을 갈수록 짙어지게 하여, 그 결과로 동양 전체가 함께 쓰러져 망하는 비운을 초래할 것이 뻔한 터에, 오늘 우리의 조선독립은 조선 사람으로 하여금 정당한 삶과 번영을 이루게 하는 동시에, 일본으로 하여금 잘못된 길에서 벗어나 동양을 버티고 나갈 이로서의 무거운 책임을 다하는 것이며, 중국으로 하여금 꿈에도 피하지 못할 불안과 공포로부터 떠나게 하는 것이며, 또 동양의 평화가 중요한 일부가 되는 세계평화와 인류복지에 꼭 있어야 할 단계가 되는 것이라. 이것이 어찌 구구한 감정상의 문제이겠느냐!

아아 새 하늘과 새 땅이 눈앞에 펼쳐지누나. 힘의 시대는 가고 도의의 시대가 오누나. 지나간 세기를 통하여 깎고 다듬어 키워온 인도적 정신이 바야흐로 새 문명의 서광을 인류의 역사 위에 던지기 시작하누나. 새봄이 온 누리에 찾아들어 만물의 소생을 재촉하누나. 얼음과 찬 눈 때문에 숨도 제대로 쉬지 못한 것이 저 한때의 시세였다면, 온화한 바람, 따뜻한 햇볕에 서로 통하는 낌새가 다시 움직이는 것은 이 한때의 시세이니, 하늘과 땅에 새 기운이 되돌아오는 이 마당에, 세계의 변하는 물결을 타는 우리는 아무 주저할 것도 없고 아무 거리낄 것도 없도다. 우리가 본디 타고난 자유권을 지켜 풍성한 삶의 즐거움을 마음껏 누릴 것이며, 우리가 넉넉히 지닌바 독창적 능력을 발휘하여 봄기운이 가득한 온누리에 겨레의 뛰어남을 꽃피우리라.

우리는 그래서 분발하는 바이라. 양심이 우리와 함께 있고, 진리가 우리와 더불어 전진하나니, 남자, 여자, 어른, 아이 할 것 없이 음침한 옛집에서 힘차게 뛰쳐나와 삼라만상과 더불어 즐거운 부활을 이룩하게 되누나. 천만세 조상들의 넋이 우리를 안으로 지키고, 전 세계의 움직임이 우리를 밖으로 보호하나니, 일에 손을 대면 곧 성공을 이룩할 것이라. 다만 저 앞의 빛을 따라 전진할 따름이로다.

공약삼장

하나. 오늘 우리들의 이 거사는 정의, 인도, 생존, 번영을 찾는 겨레의 요구이니, 오직 자유의 정신을 발휘할 것이고, 결코 배타적 감정으로 치닫지 말라.

하나. 마지막 한 사람에 이르기까지 마지막 한 순간에 다다를 때까지 민족의 올바른 의사를 시원스럽게 발표하라.

하나. 모든 행동은 먼저 질서를 존중하여, 우리들의 주장과 태도가 어디까지나 공명정대하게 하라.

나라를 세운 지 사천이백오십이 년 되는 해 삼월 초하루

조선민족 대표

이상이 「독립선언서」의 개요다. '침략주의', '강권주의'(요컨대 제국주의)를 그 근저로부터 비판하고, '낡은 시대의 유물'이라고 부르고 있다. 침략을 받은 측의 의식이 침략한 측의 의식에 비해 몇 단계 나아가 있다. 그리고 자신들의 목적은 독립이며, 독립해 있지 않은 까닭에 어떠한 불이익을 입고 있는가에 대해, 예를 들어 자신들의 독창력으로써 새로운 세계 문화에 공헌할 수 없는 것이라고 한다. 이러한 숭고한 태도에 대해 당시 일본인들 가운데 얼마만큼의 사람들이 진지하게 호응하고자 했을까? 이 선언문은 감성과 지성과 이성으로 쓰인 것이 아니다. 그것들을 포월하는 영성으로 쓰인 것이라고 생각하지 않으면 이해할 수 없다. 오늘날의 일본인도 이 「독립선언서」의 숭고한 정신을 영성 차원에서 잘 음미할 필요가 있을 것이다.

덧붙이자면, 현대 한국에서는 이때의 조선민족 대표들이 그 후 일본에 타협해간다고 하여 비판받기도 한다.

애국계몽사상

대한제국 시기부터 병합 식민지 시기에는 조선 왕조 말기의 유교적 교양을 토대로 하여 근대적 세계관과도 접한 많은 지식인이 등장하게 된다. 그 가운데 일본에 의한 부당한 지배로부터 벗어나기 위해 자기 나라의 역사를 자랑스러운 것으로서 묘사하고, 그에 의해 애국의 정신을 계몽하고자 하는 민족주의 사상을 '애국계몽사상'이라고 부른다. 박은식, 장지연, 신채호 등이 그 대표다.

그들 가운데 다수는 신문을 거점으로 하여 문필 활동을 통해 조선인의 의식을 고양시키는 데 매진했다. 또한 중국 등의 국외에서 활발한 운동을 전개했다.

박은식

박은식(朴殷植, 1859~1925, 호는 겸곡〔謙谷〕·백암〔白岩〕, 본관은 밀양)은 대표적인 독립운동가, 애국계몽사상가의 한 사람이다. '인문주의적 내셔널리스트'(나의 조어)의 전형인 동시에 시조격인 인물이라고 할 수 있다. 『황성신문』 주필, 『대한매일신보』 주필 등을 맡아 건필을 크게 휘둘렀다. 중국 및 소련에서 독립운동을 전개하고, 3·1운동 이후에는 상하이에서 대한민국 임시정부에 가담하여 1925년에 제2대 대통령이 되었지만, 얼마 뒤 세상을 떠났다.

그의 관심은 조선의 역사를 주체적으로 그리는 데 있었다. '민족사학'의 개척자이며, 그 이념은 신채호에게 계승되었다. 대표작으로 『천개소문전』(1911), 『안중근 의사전』(1914), 『한국통사』(韓國痛史, 1914), 『한국독립운동지혈사』(韓國獨立運動之血史, 1920) 등이 있다.

박은식은 양명학자이기도 했다. 그 때문이라고 생각되지만, 그는 '국혼'(國魂)이라든가 '대한정신' 등과 같은 말을 즐겨 사용했다. 국가와 민족을 '혼'이나 '정신'과 결합해 사용하는 것은 일본의 정신주의적 내셔널리즘의 영향으로 생각할 수도 있지만, 조선 말기 위정척사운동의 연장선상에 놓여 있다고 생각할 수도 있을 것이다. 다만 위정척사가 '정을 지킨다'는 것은 국가를 지킨다는 것이 아니라 제일의적으로는 어디까지나 중화의 이(理)라는 문명적 실체를 지킨다는 의미였다. 박은식은 그 '중화의 정=이'를 '한국의 혼, 정신'으로 변화시켰다. 하지만 그 본보기로서의 중국은 강력하게 존재하고 있다. '중화로부터 한국으로'라는 이행상태에 대한 인식이 그의 논리로부터 간취된다. 동일한 '인문주의적 내셔널리스트'라 하더라도 안중근 등에게는 아직 '동양 연대'의 이상이 강하게 있었고, 그런 까닭에 '내셔널리스트' 측면은 비교적 약하지만, 박은식에게 이르면 완전한 '내셔널리스트'가 된다.

그는 '혼'(魂)과 '백'(魄)을 구별하여 다음과 같이 말한다(『한국통사』,

1914). 이 지구상에서 야만을 벗어나 국가 제도를 달성하고 도덕·윤리·정치와 종교·법제를 지니고 있는 것은 역사를 가지고 있는 자이며, 역사를 지니고 있는 것은 '국혼'이 보전되어 있다는 것이다. 중국은 혼을 지니고 있는 나라다. 흉노·선비·몽골 등에 침략당해도 5,000년 문화의 연원은 끊어지지 않았다. 따라서 다른 민족에게 동화되지 않고, 역으로 다른 민족을 동화했다. 중국은 혼이 강한 나라이기 때문이다. 이에 반해 선비나 몽골 같은 나라는 혼이 아니라 백이 강한 나라인 것이다.

> 대개 국교·국학·국문·국사는 혼에 속하는 것이요, 전곡(錢穀)·군대·성지(城池)·함선·기계 등은 백에 속하는 것이다. 혼의 됨됨은 백에 따라 살고 죽는 것이 아니다. 그러므로 국교와 국사가 망하지 아니하면 그 나라도 망하지 않는 것이다. 오호라! 한국의 백은 이미 죽었으나, 혼은 살아 있는 것인가, 아니 없어진 것인가?
>
> —『한국통사』, 서론, 1914

다음은 '대한정신'에 관한 박은식의 말이다. 국가를 집으로서 파악하고 있는데, 유교적인 국가(나라=왕가) 개념과 일본의 국가(나라=집)주의의 양측으로부터 영향을 받고 있다고 할 수 있을 것이다.

> 대개 국가라는 것은 하나의 커다란 가족이다. 그 가족의 정신이 진지하지 못하고 하나의 통합을 이룰 수 없다면, 그 밖의 가족으로부터 멸시와 유린을 당하는 것은 당연한 시대의 흐름이다. 이 대한은 우리의 조국이며, 삼천리의 국토는 우리 가족의 집이며, 4,000년의 문화는 우리 가족의 전기다. 우리 2천만 동포의 혈맥은 서로 이어져 있으며, 하늘로부터 주어진 본성과 천명 및 이 신체는 순수하게 대한정신의 결정이다.
>
> —「대한정신」의 요지

이와 같은 세계관으로부터 그는 일본을 비판하고 "일본은 멸망한다"라고 한다. 위정척사 시대로부터 면면히 이어지고 해방 후의 한국에서도 오랫동안 절대적으로 신봉되어온 '인문학적 일본 멸망론'(나의 조어)의 완성판이 여기서 등장한다. 이 논리는 비상하게 강고한 동시에 조선민족에게 있어 대단히 매력적이다. 간단히 말하자면, "서양을 본떠서 무력과 기계 문명으로 돌진하여 다른 나라를 침략하는 부도덕한 일본은 반드시 망하고, 도덕과 역사와 문화의 나라인 조선·한국은 반드시 부활하고 번영한다"라는 프레임이다. 유교의 도덕주의적 세계관을 대단히 강하게 이어받고 있기 때문에, 이 프레임을 '유교 도덕주의적 일본 멸망론'이라 불러도 좋을지 모른다. 어쨌든 강렬하게 도덕 중심적인 문화론적 서열형 내셔널리즘의 한 완성형이다. 1980년대까지 한국에서 이 프레임을 신봉하지 않는 자는 지식인이 아니었으며, 이 프레임의 진위는 진지하게 검토되는 대상이 아닐 정도로 자명했다. 따라서 1960년대 이후에 이 프레임을 파괴하고자 한 박정희 정권은 지식인으로부터 철저한 혐오의 대상이 되었다.

박은식에 의한 '인문학적 일본 멸망론'의 완성형을 살펴보자. 다음은 『한국독립운동지혈사』(1920) 서언의 요지다.

> 왜 일본은 가까운 장래에 멸망할 것인가? 서양 열강의 풍요로운 문명은 자신들이 인간의 지혜와 힘을 다하여 달성한 것이다. 그러나 극동에 틀어박혀 있는 섬나라 일본에는 본래 볼 만한 문화는 없으며, 이를 검게 칠하고, 몸에는 문신을 새기고, 물고기나 거북과 지내고 있던 자들이다. 그들의 먹을거리나 의복, 궁정에서 사용하고 있는 것은 우리나라에서 전해진 것일 뿐이다. 서양 세력이 동쪽으로 옮겨왔음을 보자 일본은 스스로 강해지지 않으면 자존할 수 없다고 생각하고, 진취적인 의도를 지니지 않으면 발전할 수 없다고 생각했다. 그리고 정신과 무력을 단련하여 나라의 힘

> 을 높이고, 군국주의로써 대륙으로 세력을 펼치며, 중국과 러시아와 전쟁을 벌여 승리함으로써 국위를 넓히고, 그 패업은 멈추는 바가 없었다. 그러나 밖을 향한 세력 신장에만 힘을 들였기 때문에 백성의 힘은 피폐의 극에 달했다. 우리나라를 병합했을 때도 우리나라의 민의를 모멸하고, 교활한 당(친일파)을 이용하여 욕망을 달성했다. 중국과 러시아에 대해서도 마찬가지로 교활한 술책을 사용했다. 그리고 그 오만과 횡포와 학대의 참상은 최대한에 달했다. 결국 일본은 한국·중국·러시아 모두의 적이 되었다. 강한 무력을 지니고 있다 하더라도 세계 인민의 적이 된 이상, 그들의 무패가 언제까지 계속될 것인가? 서양의 열강도 일본의 침략 행위에 대해 분노와 질시를 안고 있으며, 일본을 제압하고자 하는 의도가 크다. 일본의 국제적 고립이 여기에 이르러서는 일본은 가까운 장래에 멸망할 것이다. 우리가 주장하는 것은 오로지 고립뿐이다. 일본을 궁지에 빠뜨려 자신들의 행위에 대해 뉘우쳐 고치게 하면, 완전한 독립도 성취될 것이다.
>
> —『한국독립운동지혈사』 서언, 요지

박은식의 말은 절대적인 호소력을 지닌다. 그는 한편으로 앞에서와 같이 도덕주의적인 일본 규탄을 펼치는 동시에, 자신들이 독립하기 위해서는 스스로를 개조하지 않으면 안 된다는 것도 주장했다. 이것이 이전 시대의 위정척사와 결정적으로 다른 점이다.

요컨대 박은식의 논리는 ① 중화 중심주의로부터는 이탈하여 인문학적 한국·조선 내셔널리즘을 수립한 것, ② 그러나 중화주의의 근간인 도덕 중심주의는 견지하는 것, ③ 하지만 그것뿐만 아니라 현실적인 자민족 개조안을 과감하게 제시하는 것이라는 세 가지 점에 의해 해방 후 한국 및 북조선에서의 일본에 대한 관점, 자강의 관점으로까지 강인하게 계승된다.

장지연

장지연(張志淵, 1864~1921, 호는 위암(韋庵), 본관은 인동)은 저명한 사상가, 저널리스트이자 애국계몽운동가였다.

한일보호조약이 체결될 때에 그가 1905년 11월 20일에 『황성신문』에 쓴 「시일야방성대곡」이라는 사설은 병합 전야의 조선인의 울부짖음으로서 가장 유명한 문장의 하나다.

이 글에서 장지연은 다음과 같은 주장을 하고 있다. ① 어리석은 우리 인민은 "이토 히로부미는 동양 3국의 안녕을 기도하는 인물이다. 따라서 우리나라의 독립을 위해 온 것이다"라고 생각했다. ② 그렇게 기대를 하여 우리나라의 인민은 이토를 크게 환영했다. ③ 그러나 뚜껑을 열고 보자 이토 히로부미는 우리가 꿈에도 생각하지 않았던 (보호국화의) 다섯 조건을 내밀었다. ④ 이에 대해 우리 정부의 대신들은 영리를 구하여 돼지와 개처럼 행동했다. ⑤ 이 개와 돼지 같은 자들은 4,000년의 역사를 지니는 영토와 500년의 역사를 지니는 왕실을 타인에게 건네고 2천만의 생령을 타인의 노예로 삼았다. 저항한 자도 있었지만 아무런 소용도 없었다.

그리고 다음과 같은, 말로는 도저히 표현할 수 없는 비분강개의 가락으로 글을 매듭짓는다.

> 아! 원통한지고, 아! 분한지고. 우리 2천만 동포여, 노예된 동포여! 살았는가, 죽었는가? 단군, 기자 이래로 4,000년의 국민정신이 하룻밤 사이에 홀연히 망하고 말 것인가. 원통하고 원통하다. 동포여! 동포여!

이 울부짖음이야말로 병합 식민지화를 눈앞에 둔 조선 지식인의 영혼의 외침이었다. 장지연은 이 글로 인해 투옥된다.

신채호와 안창호

신채호(申采浩, 1880~1936, 호는 단재〔丹齋〕, 본관은 고령)는 충청도 태생으로 성균관에서 공부했다. 『대한매일신보』의 주필이 되었고, 애국계몽운동의 건필을 휘둘렀다. 중국에 망명하여 독립운동을 전개했다. 대한민국 임시정부와 무정부주의 단체에도 참여했다. 대만에서 일본 경찰에게 체포되어 뤼순의 형무소에서 옥사했다.

그는 박은식, 장지연과 더불어 대표적인 애국계몽운동가다. 조선 고대사에 관한 발견·저술을 통해 조선민족의 긍지를 확립하는 데 매진했다. 그는 '민족사학'의 수준을 높이고, 그 후 오랫동안 계속해서 커다란 영향을 주었다. 대표적인 저서로 「조선혁명선언」(1923), 『독사신론』(讀史新論)(1908), 『조선상고사』(1931) 등이 있다.

신채호의 혁명론은 폭력에 의한 파괴다. 폭력에 의해 모든 것을 파괴할 것을 그는 주창했다.

또한 그의 말 중에서 가장 유명한 것들 가운데 하나가 다음의 한 구절일 것이다.

> 석가가 들어오면 조선의 석가가 되지 않고 석가의 조선이 되며, 공자가 들어오면 조선의 공자가 되지 않고 공자의 조선이 되고, 무슨 주의가 들어와도 조선의 주의가 되지 않고 주의의 조선이 되려 한다. 그리하여 주의와 도덕을 위하는 조선은 있고, 조선을 위하는 도덕과 주의는 없다. 아! 이것이 조선의 특색이냐, 특색이라면 특색이나 노예의 특색이다. 나는 조선의 도덕과 조선의 주의를 위하여 곡하려 한다.
>
> —「낭객의 신년만필」, 1925

조선의 정신 세계를 이만큼 단적으로 통렬하게 비판한 글은 드물다. 이 글은 1980년대까지는 자주 한국에서 신문 칼럼 등에서 인용되었다.

그러나 한국이 자신감을 갖게 된 1990년대 이후에는 서서히 잊히고 있는 듯하다. 하지만 나로서는 이 말이야말로 그때그때마다 몇 번이고 다시 되돌아보아야 할 말이라고 생각한다.

민족주의와 마르크스주의

일본에 대한 저항사상은 민족주의 조직에 의한 것만이 아니라 마르크스주의에 의한 것도 커다란 영향을 끼쳤다. 기본적으로 민족주의적인 저항운동은 나중의 대한민국의 기반이 되었고, 마르크스주의적인 저항운동은 북조선의 기반이 되었다고 할 수 있다. 그러나 실제로는 대한민국의 초대 대통령 이승만은 애국계몽사상의 직계가 아니었으며, 조선민주주의인민공화국의 초대 통치자 김일성도 조선 공산주의 사상의 직계가 아니었다. 어느 쪽의 국가에서나 직계는 모두 배제되거나 좌절했던 것이다. 여기에 해방 후 두 국가에서의 사상적인 비틀어짐과 왜곡이 나타나 있다.

그렇지만 병합 식민지 시기에 민족주의와 마르크스주의의 공동 전선이 없었던 것은 아니며, 신간회라는 강력한 민족통일전선이 있었다. 독립파의 좌파 사회주의자를 중심으로 하여 민족주의자도 포섭하는 형태로 1920년대 중반부터 활발하게 활동했다. 1927년에 정식으로 결성되어, 회원 수를 4만 명으로까지 늘려서 1931년까지 계속되었지만, 당국에 의한 탄압과 내부의 노선 대립 등에 의해 1931년에 해산했다.

독립운동가와 민족개조론의 중요 인물

3·1 독립선언 이후 독립을 위한 투쟁은 주로 조선 밖에서 이루어졌다. 상하이와 충칭에서 만들어진 대한민국 임시정부와 만주에서 투쟁한 항일 파르티잔 활동 등이 그 주된 것들이다. 다만 조선에 남아서 독립을 사색하고 실천하며 투쟁한 사람들도 있었다.

지금까지 언급한 인물들 이외의 저명한 독립운동가와 민족개조론자로서는 다음과 같은 인사들이 있었다(윤치호는 앞에서 언급되었다).

윤치호(尹致昊, 1864~1945, 호는 좌옹(佐翁), 본관은 해평)는 독립협회에서 활동했으며, 『독립신문』 발행인을 맡은 언론인·정치가·교육가·종교가다. 대한제국 시기부터 병합 식민지 시기에 걸쳐 정치·외교·문화·교육 등 거의 모든 분야에서 활약했지만, 만년에는 친일적 입장을 취했다.

조선의 독립을 어떻게 해서 쟁취할 것인가? 안창호(安昌浩, 1878~1938, 호는 도산(島山), 본관은 순흥)는 전형적인 '민족개조론'의 주창자였다. 그 내용은 독립을 위해서는 우선 조선민족이 '수양인격', '무실역행'(務實力行)에 매진해야만 하며, 그에 의해 민족의 자질·문화를 향상시킨 후에 자치를 쟁취해야 한다는 것이다. 그는 미국에서 '독립 시기상조론'을 주창하고, 자질 향상을 위한 단체인 흥사단을 1913년에 조직했다.

여운형(呂運亨, 1886~1947, 호는 몽양(夢陽)). 조선건국동맹을 결성하고, 해방 후에는 좌우 합작에 진력했다.

안재홍(安在鴻, 1891~1965, 호는 민세(民世)). 제10장 참조.

송진우(宋鎭禹, 1890~1945, 호는 고하(古下), 본관은 신평)는 『동아일보』를 거점으로 하여 논진을 펼친다.

3. 친일사상

친일이라는 행위—이완용

친일파라는 것은 해방 후의 북조선에서든 한국에서든 모두 '민족 반역자'를 의미하기 때문에 타도해야 할 존재 이외의 아무것도 아니다. 그 점은 좋다 하더라도 "친일파는 타도해야 할 존재이기 때문에 그에 대해 연구한다거나 이해한다거나 하는 것은 용인될 수 없다"라고 하는, 북조선에서도 한국에서도 공유되고 있는 인식은 잘못일 것이다. 친일파를 어떻게 해석하고 이해할 것인가는 조선의 역사를 이해하는 데서 대단히 중요한 문제다.

대표적인 친일 단체로 일진회가 있다. 1904년에 송병준(宋秉畯, 1854~1925)이 만든 단체인데, 같은 해 동학의 흐름을 껴안는 이용구(李容九, 1868~1912, 호는 해산(海山))의 진보회를 흡수했다. 그리하여 이전에 척왜를 주창한 왕년의 동학의 지류가 친일 세력의 중심에 합류한다고 하는 얄궂은 흐름이 된다(본류는 손병희의 천도교로 된다).

일진회는 적극적으로 한일병합을 추진했고, 일본 측은 이것을 이용했다. 그러나 한일병합 후에 해산되고 만다.

이완용(李完用, 1858~1926, 호는 일당(一堂), 본관은 우봉)은 현재에 이르기까지 '친일 매국노'의 대표적 인물로서 한국과 북조선에서 악명이 높다. 그는 1905년의 한일보호조약에 학부대신으로서 적극적으로 찬성했고, 1907년에는 내각 총리대신이 되어 고종을 퇴위시키는 압력을 가했다. 1910년의 한일병합 때에는 한국 측 대표로서 조인했다. 이와 같이 그는 나라를 일본에 팔아넘긴 대표적인 매국노다.

해방 후의 한국에서나 북조선에서 이완용을 이해하려는 논조는 전적으로 그 존재를 허락받지 못하지만, 자신에게도 '매국노'라는 딱지가 붙을 것을 각오하면서 이완용을 옹호하는 논의를 내세우는 자가 전혀 없는 것은 아니다. 이완용의 생각은 전적으로 비합리적이고 민족 반역적인 것이었다고는 말할 수 없으며, 장래의 조선 독립을 위해 일본의 보호 아래에 들어가 실력을 기르자는 것이었다.

중국에 대한 눈길

1930년대에 이르면 조선의 중국관은 엄격해진다. 중국의 '모일'(侮日, 일본을 업신여김) 정책을 고치라는 주장이 주류로 된다. 중국이라는, 〈일본

2〉와 〈조선 2〉, 요컨대 〈일본 1〉에 대한 공통의 적을 설정하는 것이 진행되었다.

대표적인 독립운동가의 한 사람이었던 한용운도 1930년대에는 다음과 같이 주장하게 된다.

> 어떤 한 나라를 목표로 하여 배척·모멸의 정책을 내걸고서 국민을 교육하고 그 군병을 훈련하는 것은 그 동기의 여하와는 상관없이 한 국가가 채택해야 할 바의 길이 아니다.
>
> —「지나사변과 불교도」, 1937년 10월 1일, 『한용운 전집』 2-359a

여기서 '어떤 한 나라'란 구체적으로는 '(대일본)제국'이며, '한 국가'가 가리키는 것은 "세계정세에 대한 잘못된 인식과 모일·항일이라는 스스로 파멸을 자초하는 정책"을 채택하는 중국 국민정부다. 한용운은 '지나사변'(중일전쟁)에서 '(〈일본 1〉이) 소기의 전과를 얻은 것은 국민과 함께 감사할 바'라 하고, '총후(銃後, 후방) 국민의 의무', '일본 국민으로서의 태도와 각오', '후방 국민의 각오'를 강조하는 것이다.

4. 새로운 사조

손병희와 천도교, 이돈화

손병희(孫秉熙, 1861~1922, 호는 의암〔義菴〕, 본관은 밀양)는 최시형의 뒤를 이어 동학의 제3대 교주가 된 인물이다. 동학을 이은 후, 1901년에 일본으로 망명하여 거기서 개화파의 조선인과 접촉했다. 1904년에 진보회의 결성에 관여하고, 단발·흑의(검은 옷)의 개화운동을 전개했다(갑진개화혁신운동).

그의 '삼전론'(三戰論)(1902)은 유명하다. 동학의 도에 의거해 싸우는 '도전'(道戰), 한울(천)이 준 만물의 재화에 의해 싸우는 '재전'(財戰), 언어를 통한 외교에 의거해 싸우는 '언전'(言戰)의 셋이 '삼전'이다. '병기가 없는 전쟁'이라고 말할 수 있으며, 동학과 개화사상의 융합이라고 할 수 있다.

그 후 진보회가 친일파인 일진회에 통합되자 1905년에 손병희는 동학의 철학적 토대 위에서 천도교를 창시한다. 1919년 3·1운동에 지도자의 한 사람으로서 참여했다.

식민지 시기의 철학·사상에서 천도교가 수행한 역할은 컸다. 천도교의 잡지 『개벽』은 아마도 식민지 시대에 가장 지적 수준이 높은 사상지였다. 『개벽』지에는 독창적인 사상가들이 기라성처럼 모여들었지만, 그 중에서도 가장 중심적인 인물은 천도교의 이론가였던 이돈화(李敦化, 1884~1950, 호는 야뢰〔夜雷〕)였다. 내가 보는 한에서 이돈화는 병합 식민지 시대 최대의 철학자다. 그의 저서 『신인철학』(新人哲學, 1930)은 당시 서양의 철학과 사회사상의 성과(사회진화론, 마르크스, 니체, 포이어바흐 등)도 충분히 받아들여 '수운주의'를 철학화한 업적이다(수운은 동학 개조인 최제우의 호). 또한 그는 최제우의 '후천개벽'을 철학적으로 정교하고도 치밀하게 만들어 '정신개벽', '민족개벽', '사회개벽'의 '3대 개벽'을 주장했다(「개벽방식과 3대 개벽」, 1921).

이돈화의 혼연한 철학은 동학과 서양사상과 일본으로부터의 자극이 맞물려 다듬어졌다. 하지만 이 정도로 높은 경지의 철학을 구축한 인물을 현대 한국에서는 '친일파'로 분류하고 있다. '친일파'로 분류되어버리면, 그 인물에 대한 객관적인 이해와 연구가 가능하지 않게 된다. 전후 오랫동안 일본에서 이데올로기적인 이유에 의해 니시다 기타로(西田幾多郎)나 교토학파를 뱀이나 전갈과 같이 다루어 학계로부터 배제한 것과 유사한 현상이다. 실로 통탄스럽고 너절한 일이다.

문화론

병합 식민지 시기는 때때로 일본인에 의한 조선 문화의 멸시가 횡행한 시대라고 말해진다. 틀림은 없지만 지나치게 단순한 견해다. 물론 정체론적인 편견이 강하게 걸려 있었으며, 또한 결국은 병합 식민지 통치를 위해서라는 목적이 있긴 했지만, 일본인에 의한 조선 문화 연구는 대단히 수준이 높은 것이었다. 다카하시 도오루나 누카리야 가이텐(忽滑谷快天)*에 의한 조선 불교 연구나, 아카마쓰 지조(赤松智城)나 아키바 다카시(秋葉隆)에 의한 조선 샤머니즘 연구 등을 넘어서는 것은 해방 후의 북조선과 한국 어디에서도 대단히 어려웠다고 말할 수밖에 없다. 사실 이 시기 일본인의 조선 연구에서는 역사학보다도 문화·사상 연구 쪽이 훨씬 수준이 높았다. 역사학은 거의 완전하게 식민지 사관에 지배되고 있었다. 이 시기의 일본인에 의한 조선사 연구의 성과로 오늘날에도 온전히 참조될 수 있는 것은 적다. 하지만 문화·사상 연구는 오늘날에도 제1급의 가치를 잃고 있지 않는 것이 많다(물론 전면적으로 양질이라는 것은 아니며, 문제를 많이 포함하고 있다).

이 점의 영향도 받아 오히려 병합 식민지 시기는 조선인이 자민족의 문화를 비로소 불교와 유교라는 보편적 이데올로기의 틀로부터 벗어나 인식할 수 있었던 시대다. 그것은 '조선'과 '대한'이라는 고유명사가 붙는 문화·사상·역사에 대한 개안이자 그 연마였다. 21세기의 오늘의 눈에서 보면, 민족의 이름이나 국가 이름이 붙은 문화론은 내셔널리즘의 발로라고 하여 강하게 비판된다. 하지만 병합 식민지 시기에 조선에서 민족주의적인 문화론·사상·역사관이 등장한 것은, 비록 그것이 제국 일본의 문화론·사상·역사관의 국수주의적 성격의 영향을 강하게 받은 것이라 할지라도, 역시 깊은 의미가 있다. 민족과 국가가 자립해가는 데서 한 번은 통과하지 않을 수 없는 길이기 때문이다.

문일평과 최남선

병합 식민지 시기의 대표적인 문화론자로서 문일평(文一平, 1888~1939, 호는 호암(湖岩), 본관은 남평)이 있다. 그는 사상·예술·미 등의 분야에서 '조선'이라는 고유명사를 전면에 내세워 '조선아'(朝鮮我), '조선심'(朝鮮心), '조선학' 등의 개념을 주장했다. 그의 논고는 실로 높은 가락으로 강한 호소력을 지닌다. 당시의 최고 수준의 조선 지식인인 그가 내세운 최고 수준의 문화론을 우리도 알아둘 필요가 있다. 일본인뿐만 아니라 현대의 한국인도 알아두어야 한다. 왜냐하면 여기에는 현대 한국인이 잊어버린 것, 인정하고 싶어 하지 않는 것도 많이 쓰여 있기 때문이다.

다음은 문일평의 「역사의 눈으로 본 조선」(1935)이라는 에세이의 요지다. 중요한 글이기 때문에 길어지겠지만 게재한다.

> 고대 조선의 일을 지나인은 '군자국'이라 불렀으며, 근대의 서구인의 눈에 조선인은 '신선국'으로 비쳤다. 하지만 오히려 조선은 '동방고문화국'(東方古文化國)이라고 부르는 것이 어울린다. 조선의 문화는 조선의 독창이 아니라 타자의 모방이 아닌가라는 비판도 있지만, 오히려 유교·불교의 문화를 전면적으로 완성시킨 것이 조선이다. 역사적으로 보면, 고구려의 문화는 만주 문화의 연원이 되며, 백제 문화는 일본 문화의 연원으로 되고, 신라 문화는 조선 문화의 연원이 되었다. 조선을 중심으로 하여 보면, 우리의 문화는 한 팔로 일본을 껴안으면서 동방에 군림했던 것이다. 그러나 이것은 과거의 일이다. 오늘날 고구려의 옛 땅인 만주도 신라의 옛 땅인 조선도 힘이 없다. 다만 백제의 문화를 향유한 일본만이 서양의 문화를 섭취하여 융성하고, 만주와 조선에 대해 대규모의 문화 역수입을 하게 하고 있다. 조선과 일본의 문화적인 지위는 역전된 것이다. 조선은 새로운 문화의 시련에 직면해 있다.
>
> 조선의 역사를 되돌아보면, 커다란 특징이 있다. 그것은 변화가 적다

는 것이다. 역사상 몇 차례인가 왕조가 변했지만, 김씨(신라)가 왕씨(고려)로부터 이씨(조선)로 변화한 동일한 기간에 20여 차례의 역성혁명이 있었던 지나와는 비할 바가 없다. 조선의 역사는 혁명이 적은 것과 전제 정치의 지속이 특징이지만, 그뿐만이 아니라 신라의 귀족이 이천 년간 그대로 유지되고 있는 것이 가장 큰 특징이다. 그런 의미에서 오늘날의 조선은 신라의 연장이라고 할 수 있다. 고려는 신라의 지배 계급을 중용하여 그대로 지배 계급에 두었으며, 왕조가 이조로 변하면 고려의 유신으로 이조에 봉사하지 않는 고결한 선비도 있었지만, 전체적으로 말하면 고려의 지배 계급이 그대로 이조의 지배 계급이 되었다. 요컨대 고려도 이조도 왕가가 변했을 뿐인바, 지배 계급의 사람들에는 커다란 변동이 없었다. 노예제도 1894년까지 유지되어온 것을 감안하면 조선 사회의 변화가 적다는 것은 분명하다.

조선은 일관되게 영토와 문화를 유지해왔다. 이것은 지나 외에는 조선밖에 없다. 신축자재한 민족적 탄력과 영롱불괴의 민족적 본성·능력은 경탄할 만한 것이다. 그러나 우리 민족의 활동 면은 쓸쓸하다 하지 않을 수 없다. 외부로부터의 침공에 대한 방어에 피폐하고 민족의 정력을 축적할 수 없었던 것은 확실하다. 하지만 피폐의 원인은 외부에만 있는 것이 아니다. 내부의 부패가 있다면 그것을 바로잡기 위해 계급의 교대가 없으면 안 되지만, 조선에서는 왕통의 교대가 있었을 뿐, 계급의 교대는 없었다. 이로 인해 피폐와 정체가 지속되었다. 일본의 경우에는 국체의 변경, 요컨대 혁명이 없는 나라이지만, 실질적으로는 계급의 교대가 있었다. 따라서 일본은 '혁명은 없지만, (실질적으로는) 있는' 것이다. 역으로 조선은 '혁명은 있었지만, (실질적으로는) 없는' 것이다. 정치 측면을 보면 조선의 역사는 게으름의 연속이었다. 지배 계급의 사적인 다툼의 반복이었다. 남성적인 역사라고는 말할 수 없다. 중국의 주변국에서 중원을 위협한 일이 없는 민족은 조선뿐이다. 조그마한 국내에서 내분에 전념하며 반도 속에

> 갇혀 지내고 있었다. 고구려의 남진도 실패하고 신라의 북진도 실패했다.
>
> 그러한 가운데 불교와 유교를 심화·보급시켰다. 불교도 유교도 신라로부터 나와 고려를 거쳐 이조에서 집대성되어 찬연한 문명이 되었다. 원효와 이퇴계가 그 백미다. 하지만 이조 문명의 결정은 세종이 만든 훈민정음이다. 이것이야말로 민중 문명 그 자체다. 옛 문명이 폐지되고 새로운 문명의 씨앗이 뿌려지고 있는 오늘날, 조선인의 일거수일투족이 미래의 문명을 만들고 있다. 조선인은 현대의 낙오자이긴 하지만, 훈민정음이라는 문명을 지니고 있는 까닭에 노력에 따라서 새로운 생명을 개척할 수 있다.
>
> 세종이 창조한 문화는 '조선아'에 눈을 뜬 첫 걸음인 것이다. 우리의 고유한 언어를 적는 문자를 창조한 훈민정음이야말로 조선사상의 연원이다. 따라서 세종은 '조선심의 대표자'인 것이다. 조선학은 조선 문자의 발명과 그 발달에 의해 존재 가치를 늘리는 것이다. 그러나 이 문자가 발명되고 나서 오백 년, 조선의 사상은 잠에서 깨어나지 못했다. 이제야말로 옛 사상으로부터 벗어나 조선을 다시 의식할 때인 것이다.
>
> —「역사의 눈으로 본 조선」 요지

현대의 한국인은 자주 "우리나라에는 전통적으로 혁명이 있었지만, 일본에는 혁명이 없었다. 이 사실로부터 알 수 있는 대로 수구적인 일본보다 우리나라 쪽이 정치의식이 높다"라고 말한다. 그러한 현대 한국인의 표면적이고 천박한 인식보다 문일평은 역시 투철한 역사의식의 소유자다. 조선의 역사와 일본의 역사의 본질을 정확히 꿰뚫어 보고 있다. 그리고 현재의 굴욕을 넘어서서 미래의 조선을 의지적으로 개척하고자 하고 있다.

또 한 사람, 이 시기의 앎의 거인으로서 최남선(崔南善, 1890~1957, 호는 육당〔六堂〕, 본관은 동주)이 있다. 그는 1908년에 잡지 『소년』을 발간했다(1911년 폐간).

그의 사상으로서 가장 유명한 것이 제2장에서 소개한 '불함문화론'이다.

다만 최남선은 만주 건국대학의 교수를 맡는 등, 일본에 기울어진 인물이라는 평가가 지나치게 강했다. 단적으로 말하면, 그에게는 그 사상의 내용과는 관계없이 친일파라는 딱지가 붙은 것이다. 동시대의 신백우(申伯雨)에게 최남선은 '조선의 우에스기 신키치(上杉愼吉)'이자 곡학아세라고 매도당하고 있다.

5. 종교

일본의 종교 정책

조선 시대 말기 외국과의 수호조약에 의해 조선에서는 신앙의 자유가 처음으로 인정되었다. 병합 식민지 시기에도 개인의 신앙의 자유가 인정되며, 조선인이 각자의 신념에 따라 신앙 세계를 지킬 수 있게 되었다. 이것은 조선의 역사상 획기적인 것이었다.

그러나 일본은 전면적인 신앙의 자유를 추진한 것이 아니다. 거기에는 정교한 규제가 수반되고 있었다.

총독부는 「포교규제」(1915)에 의해 그리스도교·불교·신도만을 '종교'라는 범주 안에 넣고, 천도교 등의 신흥·민족 종교를 따로 '유사종교'라고 했다. 유교도 종교로부터는 떼어내졌다. '종교' 범주에 포함된 것은 '공인 종교'가 되어 통제되었다. 그리스도교에 대해서는 일반 법규로 통제했지만, 불교에 대해서는 일반 법규 외에 「사찰령」에 의해 조선 불교를 일본의 지배 아래 두고자 했다. 총본산 제도를 도입하고 주지의 임명권을 총독부가 가지는 등의 대대적인 통제였다.

일본에 의한 조선 불교에 대한 침투와 저항

조선불교회는 1921년 이후에는 선학원(禪學院)을 중심으로 일본 불교에 대한 대항 자세를 보였다. 1935년에는 조선불교선종종헌이 탄생하여 대처·육식을 정화의 대상으로 삼았다.

또한 조선 불교계가 저항의 사상으로서 정교 분리를 명확히 내세운 것도 주목할 만하다. 사찰령은 정치권력에 의한 종교 간섭이기 때문에, 대일본제국 헌법(제28조)의 신교의 자유 보장에 대한 위반이라는 주장이다.

다음은 1937년에 만공(滿空)이 조선총독부에서 열린 회의에 출석했을 때의 일에 대한 묘사다. 물론 이것은 만공의 어록에 수록된 글이며, 그 사실성에 관해서는 전면적인 신빙성은 없다. 하지만 우리는 이 글을 통해 이 당시를 대표하는 승려의 생각을 알 수 있다.

> (회의에서) 그때의 일본인 총독 미나미 지로가 "조선 불교에 대해서는 앞의 총독이었던 데라우치 마사타케의 공적이 대단히 크며, 바로 일본 불교에 종속하는 것이 좋다"라고 요설로 말했다. 그러나 만공이 분연히 자리를 박차고 일어나 단상으로 올라가 큰 소리로 다음과 같이 말했다. "청정이 본연이다. 산하대지가 어떻게 홀연히 나타나는가?"라고 말하며 목소리를 휘둘러 일갈했다. 그 목소리는 사방으로 울려 퍼지고 만장을 위압했다. 일동은 놀라 동요하고 수습이 되지 않았다. 만공은 "조선 불교가 일본 불교에 종속될 수 없다"라고 역설하고, "데라우치 마사타케는 조선의 승려로 하여금 일본 승려의 풍습을 따르게 하고 파계시킨 대죄를 저지른 악인이기 때문에, 무간아비(無間阿鼻) 지옥에 떨어져 고통을 겪어야 한다"라고 말하고, 또한 (만공의 지론이었던) 정교 분립론을 이야기하고서 단을 내려왔다. 그 밤에 만공의 외우인 한용운 화상이 찾아와서 "잘했어, 사자후야. 이 일갈로 상대는 필시 간담이 떨어졌을 거야. (다만) 일갈한 것은 좋았지만, 기왕이면 몽둥이를 휘둘러 한 방씩 갈겨주지 그랬나"라고 말했

다. 만공은 크게 웃으며 "끽다거. 이 외로운 너구리. 미련한 곰은 몽둥이를 쓰지만 큰 사자는 원래 일갈하는 법이네"라고 화답했다.

—「정축년 3월 11일 일인 총독 미나미 지로 喝一喝」, 『만공어록』(滿空語錄), 수덕사, 1968

여기서 중요한 것은 만공이 영성을 말하고 있다는 점이다. 이것을 일본 측은 이해할 수 없다. 통치자는 스스로의 '폭력 행사를 위한 사고'를 '이성'이라고 생각한다. 그러나 만공은 그에 대해 영성으로 대항하는 것이다.

또 하나 중요한 것은 만공이 "정교 분립론을 이야기했다"는 부분이다. 다음 항의 한용운의 지론도 동일했지만, 이 당시 총독부의 불교 정책에 대항하는 조선 불교 측의 중요한 논점이 정교 분리 원칙이었다.

한용운

한용운(韓龍雲, 1879~1944, 법호는 만해〔万海 또는 卍海〕, 본관은 청주)은 한국에서 '만고불굴의 민족정기를 지킨 독립운동가, 사랑의 증도가(證道歌)를 노래한 시인, 대강백(大講伯, 경전 강의를 잘 하는 스님), 대선사'(전보삼〔全宝三〕*) 등으로 불린다. 사실 그는 독립운동가로서 3·1운동에서는 「독립선언서」의 '공약 3장'을 기초했고, 또한 감방에서 「조선독립의 서」를 답변했다. 시인으로서는 오늘날에도 널리 사랑받는 「님의 침묵」을 노래하고, 또한 불가로서는 「조선불교유신론」을 발표하고, 과감한 불교 유신운동을 행했다. 「승려취처문제건의서」(1910)에서는 일본의 승려처럼 대처 가능하게 할 것을 건의해 큰 파문을 던졌다. 승려의 대처 가부는 한국 불교계에서 오늘날에 이르러서도 언제나 물의를 빚는 문제다.

만해의 사상적 결실은 「조선불교유신론」(1913년, 이하 「유신론」으로 약칭)을 출발점으로 한다. 여기에는 전편을 관통하는 가장 근저에 놓여 있는 사고로서 모든 것을 가능하게 하는 '인간의 힘'에 대한 신념이 있다. 전반적으로 중국의 량치차오(梁啓超)의 영향이 강하다. 만해는 '천지무구어사지성패'(天之無救於事之成敗)라고 하여 전통적인 '천'의 힘을 부정하고, 천하의 모든 것의 성패는 전적으로 인간의 힘에 의한 결과이며, "사람의 책임일 따름이다"라고 강조한다. 그런 까닭에 만해는 인간의 행동의 중요성을 호소한다. 그때 불교에서의 심(心)/행(行)의 논의를 역으로 이용하여 유교의 군자주의(君子主義)를 채택하고 있는 점이 주목된다. 인간이 세계를 만든다. 이를 위해서는 인간의 노력이 중요하다. 더 나아가 인간을 있는 그대로 파악하는 것이 전제로 된다. 그것은 욕망의 긍정을 의미한다. 이 욕망론이 중요한 것은 이것이 진보에 있어 필요하고 진보의 기반이 된다는 점이다.

진보는 만해의 기본적 세계관의 하나다. 세계는 '진진부이'(進進不已)이자 한 방향으로 돌진하고 있다. 즉 물질적 세계가 발전하면 사람의 감각적 욕망이 무한히 증대되고, 그에 의해 진보사상이 무한히 진전한다. 이런 의미에서 인간과 물질이 상호 작용하면서 진화가 나아가는 것이라는 것이다. 이와 같은 진보주의 아래 변화를 추구하고 세력을 긍정한다.

만해는 자유를 중시한다. 자유를 행사하는 근거는 '오심'(吾心)의 주체성이다. 스스로를 종으로 하여 타자를 주로 하는 것과 같은 자유가 없는 사람은 이미 사람이 아니다. 그리고 이 주체성 앞에서 세속적 권위는 쓸모가 없다.

만해는 또한 합리주의에 의해 미신을 엄격하게 배척한다. 경쟁도 역시 만해가 강조하는 것들 가운데 하나다. 그리고 만해는 경제적인 경쟁 사회에서의 자립을 강조한다. 진보하고 경쟁하기 위해서는 파괴가 필요하다. 유신은 '파괴의 자손'이며, 파괴는 '유신의 어머니'다. 불교의 주의의 하나로서 만해는 '평등주의'를 든다. "근세 자유주의와 세계주의가 실로 평등 진리의 자손이다"라고 한다. 불교의 주의로서 만해가 드는 또 하나는 '구세주의'다. 구세주의란 '독리주의(獨利主義)의 반대'다.

불교 유신운동과 더불어 만해의 실천의 또 하나의 축을 이루는 것은 독립운동인데, 그 기본 사상은 「조선독립의 서」(1919)에 표현되어 있다. 여기서 만해가 주장하는 핵심은 '자유'다. '평화'를 보존하는 '참된 자유'(眞自由)라는 개념이 강조되고, 이에 반해 "침략적 자유는 평화를 없애는 야만적 자유"로서 강하게 부정된다.

다만 그의 논의는 철저한 자기비판을 내포하고 있었다. 그 점이 위정척사론자와의 결정적인 차이였다.

> 조선 사람은 종래 자기 독행의 정신과 노력보다는 의타성이 많았던 것입니다. 그 결과로서 오늘날 어떠한 것도 스스로 해결할 수 없고 타인의 힘을 빌릴 뿐이게 된 것인바, 우리가 약하지 않은 것이 아닙니다.
>
> —「자립 역행의 정신을 보급하자」, 1933년 10월 1일

> 시험 삼아 오랜 세월을 돌이켜보아 어떤 국가가 자멸하지 않고 타국의 침략을 받으며, 어떤 개인이 스스로 깔보지 않고 타인의 모멸을 받았던 것일까? 그와 같은 것은 없을 것이다. …… 자신이 불행한 때에 남을 원망하는 자는 자신의 불행이 남에 의해 찾아왔다고 보기 때문이다. 그러니까 자신의 행복도 남에 의해 찾아올 것이라고 생각하는 사람이다. 그 사람은 독립성과 창조력이 조금도 없는 사람이다. 그러니까 그 사람은 저승으로 나아가기 전에 이 세상에서 죽은 사람이다.
>
> —「반성」, 발표된 해는 분명하지 않다

만해는 뛰어난 시인이기도 했다. 시집 『님의 침묵』은 철학적 서정이라고도 할 수 있는 독자적인 세계를 열고 있다.

불교

병합 식민지 시대의 승려로서는 다음과 같은 인물들이 특기할 만하다.

용성선사(龍城禪師, 1864~?). 불교 현대화를 추진했다. 대각운동.

석전화상(石顚和尙, 1870~1948: 속명은 박한영〔朴漢永〕). 불교 개혁운동을 했다.

만공선사(滿空禪師, 1871~1946). 유심정토를 주창한다. 우주 전체로서의 나=아(我).

한암선사(漢岩禪師, 1876~?). 보조선을 계승하고, '남 만공, 북 한암'이라고 불렸다.

그리스도교

병합 식민지 시기에 그리스도교는 폭발적인 성장을 보인다. 본래 1910년의 한일병합에 대해 조선에서 선교 활동을 하고 있던 서양의 그리스도교 세력은 반대의 의지를 보이지 않았다. 오히려 열강 측의 입장으로서 병합은 문명화라고 했다. 또한 본래 그리스도교 세력의 근본적인 사상으로서 정교 분리가 있었기 때문에, 서양의 선교사들은 이것을 근거로 총독부에 대한 무저항을 관철했다. 3·1운동 때에도 그리스도교의 선교사들은 무관여의 입장을 견지하고, 학생들이 시위 행동에 나가는 것을 제지했다. 이로 인해 총독부와 그리스도교 선교사들의 관계는 대립보다는 협조를 기조로 하고 있었다.

하지만 조선인 그리스도교 신자들 가운데는 일본에 대한 저항정신을 지닌 자가 많았다. 이토 히로부미를 암살한 안중근은 가톨릭 신자였다. '친일 매국노' 이완용을 암살하고자 한 이재명(李在明, 1887~1910, 본관은 진안)은 개신교였다. 그는 1909년에 현재의 명동성당에 도착한 이완용을 칼로 찔러 중상을 입혔다. 체포된 이재명은 다음 해 처형되지만, 그가 재판에서 이야기한 "나는 죽어 수십만 명의 이재명으로서 다시 살아나 일본을 멸망시킬 것이다"라는 말에 강한 민족적 영성이 숨어 있다는 것이 감지될 수 있다.

3·1운동 후에는 총독부의 문화 정책의 영향도 있어 그리스도인도 일본에 대한 저항보다는 농촌운동이나 계몽운동, 문화운동에 힘을 기울이게 된다.

1923년에 월간지 『신생명』이 발간된다.

최병헌(崔炳憲, 1858~1927, 호는 탁사〔濯斯〕)은 개신교 초기의 문화사업가로서 중요한 인물이다.

신흥종교

조선 말기·대한제국 시기에 이어서 병합 식민지 시기에도 신흥종교가 많이 탄생했다.

불교 계열에서는 1916년 박중빈(朴重彬, 1891~1943, 법호는 소태산〔少太山〕)에 의해 원불교가 시작되었다. 소태산은 일원상(一圓相)의 진리를 깨달아 원불교를 창립했다. 원불교 계열인 원광대는 한의학을 연구·교육하는 등 현재 한국에서 가장 특색 있는 대학들 가운데 하나로 유명하다.

6. 문학

문학

조선 시대의 정통적인 문장관은 "글로써 도(道)를 싣는다"라는 것이었다. 유교적인 세계관에 따라 "글이라는 것은 도덕을 표현하는 그릇이다"라는 사상이다. 개화기로부터 병합 식민지 시기에 걸쳐 비로소 근대 문학과 만난 조선에서는 전통적인 '문'(文)에 대한 관념을 그대로 문학이라는 형식으로 이행시키는 경향이 강했다. 따라서 조선의 근대 문학은 사상을 표현하는 그릇이라는 자리매김이 농후하다. 하지만 행인지 불행인지 이 민족이 비로소 만난 근대 문학은 일본 문학(내지문학)이거나 일본어로 옮겨진 서양 문학이었다. 조선에서 서양 서적이 처음으로 조선어로 번역된 것은 1895년에 간행된 『천로역정』(天路歷程, 존 버니언 지음)이었다. 이때부터 수많은 번안소설, 신소설이 일거에 출현한다. 그 후에 조선의 근대 문학이 꽃 핀다. 이 과정은 결정적으로 중요했다. 임화(林和, 1908~53)는 이 번안소설로부터 조선 문학으로 이어진 흐름을 다음과 같이 말한다(임화는 그 자신이 병합 식민지 시기의 소설가이며, 해방 후 북조선으로 건너가 처형되었다).

> 쇼와 첫 해까지 성서를 제외하고 대부분의 번역이 일역으로부터의 중역이며, 다이쇼 첫 해에 활발하게 행해진 하몽 이상협(何夢·李相協), 일재 조중환(一齋·趙重桓), 우보 민태원(牛步·閔泰瑗) 등의 번안소설도 모두 내지 문학 또는 일역으로부터의 중역이다. 또한 창작의 영역에서 최초로 조선인에게 서구 근대 문학 양식을 가르친 것이 내지의 창작과 번역이다. 단편소설이 그러하며, 시가 그러하고, 희곡이 그러하며, 장편소설이 그러했다. 특히 단편소설은 앞에서도 말했듯이 서구의 어떤 단편 양식보다도 내지의 단편소설 양식을 그대로 이식해온 것으로, 그것은 우리의 단편과 서구의 단편을 비교할 때에 보이는 커다란 차이를 볼 때 분명하다. 서구의 중편에 해당하는 스케일과 내용을 지닌 긴 단편은 전적으로 내지 문학의 독특한 산물이며, 현재는 거의 동양의 신문학의 하나의 특성이 되어 있다./뿐만 아니라 우리가 특히 유의해야 하는 것은 신문학의 생성기에 가장 중요한 문제였던 언문일치의 문장 창조에서 조선 문학은 오로지 메이지 문학의 문장을 이식해왔다는 것이다.
>
> —임화, 「신문학사의 방법」, 1940, 『동아일보』 연재,
> 윤상인·와타나베 나오키 옮김, 『한국의 근현대문학』, 290쪽

1925년에 카프(KAPF: 조선프롤레타리아예술동맹)가 형성된다. 카프는 무산 계급을 위한 예술운동을 전개했지만, 다수의 구성원이 검거된 것 등으로 인해 1935년에 해산했다. 이기영(李箕永)은 카프의 중심 멤버였다. 앞의 임화도 카프의 멤버다.

이 시기의 저명한 소설가로는 유진오(兪鎭午), 박태원(朴泰遠), 김동리(金東里) 등이 있다. 저명한 시인으로는 김소월(金素月), 이육사(李陸史) 등이 있다(그밖에도 수많은 문학가가 있다).

몇 사람의 문학가

이하에서는 이 시기의 문학가 몇 사람에 대해 말하고자 한다.

조명희(趙明熙, 1894~1937, 호는 포석〔抱石〕)는 카프의 중심 멤버였다. 그는 가난을 주제로 삼아 가혹한 조선의 현실을 그리고, '생명은 힘이다'라는 신념 아래 '생명 인간주의'라고도 할 만한 사상을 형성했다. 대표작으로 「낙동강」(단편소설), 「김영일의 죽음」(희곡) 등이 있다. 1928년에 러시아로 건너가 활동했지만, 1938년에 KGB에 체포되어 처형당했다.

그가 소설에서 그린 것은 철저한 굶주림이며, 공간의 이동이고, 사람들의 마찰과 대립이며, 인간의 작음과 큼이고, 지배와 피지배의 절망적인 관계였다.

인간이 굶주린다는 것은 어떠한 것인가? 단편소설 「새 거지」에 그려진 어미와 아들이나, 마찬가지로 「농촌 사람들」의 빈농 일가는 절대적인 가난의 비참함을 속속들이 보여준다. 절대적으로 생활력이 없는 어미와 아들은 간신히 자살로부터 벗어나지만, 거지로 전락한다. 논의 물 대기 다툼에서 부자에게 패배한 남자는 생활력을 잃고 절망 끝에 죽음으로, 남겨진 늙은 어미와 어린아이는 간도로 흘러간다. 가난으로부터 벗어나는 길은 있는 것으로 보이지만, 등장인물들은 그것을 알지 못한다. 전락할 때의 가속도만큼 두려운 것은 없다. 단숨에 바닥까지 떨어진다.

하지만 그의 작품에 그려진 것은 절대적인 가난만이 아니다. 요컨대 사회의 최하위층으로 살아가기 위한 수단을 모두 빼앗기고 있는 인간들만이 아니다. 희곡 「김영일의 죽음」의 김영일은 일본 유학생이며, 단편소설 「땅 속으로」의 '나'도 일본 유학으로부터 돌아온 인텔리이고, 단편소설 「저기압」의 '나'도 신문기자다. 그들은 신체 건강하며, 학문도 있다. 그럼에도 굶주린다. 극도로 굶주린다. 그것은 왜인가?

조명희는 천재적인 후각과 냉정한 관찰의 눈으로 "가난에는 다양성이 있다"라고 말하고 싶었던 것이 아닐까? 말할 필요도 없이 식민지 시대의 가난의 원인이 하나로는 환원될 수 없지만, 몇 가지 거대한 모순과 깊은 관계가 있다. 가혹한 일본 제국주의와 원초적이고 매우 난폭한 자본주의가 커다란 것이고, 그밖에도 농업 기술의 부족, 계급 차별, 가부장제, 인간의 주체성 부족 ……. 이것들이 복잡하게 뒤얽혀서 조선의 가난은 재생산되었다. 그런 까닭에 「낙동강」에서 조명희는 청년운동, 농민운동, 형평운동, 노동운동, 여성운동이라는 많은 운동을 나열했다. 그리고 주인공 박성운은 열렬한 민족주의자로부터 사회주의자로 변했다. 하지만 이 사회주의자는 단지 자본가와 노동자의 관계를 전도시키는 사명만을 띠고 있는 것이 아니다. '강한 인간'을 만들기 위한 '주의'인 것이다. 따라서 사실은 사회주의가 아니어도 좋다. 오히려 생명 인간주의라고 말하는 것이 좋을 것이다. 백정(피차별민) 출신의 젊은 여성 활동가인 로사에 대해 박성운은 다음과 같이 말한다.

> "당신은 최하층에서 터져 나오는 폭발탄 같아야 합니다. 가정에 대하여, 사회에 대하여, 같은 여성에 대하여, 남성에게 대하여, 모든 것에 대하여 반항하여야 합니다."
>
> "당신은 또 당신 자신에 대하여서도 반항하여야 되오."

이것은 박성운의 생명 인간주의야말로 생명을 억압하는 모든 것에 대항하는 주의이기 때문이다. 그의 육체적 생명은 경찰의 고문에 의해 갈기갈기 찢겨지고 낙동강 가에서 사라져갔지만, 그의 생명 인간주의의 혼, 살아 있는 혼은 로사에게 이어지고, 살아 있는 모든 인간에게 이어진다. 생명은 이미 명사가 아니라 모든 억압에 항거하는 강력한 동사인 것이다. 그들은 궁극의 상황에서 '살아 있다'는 실천을 했던 것이다. 그들은 "생명은 힘이다"(「생명의 고갈」)라는 조명희의 철학을 결정화한 인물이었다고 할 수 있을 것이다.

이광수(李光洙, 1892~?, 호는 춘원〔春園〕, 본관은 전주)는 뛰어난 소설가였지만, 전형적인 민족개조론자이기도 했다. 그는 스스로의 민족을 개조하면서 조선 내에서 합법적으로 허용된 범위에서 정치운동을 할 것을 제창했다. 그의 이러한 이론은 일본에 대한 타협이라고 민족주의자 및 사회주의자들로부터 강한 비난을 받았다. 일본에 적극적으로 협력했기 때문에 친일파로 여겨지고 있다.

기개가 있는 대하소설에서도 걸작이 나타났다. 홍명희(洪命熹, 1888~1968, 호는 벽초〔碧初〕)의 『임꺽정』(1939)이다. 임꺽정(?~1562)은 조선 중기의 백정(피차별민) 출신 민중 반란자였다. 황해도를 중심으로 광범위하게 반란을 일으켜 조선 정계를 동요시켰다. 그는 민중에 의해 전설화되었다. 의적으로서 친숙해졌다. 홍명희는 좌파 민족주의 독립운동가로 『동아일보』 주필과 오산학교 교장 등을 맡았다. 신간회의 중심이 되었지만, 투옥되었다. 해방 후에는 북조선에서 활약했다.

김사량(金史良, 1914~50)은 평양 교외에서 태어났다. 1939년에 도쿄제국대학 독일문학과를 졸업했다. 일본어와 조선어로 소설을 썼으며, 1939년의 「빛 속으로」는 아쿠타가와상 후보가 되었다. 중국으로 건너갔다가, 해방 후에는 조선 북부로 돌아왔지만, 한국전쟁 초기에 세상을 떠났다. 『빛 속으로』(첫 번째 소설집, 1940), 『고향』(두 번째 소설집, 1942) 등이 있다. 가와데쇼보샤(河出書房社)와 리론샤(理論社)로부터 각각 전집과 작품집이 나와 있다.

정지용(鄭芝溶, 1902~50)은 토착성을 초월한 시어를 자아낸 시인이다. 일본의 도시샤대학을 졸업했으며, 일본어 시도 많이 남겼다. 이화여대의 교수를 맡았지만, 한국전쟁이 발발하자 평양으로 보내졌다. 그 후의 경위는 알려져 있지 않다. 윤동주(尹東柱, 1917~45)에게도 커다란 영향을 주었는데, 윤동주는 교토에서 지낼 때 정지용의 시 「압천」(鴨川)을 흥얼거리면서 도시샤대학을 다녔다.

이상(李箱, 1910~37)은 병합 식민지 조선이 낳은 최대의 문학적 천재이며, 모던을 넘어 포스트모던을 수십 년이나 선취한 귀재다. 일본이 한국을 병합한 해인 1910년에 서울(경성)에서 태어났다. 경성고등공업학교(현재의 서울대 공과대학의 전신) 건축과를 졸업하고, 1929년에 조선총독부 건축과에 취직한다. 이 전후부터 다다이즘의 영향 등을 받아 극도로 인위적이고 난해한 시와 소설을 발표하기 시작하며, 모던 경성에 다수 등장한 예술지상주의자들과 삶의 실험에 매진한다. 1933년에는 총독부를 사직하고, 경성의 중심가에 '제비', '쓰루(鶴)', '69', '무기(麥)'라는 카페를 잇달아 열고서는 닫는다. 『조선중앙일보』에 연작시 「오감도」(烏瞰圖)를 발표하자 그 난해함 때문에 독자로부터 요란한 비난을 받는다. "13인의아해가도로로질주하오 / (길은막다른골목이적당하오) / 제1의아해가무섭다고그리오."로 시작하여 "(길은뚫린골목이라도적당하오) / 13인의아해가도로로질주하지아니하여도좋소"로 끝나는 이 시는 막다른 모더니티의 종언을 향해 질주하는 아이들의 가속도를 묘사한 것이다. 전근대 조선의 유교적 도덕주의자들에게 이해될 여지는 조금도 없었다.

이상은 자살에 대한 강한 바람을 품으면서 1936년에 스스로 '20세기 출장소'라고 부른 도쿄로 건너가지만, 이 거대 도시의 경박함에 구역질을 느낀다. 다음 해인 1937년 2월에 체포되어 니시칸다(西神田) 경찰서에 수감된다. 폐병이 악화되어 보석으로 석방되며, 도쿄제국대학 부속 병원에 입원하지만, 4월에 세상을 떠났다.

다음은 이상의 단편소설 「날개」(1936)의 서두다.

> '박제가 되어버린 천재'를 아시오?
>
> 나는 유쾌하오. 이런 때 연애까지가 유쾌하오.
>
> 육신이 흐느적흐느적하도록 피로했을 때만 정신이 은화처럼 맑소. 니코틴이 내 횟배 앓는 뱃속으로 스미면 머릿속에 으레 백지가 준비되는 법이오. 그 위에다 나는 위트와 패러독스를 바둑 포석처럼 늘어놓소. 가증할 상식의 병이오. ……
>
> 그대 자신을 위조하는 것도 할 만한 일이오. 그대의 작품은 한 번도 본 일이 없는 기성품에 의하여 차라리 경편하고 고매하리다.
>
> 19세기는 될 수 있거든 봉쇄하여버리오.

제9장

조선민주주의인민공화국

1. 약사

북조선의 기원과 국가·체제의 성격

조선민주주의인민공화국은 1948년 9월 9일에 건국되었지만, 이 국가의 기원은 만주에서의 항일 파르티잔 활동에 있다. 요컨대 김일성이 만주에서 항일유격대 활동을 시작한 때가 이 국가의 기원이라고 생각된다.

북조선에서는 조선인민군의 원점이 1932년 4월 25일에 김일성이 항일유격대를 조직한 날에 놓여 있다고 한다. 김일성이 만으로 20세 때다.

북조선은 건국 시에 '종소의중(從蘇依中)의 병영국가'(나의 조어)였다. '종소'는 소련에 대한 종속, '의중'은 중국에 대한 의존을 가리킨다.

그러나 한국전쟁을 거쳐 1960년대에 주체사상을 내세우고 자주노선으로 나아가게 되면, 이 나라는 적어도 정치외교적으로는 독립된 의지를 관철하게 된다. 그렇지만 경제적으로 자립할 수 있다고는 말하기 어렵기 때문에, 완전한 자립이라고는 말할 수 없다. 그러나 방위와 안전보장에 관해서는 한국에 비해 상대적으로 독립의 정도가 분명히 높다고 할 수 있을 것이다.

미국 등 서양에서는 북조선의 주체사상을 때때로 '고립주의'(isolationism)라고 부르지만, 이것은 올바르지 않다. 주체사상은 자립 지향이기는 하지만, 나라의 문을 닫는 것을 국시로 하고 있는 것이 아니다. 북조선은 제3세계와의 외교를 전통적으로 활발하게 행해왔으며, 이전에 비동맹 나라들 사이에서 지도적인 역할도 수행하고 있었다. 북조선이 얼마만큼이나 외국과의 관계를 중시해왔는지를 정확히 인식하지 못하면 이 나라를 이해하는 것은 결코 가능하지 않다.

북조선의 통치 체제를 어떻게 설명하면 가장 설득력이 있을 수 있을까? 여러 학자가 제각기 이 문제에 도전하고 있다.

단지 독재 체제, 전체주의 국가라고만 규정하는 논자도 있으며, 중세 유럽의 유기체 국가론과 흡사한 조합주의 국가라는 규정도 있다.

와다 하루키(和田春樹)*는 북조선을 '유격대 국가'라고 규정했다. 김일성이 만주에서 항일 파르티잔 활동을 하고 있을 때의 조직 형태, 활동 양식 등을 이어받아 국가의 기초로 삼았다고 하는 해석이다. 하지만 와다는 1997년에 북조선이 그때까지의 '유격대 국가'로부터 '정규군 국가'로 변했다고 주장한다. 그 징표는 이해에 인민군 최고사령관인 김정일이 당 총비서가 되어 군이 당을 장악했다고 하는 사실이다.

한층 더 강한 설득력을 지니는 것은 스즈키 마사유키(鐸木昌之)*에 의한 '수령제 국가'론이다. 스즈키에 따르면 북조선 국가의 본질은 유교적 전통과 사회주의가 합체하여 나온 수령제라는 특이한 형태에 놓여 있다. 그것은 "수령의 영도를 대를 이어 계속적으로 실현하는 것을 목적으로 하는 체제"(『北朝鮮首領制の形成と變容』, p. 15)이다.

중국
지린성
옌볜 조선족 자치주
투먼
러시아
라선
백두산
선양
랴오닝성
린장
통화
창바이조선족 자치현
청진
혜산
함경북도
지안
환런만족자치현
강계
량강도
자강도
김책
콴뎬만족자치현
조선민주주의인민공화국
신의주
단둥
평안북도
함흥
동창리
영변
함경남도
평안남도
순천
원산
평양
동해
남포
강원도
황해북도
사리원
금강산
황해남도
철원
해주
개성
춘천
강원도
강릉
울릉도
서울
인천
경기도
수원
충청북도
서해
대한민국
충청남도
청주
경상북도
포항
대전
전주
경주
대구
전라북도
경상남도
울산
창원
김해
광주
순천
부산
전라남도
여수
거제도
대마도
제주특별자치도
일본

현대의 한반도

북조선의 핵심 사상과 역사관

조선민주주의인민공화국이라는 국가의 사상적 핵심은 반제국주의, 반봉건주의, 반사대주의다. 이 사상은 철저하고 명확하며 동요가 없다. 이 국가 스스로 '유일사상 체계'라고 말하고 있기 때문에, 이 국가에서는 다양한 사상이 허용되지 않는다. 따라서 이 국가를 유일사상 국가라고 부르더라도 아무런 지장이 없다. 구체적인 명칭은 주체사상이지만, 그 내용은 앞에서 든 것이다.

이 사상은 무엇을 표현하고 있는 것일까? 외부로부터의 적(침략자, 지배자)에 대한 단호한 타도임과 동시에 내부의 적(봉건적 세력, 사대주의적 세력)에 대한 가차 없는 숙청이다. 북조선사상의 두 측면을 정확히 이해해야만 한다. 예를 들어 일본에 대해서는 다음과 같은 인식을 지니고 있다. 일본은 확실히 제국주의에 의해 우리나라를 침략한 악랄한 국가이지만, 이것은 제국주의를 받드는 군국주의자들이 수행한 것이며, 피지배자인 일본 인민은 조선 인민과 마찬가지로 일본 군국주의자들의 피해자였다. 따라서 조선 인민과 일본 인민은 반제국주의 투쟁을 관철하는 한에서 서로 손을 잡을 수 있다. 이것은 중국의 이른바 이분론(二分論, 일본인을 군국주의 침략자와 그것에 의한 피해자로서의 인민의 두 부류로 나누는 논의)과 전적으로 동일한 논리다.

요컨대 여기서는 제국주의를 적으로 하는 한에서 이전의 침략한 측(일본)과 침략을 받은 측(조선)이 같은 입장에 설 수 있다고 하는 사상이 성립해 있는 것이다. 오히려 동일한 조선민족 안에서 봉건주의나 사대주의에 물들어 있는 자들 쪽이 적으로서의 성격이 강하다. 여기에는 민족이라는 개념에 사로잡히지 않은 이데올로기 우선의 사상이 놓여 있다.

덧붙이자면, 한국은 공산주의적인 계급사관을 채택하지 않기 때문에, 중국이나 북조선과 같은 이분론은 없다. 그 대신 한국에서는 극히 일부의 '양심적 일본인'과 그 이외의 일본인이라는 도덕주의적인 이분론을 채택한다. '양심적 일본인'이란 역사에 대해 반성하고, 한국의 역사관과 동일하거나 흡사한 역사관을 지니는 일본인을 가리킨다.

북조선의 역사관에 따르면, 조선반도에서 정통적인 국가는 셋이다. 그것은 고구려, 고려 및 조선민주주의인민공화국이다. 정통성의 유무를 판단하는 기준은 그 국가의 자립성/괴뢰성이다. 북조선의 역사관에서 신라, 조선(이씨 조선), 남조선(한국)은 정통성을 지니는 국가가 아니다. 왜냐하면 신라는 당나라와 야합하여 고구려와 백제를 멸망시켰으며, 조선반도를 통일했다 하더라도 고구려의 영토를 잃었고, 조선은 명나라와 청나라에 사대했으며, 남조선은 미국의 괴뢰이기 때문이다.

1940~80년대

조선민주주의인민공화국은 1948년 9월 9일에 건국되었다. 이때에 「조선민주주의인민공화국헌법」이 제정되었다.

1949년에 북조선 노동당과 서울의 남조선 노동당이 합체하여 조선노동당이 되었다. 그 시작점은 1945년 10월 10일에 발족한 조선공산당 북부 분국이다(병합 식민지 시기에는 코민테른의 방침에 따라 단기간을 제외하고 조선공산당을 만들 수 없었다). 김일성이 중앙위원회의 초대 위원장이 되었다.

북조선은 사회주의 국가이기 때문에, 혁명에 관해서는 정교하고 치밀한 이론 구축이 필요했다. 그 근간을 이루는 것의 하나가 토지개혁이다. 북조선을 대표하는 역사가인 김석형(金錫亨)*은 경성제국대학 법문학부 조선사학과를 졸업했다. 그에 따르면, 조선 사회는 갑오개혁 이전에 노비제에 의존하고 있었지만, 갑오개혁 이후에도 그 성격은 변하지 않았으며, 봉건 지주가 악랄하게 소작 농민을 착취하는 봉건적 토지 소유 관계는 일제의 식민지 아래에서도 미제의 남조선 식민지 아래에서도 변하지 않았다. 공화국 북반부(북조선)에서 김일성 원수의 영도에 따른 토지개혁에 의해 비로소 조선민족은 봉건적인 소농 경영으로부터 벗어날 수 있었다고 한다(『조선 봉건 시대 농민의 계급 구성』).

1950년 6월 25일의 미명에 북조선 군대가 갑자기 남침을 개시했다. 한국전쟁(북조선에서는 조국해방전쟁이라고 한다)의 시작이다. 수백만 명의 사망자를 낸 이 비참한 전쟁은 1953년 7월 27일에 휴전협정이 체결되어 일단 정지하게 되었다(다만 한국은 휴전협정의 당사자로 들어가 있지 않다).

한국전쟁 후의 부흥은 소련 및 동구 나라들 그리고 중국으로부터의 원조를 토대로 하여 진척되었다. 1955년에는 남일(南日) 성명을 내놓고 일본 정부에 대해 무역과 문화 관계를 열 것을 요구했다.

이 사이 북조선에서는 극적인 당파투쟁이 전개되었다. 김일성에 의해 소련파와 박헌영파 등이 '반당적 분파분자'라고 하여 숙청당하거나 세력을 삭감당했다. 후에 연안파도 숙청되었다.

1958년에 시작된 생산성 향상운동이 '천리마 운동'이다. 천리마는 하루에 천리를 달린다는 조선 전설상의 말이다. 와다 하루키는 이것을 '조선판 스타하노프 운동'이라고 한다(『北朝鮮現代史』, p. 6). 덧붙이자면, 이후 2010년대에는 김일성의 손자 김정은이 '만리마 운동'을 개시했다.

1960년대에 김일성은 주체사상을 강화한다. 조선의 혁명을 하고 있는 조선의 인민은 주체적인 '우리'의 방식으로써 민족적 자부심을 길러야만 한다는 것이다. 북조선에서는 주체사상의 시작이 1930년이라고 주장하지만, 공식적으로 확인할 수 있는 것은 1955년이다.

주체정신의 체현으로서 1960년에 김일성은 평안남도 청산리에서의 농촌공작 방법을 '청산리 방법'이라 하고, 그 정신을 '청산리 정신'이라고 규정했다.

또한 1961년에는 평안남도 대안의 전기 공장에서 실시한 책임제를 '대안의 사업 체계'로서 정식화했다.

시대적인 배경으로서 중소의 대립이 표면화한 이 시기에 북조선은 독자노선을 취하기로 결정했다. 1965년에 김일성이 인도네시아 알리아르함 사회과학원에서 행한 강연에서 처음으로 주체사상을 대외적으로 말했다. "사상에서의 주체, 정치에서의 자주, 경제에서의 자립, 국방에서의 자위"라는 것이 그 유명한 표현이다.

1969년에는 김일성이 연설에서 '당의 유일사상 체계의 확립'을 말했다.

1970년대 초에 김일성의 후계자로서 장남인 김정일이 떠오른다. 김정일은 1974년 2월, 전국 당선전 강습회에서 '전(全) 사회의 김일성주의화'를 말했다. 또한 '속도전'에 의한 경제 건설을 개시했다.

1982년, 김일성이 70세가 된 것을 기념하여 평양에서 '전국 주체사상 토론회'가 개최되었다.

1990~2010년대

1988년에 한국이 서울 올림픽을 성공시킨 것은 북조선에게 강렬한 초조감을 갖게 했다. 하지만 그것보다 더 커다란 조류가 1990년대에 북조선을 삼켜버리게 된다. 소련과 동유럽에서 공산주의 국가가 붕괴한 것이다.

대단히 커다란 위기감을 갖게 된 김정일은 1991년 5월에 「인민대중 중심의 우리식 사회주의는 필승불패이다」라는 강화를 행했다.

이 당시 북조선 바깥에서는 '우리식 사회주의'라는 슬로건에 대해 그 유효성을 의심하는 논조가 주류였다. 확실히 그 후 북조선이 겪은 곤경을 보면 '우리식 사회주의'가 성공했다고는 말할 수 없을 것이다. 그러나 이 당시 "북조선도 소련이나 동유럽과 마찬가지로 조만간 붕괴한다"라는 논조가 많았음에도 불구하고, 그 후 북조선은 붕괴하지 않고 존속한다.

1992년 4월에 북조선은 헌법을 개정하고 「조선민주주의인민공화국 사회주의 헌법」이라고 했다. 이 새로운 헌법에서는 마르크스·레닌주의가 이 나라의 지도 이념이라는 문언이 삭제되었다. 주체사상만이 이 나라의 지도 이념으로 된 것이다.

1994년에는 미국·한국과 북조선 사이에서 군사적인 긴장이 극도로 높아졌지만, 북조선을 방문한 미국의 지미 카터(Jimmy Carter) 전(前) 대통령이 김일성과 회담하여 위기는 극적으로 회피된다. 그 직후, 7월에 김일성이 급서한다. 김일성이 세상을 떠난 이후 김정일이 대를 잇지만, 그는 오랫동안 정치의 표면 무대에는 나오지 않았다.

1996년부터 '고난의 행군'이 주창된다.

1997년 2월 황장엽(黃長燁, 1923~2010)이 한국으로 망명했다. 황장엽은 김일성종합대학 총장과 당 비서를 역임하고, 사실상 북조선 주체사상의 철학적 내용을 만들어냈다고 여겨지는 인물이다. 주체사상의 중추적 인물인 황장엽의 망명은 조선반도 내외에 커다란 충격을 주었다. 황장엽은 망명 후, 한국 정부의 완전한 보호 아래 북조선의 사상 및 체제에 관한 비판적인 저작을 다수 집필했다.

1998년에는 '강성대국'이라는 슬로건을 내건다.

2000년 6월에 김정일과 한국의 김대중 대통령이 평양에서 역사적인 회담을 행했다.

김정일은 일본과의 관계 수복을 향해서도 움직여, 2002년과 2004년에 고이즈미 준이치로(小泉純一郎) 총리가 평양을 방문하여 정상회담을 가졌다. 2002년에는 고이즈미 총리가 식민지 지배를 반성하고 김정일이 납치 문제에 대해 사죄하고서는 「조일평양선언」을 내놓고서 국교 정상화를 향해 움직였다. 하지만 그 후 납치 문제의 전개에 의해 이 움직임은 정지되고, 역으로 조일 관계는 극도로 경직되었다.

2006년에는 최초의 핵실험을 행하고 핵무기 보유를 선언했다(북조선은 그 후 2009년, 2013년, 2016년에 2회, 2017년에 핵실험을 행했다).

2009년의 헌법 개정에서 주체사상과 선군사상이 북조선의 2대 지침사상이라고 명확히 규정되었다.

2011년 12월에 김정일 총서기가 세상을 떠났다. 뒤를 부탁받은 것은 아직 20대인 김정은이었다. 그는 '핵과 경제의 병진노선'을 내놓고 핵무기의 개발·능력 향상과 경제 발전이라는 양축을 국가의 중심 과제로 삼았다.

2. 정치가·사상가들

김일성

김일성은 1912년 4월 15일에 평양 교외, 대동강 가까이에서 태어났다. 본명은 김성주(金成柱)다. 아버지는 김형직(金亨稷, 1894~1926, 본관은 전주), 어머니는 강반석(康盤石)이며, 철주(哲柱)와 영주(英柱)라는 두 명의 동생이 있었다. 빈농이었다고 하는데, 일가는 반일·반제국주의 투쟁에서 유서 깊은 혁명가의 혈통을 잇고 있었다고 주장된다.

평양 교외의 만경대에는 김일성의 생가가 보존되어 세워져 있다. 지붕을 변변찮은 짚으로 엮은 조선 농가이지만, 여기서 소년은 일본 제국주의 타도라는 꿈과 큰 뜻을 품었다고 한다. 생가의 배후에는 약간 높은 산(만경봉)이 있는데, 소년은 봉우리로 가는 길에 있는 배 모양 바위에 올라 그것을 군함으로 여기고서 일본을 무너뜨리는 공상에 열중했다.

14세 때에 그는 "조선이 독립하지 않으면 다시 돌아오지 않겠다고 굳게 결심하고서"(조선노동당 중앙위원회 당역사연구소, 『김일성 동지의 혁명 활동 약력』, 외국문출판사, 평양, 1969, 8쪽) 압록강을 건넜다.

만주에서 조선인 파르티잔은 1930년대에 중국공산당의 지배 아래 짜 넣어졌다. 이것이 동북항일연군이다. 김일성은 당초 중국공산당의 지배 아래 있었지만, 후에 소련령으로 벗어난다. 1945년의 해방 후에 김일성이 소련의 후원을 받아 조선으로 귀국한 것은 그 때문이다. 김일성이 만주에서 조선으로 이끌고 온 파르티잔은 200명 미만이었다(서대숙*). 그 후 조선민주주의인민공화국의 건국, 한국전쟁, 정적의 타도, 전후 부흥, 자주노선의 개척, 주체사상의 확립 등을 성취해간다.

덧붙이자면, 북조선에서는 김일성이 태어난 날인 4월 15일을 '태양절'이라고 하여 경축한다. 또한 김일성이 태어난 해인 1912년을 '주체 원년'이라 하고 있다. 예를 들어 서기 2017년은 북조선 원호로는 '주체 106년'이 된다.

박헌영

박헌영(朴憲永, 1900년경~56년경, 호는 이정〔而丁〕, 본관은 영해)은 가장 유능한 동시에 존경을 한몸에 받은 조선의 공산주의자였다. 그는 1925년에 제1차 조선공산당을 창립했을 때의 멤버이며, 해방 후 곧바로 조선공산당을 재건한 중심인물이었다. 그는 본거지가 남조선에 있고 남로당(남조선노동당) 출신이었지만, 북조선의 공산주의자들에게도 가장 영향력 있는 인물이었다. 1948년의 제1차 내각에서는 부수상 겸 외상을 맡았다. 김일성은 박헌영을 견제하기 위해 만주파뿐만 아니라 소련파, 연안(중국)파 같은 외국에서의 활동을 배경으로 한 그룹을 등용했다.

한국전쟁이 북조선이 생각했던 전과를 올리지 못한 채 교착 상태에 빠진 1951년에 박헌영의 오른팔인 이승엽(李承燁, 1905~54, 본관은 인천)이 군사 쿠데타를 일으켜 김일성을 제거하고자 했다고 한다. 쿠데타는 1953년에 실행되었지만 실패로 끝났다고 하며, 이승엽 등은 일제히 체포되었다. 박헌영도 체포되었다. 미국 제국주의자를 위한 스파이 행위를 한 것, 남조선에서의 민주 세력 및 공산주의 혁명 세력을 무차별적으로 파괴시킨 것, 군대를 움직여 정부 전복을 꾀한 것이 죄상이었다. 서대숙(徐大肅)은 "재판 기록을 읽어보면, 거기서 제시되고 있는 증거는 거의 설득력을 지니고 있지 않다", "박헌영에 대한 소추의 내용은 다른 피고들에 대한 것보다도 한층 더 어이없는 내용이었다"(서대숙, 하야시 시게루 옮김, 『金日成』, pp. 201～05)라고 하고 있다.

하지만 박헌영과 이승엽을 비롯하여 소추된 자들은 모두 기소 사실을 인정했다. 박헌영은 사형 선고를 받았지만, 형의 집행 시기는 명확하지 않다.

허가이 · 김두봉 · 최창익 · 박창옥

허가이(許哥而, 허가의(許哥誼)라고도 한다, 1908～53, 소련 이름은 알렉세이 이바노비치 헤가이)는 고려인 혁명가다. 고려인이란 조선으로부터 소련으로 이주한 사람들을 말한다. 허가이는 해방 후 조선에 들어와 '소련파'의 중심인물이 되었다. 조선노동당의 설립 및 조선민주주의인민공화국의 건국 때에 주도적인 역할을 수행했다. 1950년 발발한 한국전쟁의 전황이 수렁에 빠지게 되면서 김일성과의 사이에 불화가 생기고, 결국 허가이는 권력의 자리에서 밀려나게 된다. 1953년에는 박헌영을 비롯한 국내파가 탄압을 받게 되지만, 그 한가운데서 허가이는 수수께끼 같은 죽음을 거둔다.

김두봉(金枓奉, 1889～1958년경, 호는 백연(白淵))은 독립운동가 출신으로 북조선의 국가 원수까지 맡았지만, 최종적으로는 김일성에게 숙청당했다. 그는 상하이의 대한민국 임시정부에 가담하지만 공산당에 입당하며, 1942년에 중국 옌안으로 옮겨 독립동맹을 결성한다. 일본의 패전 이후에는 조선으로 돌아와 1946년에 북조선노동당 중앙위원회 위원장이 되었다(부위원장은 김일성). 1948년에는 최고인민회의 상임위원장이 되었고, 9월 9일의 조선민주주의인민공화국의 건국과 함께 국가 원수가 되었다(수상은 김일성). 이와 같이 그는 명실상부하게 공산주의 계열의 최대 실력자들 가운데 한 사람이었다. 하지만 그는 1950년 한국전쟁의 개전에 반대하여 개전을 강행한 김일성과 대립했다. 그 후 김일성이 독재적 통치 스타일을 구축하려 하자 김두봉 등의 연안파와 김일성 등의 만주파의 대립은 격화되었다. 결국 김일성에 의한 연안파 숙청이 1958년에 행해져 김두봉은 처형되었다고 한다.

최창익(崔昌益, 1896~1957)은 일본의 와세다대학에서 공부한 후, 중국에서 독립투쟁을 하고 해방 후에 조선반도 북부로 귀환한 공산주의자이며, 김두봉과 함께 연안파의 중심인물이었다. 1948년에는 조선민주주의인민공화국의 수립에 참가하여 부수상 등의 요직을 역임했다. 1956년 8월에는 소련파의 박창옥 등과 함께 김일성의 개인 독재를 강하게 비판하고, 또한 조선 독립의 주체는 만주 파르티잔만이 아니라 다양하다는 것을 주장했지만(8월 종파 사건), 역으로 김일성에 의해 사대주의자·종파주의자로서 비판받고 숙청되었다. 중국으로부터의 항의도 있어 일시적으로 석방되었지만 결국 옥사했다.

박창옥(朴昌玉, ?~1958)은 대표적인 소련파 정치가였다. 하바롭스크의 조선사범대학교를 졸업한 후 교사를 했지만, 그 후 정치가가 되며, 북조선에서 소련파의 중심인물이 되었다. 1953년에 조선노동당 정치국원이 되며, 다음 해에는 부총리 겸 국가계획위원회 위원장이 된다. 하지만 김일성에 의해 집요한 비판을 받는다. 1955년 이후 김일성은 왕성하게 '주체'를 강조하는데, 그의 연설 등을 읽어보면 그것은 주로 박창옥 등을 비판하기 위한 논리였다. 요컨대 조선 혁명을 위해서는 '주체'를 수립할 필요가 있는데, 박창옥 등이 교조주의와 형식주의에 빠져 '주체'를 잃고 있다는 비판이었다. 1956년 8월에 박창옥은 연안파의 최창익 등과 함께 김일성의 1인 독재를 정면에서 비판했지만(8월 종파 사건), 역으로 김일성에 의해 1958년 9월에 숙청되었다.

김정일

북조선에서는 김정일(金正日, 1941~2011)이 백두산에서 태어났다고 하지만, 사실은 소련에서 태어났다는 설이 유력하다. 김일성종합대학을 졸업했다.

1973년 9월에 당 중앙위원회 총회에서 조직·선전 담당 서기로 선출된다. 1974년 2월에는 김일성의 후계자로서 결정된다. 김정일은 '당중앙'이라는 호칭으로 활동하게 된다. 이때에 김정일은 주체사상을 '김일성주의'로 정식화한다. 1980년 10월에 제6회 당대회에서 정치국 상무위원으로 선출된다. 이때 김정일의 이름이 공식적으로 밝혀진다. 1991년 12월에 군 최고사령관이 된다. 1992년 4월에는 공화국 원수가 된다. 1993년 4월에 국방위원장이 된다. 1994년 7월에 김일성이 세상을 떠나자 상을 치른다고 하는 형태로 공식석상에서 모습을 감추게 된다. 1997년 10월에 복상 기간이 끝나고 신설된 당 총서기(정식으로는 당 중앙위원회 총서기)가 된다. 김정일은 특히 사상·예술 방면에 천재적인 능력을 지니고 있다고 하며, 독창적인 예술철학인 '종자론'을 주창했다.

2008년에 병으로 쓰러졌다고 알려진다. 그 후 회복했지만, 정력적인 활동을 더욱 추진하고 심신의 피폐가 극도에 달하여 2011년 12월에 세상을 떠났다.

김정은

김정은(金正恩)은 김정일과 고영희(高英姬, 소리 나는 대로 해서 고용희〔高容姬〕라는 설도 있다)와의 사이에서 태어났다. 고영희는 오사카 태생의 재일 조선인이다. 김정은이 태어난 해는 분명하게 알려져 있지 않다. 1984년생이라는 설이 유력하다.

북조선에서는 김일성, 김정일, 김정은으로 3대에 걸친 세습이 이루어져왔다. 이것을 설명하는 논리는 '혁명의 혈통'이다. 김일성이 개척한 혁명 위업을 대를 이어 계승한다고 하는 생각이다. 이것은 항일유격대라는 북조선 국가의 원점을 계승한다는 논리인데, 그 혁명정신의 순혈성이라는 의미에서 그 밖의 세력을 배제하는 설득력을 지닌다. 또 하나 중요한 것은 '수령복(福)'이라는 개념이다. 북조선의 인민은 김일성에게 부여받은 '수령복'을 지니고 있다는 것이다. 이전에는 김정일에게 '장군복'을, 김정은에게 '대장복'을 받았다는 표현도 했었다. 이것은 민중 측이 전통적으로 계속해서 지니고 있는 기복적인 세계관을 흡수한 개념임에 틀림없다. '수령복'을 부여받은 우리는 행운이며, '수령복'을 줄 수 있는 것은 백두 혈통의 계승자뿐이라고 하는 관념이 있는 것이다.

김정은은 2010년 9월에 당 중앙군사위원회 부위원장이 되고서야 비로소 이름이 공개된다. 2011년 12월에 김정일이 세상을 떠나자 그 직후에 군 최고사령관이 된다. 2012년 4월에 신설된 당 제1서기 및 국방위원회 제1위원장이 된다. 같은 해 6월에는 국방위를 대신해 신설된 국무위의 위원장이 된다.

김정은은 10대 시절에 유럽에서 교육을 받은 일도 있어 개방적인 정책을 전개하는 것이 아닐까 하는 기대도 받았다. 하지만 그의 통치 방법은 철저한 독재이자 적대 세력에 대한 가차 없는 숙청이었다. 그러나 이와 같은 통치 스타일에 대해서는 크게 나누어 두 가지 견해가 있다. 하나는 "김정은은 정치에 대해 아무것도 알지 못하는 무능한 독재자다"라는 것이다. 미국만이 아니라 일본의 위정자와 미디어에서도 널리 공유되고 있는 인식이라고 할 수 있을 것이다. 하지만 또 하나는 "김정은은 대단히 합리주의적인 개혁주의자이며, 군부를 중심으로 한 수구 세력을 제거하여 합리적인 통치 시스템을 구축하고자 하고 있다"라는 것인데, 북조선 사정에 정통한 연구자나 저널리스트에게 공유되고 있는 인식이라고 할 수 있을 것이다.

김정은은 핵 실험을 강행하고, 그 핵 능력과 미사일 능력을 과시했다. 그의 전략은 '핵과 경제 발전의 병진노선'이라고 불린다.

3. 주체사상

불멸의 주체사상과 그 맹아

북조선사상의 중심은 하나도 둘도 셋도 주체사상이다. '주체사상'은 국제적으로도 'juche idea'라고 불린다.

북조선의 공식 역사에서는 김일성이 그의 청년기에 '불멸의 주체사상'을 창시하고, 그 사상에 기초하여 항일혁명 투쟁을 조직·영도하며, 그 결과 '조국해방의 역사적 위업'을 성취하고, 더 나아가 조선민주주의인민공화국을 창건했다고 되어 있다. 주체사상이 없으면 항일투쟁도 없고, 조국해방도 없으며, 건국도 없었다는 것이다.

주체사상은 인도, 파키스탄, 스리랑카, 아프리카, 이탈리아, 라틴아메리카에서 일정한 영향력을 지니고 있다. 주체사상 국제연구소의 이사장은 라몬 히메네스 로페스이며, 일본의 오가미 겐이치(尾上健一)*가 사무국장이다(2017).

북조선에서는 김일성이 '주체'를 부르짖기 시작한 것은 1930년 6월 30일이며, 그가 중국의 카룬(卡伦)에서 소집한 공산주의청년동맹 및 반제청년동맹의 지도간부 회의(카룬 회의)에서 발표한 것이라고 주장하고 있다.

> 우리의 당면 목적은 일본 제국주의 침략자를 타도하고 조선의 해방과 독립을 달성하는 것이다. 그런데 우리의 투쟁 대상인 일본 제국주의자는 발끝까지 무장한 강도이다. …… 그러므로 일본 제국주의자는 자진해서 물러나지 않는다. 그렇다면 누가 조선을 독립시킬 것인가!? 외국의 원조에 의해서는 절대로 독립을 쟁취할 수 없다. …… 유일한 길은 우리 조선인 자신의 힘으로 일본 제국주의에 대항하여 싸우고 승리하는 것이다. 이를 위해서는 무장투쟁을 수행해야만 한다.

—조선노동당 중앙위원회 당역사연구소,
『김일성 동지의 혁명 활동 약력』, 외국문출판사, 평양, 1969, 21쪽

조선인 파르티잔들은 만주 지역에서의 항일투쟁에서 주도권을 장악하지 못하고 중국이나 소련의 지배 아래 편입된 상태에서 활동할 수밖에 없었다. 그때에 김일성은 "일본 타도의 투쟁은 조선인이 주체가 되지 않으면 안 된다"라는 생각을 강하게 품고 있었을 것이다. 이것을 평가하여 북조선에서는 "김일성 동지는 또한 이 회의에서 무장투쟁에 관한 마르크스·레닌주의 이론을 창조적으로 발전시킨 조선 혁명의 주체적 혁명노선 — 항일 무장투쟁 노선을 내세웠다"(앞의 책, 21쪽)라고 하고 있다. 하지만 이것은 후년에 이르러서 만들어낸 이야기다. 당시 만18세의 김성주(김일성의 본명)가 이때 '주체'**에 관한** 발언을 한 것이 만약 사실이라 하더라도, 거기에 후년의 사상적인 완성도가 있었던 것은 결코 아니다. 다만 젊은 김성주의 마음에 후년에 '주체'로서 결정되는 강렬한 '조선의식'이 불타고 있었다는 것은 아마도 사실일 것이다.

'주체'의 등장 — 1955년의 연설

김일성이 '주체'에 관해 최초로 명확한 형태로 이야기한 것은 1955년이라고 생각된다. 「사상 사업에서 교조주의와 형식주의를 퇴치하고 주체를 확립할 데 대하여 — 당 선전선동일꾼대회에서 행한 연설」(1955년 12월 28일)이라는 대단히 유명하고 중요한 연설이 그것이다(후에 만들어진 문서라는 설도 있다). 이 연설에서 김일성은 "우리의 선전 활동은 많은 점에서 교조주의와 형식주의에 빠져 있습니다"라고 지적한 후, 다음과 같이 주장한다.

모든 문제를 깊이 파고들지 않고 주체를 결여하고 있는 것이 사상 활동

에서의 가장 주된 결함입니다. 주체가 없다고 하면 어폐가 있을지도 모르지만, 실제로 주체가 분명히 확립되어 있지 않습니다. 이것은 중대한 문제입니다. …… 우리 당의 사상 활동에서의 주체란 무엇이겠습니까? 우리는 무엇을 하고 있는 것이겠습니까? 우리는 어떤 다른 나라의 혁명을 하고 있는 것이 아니라 바로 조선의 혁명을 수행하고 있는 것입니다. 이 조선의 혁명이야말로 우리 당의 사상 활동의 주체인 것입니다. 따라서 모든 사상 활동은 반드시 조선 혁명의 이익에 복종해야만 합니다.

—김일성, 「사상 사업에서 교조주의와 형식주의를 퇴치하고 주체를 확립할 데 대하여—당 선전선동일꾼대회에서 행한 연설」 〈1955년 12월 28일〉, 조선노동당 중앙위원회 당역사연구소, 『김일성 저작 선집 1』, 평양, 외국문출판사, 1970, 592~93쪽

이렇게 말한 후 그는 조선의 역사·지리·풍속을 알고, 인민을 그 기질에 맞게 교육하며, 자신의 향토와 조국을 열렬히 사랑하도록 만드는 것이 중요하다고 이야기한다. 조선의 많은 활동가가 자기 역사를 알지 못하기 때문에, 전통을 계승·발전시키고자 하지 않는다. 이래서는 결국 조선의 역사를 부정하게 되고 만다고 그는 말한다(구체적으로는 정적이었던 박창옥을 비판하고 있다). 인민학교에 가서 보면 걸려 있는 사진은 블라디미르 마야코프스키(Vladimir Mayakovsky)와 알렉산드르 푸시킨(Aleksandr Pushkin)과 같은 외국인의 것들뿐으로 조선인의 것은 하나도 없었다고 한다. 이와 같은 교육으로 과연 민족적 자부심이 생겨나겠는가 하고 김일성은 묻는다. 이 말을 계기로 하여 후에 북조선의 학교에 그의 초상화가 장식된다.

자주·자립·자위—1960년대

대외적으로 '주체사상'을 말한 것은 1965년이 최초다. 이해의 4월 14일, 김일성은 인도네시아의 알리아르함 사회과학원에서 저명한 연설

을 행했다. 이 강연에서 김일성이 '자주·자립·자위'를 말했다고 하는데, 그것이 좀 더 명확한 형태로 정식화되는 것은 1967년이다. 그는 다음과 같이 말한다.

> 공화국 정부는 우리 당의 주체사상을 모든 부문에 걸쳐 훌륭하게 구현함으로써 나라의 정치적 자주성을 강고히 하고, 우리 민족의 완전한 통일독립과 번영을 보장할 수 있는 자립적 민족경제의 토대를 한층 더 수립하며, 스스로의 힘으로 조국의 안전을 믿음직스럽게 방위할 수 있는 나라의 방위력을 강화하기 위한 자주·자립·자위의 노선을 철저히 관철하고자 한다.
>
> —김일성, 「국가 활동의 모든 분야에서 자주·자립·자위의 혁명정신을 한층 더 철저하게 구현하자—조선민주주의인민공화국 최고인민회의 제4기 제1회 회의에서 발표한 조선민주주의인민공화국 정부의 정강」〈1967년 12월 16일〉, 조선노동당 중앙위원회 당역사연구소 『김일성 저작 선집 4』, 평양, 외국문출판사, 1971, 572쪽

헌법과 주체사상

북조선에서 주체사상이 국가 안에서 어떻게 자리매김되고 있는지를 헌법 규정의 변천으로부터 살펴보자.

1948년 건국 당시의 헌법에는 당연히 주체사상에 대한 언급이 없다.

1972년의 개정 헌법 제4조의 규정은 다음과 같다. 이 헌법에서 처음으로 주체사상이 언급되었다.

> 조선민주주의인민공화국은 마르크스·레닌주의를 우리나라의 현실에 창조적으로 적용한 조선노동당의 주체사상을 자기 활동의 지도적 지침으로 삼는다.

1992년의 개정 헌법 제3조에서는 다음과 같이 규정되었다. 이 헌법에서 마르크스·레닌주의라는 말이 사라졌다.

> 조선민주주의인민공화국은 인간 중심의 세계관이며 인민 대중의 자주성을 실현하기 위한 혁명사상인 주체사상을 자기 활동의 지도적 지침으로 한다.

2009년의 개정 헌법 제3조에서는 다음과 같이 규정되어 주체사상과 선군사상이 병렬되었다.

> 조선민주주의인민공화국은 인간 중심의 세계관이며 인민 대중의 자주성을 실현하기 위한 혁명사상인 주체사상, 선군사상을 자기 활동의 지도적 지침으로 한다.

사회정치적 생명체론

사회정치적 생명체론은 주체사상을 보완하는 사상적 장치로서 최강의 것이다. 이것은 "부모로부터 받은 육체적 생명은 유한하지만, 어버이 수령으로부터 부여받은 사회정치적 생명은 영원히 산다"라는 사상이다. 이 사회정치적 생명은 혁명적 생명이기도 하다. 즉 조선의 혁명으로 살아가는 동지는 자기의 생명을 육체적 생명으로부터 사회정치적 생명으로 높일 수 있다. 그리고 혁명을 위해 육체적 생명을 잃더라도 혁명적인 사회정치적 생명은 영생하는 것이다. 스즈키 마사유키에 따르면, 김일성이 '정치적 생명'을 말한 것은 1959년이 최초다. 1960년대에 사상적 내용이 더해지며, 1972년에는 '사회정치적 생명'이라는 말이 공식 문헌에서 처음으로 사용되고, 그 후 김정일에 의해 이론화되어 간다(『北朝鮮首領制の形成と變容』, pp. 146~57).

나로서는 이 사상의 연원이 그리스도교와 유교 및 일본의 국체론에 있다고 생각하고 있다.

본래 조선반도 북부, 특히 평양은 병합 식민지 시대에 '동양의 예루살렘'이라고 불릴 정도로 그리스도교 신자가 많았다. 북조선의 사상은 이와 같은 종교적 전통을 이어받고 있다. 사회정치적 생명체론은 그리스도교에서의 바울(Paul)의 사상과 흡사하다. 바울은 "부모에게 받은 육체적 생명은 유한하지만, 영에 의해 부여받은 생명은 영원히 산다"라고 하여 사람들의 신앙을 획득했다.

또한 유교에도 비슷한 사상이 있다. 유교에서는 본래 영혼의 불멸성을 부정하고 살아가고 있는 인간을 형성하는 기(氣)는 사후에 혼과 백으로 나뉘어 서서히 개성을 잃으면서 하나의 기로 녹아들어간다고 생각한다. 하지만 혈족 속에서 특별히 걸출한 인물과 국가나 공동체에 있어 특히 도덕적인 인물(의사나 열사 등)은 그 혼이 개성을 유지한 채로 영원히 살아남는다고 생각된다.

1930년대 일본의 국체론은 앞의 그리스도교 및 유교의 영향을 받아 구축된 것이다. 국체론의 완성판인 『국체의 본의』(國體の本義, 문부성, 1937)에서는 천황을 위해 신명을 바치는 것은 국민으로서의 참된 생명, 역사적 생명을 살리는 것이라고 했다.

주체사상의 내용 ①—자주성

주체사상이란 무엇인가? 이 사상에 관해 가장 간결하게 정리된 팸플릿을 참조해보자(『주체사상 문답』, 조선민주주의인민공화국, 외국문출판사, 2012).

주체사상이란 "혁명과 건설의 주인은 인민 대중이며, 혁명과 건설을 밀고 나가는 힘도 인민 대중에 있다고 하는 사상"이다. 이것은 또한 "자기의 운명의 주인은 자기 자신이며, 자기의 운명을 개척하는 힘도 자기 자신에게 있다는 사상"이라고 하여 운명이 바뀔 수 있다고 한다(앞의 책, 1쪽).

"인간이 모든 것의 주인이고 모든 것을 결정한다"라는 것이 주체사상을 가장 응축한 슬로건이다. 그리고 거기서는 자주성·창조성·의식성이 가장 중요하다고 생각된다.

> 자주성과 창조성, 의식성 때문에 인간은 세계에서 특수한 지위를 차지하고, 특수한 역할을 수행하는 존재로 됩니다. 다시 말하면 자주성과 창조성, 의식성 때문에 인간은 세계를 지배하는 유일한 주인으로, 세계를 개조하고 변혁하는 유일한 창조자로 되는 것입니다.
>
> —김일성, 『반제투쟁과 국제 연대』, 백봉문고, 67쪽

이것이 김일성에 의해 소리 높이 선언되고 북조선에서 연면히 이어져 온 주체사상의 근본이다.

주체사상에서의 '자주성'이란 "세계와 자기의 운명의 주인으로서 살고 발전하고자 하는, 사회적 인간의 속성이다"(『주체사상 문답』, 7쪽)라고 설명된다.

> 자주성 때문에 인간은 자연과 사회의 모든 속박·종속에 반대하고, 모든 것을 자기에게 봉사하도록 변화시켜 간다./인간은 자연의 속박과 사회적 종속을 감수하지 않고 이것을 뿌리쳐 자유롭게 살 것을 바라고, 그 실현을 위해 싸우는 것이다.
>
> —같은 책, 7~8쪽

북조선과 같은 '자유가 없는 사회'에서 앞에서와 같은 '자주성'을 강조하는 것은 우스운 모순인 것처럼 생각되기도 한다. 하지만 북조선의 논리가 파탄되었다고 일괄적으로 말할 수는 없다.

> 인간에게 있어 자주성은 생명이다./인간에게 있어 자주성은 생명이라고 할 때, 그 생명이란 사회적·정치적 생명을 가리킨다. 육체적 생명은 생물 유기체로서의 인간의 생명이지만, 사회적·정치적 생명은 사회적 존재로서의 인간의 생명이다./사회적 존재인 인간에게 있어 육체적 생명보다 사회적·정치적 생명 쪽이 더 귀중하다. 설령 육체적 생명을 유지하더라도, 사회적으로 돌보아지지 않고 정치적 자주성을 잃게 되면, 사회적 인간으로서는 시체와 마찬가지다.
>
> —같은 책, 8~9쪽

요컨대 '자주성'이란 김일성에 의해 주어진 혁명적인 사회적·정치적 생명인바, 이것에 비하면 육체적 생명은 중요하지 않다는 것이다. 육체적 생명의 자주성이 중요한 것이 아니라 주체로서 사회적·정치적 생명의 자주성이 중요한 것이다. 따라서 후자를 위해 전자의 자유가 제한되는 것은 당연한 것이다.

주체사상의 내용 ② — 창조성

주체사상에서는 '창조성'이 중요하다고 생각된다.

> 창조성은 목적의식적으로 세계를 개조하고, 자기의 운명을 개척해가는 사회적 인간의 속성이다./창조성 때문에 인간은 오래된 것을 변혁하고 새로운 것을 창조하면서 자연과 사회를 자기에게 있어 한층 더 유용·유익한 것으로 개조해간다.
>
> —같은 책, 9쪽

> 자주성은 창조성 발현의 요인이다. …… 인간은 창조성을 지니는 까닭에 자주성을 실현할 수 있으며, 창조성이 높게 발휘되면 될수록 자주성은

한층 더 높이 실현되어가는 것이다.

—같은 책, 11쪽

요컨대 여기서 말하는 '창조성'이란 사회적·정치적 생명으로서의 혁명 주체가 혁명을 수행해가는 데서 자연과 오래된 사회를 변혁해가는 동력인 것이다. 개인의 욕망과 의도에 기초한 창조를 말하고 있는 것이 아니라는 것은 말할 필요도 없다. 북조선 사회가 지금까지 얼마나 많은 창조적 변혁을 성취해왔는가 하는 것을 자본주의적·자유주의적인 관점으로부터만 과소평가해서는 안 될 것이다. 결코 이상 사회가 되지는 못했지만, 북조선의 역사는 혁명적·자주적인 창조의 연속이었던 것이다. 그 점은 평양의 아름다운 거리를 보면 잘 알 수 있다. 거기에는 한국의 서울에서 볼 수 있는 것과 같은 개인 상점과 개인 기업의 잡다하고 난잡하며 추한 개인주의적인 욕망의 경관과는 전혀 다른, 혁명적이고 창조적이며 더없이 아름다운 경관이 펼쳐져 있는 것이다. 개인의 욕망을 통제한 혁명적인 전체주의가 만들어낸, 숨을 멈출 듯한 아름다움이라고 말할 수 있을 것이다.

주체사상의 내용 ③ — 의식성

의식성이란 무엇인가?

의식성은 세계와 자기 자신을 파악하고 개조하는 활동의 모든 것을 규제하는, 사회적 인간의 속성이다./의식성에 의해 인간은 세계와 그 운동 발전의 합법칙성을 파악하고, 자연과 사회를 자기의 요구에 입각하여 개조하고 발전시켜간다.

—같은 책, 10쪽

여기서 '의식성'이 '사회적 인간의 속성'이라고 하고 있는 것은, 인간의 육체적 생명으로서의 유기체가 지니는 의식을 '의식성'이라고 하는 것이 아니라 어디까지나 사회적·정치적 생명으로서의 혁명적 주체가 지니는 의식이야말로 중요하다고 말하고 있는 것이다.

지금까지 보아왔듯이 주체사상에서 가장 중요한 '자주성, 창조성, 의식성'은 자본주의 사회와 자유주의 사회에서의 그것들과는 확연히 다른 개념이다. 이 점을 명확히 인식하면, 주체사상의 논리 정합성 및 그 논리 정합성이 지니는 끝없는 폭력성과 억압성을 이해할 수 있을 것이다.

수령과 당의 주도

결국 역사의 주체가 되어 자연과 사회를 개조할 수 있는 것은 인민 대중이지만, 이 인민 대중은 제멋대로 자신들의 생각에 기초하여 역사를 개척해 나가는 것이 아니다. 이 점을 가장 명확하게 진술하면 다음과 같이 된다. '영수'라는 것은 '수령'을 가리킨다.

> 인민 대중을 역사의 자주적인 주체로 되게 하는 결정적인 요인은 탁월한 영수와 혁명적 당의 지도다./인민 대중은 역사의 창조자이지만, 올바른 지도를 받아서만 역사의 발전에서 주체의 지위를 차지하고 역할을 수행해 갈 수 있는 것이다. 인민 대중이 혁명적으로 의식화, 조직화된 세력으로서 결속하고, 자기의 책임과 사명을 다해 갈 수 있는가 아닌가는 올바른 지도를 받을 수 있는가 아닌가에 달려 있다. 당과 영수의 올바른 지도를 받는 인민 대중만이 역사와 자기의 운명을 자주적, 창조적으로 개척해 가는 역사의 자주적인 주체로 될 수 있는 것이다.
>
> —같은 책, 29~30쪽

주체사상은 사상의 회로가 복잡하긴 하지만, 결국은 인민 대중이 개체가 되어 자기의 독자적인 생각을 수립하는 것을 원천적으로 차단한다. 자주성·창조성·의식성을 맡고 있는 것은 수령과 당인 것이다.

사대주의를 배격하다

김일성은 자민족 및 세계의 모든 민족에게 있어 가장 큰 병폐는 사대주의라고 규정한다.

다음의 말은 김일성이 일본의 『세카이』(世界, 이와나미쇼텐 발행) 편집장(야스에 료스케〔安江良介〕*)에게 말한 것이다.

> 주체사상을 확립하는 데서 주된 어려운 점들의 하나는 사대주의 사상입니다. 사대주의는 우리나라에서 오래전부터 전해져 온 낡은 사상입니다. 사대주의자는 자신의 것은 어느 것이든 나쁘고, 자신에게는 좋은 것이 아무것도 없다고 하며, 남의 것은 무엇이든 다 좋다고 합니다. 이처럼 그들은 자신의 것에 대해 허무주의적으로 대하고 있습니다./말할 필요도 없이 남의 것에는 좋은 것도 있고 나쁜 것도 있는 만큼, 좋은 것을 배워 취할 수도 있습니다. 우리가 사대주의에 반대한다고 해서 배외주의로 치달을 수는 없습니다.
>
> —「일본의 정치이론 잡지 『세계』 편집장과의 담화(발췌) 1972년 10월 6일」, 『김일성 우리 혁명에서의 주체에 대하여 1』, 평양, 외국문출판사, 1975, 455쪽

사대주의란 "큰 나라, 발전된 나라를 받들어 모시고 숭배하는 노예적 굴종사상이며, 자기 나라, 자기 민족을 스스로 낮게 보아 멸시하는 민족 허무주의 사상"이다(김일성, 「주체사상에 대하여」). 본래 '사대'는 『맹자』(孟子)에 나오는 말로 작은 나라가 "큰 나라를 섬기는" 것이다(『맹자』에서는 나쁜 의미가 아니다).

민족 허무주의란 북조선의 『철학사전』(사회과학출판사, 1985)에 따르면, "자신의 것에 대해서는 덮어놓고 깔보고, 큰 나라의 것만을 좋다고 하는" 사상이며, "민족 허무주의에 빠지면 사람들은 자신의 힘을 믿지 않게 되고, 자신의 것을 발전시키고자 하는 생각도 하지 않게 되며, 남의 것만 바라보는 얼간이가 되고 만다"라고 한다.

중요한 것은 북조선이 "우리나라는 위대한 나라이기 때문에 사대주의로부터 벗어나 있다"고는 결코 말하고 있지 않다는 점이다. 오히려 자기 나라 안의 사대주의자를 척결하기 위해 이 개념을 구사하고 있는 것이다. "사대주의는 옛 사회의 유물로서 사회주의 사회에도 일정 기간 잔존할 가능성이 있으며, 혁명과 건설의 장애로 된다. 사람들이 사대주의를 하면 바보가 되고, 민족이 사대주의를 하면 나라가 멸망하고, 당이 사대주의를 하면 혁명과 건설을 망친다"(『철학사전』).

조선민족에서 말하면, 당에 사대한 신라나 명 · 청에 사대한 조선 왕조, 그리고 미국에 사대하는 남조선(한국)은 자주성, 주체성을 결여한 괴뢰국가인 것이다. 특히 부패한 미 제국주의에 대한 남조선의 사대주의야말로 사상적 독소에 다름 아니다.

사대주의를 근절하기 위해서는 어떻게 하면 좋을 것인가? 주체사상으로 철저히 무장하고 사람들의 몸에 주체형의 피만이 흐르도록 하는 것이 첫째다. 그리고 민족적 자부심을 지니는 것, 나아가 자기 나라의 경제와 문화, 과학 기술 등의 모든 면을 발전시켜야만 한다. 자기 나라가 다른 나라보다 모든 면에서 우월할 때, 사대주의 사상은 없어진다(이상은 『철학사전』).

이러한 논리에서는 문명의 발전에 우선 모방과 동경이라는 계기가 있다는 것을 인정하지 않는다. 타자를 모방한다든지 동경한다든지 하지 않고 오로지 자기 민족을 자랑스럽게 생각하고 자기 나라의 문명을 내발적으로 발전시켜야만 한다. 아마도 북조선의 문명적 발전이 늦어진 이유들 가운데 하나가 여기에 있을 것이다. 모든 것을 자기 나라·자기 민족이라는 토대로부터만 순수하게 창조한다는 순혈주의 사상의 극단적인 모습이 여기에 놓여 있다.

주체사상을 어떻게 볼 것인가

주체사상은 처음에는 국제 관계에서의 자주노선을 의미했다. 그것에 ① 자주성, ② 창조성, ③ 의식성이라는 의미가 주어진 것은 나중의 일이다. 이 사상을 최고로 농축하면 그 에센스는 "인간이 주인이다"라는 것이다. 하지만 그렇게 하면 곧바로 누구나 "그러면 왜 북조선의 인민은 비주체적인가?"라는 의문을 갖게 된다. 이 점에 대해 조금 생각해보자.

본래 북조선은 마르크스주의 국가이기 때문에, 마르크스주의의 과학적인 법칙성에 따른 역사관을 지니게 되었다. 하지만 그것에 따르면 큰 나라가 말하는 대로 되게 된다는 어려운 점이 기다리고 있었다. 여기서 말하는 큰 나라란 소련과 중국이다. 여기서 북조선은 소련과 중국을 수정주의와 교조주의로서 비판하고, 스스로는 주체적인 노선을 걷는다고 선언했던 것이다. 그리고 이 주체란 인간 중심주의라고 규정했다. 북조선은 소련이나 중국과는 달리 인간 중심주의로 간다고 결심한 것이다. 여기서 인간이라는 것은 북조선 사람을 가리키며, '우리'인 것이다. 여기서 주체주의=인간 중심주의=우리식 사회주의라는 도식이 이루어진다(다만 북조선이 '우리식 사회주의'라는 말을 공식적으로 사용하기 시작한 것은 1990년대가 되고나서다).

그리고 아마도 이러한 사상적 체계화를 추진한 것이 황장엽이었겠지만, 그에게 있어 앞서 존재한 것은 인간이었다. 하지만 현실적으로 앞서 존재한 것은 김일성이었다. 그것이 북조선의 정치적 현실이었다. 그리고 이 김일성을 존재하게 하고 있는 것은 소련과 중국이었다. 여기서 사상과 현실의 커다란 모순이 현실화된다.

요컨대 북조선에는 ① 앞서 존재하는 것은 김일성이라고 하는 파와, ② 앞서 존재하는 것은 인간이라고 하는 파의 둘이 있었다는 것이다. ①은 일본의 국체사상을 이어받고 있으며, 포이어바흐적이다. 김정일은 이 쪽 입장이었다. ②는 황장엽의 입장이다. 그런 까닭에 김정일과는 상용할 수 없어 망명할 수밖에 없었다.

다른 표현으로 하자면, 주체사상은 인간을 소외시키는 것이다. '조선인'이 소외된 것이 '김일성'이며, 포이어바흐적으로 말하면 그것은 일종의 신이다.

4. 혁명사상

친일파 청산

북조선은 건국 이전부터 친일파에 대해 냉엄한 태도를 취했다. 다음은 김일성의 발언이다.

> 조선의 자본가 계급은 과거에 일본 제국주의와 결탁하여 조선 인민을 착취하고 억압하며, '민족 개량'이라든가 '민족 자치' 등의 슬로건을 내걸고서 인민을 속여 왔습니다. 물론 일본 제국주의에 반대한 민족 자본가가 전혀 없었다는 것은 아닙니다./일본 제국주의에 반대하여 최후까지 용감하게 싸운 것은 조선의 노동자 계급이었습니다. …… 일본 제국주의에 투항하여 그것과 결탁한 조선의 자본가 계급이 혁명을 지도할 수 없다는 것은 명확합니다. …… 이제 우리가 일본 제국주의의 앞잡이들을 일소하는 것에 대해 한국 민주당은 맹렬히 반대하고 있습니다. 이것은 결코 우연한 것이 아닙니다. 한국 민주당은 어제까지 일본 제국주의자와 결탁해 있던 지주와 예속 자본가 집단입니다. 그들은 일본 제국주의가 패배하자 친미

파로 급변하여 일본의 보호 대신에 미국의 보호를 구하고 있습니다. 조선의 지주와 자본가로 일본 제국주의의 앞잡이가 되지 않은 것은 극히 소수에 지나지 않으며, 그 절대 다수가 일본 제국주의의 손과 발이 되어 조선 인민을 착취하고 억압한 것은 틀림없는 사실입니다. 따라서 우리가 이들 친일 지주, 예속 자본가, 민족 반역자를 철저하게 쓸어내야만 한다는 것은 지극히 당연한 것입니다.

— 김일성, 「새로운 조선 건설과 민족 통일 전선에 대하여 — 각 도의 당 책임간부 앞에서 행한 연설」〈1945년 10월 13일〉, 조선노동당 중앙위원회 당역사연구소, 『김일성 저작 선집 1』, 평양, 외국문출판사, 1970, 3~6쪽

오늘날에 이르기까지 한국이 북조선에게 정통성의 열등감을 품고 있는 이유는 바로 앞에서의 김일성의 말로부터 이해될 수 있을지도 모른다. 김일성의 이러한 주장의 포인트는 "지주와 자본가야말로 친일파이자 민족 반역자다"라는 논리를 전개함으로써 "공산주의가 아니면 친일 문제를 해결할 수 없다"라는 강고한 틀을 구축한 것에 놓여 있다. 이것은 계급 문제와 무관하게 "친일 행위를 청산했는가 아닌가"를 사실로서 체크하는 행위를 무화시키는 힘을 지닌다.

사실상 한국이 친일파를 청산할 수 없었다는 것은 확실하다. 그러나 최근에 한국 측의 역사 검증에서는 북조선도 친일파 청산을 자의적으로 행했으며, 체계성과 정합성이 결여되어 있었다고 하는 인식이 제시되고 있다.

한국전쟁의 기원

1950년 6월 25일 미명에 시작된 한국전쟁은 북조선이 한국으로 침공해 들어오는 사태로부터 시작되었다는 것이 현재 역사적으로 의심할 여지가 없는 사실로서 인정되고 있다. 하지만 이 전쟁의 시점에 관한 북조

선 측의 인식은 북으로부터 남으로의 '남침'이 아니라 남으로부터 북으로의 '북침'이었다. 다음은 6월 26일에 김일성이 행한 방송 연설이다('공화국'은 '조선민주주의인민공화국'을 뜻한다).

> 6월 25일 매국의 역적 이승만 괴뢰 정부의 군대는 38도선의 전 지역에 걸쳐 공화국 북반부에 대한 전면적인 공격을 개시했습니다. …… 우리 조국의 애국적인 전 인민이 평화적인 방법으로 조국을 통일하기 위해 전력을 기울여왔음에도 불구하고, 매국의 역적 이승만 일당은 인민에게 등을 돌리고 동족이 서로 싸우는 내란을 일으켰습니다./널리 알려져 있듯이 필사적으로 조국의 평화적 통일에 반대하는 이승만 일당은 오래전부터 내란 준비를 해왔습니다. 그들은 남조선 인민의 피와 기름을 쥐어짜 미친 듯한 군비 확장과 후방 준비에 광분했습니다. 그들은 유례없는 테러 폭압에 의해 남조선의 모든 민주적인 정당, 대중 단체를 비합법화하고, 애국적이고 진보적인 사람들을 체포, 투옥, 학살하고, 이승만의 반동적인 제도에 대한 약간의 불만의 표현에 대해서도 혹독한 탄압을 가했습니다. 조국의 독립과 자유, 민주주의를 위해 싸운 수십만의 우리 인민의 뛰어난 아들과 딸들이 적에 의해 투옥되고 학살되었습니다. …… 이승만 일당은 이른바 '북벌'을 준비하는 과정에서 미 제국주의자의 지시에 따라 조선 인민의 불구대천의 원수, 일본 군국주의자와 손을 잡는 것마저 주저하지 않았던 것입니다.
>
> —김일성, 「모든 힘을 전쟁 승리를 위하여—전 조선 인민에 대한 방송 연설」〈1950년 6월 25일〉, 조선노동당 중앙위원회 당역사연구소, 『김일성 저작 선집 1』, 평양, 외국문출판사, 1970, 286~87쪽

이상과 같은 인식 아래 김일성은 이 전쟁을 '조국해방전쟁'으로 자리매김했다. 그리고 1953년의 정전(停戰)은 이 전쟁에서 조선이 승리했다는 의미라고 이 국가에서는 해석하고 있다. 본래 조선민주주의인민공화

국의 기만성은 1945년에 김성주라는 청년이 김일성이라는 이름으로 평양에 등장했을 때부터 시작되지만, 그 후에는 친일파 청산과 토지개혁 등 정통성을 자랑할 수 있는 업적을 쌓아올리고 있었다. 그러나 한국전쟁에 관한 허위를 만들어냄으로써 돌이킬 수 없는 기만성을 구축하고 말았다.

천리마 운동과 청산리 방법

1960년대부터 1970년대에 걸쳐 북조선은 혁명을 추진하기 위한 다양한 슬로건을 내걸고서 세계에 어필했다. 아마도 이 시기가 북조선의 전성기였을 것이다. 일본에 수많은 북조선 동조자를 형성한 것도 이 시기였다.

'천리마 운동'은 일본 사회에도 커다란 영향을 주었다.

덧붙이자면, 김정은 시대에는 '만리마'라는 말이 사용되고 있다. 10년을 1년으로 단축하여 질주하는 '조선 속도'에 의한 사회주의 건설의 키워드다.

'청산리 방법'이라 불리는 것은 김일성에 따르면 "상급 기관이 하급 기관을 돕고, 상부의 사람이 하부의 사람을 돕고, 정치 활동을 선행시켜 대중을 동원하여 혁명 과제를 수행하는 것"(김일성, 「조선민주주의인민공화국에서의 사회주의 건설과 남조선 혁명에 대하여」〈1965년 4월 14일〉, 조선노동당 중앙위원회 당역사연구소, 『김일성 저작 선집 4』, 평양, 외국문출판사, 1971, 245쪽)이다.

고난의 행군과 선군사상

1990년대에 북조선의 경제는 눈에 띄게 악화되었다. 1996년부터의 시기를 '고난의 행군'이라 부른다. '고난의 행군'이란 김일성의 항일유격대가 1938년 말부터 수개월 사이에 혹한의 만주에서 일본의 토벌대와 싸우면서 전전한 것을 가리키는데, 1990년대에 경제 위기를 경험한 북조선은 이 유격대의 필사적인 행군을 국민에게 추체험시켜 불굴의 정신력으로써 위기를 극복하고자 했다. '고난의 행군' 시기에 북조선에서는 수십만 명이라고 말해지는 아사자(餓死者)가 나오는 등, 경제는 최악의 상태가 되었다.

1998년부터 1999년에 걸쳐 북조선의 경제는 호전의 조짐을 보이며, 2000년 10월에 북조선은 '고난의 행군'이 끝났음을 선언했다.

1998년경부터 '선군(先軍)정치'라는 말이 등장한다. 1999년부터는 '선군사상'이라는 말이 출현하며, 그 후 계속해서 북조선사상에서 가장 중요한 키워드로서 사용되어간다. 김일성의 독창적인 사상이 주체사상이라면 김정일의 독창적인 사상은 선군사상이라는 자리매김으로, 양자는 병렬되게 된다. 선군사상이란 문자 그대로 군을 가장 우선시하는 사상이며, 군이 사상적으로 변질해서는 안 되고 군이야말로 사상에 의해 가장 견고하게 무장하고 있어야만 한다는 의미다. 항일유격대가 모태인 북조선의 원점에로의 회귀라고도 할 수 있겠지만, 역으로 말하면 유격대 경험이 없는 김정일이 군을 최대의 사상의 아성으로 규정함으로써 체제 측에 군을 강고하게 붙들어 매는 틀이라고도 할 수 있을 것이다.

김일성·김정일주의와 조선노동당 제7차 대회

김정은 시대가 되어 그때까지 '김일성주의'라고 불리던 사상은 '김일성·김정일주의'라고 불리게 되었다. 더 나아가 '유일적 영도 체계 확립의 10대 원칙'을 내놓고, "전 사회를 김일성·김정일화하기 위해 한 몸을 바쳐 투쟁해야만 한다", "위대한 김일성 동지와 김정일 동지를 우리 당과 인민의 영원한 수령으로서, 주체의 태양으로서 높이 받들어야만 한다"라는 등으로 규정했다.

2016년 5월에 개정된 「조선노동당 규약」에서는 '전 사회의 김일성·

김정일화'가 공식적으로 규정되었다.

김정은은 실로 36년 만에 개최된 2016년 5월의 조선노동당 대회(제7회)에서 '전 사회의 김일성 · 김정일주의화'를 강조했다.

> 전 사회를 김일성 · 김정일주의화한다는 것은 사회의 전 구성원을 참된 김일성 · 김정일주의자로 길러내고, 정치와 군사, 경제와 문화를 비롯하여 모든 분야를 김일성 · 김정일주의의 요구대로 개조하여 인민 대중의 자주성을 완전히 실현해가는 것을 의미합니다.
>
> —김정은, 「조선노동당 제7회 대회에서 행한 중앙위원회의 활동 보고, 2016년 5월 6일, 7일」, 『김정은 저작집 2』, 백봉사, 2017, 153쪽

이것을 추진하기 위해서는 '자강력 제일주의'를 내걸지 않으면 안 된다. 그것은 "자신의 힘과 기술, 자원에 의거하여 주체적 역량을 강화하고, 자신의 앞길을 열어 나가는 혁명정신"(같은 책, 156쪽)이다. 김일성과 김정일의 이와 같은 자력자강의 정신은 "조선 인민을 불가능을 모르는 정신력의 최강자로 길러내고, 우리 조국을 누구도 무시할 수 없는 불패의 강국"으로 만들었다(같은 책, 156쪽). 김정은은 이 정신을 가지고서 다음의 것을 이룩해가자고 말한다. ① 과학기술 강국 건설, ② 경제 강국 건설, 인민 경제 발전 전략, ③ 문명 강국 건설, ④ 정치적 · 군사적 위력의 강화.

이 대회에서 김정은은 조국의 통일에 대해 다음과 같이 말했다. 조국을 통일하고, 통일 강국을 만들기 위해서는 연방제 방식을 취할 수밖에 없다. 연방제란 김일성 시대로부터 북조선이 오랫동안 주장하고 있는 방식으로, 하나의 국가로서 체제를 통합하기 전에 다른 두 체제를 유지하면서 연방으로서 합치는 안이다. 한국에서도 이전에 김대중 대통령이 이것과 동일한 방식을 주장했다. 김정은은 우리가 연방제를 주장하고 있

음에도 불구하고 남조선은 언제 실현될 수 있을지도 모르는 황당무계한 '체제 통일'을 집요하게 주장하고 있다고 말한다.

> 상대 측의 사상과 체제를 부인하고, 한편의 사상과 체제에 의한 통일을 추구하는 것은 결국 통일을 바라지 않고, 전쟁을 한다는 것으로밖에는 될 수 없습니다. 인민 대중 중심의 조선식 사회주의는 가장 탁월하지만, 우리는 그것을 남조선에 강요한 적도 없고 강요하려고 하지도 않습니다. 이 몇십 년 사이에 적대 세력은 우리 공화국의 '붕괴'에 대해 선전했습니다만, 우리의 사상과 체제는 나날이 한층 더 강고해지고, 붕괴와 파멸의 운명에 처한 것은 남조선의 반동적이고 반인민적인 통치 체제이자 반통일적인 대결 정책입니다.
>
> —같은 책, 192쪽

남조선과 미국 그리고 주변 나라들은 통일을 방해하지 않고 남북의 대결을 부추기지 않아야 하며, 남북의 대화와 교섭에 의해 통일과 번영으로의 길을 걷는 것을 방해해서는 안 된다. 이상이 김정은의 주장이다.

(이 장에서 북조선 문헌으로부터의 인용은 '사대주의를 배격하다'에서의 일부를 제외하면, 모두 북조선 또는 일본에서 발행된 일본어판에 따랐다.)

제10장

대한민국

1. 약사

대한민국의 기원

대한민국이라는 국가는 언제 건국되었는가?

보통 생각으로는 1948년 8월 15일이다. 이날에 이승만이 대한민국 건국을 선언했기 때문이다. 그러나 또 하나의 견해가 있다. 대한민국은 1919년 3월 1일(3·1운동의 날)에 건국되었고, 중국에서 수립된 대한민국 임시정부라는 국가를 직접 계승한 것이므로, 1948년에 수립된 것은 국가가 아니라 정부에 지나지 않는다는 주장이다. 최근 한국에서는 이 두 가지 견해가 첨예하게 대립하고 있다. 대한민국 헌법의 전문에 "3·1 운동으로 건립된 대한민국 임시정부의 법통(법적 정통성)을 계승한다"라고 기재되어 있기 때문에, 이 문장대로라면 대한민국의 기원은 확실히 1919년으로 소급될 수 있다. 또한 이것들과는 별도로 '대한민국'은

1897년에 성립한 '대한제국'을 민주정체로 변화시킨 것인바(당연히 통치자도 황제로부터 국민에 의해 민주적으로 선출된 대통령으로 변경), 양자에게 강한 연속성이 있다고 하는 견해도 주장되고 있다. 대한제국이야말로 이 민족이 처음으로 갖게 된 근대 민족국가였으며, 그 의미를 과소평가해서는 안 되고, 대한민국은 대한제국을 계승한 것이라는 주장이다.

최근 한국에서 갑자기 "대한민국의 건국은 언제였는가"라는 논의가 활발해진 이유들 가운데 하나는 북조선과의 정통성 경쟁이라는 문제와 관계된다. 북조선이 국가로서 스스로의 정통성을 해방 전 만주에서 있었던 김일성에 의한 항일 활동이라는 '기원'에 두고 있기 때문에, 1948년에 건국한 한국은 아무래도 불리해진다. 그런 까닭에 1919년의 3·1운동, 나아가서는 1897년의 대한제국 수립에 대한민국의 '기원'을 두는 논리다. 김일성(1912년생)의 항일 활동은 아무리 빠르게 보더라도 1920년대 이후에 시작되고 있기 때문에, '3·1운동 기원설' 및 '대한제국 기원설'은 한국의 정통성에 있어 압도적으로 유리해진다.

1945~80년대

1945년 8월의 해방은 일본의 패전과 함께 아무런 예고도 없이 갑자기 찾아왔다.

미국으로부터 이승만이 귀국했고, 중국의 대한민국 임시정부로부터는 김구 등이 귀국했다. 또한 소련으로부터 김일성(김성주)이 귀국했다.

해방 후의 이 혼란스러운 시기의 조선을 '해방 공간'이라고 부른다. 유엔에 의한 신탁통치안에 대한 찬성 내지 반대투쟁이 펼쳐졌고, 또한 친일 문제를 판가름하는 반민족행위특별조사위원회도 열렸다.

1948년 8월 10일에 서울에서 대한민국이 건국되었고, 같은 해 9월 9일에는 평양에서 조선민주주의인민공화국이 건국되었다.

1950년 6월 25일 새벽, 북조선군이 갑자기 38도선을 깨트리고 남하했다. 한국전쟁의 시작이다. 북조선군은 단숨에 몰아쳐 부산 부근까지 남하했지만, 미군을 중심으로 하는 유엔군이 인천으로부터 상륙하고, 전선을 일거에 북으로 밀어붙였다. 그 후 중국의 참전에 의해 전선은 남하와 북상을 거듭하며, 38도선 부근에서 전황은 교착상태가 되었다. 그러나 휴전협정이 체결된 것은 1953년이었다. 협정의 당사자는 북조선과 유엔이고, 한국은 휴전협정에 참가하지 않았다. 이 전쟁에 의해 남북을 합쳐 수백만 명의 조선인이 사망했다. 미군을 중심으로 한 유엔군의 희생자도 많았지만, 중국군(인민지원군)의 희생자는 더욱더 많았다. 마오쩌둥(毛澤東)의 장남도 이 전쟁에서 전사했다.

1960년에 실시된 대통령 선거에서 이승만이 당선(4선)되었지만, 이 선거는 의혹투성이였다. 이것을 실마리로 하여 교수·학생들에 의한 대대적인 데모가 전개되고, 그 결과 이승만은 하야하며, 후에 하와이로 망명한다. 이것을 4·19혁명이라고 부른다.

1961년 5월 16일에 박정희 소장이 쿠데타를 일으켰다. 5·16쿠데타라고 불린다. 박정희는 1963년에 대통령이 된다.

박정희 정권은 1965년에 일본과 한일기본조약 및 청구권 협정을 체결하고, 일본과 국교를 맺는다. 이 조약 및 협정의 내용이 굴욕적이라고 하여 한국에서는 데모가 전개되었지만, 박정희 정권은 계엄령까지 선포하여 조약 및 협정을 체결하기에 이르렀다.

1970년에 자본에 착취당하는 노동자의 비참한 상황을 상징하는 사건으로서 전태일(全泰壹, 1948~70)의 죽음이라는 사건이 일어났다. 그는 서울 동대문에 있는 평화시장의 봉제공장에서 재봉과 재단을 맡아 하는 한 사람의 노동자로서 열악하고 가혹한 노동 현장을 경험했다. 노동자의 인권을 주장해 데모를 했지만, 마지막에는 자신의 몸에 휘발유를 끼얹고 라이터로 분신자살했다. 그의 죽음 후 한국에서는 노동조합 운동이 활발해지며, 전태일은 투쟁하는 노동자의 상징으로서 깊이 기억되고 영웅시

되었다. 한국에서 전태일의 이름을 알지 못하는 사람은 없다.

박정희 대통령은 스스로의 집권의 영속화를 꾀하고, 1972년에 유신체제를 선언했다. '유신'(維新)이라고 하고 있듯이, 일본의 메이지 유신을 모범으로 하는, 위로부터의 혁명을 기도한 것이었다. 이것은 야당과 재야 세력에 의한 맹렬한 반대운동을 불러 일으켰다. 정권은 강력한 탄압을 가했다. 정권이 불안정한 채로 경제는 급속도로 성장했다.

이 당시의 탄압으로는 민청학련 사건(1974) 등이 유명하다.

1979년 10월, 박정희는 연회 중에 부하인 김재규(金載圭)에 의해 총으로 사살되었다. 이에 의해 5 · 16쿠데타로부터 18년 이상 이어진 박정희의 장기 집권(대통령 취임으로부터는 16년)은 갑자기 종언을 고했다.

박정희 암살에 의해 군사독재 정권이 종언할 것처럼 보였지만, 같은 해 12월 12일에 육군사관학교 제11기생 출신인 전두환(全斗煥)이 쿠데타를 일으키고 실권을 장악했다.

1980년대의 성격을 규정한 것은 1980년 5월에 전라남도 광주에서 일어난 광주 사건이다. 민주화 운동에 참가한 광주 시민이 '폭도'로 규정되었고, 한국군이 이들을 무력으로 참살했다. 시민 측은 무장하고 군과 대치했지만, 결국 수백 명의 희생자 · 행방불명자를 내고 '진압'되었다.

군이 자국민을 학살한 광주 사건은 현대 한국의 근저를 송두리째 뒤엎은 사상적인 사건이었다고 말할 수 있다. 이후 1980년대부터 21세기가 되어서도 광주 사건의 의미를 묻는 예술 작품이 문학, 미술, 영화 등을 중심으로 하여 계속해서 만들어졌다. 또한 '거리의 철학자'라고 일컬어지는 김상봉처럼 '광주 사건의 철학'을 파고 들어가는 철학자도 나타났다. 광주 사건에 의해 한국인의 영성은 민중 · 시민이라는 새로운 영성 주체의 강인화와 더불어 다방면에서 폭발적으로 힘을 비축하고 발현하게 되는 것이다. 그런 의미에서 1980년 이후의 대한민국은 '광주적 영성'을 둘러싼 생명사상을 새롭게 열어 나가는 현상이라고 말할 수 있다.

전두환 정권이 1981년부터 계속되었지만, 1980년대 중반의 민주화 운동은 1987년에 최고조에 달하고, 다음 해의 서울 올림픽 개최를 기다리고 있던 여당인 민정당 대표 노태우(盧泰愚)는 마침내 이해 6월, 국민을 향해 민주화 선언을 하고 대통령의 직접선거제 부활 등을 약속했다. 여기서 한국의 민주화 운동은 커다란 승리를 달성했다고 말할 수 있다. 민주화의 내용 자체는 이후의 과제였지만, 전두환 정권을 끝내는 것에는 성공했던 것이다.

직접선거의 결과로 선출된 노태우 대통령은 1988년에 취임하고, 그 해 열린 서울 올림픽을 성공시켰다.

1990～2010년대

노태우 대통령은 대단히 적극적인 '북방 외교'(공산주의권과의 외교관계 수립)를 전개하여 1990년에는 소련과, 다음다음 해에는 중국과 극적으로 국교를 수립했다.

1993년에는 김영삼 정권이 발족하고, '문민 정권'으로서 군의 정치에 대한 영향력을 약화시키는 데 성공했다.

1998년에는 최초의 전라도 출신 대통령으로서 진보파의 김대중이 취임하고, 일본과는 미래 지향의 동반자 관계를 구축하는 데 성공했다. 이 시기에 한국이 가장 힘을 들인 것이 사회의 인터넷화(정보화)였다. 그것의 필사적이고 철저한 실행은 2000년대 한국의 성공을 준비하는 것이었다.

2000년에는 김대중 대통령이 평양으로 가 김정일 총서기와 극적인 회담을 행했다.

2003년에 진보파의 노무현 대통령이 취임한다.

2007년의 대통령 선거에서 보수파인 이명박이 당선되어 10년만에 정권 교체가 실현된다.

2012년, 임기를 앞으로 조금밖에 남기지 않은 이명박 대통령은 독도를 방문하며, 또한 '천황 방한 사죄 발언'을 해 일본과의 관계를 악화시킨다. 그해 12월에 실시한 대통령 선거에서 보수파의 박근혜(박정희의 장녀)가 진보파의 문재인(文在寅) 후보를 가까스로 누르고 당선되었다.

2016년 11월부터 박근혜(朴槿惠) 대통령을 둘러싼 부정 의혹에 대해 국민들은 격렬한 데모를 전개했다. 이보다 몇 년 전부터 한국의 젊은이들 사이에서 '헬(지옥)조선'이라는 말이 유행하고 있었다. 취직·결혼·육아·자택 등을 포기할 수밖에 없는 젊은이들이 한국의 가혹한 일상을 표현한 말이다. 사회에 대한 불만과 기성세대의 대책 없음·이익 독점에 대한 비판이 박근혜 대통령에 대한 개인 지탄이 되어 폭발하고, 눈사태처럼 탄핵으로 향해갔다.

2017년에 박근혜 대통령이 물러나고, 5월에 대통령 선거를 실시했다. 노무현의 동지였던 진보파의 문재인이 당선되었다. 여기서 9년만에 정권 교체가 실현되었다.

2. 정치가들

이승만

대한민국 초대 대통령이 된 것은 이승만(李承晩, 1875~1965, 호는 우남(雩南), 본관은 전주)이었다. 그는 젊어서 독립협회에 가담하고, 1898년에 투옥되었다. 감옥에서 나온 후 미국으로 유학하며, 프린스턴 대학에서 철학 박사 학위를 취득했다. 이 때문에 그를 '이승만 박사'라고 부르는 사람이 한국에는 아직까지도 많다.

1919년에 상하이 임시정부의 대통령에 추대되었지만, 1925년에 탄핵되었다. 1945년의 해방 후에 조선으로 돌아와 보수세력을 규합하여 ① 유엔에 의한 신탁통치 반대, ② 남조선 단독정부 수립을 주장했다.

1948년에 대한민국 수립과 함께 초대 대통령이 되었다.

이승만의 정치사상의 근간은 강렬한 반공사상이었다. 미국의 막대한 원조 아래 김일성에 대항하여 독재적인 권력을 구축하는 데 성공했다. 그에게도 북조선을 침공할 의도가 있었지만, 1950년 6월에 김일성의 군대가 남침함으로써 비참한 한국전쟁이 시작되었다.

이승만에게 또 하나의 축은 강경한 반일사상이었다. 학교에서 반일 교육을 철저히 시행하고, 또한 '이승만 라인'을 일방적으로 설정하여 많은 일본 어선을 나포했다. 이에 따라 일본과의 관계는 극도로 험악해졌다.

1960년의 대통령 선거에서 4선이 되었지만, 그 직후에 지식인·학생을 중심으로 하는 데모에 의해 하야할 수밖에 없게 되며, 하와이로 망명하여 거기서 세상을 떠났다.

김구

김구(金九, 1876~1949, 호는 백범(白凡), 본관은 안동)야말로 대한민국 건국을 둘러싸고 중심적인 역할을 수행한 민족파의 거두다.

김구가 한국에서 한없는 존경을 받고 있는 것은 그의 자서전인 『백범일지』에 기록된 「내가 원하는 우리나라」라는 제목의 다음과 같은 말 때문이다. 이 말은 해방 후의 한국의 방향성을 규정한 최고 수준의 명문이라고 여겨진다.

> 나는 우리나라가 세계에서 가장 아름다운 나라가 되기를 원한다. 가장 부강한 나라가 되기를 원하는 것은 아니다. 내가 남의 침략에 가슴이 아팠으니 내 나라가 남을 침략하는 것을 원치 아니한다. 우리의 부력은 우리의 생활을 풍족히 할 만하고, 우리의 강력은 남의 침략을 막을 만하면 족하다. 오직 한없이 가지고 싶은 것은 높은 문화의 힘이다. 문화의 힘은 우리 자신을 행복하게 하고 나아가서 남에게 행복을 주겠기 때문이다. 지금 인

류에게 부족한 것은 무력도 아니요, 경제력도 아니다. 자연과학의 힘은 아무리 많아도 좋으나 인류 전체로 보면 현재의 자연과학만 가지고도 편안하게 살아가기에 넉넉하다. 인류가 현재에 불행한 근본 이유는 인의가 부족하고, 자비가 부족하고, 사랑이 부족한 때문이다.

한국에서 김구는 영웅이기 때문에 언제나 '김구 **선생**'이라고 불리며 존경받는다. 하지만 한국인이 존경하는 '김구 선생' 이미지는 실제의 김구를 상당히 변형시킨 것이다. 김구가 젊은 시절 살인을 범한 일, '해방공간'에서의 극단적인 정치적 혼란의 책임이 김구에게도 있다는 점 등은 한국에서는 어렴풋이 알려져 있다 하더라도 정면으로 논의되는 대상이 아니다. 김구라는 '영웅'은 한국에서 일종의 '성역'이 되고 있다.

박정희

정치가 박정희(朴正熙, 1917~79, 호는 중수(中樹), 본관은 고령)는 어떤 사상을 가지고 정권을 잡았던 것일까?

우선 거론되는 것은 조국의 근대화다.

박정희는 한국인의 본질에 대해 격렬한 비판을 전개했다. 조선 왕조는 중국의 속국이어서 주체성이 없고, 개혁정신도 없었다고 그는 말한다. 그 원인으로서 유교의 정체성을 거론했다. 그리고 한국인의 최대 결함은 주체성과 근면함의 결여라고 했다. 이것은 기본적으로 식민지 사관과 흡사한 정체사관이다. 이 점에서 그는 북조선의 김일성과 동일한 생각을 갖고 있었다.

박정희는 농촌의 근대화를 기도한 '새마을 운동'을 전개했다. '새마을'이란 한국어로 '새로운 마을'이라는 뜻이다. 이 '새마을 운동'에 대해 '농촌 근대화의 성과'를 평가하는 논의와 '위로부터의 농촌 공동체 파괴'를 비판하는 논의가 대립하고 있으며, 역사 교과서에 어떻게 쓸 것인가 하는 논쟁이 계속되고 있다.

박정희에 반대하는 진영은 그를 '친일파'로 멸시하지만, 그가 친일파였는지는 가볍게 판단할 수 없다. 확실히 그는 일본과 '타협'하여 국교정상화를 단행했다. 하지만 이것은 그가 친일파였기 때문이 아니라 조국의 근대화를 맹렬한 속도로 달성하지 않으면 안 된다는 다급해진 생각으로 인한 행동이었을 것이다. 그는 실용주의자였으며, 다른 한편으로는 불굴의 정신력의 소유자이기도 했다.

사실 박정희 정권 기간에 한국은 아프리카의 가장 가난한 나라와 같은 경제 수준으로부터 비약적으로 이륙하여, 고도 경제성장의 노선을 따라 걷게 되었다. 그러나 한국의 좌파는 이 사실을 전혀 인정하지 않으며, 박정희의 '군사독재', '친일', '인권 탄압'의 측면만 보려고 한다.

다나카 아키라(田中明)*는 박정희로부터 노태우까지 이어지는 군인 출신 정권을 '예외의 시대'라고 부른다. 조선의 오랜 유교적 전통에서 말하자면 문인에 의한 지배가 정상이지만, 박정희 정권은 그것을 때려 부쉈다. 그 정권은 효율성과 합리성에 의한 통치를 행했다. 이 시대의 반체제 지식인들은 유교적인 정신적 태도를 지니고 있었기 때문에, 군인에 의한 효율적 지배에 반대한 것이라고 다나카는 말한다.

전두환 · 노태우

전두환(全斗煥, 1931~2021, 호는 일해〔日海〕, 본관은 완산)에게 정치가로서의 사상이 있었는지 없었는지 판단할 수 없다. '있었다'고 하면 한국인은 대부분 목소리를 높여 부정할 것이다. 그러나 아무리 잔학무도한 대통령이었다 하더라도, 8년간 집권한 대통령에게 아무런 사상도 없었다고 잘라 말하는 건 잘못일 것이다.

굳이 거론하자면 그의 사상은 '한국의 발전'이었다. 한국의 경제 발전을 죽을힘을 다해 추구했고, 박정희 정권 시대에 커진 재벌을 더욱 빠르게 확대시켰다. 서울 올림픽(1988) 유치에 성공한 것도 전두환 대통령 시대였다.

덧붙이자면, 전두환은 '반일'(反日)을 대신하는 대일(對日) 인식으로서 '극일'을 내걸었다. 이것은 "우리나라의 경제 발전을 위해서는 일본에게 배운다. 그러나 그것은 일본을 철저히 극복하기 위해 배우는 것이기 때문에, 조금도 굴욕적인 게 아니다"라는 이치에 따른 것이었다.

1987년 12월의 대통령 선거에서 승리한 노태우(盧泰愚, 1932~2021, 호는 용당(龍堂), 본관은 교하)는 1988년 2월에 대통령에 취임했다. 1988년은 가을에 서울 올림픽이 열린 해였다. 한국은 올림픽 개최를 바로 앞에 두고 가까스로 민주화 이후 최초의 대통령을 취임시키는 데 성공했다. 하지만 노태우는 전두환의 육군사관학교 동기생이자 동지였다. 요컨대 민주화 선언 이후에도 군인 출신 정권이 계속되었던 것이다.

김영삼

1992년 12월의 대통령 선거에서 승리한 김영삼(金泳三, 1927~2015, 호는 거산(巨山), 본관은 김녕)은 1993년 2월에 대통령에 취임했다. 군인 출신 정권은 여기서 끝나고 '문민 정권'이 성립했다.

김영삼은 '역사 바로 세우기' 정책을 강력하게 내세웠다. 조선 왕조의 왕궁인 경복궁 한가운데에 세워져 있었던 조선총독부 건물이 해방 후 미군정의 집무 거점과 국립 박물관으로 사용되어왔는데, 김영삼은 이 건물을 완전히 해체하여 철거했다.

또한 김영삼은 "가장 한국적인 것이 가장 세계적"이라는 슬로건 아래 한국의 '세계화'를 대단히 적극적으로 추진했다. 세계화는 국제화와는 달리 한국 내부를 국제화할 뿐만 아니라 한국을 세계에 알리고 그 존재감을 어필한다는 의미다. 21세기에 전개한 '한국 브랜드'에 의한 세계 전략의 초기 판본이라고 말할 수 있다.

김영삼은 또한 군부 세력을 정계로부터 철저히 배제하는 것을 시도하여 전두환, 노태우 두 대통령의 출신 모체였던 육군사관학교 제11기생 동기회인 '하나회'를 해체했다.

김영삼에 의한 '역사 바로 세우기'나 '세계화'는 기본적으로는 내셔널리즘적인 정책이다. 하지만 이 정권의 사상적 성격을 어떻게 파악할 것인가에 관해서는 다양한 견해가 있다.

1994년에는 북조선과의 사이에서 일촉즉발의 위기 상태가 되었다(제9장 참조).

1997년 연말에는 아시아 발 금융경제 위기가 한국도 덮쳐 한국 경제가 심각한 위기에 빠졌다. 이것을 한국에서는 'IMF 위기'라고 부른다. 국가 전체가 혼란 상태로 된 가운데 김영삼 대통령은 임기를 마친다.

김영삼의 정치사상이 무엇이었는가를 특별히 규정하기는 쉽지 않다.

김대중

1997년 12월의 대통령 선거에서 승리한 김대중(金大中, 1924~2009, 호는 후광(後廣), 본관은 김해)은 1998년 2월에 대통령에 취임했다.

그 전해 후반부터의 경제 위기를 어떻게 극복할 것인가 하는 것이 초미의 과제였다. IMF(국제통화기금)의 개혁안을 전면적으로 수용하는 것이 전 정권에 의해 이미 결정되어 있었다. 가차 없는 근본적인 경제 체질 개선을 김대중 정권은 추진했다.

1998년에는 일본을 방문하고, 오부치 게이조(小淵惠三) 총리와의 사이에서 '한일 동반자 관계 선언'을 했다. 중의원에서의 연설에서는 명확하게 미래 지향을 내세웠다. 한일 자유무역 구상도 내세웠다. 이해부터 한국은 일본의 대중문화를 단계적으로 개방하는 정책을 실시했다. 김대중의 이와 같은 일본에 대한 접근 배후에는 경제의 곤경으로 인해 일본과 협력하지 않을 수 없다고 하는 어쩔 수 없는 사정이 있었던 것이 확실하지만, 김대중 개인의 사상과도 크게 관련되어 있다.

김대중이 생각하는 새로운 지정학은 다음과 같은 것이다. 제국주의 시대에 조선반도는 주위를 중국·러시아·일본·미국이라는 대국들에 둘러싸여 압박과 지배의 가혹한 경험을 하지 않을 수 없었다. 그 지리적 조건은 지금도 동일하지만, 시대의 사상이 다르다. 글로벌한 자본주의 시대의 한국은 주위에 중국·러시아·일본·미국이라는 세계 최대의 시장이 모여 있는 최고의 입지에 놓여 있다. 바야흐로 한국은 세계에서 가장 좋은 지리적 조건을 지닌 나라다. …… 이와 같은 발상의 전환이 멋들어지게 시대사상과 합치했다. 한국은 경제 위기를 극복하고, 글로벌하게 발전하는 상승 궤도에 올라섰다. 김대중은 불굴의 이상주의자였던 동시에 위대한 실용주의자이기도 했다.

2000년에 김대중은 평양을 극적으로 방문하여 김정일과 회담했다. 김대중은 대통령 임기 중인 같은 해에 노벨 평화상을 수상했다.

노무현

2002년 12월의 대통령 선거에서 승리한 노무현(盧武鉉, 1946~2009, 본관은 광주)은 2003년 2월에 대통령에 취임했다.

노무현은 빈농 집안에서 태어나 고등학교 졸업 후에 사법 시험에 합격하고 변호사가 되었다. 인권 변호사로서 유명해지고, 국회 청문회에서 중요한 역할을 수행하여 국민적인 인기를 얻었다. 대통령의 임기는 2003년부터 2008년이다. 북조선과의 관계 회복에 노력하는 좌파 정치가였지만, 그 경제 정책은 신자유주의화였다. 또한 이라크 파병도 했다.

노무현 대통령의 당선은 시민의 힘에 의한 것이었다고 여겨진다. '노사모=노무현을 사랑하는 사람들의 모임' 운동이 국민적인 물결을 만들어냈다.

노무현 대통령은 한국을 '동아시아의 균형자'로 만든다고 하는 '균형자론'을 내세웠다.

시민의 힘이 강해짐에 따라 한국에서는 '소통'이라는 말이 빈번하게 쓰이게 되었다. 소통이란 의사소통을 뜻하지만, 한국에서는 특히 권력을 지닌 자와 그렇지 않은 자가 충분한 커뮤니케이션을 계속하는 것을 말한다. 청와대와 국민 사이의 '소통', 행정 당국과 시민 사이의 '소통', 또한 권력자들끼리의 '소통' 등, 사회의 모든 장면에서 의사소통이 완전하게 유지되고 있는 것을 이상으로 한다. 애드보커시(advocacy)의 한국 판본이라고도 말할 수 있으며, 한국 민주주의의 전통이 조선 왕조의 사대부 정신('언로'가 통하는 것을 이상으로 한다)으로부터 연원하고 있다고도 해석할 수 있다.

이명박

2007년 12월의 대통령 선거에서 승리한 이명박(李明博, 1941~, 호는 일송(一松), 본관은 경주)은 2008년 2월에 대통령에 취임했다. 그는 일본 오사카에서 태어난 실업가 출신이다. 김대중, 노무현으로 이어진 진보파 정권으로부터 보수파로 정권 교체를 성취했다. 덧붙이자면, 노무현은 대통령 퇴임 후 자살했다.

이명박은 현대건설 출신의 경제인이었기 때문에, 경제개발 중심의 정책을 전개했다.

또한 그는 '4대강 개발'을 슬로건으로 하여 전국을 개발하는 계획을 발표했다. 자유주의 진영으로부터는 '토목 대통령'이라고 격렬한 비판을 받았으며, 환경 파괴가 심각하게 우려되었다. 한국에서 환경 문제가 가장 강력하게 규탄된 것이 이명박 대통령 시대였다. 특히 불교계가 이 문제에 강하게 반대했다.

이명박 정권 시기에는 리먼 쇼크가 있었고, IMF 위기 이후 최대의 경제적 곤경을 경험했다. 정권은 이것을 간신히 극복하고 다시 성장 궤도에 올라서는 데 성공했지만, 이 과정에서 한국은 다시 대기업(재벌) 의존 체질을 강화하게 되었다.

박근혜

2012년 12월의 대통령 선거에서 승리한 박근혜(1952~, 본관은 고령)는 2013년 2월에 대통령에 취임했다. 박정희의 장녀이며, 한국 최초의 여성 대통령이기도 하다. 취임하자마자 박근혜 대통령은 한국 외교의 중요성 순위가 미국·중국·일본 순이라는 것을 분명히 말했다. 이례적인 발언이라고 할 수 있을 것이다. 또한 '인문 유대'라는 말로 중국과의 깊은 관계를 표현했다. 이것은 세계 제2의 경제 대국이 된 중국과 끊으려야 끊을 수 없는 관계가 되었다는 것을 명확히 보여주는 말이기도 하며, 또한 그녀 자신의 개인적인 기호(중국 문화를 애호함)에 기초하는 것이기도 했다.

일본에 대해서는 2013년 3월의 '3·1운동 기념일' 연설에서 "가해자와 피해자의 관계는 천 년이 지나도 변하지 않는다"라고 발언하여 일본인을 힘 빠지게 했다. 많은 일본인에게 이것은 "관계 회복의 노력은 무의미하다"라는 메시지로 들렸던 것이다. 다른 한편 박근혜는 '올바른 역사 인식을 지닐' 것을 일본에 대해 직접 또는 외국 요인들과의 회견을 통해 요구했다. 한 주권국가의 한 정부가 정하는 '올바른 역사 인식'이라는 생각에 대해 거부반응을 보이는 많은 일본인은 박근혜의 이러한 메시지에 부정적인 견해를 보였다.

3. 시대사상의 조류

민주·민족·민중

대한민국의 거의 모든 사상은 민주·민족·민중이라는 세 가지 개념을 둘러싼 사유이자 실천이고 투쟁이었다고 말해도 반드시 잘못은 아니다.

이승만 대통령으로부터 전두환 대통령까지의 40년간, 이 국민은 '민주를 쟁취한다'는 지향성을 한결같이 계속해서 강화했다. 행동으로서는 처음에는 학생과 시민의 데모가 있었고, 그 후 노동자 파업이 덧붙여졌다.

이 과정에서 민주를 쟁취하기 위해 우선해야 할 것이 민족인지 아니면 민중인지를 두고 격렬한 논쟁이 일어났다. 이것은 민주화 운동 진영에서 NL(민족해방파·자주파)과 PD(평등파)라는 두 노선의 대립으로 격화했다. 이것은 병합 식민지 시대에 출현한 '민족주의인가 사회주의인가'라는 노선 대립의 연장선상에 놓여 있는 사상 대립이었다. NL(민족해방 민중민주주의 혁명론)은 민족을 중시하고, PD(민중민주파)는 민중을 중시하는 진영이었다.

이와 같은 노선 대립을 껴안는 가운데 전체로서 민주화 운동은 에너지를 폭발시켜 마침내 1987년 6월의 '6월항쟁'에서 정권을 굴복시켰다. 민주화 운동의 격렬한 투쟁은 1991년의 '강경대 사태'를 마지막으로 하여 일단 매듭지어졌다.

1990년대의 한국 사회에서 가장 중요한 세력은 시민이며, 가장 중요한 활동은 시민운동이었다. 1994년에 결성된 '참여연대'는 이 시대를 대표하는 시민운동 단체다. 참여연대를 이끈 박원순(朴元淳, 1956~2020)은 후에 서울 시장이 된다. 마치 일본의 도쿄 도지사를 1970년대에 맡았던 미노베 료키치(美濃部亮吉)처럼 박원순은 서울 시정에서 자유주의적인 시책을 차례차례 내놓았다.

2008년에는 미국산 소고기 수입 반대 데모가 일어났다. 이때의 데모는 1980년대까지의 비장한 분위기의 것과는 달랐다. 여기에는 여중생들과 여고생들, 유모차를 끌고 나온 어머니들이나 가족들 등이 다수 참가했다. 이 현상을 어떻게 해석할 것인가 하는 것이 화제가 되었다. 네그리-하트가 말하는 '다중'이 여기서 실현되고 있는 것이 아닌가 하는 논의가 이루어졌다.

2016년에는 박근혜 대통령의 부패를 규탄하는 대규모 데모가 이루어졌는데, 이때도 데모의 특징은 일상성을 기초에 둔 이벤트성(가족의 외출과 같은 데모의 모습)·질서 유지의 의지(정연한 데모와 청결함) 등이라고 생각되었다. 이 무렵을 전후로 하여 한국에서는 '집단 지성'이라는 말이 빈번하게 말해졌다.

좌파사상

한국에서 좌파란 무엇인가? 이것은 대단히 중요한 문제임에도 불구하고 일본에서는 그다지 정확하게 이해되고 있지 않은 듯하다.

한국의 좌파의 가장 커다란 사상적 특징은 '국가보다 민족을'이라는 주장이다. 한국의 역대 보수 정권은 같은 민족인 북조선과의 적대 내지 대립 관계를 증폭해왔다. 그 배후에는 미국과 일본이라는 반동적 세력이 있다고 좌파는 생각한다.

1989년에 일본의 일교조(일본 교직원 조합)와 비슷한 성격의 전국 교직원 노동조합(약칭은 '전교조')이 결성되어 1990년대 이후 한국 교육계의 '좌경화'를 주도하게 된다. 북조선에 대해 유화적이거나 그것을 찬미하는 듯한 교육과, 반미·북조선에 기울어진 '통일 교육'을 적극적으로 추진했다. 그 확고한 신념은 민족주의다. 마찬가지로 좌파인 일본의 일교조는 표면상으로는 민족주의를 전면에 내세우지 않고 반-내셔널리즘의 자세를 보여주지만, 한국의 전교조는 한국의 좌파의 본질을 그대로 대표하여 민족주의를 대대적으로 내세운다.

한국에서는 1980년대에 민주화 운동 노선 대립의 혼돈 한가운데로부터 북조선의 혁명 이론을 묵수하는 '주체사상파'가 세력을 강화한다. 주체사상파는 보통 축약형인 '주사파'라는 이름으로 불린다. 또한 북조선의 사상에 공명하여 북조선의 주장에 달라붙는 사람들은 '종북 세력'이라고도 불린다.

통일사상

일본으로부터의 해방을 손에 넣었음에도 불구하고 민족이 분단되는 비극을 경험한 한국인은 '분단의 극복'과 '통일'에 관해 사유·실천·투쟁을 해왔다. 그 성과는 방대한 것이지만, 그 가운데 몇 가지를 소개한다.

본래 해방 공간에서 '다살이'를 부르짖은 것은 안재홍(1891~1965, 호는 민세(民世), 본관은 순흥)이다. '다살이'란 '다(모두)'를 '살림(살린다)'이라는 뜻인데, 혼란된 해방 공간에서 격렬한 이데올로기 대립만이 심각화하고 분단화해가는 상황 속에서 모든 진영이 함께 살아가는 철학을 모색했다.

문익환(文益煥, 1918~94, 호는 늦봄, 본관은 남평)은 개신교 목사이자 통일운동가다. "통일되지 않으면 민주화가 아니다"라는 사상으로 가장 급진적인 통일운동을 실천했다.

저명한 영문학자이기도 한 백낙청(白樂晴, 1938~)*은 남북분단 체제에 대해 근본적인 사유를 전개한 사상가의 대표다. 본래 '분단'이란 무엇을 말하는 것인가, '통일'이란 무엇을 가리키는 것인가라는 물음에 대해서는 그 사상적 의미도 일상에서의 함의도 사실은 모호한 이해만이 존재하고 있었다. 백낙청은 그 같은 상황 속에서 사유하고 발언했다. 그는 조선반도에 두 개의 완결된 국가가 병존하고 있다고는 보지 않고 '세계체제'라는 전체 속에서 조선반도에 '분단체제'라는 권력의 형태가 있으며, 그것이 남북으로 나누어지면서 연결되어 있다고 본다(백낙청, 『흔들리는 분단체제』).

선민사상

분단 체제와 군사독재 체제를 살아가는 한국인의 삶은 가혹했다. 이

가혹함을 정면에서 끌어안은 사상으로서 일종의 선민사상이 있다. "한국은, 특히 그 민중은 전 세계의 모순의 결절점이자 중심이다"라는 강렬한 의식이다. 세계의 부정적인 에너지가 전적으로 결집해 있는 것이 한국의 민중이라는 존재다. 김지하의 '남조선사상'(뒤에서 논의)에서 그 전형적인 결정을 찾아볼 수 있지만, 민중이 믿는 신흥 그리스도교에는 이와 같은 관념을 이야기하는 것이 많다.

이로부터 유대 민족과 같은 선민사상이 생겨난다. 세계의 모순을 해결할 수 있는 것은 세계의 모순의 결절점인 한국의 민중이라는 생각이다. 또한 메시아 사상도 생겨난다. 그리스도교적인 또는 미륵사상적인 구세주 대망의 정신적 태도는 1970~80년대에 극대화된다.

병합 식민지 시대를 어떻게 볼 것인가

해방 후 한국에서 1910년부터 1945년까지의 병합 식민지 시기를 어떻게 볼 것인가라는 논의가 활발한 듯하지만 사실은 그렇지 않았다. 요컨대 '일본에 의한 폭정과 수탈'을 규탄하는 논의는 물론 활발하게 이루어졌지만, 그 이외의 입장은 사실상 공적 공간에서 존재하지 않았다.

한국의 대부분 학자들의 입장은 '식민지 수탈론'이며, 이 가운데 많은 것은 '내재적 발전론'의 입장을 취했다. '식민지 수탈론'은 문자 그대로 병합 식민지 시기에 일본 제국은 수탈만을 했다는 것이다(설사 사회기반시설의 정비 등이 있었다 하더라도 그것은 조선을 위해서가 아니라 제국 일본의 이익을 위한 것이었다는 동기론의 안전장치가 붙어 있다). '내재적 발전론'은 조선시대에 이미 자본의 축적, 상업의 발달, 공업 기술의 발전 등(내지 그 맹아)이 있었으며, 일본의 침략이 없었다면 이러한 내발적인 근대화·자본주의화 요소들이 장애 없이 발전하여 조선은 스스로의 힘으로 근대화로 이룩할 수 있었다는 인식이다(따라서 '자본주의 맹아론'이기도 하다). 이 인식은 문화 내셔널리즘 및 반일 감정과도 결부되어 한국인에게 있어 대단히 속이 시원한 역사 인식의 틀로서 계속해서 기능하고 있다.

이에 대해서는 '식민지 근대화론'이라는 정반대의 인식이 있다. 병합 식민지 시대에 조선이 경제적으로 발전하고 근대화했다는 것이다. 다만 이것은 틀 자체가 부도덕한 동시에 친일적인바, 도저히 허용할 수 없는 인식이라고 여겨져왔다. 공적인 시공간에서 '식민지 근대화론'을 부르짖는 것은 자살 행위와 마찬가지였다. 일본의 정치가가 "식민지 지배에서는 좋은 일도 했다"라고 발언하면 '망언'으로서 단죄되듯이, 한국인이 공적으로 '식민지 근대화론'을 부르짖는 것은 '망언 중의 망언'인 것이다.

그러나 1990년대부터 한국의 극소수 경제학자들이 실증적인 경제사의 연구 성과를 토대로 이 '식민지 근대화론'을 공식적으로 당당하게 내세우게 되었다. 대표적인 논자는 안병직(安秉直)과 이영훈(李榮薰)* 등이다. 그들의 논의에서는 다음과 같이 주장된다. 한국 경제는 1930~38년 및 1960년대 이후의 공업화에 의해 고도성장했다. 1911~38년의 실질 경제 성장률도 3.8퍼센트로 대단히 높았다. 총 고정자본 형성률, 국내 저축률도 함께 1930년대에는 높아지고 있다. 산업 구조도 변화하여 병합 식민지 시기에 농업 → 식료품·섬유 → 금속 공업·기계 공업·중화학 공업으로 크게 발전했다. 이와 같은 통계를 제시한 다음 안병직은 다음과 같이 말한다(이하 安秉直 著, 荻生茂博 譯, 「韓國近現代史研究の新たなパラダイム: 經濟史を中心として」, 『自然と實學』 第3號, 2003, pp. 112~37에 의함). "한국의 전통 사회 내부로부터 자본주의적 관계들이 반드시 자생적으로 발생할 필요는 없으며, 밖으로부터 들어오는 자본주의를 수용할 수 있는 능력이 한국 측에 있는가 아닌가가 문제로 된다." 그리고 대답은 자본주의를 수용할 수 있는 체제와 주체가 한국에 있었다고 하는 것이다. 근대 이전의 동아시아에는 공통되게 '소농 사회'가 있었지만, 일본의 경우 이 내부로부터 자본주의의 자생적 발전이 있었기 때문에 서구 자본주의로부터 도전을 받았을 때에 자본주의로의 자기 변신이 가능했다. 하지만

중국과 한국에서는 '소농 사회' 내부에 자생적인 자본주의의 발달이 없었기 때문에 자본주의 나라들에 종속되거나 식민지로 포섭되었다고 한다. 안병직은 다음과 같이 말한다.

> 종래의 한국 근대사 연구에서는 한국이 일본의 식민지로 포섭된 이후 농업은 피폐해지고, 민족 자본은 몰락해가고, 노동자는 비숙련공과 토건업의 자유노동자로서 퇴적해갔다고 하는 견해가 강했다. 그러나 최근의 실증 연구에 따르면, 그와 같은 견해는 객관적인 사실이 아니라 제국주의 비판을 위한 이데올로기라는 것이 분명해졌다. …… 한국 농민은 식민지 체제 하에서 농작업의 개량이나 수리 시설의 보급에 적극적으로 참가했다. …… 조선인 소유의 공장은 제1차 대전의 호황에 도움을 받아 1916년 이후 상당히 발전했으며, 1940년에는 조선에서 전체 공장 수 7,142개 가운데 60.2퍼센트를 차지하기에 이르렀다. …… 식민지 체제 하에서는 억압과 착취도 있었지만 개발도 있었다. 식민지 착취와 개발은 동전의 양면인바, 개발이 없는 착취는 공공연한 고대 중세적인 침략에 지나지 않는 것이다. 식민지 시기의 한국인은 식민지 개발 사업에 휩쓸리게 되었다. 그러나 그것은 식민지 권력이나 일본인 자본에 봉사하기 위해서가 아니라 자신들의 생활을 유지하기 위해서였다. 그리고 그 과정을 통해 그들은 활발하게 성장해갔으며, …… 이와 같이 식민지 체제 하에서도 활발하게 발휘되고 있던 한국인의 활동력이 독립 후의 한국에서는 한층 더 활발하게 발휘되며, 그것이 1960년대 이후의 경제 발전의 원동력이 되었던 것이다.

안병직과 이영훈의 입장을 한국에서는 '뉴라이트'라고 부른다. 뉴라이트가 등장하자 한국 사회는 문자 그대로 시끄러워졌다. 당연히 좌파뿐만 아니라 일반적인 '애국자', '민족주의자'들로부터도 격렬한 비판을 받게 되었다. '친일파'라는 최악의 레테르가 붙여지기도 했다. 하지만 뉴라이트 측은 좌파나 '애국자', '민족주의자'들이 '개인'이라는 존재를 전혀 직시하지 않는다고 반론한다. 민족 이전에 우선 개인이 있고 국민이 있다. 그 개인과 국민은 주체성과 제도라는 것 속에 있다. 그 주체성과 제도의 성격을 연구하지 않고서 선험적으로 '민족'이라는 실체가 있는 것처럼 말하는 것은 잘못이라는 것이 뉴라이트의 입장이다. 안병직은 말한다.

> 일제 시대의 식민지 역사를 경제 성장사라는 맥락에서 고찰하는 것은 '민족의 정기'를 크게 훼손하는 행위임에는 틀림없다. 그러나 한국 근현대사가 '민족의 정기'라는 이데올로기로부터 해방되지 않는 한 하나의 과학으로서 성립할 수 없다는 것도 또한 틀림없을 것이다. 한국 근현대사에서 '순수한 것', '전통적인 것', '민족적인 것'만을 남기고 그 이외의 모든 것을 제거한다면, 한국 근현대사는 완전히 공중 분해되고 말 것이다. 그런 까닭에 우리는 한국 근현대사를 구성하는 요소가 '한국적인 것'인가 '외래적인 것'인가를 문제로 하는 것이 아니라 '한국적인 것'에 의해서든 '외래적인 것'에 의해서든 우리가 우리의 근현대적인 '삶'을 어떻게 개척해왔는지를 고찰의 중심축에 놓아야만 하는 것이다. 현대의 한국인이 새로운 '삶'을 개척함에 있어서는 당분간 역시 경제 발전이 그 중심축이 될 것이다.

그리고 '일국사적 시각'을 지니는 '내재적 발전론'은 필연적으로 북조선의 사회주의적 자립경제론이라는 일국 사회주의와 결부된다고 한다. 안병직의 이러한 논의는 대단히 강력한 설득력을 지닌다. 대한민국이 경제 발전 지상주의로 돌진하고 있는 한 뉴라이트가 내세운 이 틀에 대항하는 것은 어려운 일이다.

하지만 안병직의 이러한 논의에는 맹점도 있다. 그 가운데 하나를 들자면, 과연 그가 말하는 "우리가 우리의 근현대적인 '삶'을 어떻게 개척해왔는가"라는 물음에 대한 대답으로서 "이 100년간의 한국인의 '삶'이 그렇게 좋은 것이었던가"라는 물음이 제기될 수 있다. 그것을 문제로 삼은 것이 2000년대에 등장한 '식민지 근대성론'이다. 이것은 종래의 '수탈론'과는 달리 "확실히 식민지 시대에 한국은 근대화했을지도 모른다. 하지만 그것은 바람직한 것이 아니었다. 군사적·제국주의적 가치의 폭력적 주입, 자본주의적인 획일화, 권위주의적인 교육에 의한 규범의 자기 내면화, 경제 지상주의, 환경의 파괴, 공동체의 파괴, 전통 문화의 파괴 등, 일반적으로 식민지적 근대화란 '좋은 삶'을 구축했다고 말할 수 있는 것이 아니었다. 식민지 근대화론은 이 점을 잘못 보고 있다"라는 것이다. 이것은 미셸 푸코(Michel Foucault)나 포스트모던의 논의를 토대로 하고 있으며, 극단적으로 근대적인 세계관을 토대로 하고 있는 '식민지 근대화론'과는 세계관이 본래 전적으로 다르다. 이 '식민지 근대성론' 역시 대단히 설득력 있는 논의다. 하지만 역시 "경제 발전을 이미 수행한 후의, 여유 있는 포스트모던적인 논의"라고 말할 수도 있다.

4. 사상가들

유영모

유영모(柳永模, 1890~1981, 호는 다석〔多夕〕, 본관은 문화)는 1890년에 서울에서 태어났다. 16세에 그리스도교를 믿게 되었다. 1910년 및 1921~22년에는 오산학교에서 교편을 잡는다. 1910년에 겪은 동생의 죽음을 계기로 정통적인 그리스도교로부터 벗어나 그 자신에게서 독특한 철학을 짜내기 시작하며, 최남선이 창간한 잡지 『청춘』에 문장을 발표하게 된다. 1918년 1월 13일부터 '오늘을 살아간다'라는 실천을 시작한다. 오늘이라는 하루를 영원처럼 살아간다는 일종의 수행인데, 이 이후 유영모는 자신이 오늘까지 살아온 시간을 연령이 아니라 하루하루 세게 되었다. 1935년에는 경기도 고양군으로 거처를 옮기고, 농업을 시작한다.

그는 한국어의 원초적인 의미를 탐구하는 영위 속에서 독창적인 철학을 자아내갔다. 예를 들어 '숨'이라는 고유어를 생명의 근본으로 생각하여 이것과 자아와 정신과 우주와의 관계를 사색했다.

유영모에 따르면, '나'는 위치만이 있고 존재는 없다(位而無). 그리고 모든 것은 '숨이 쉬는 것'(소식〔消息〕)이다. "우주는 소식이며, 하느님(신)은 소식주이시고, 나는 소식·이다." 요컨대 '나'는 하나의 '숨이 쉬는 점(點)'에 지나지 않는다. 이와 같이 '나'는 간접적으로 있다. 참으로 있는 것은 '생각'(生覺=사고)이다. '생각'이 정신 세계의 주인이다. '생각'은 '생명의 빛을 밝게 하는 것'이다. '생각'은 그리스도교에서는 사랑으로, 유교에서는 도로, 불교에서는 법으로 된다. 그리고 하늘(천)은 '하나의 생각, 허공의 생각'을 나타낸다. 이 허공을 '텅 빔'(텅 비어 있는 것)이라고 한다. 그리고 '말씀'이 존재다. 정신으로부터 '말씀'이 나오고, '말씀'으로부터 '세상'이 만들어졌다. 우주는 '말씀'에 의해 창조된 것이다.

이와 같은 유영모의 래디컬한 '한국어로 철학하기'는 함석헌에게 영향을 주며, 또한 현대 한국의 철학자들에게도 강한 영향을 주고 있다.

함석헌

함석헌(咸錫憲, 1901~89, 호는 신천〔信天〕, 본관은 강릉)은 해방 후 가장 큰 사상가 중의 한 사람이며, 식민지 시대부터 1980년대까지 오랫동안 활약했다. 1901년 3월 13일, 평안북도 해변의 농촌에서 태어났다. 아버지 함형택(咸亨擇)은 한의사였다. 1921년에 오산학교에 보결생으로 입학했다. 여기서 9월에 유영모를 처음으로 만난다.

1920년대에 그는 도쿄고등사범학교에 유학하고, 우치무라 간조(內村鑑三)와 만나 김교신(金敎臣) 등과 함께 우치무라의 무교회주의(無敎會主

義)에 깊이 경도되었다. 그가 『성서조선』에 연재한 『성서적 입장에서 본 조선역사』(『뜻으로 본 한국역사』)는 커다란 영향력을 지녔다. 그 후 퀘이커로 경도되기도 했지만, 해방 후에는 유영모의 영향을 받아 '씨알'이라는 개념을 축으로 독자적인 철학을 전개하고, 『씨알의 소리』라는 잡지를 발행하여 시국에 대해서도 활발히 발언했다. '씨알'은 유영모가 만든 조어다. 함석헌은 이 말에 "사회의 저변에서 살아가는 풀뿌리 민중"이라는 의미를 담았다.

1958년, 잡지 『사상계』 8월호에 「생각하는 백성이라야 산다: 6·25 싸움이 주는 역사적 교훈」을 발표하여 당국에 구속된다. 조선어에서 '생각하다'는 '生覺하다'라는 한자어인데, 그것은 단지 'think' 한다는 의미만이 아니라 '생명이 각성한다'라는 함의를 지닌다.

함석헌은 민주화 운동에도 적극적으로 관여하고, 노벨 평화상 후보가 되기도 했다.

박종홍

박종홍(朴鍾鴻, 1903~76, 호는 열암〔洌巖〕, 본관은 밀양)은 경성제국대학 철학과를 졸업하고, 이화여대와 서울대 교수를 역임했다. 해방 후 한국의 철학계에서 가장 중요한 인물들 가운데 한 사람이다. 그는 서울대에서 한국 최초로 '한국 철학' 강좌를 개설했다. 그의 격조 높은 강의는 당시의 학생들에게 커다란 자극과 비전을 주었다고 한다. '한국 철학'이라는 새로운 개념을 접한 젊은이들의 열기는 이후의 '우리 것'에 대한 높은 평가라는 한국 문화의 커다란 축을 형성했다고 할 수 있다.

그는 무엇보다도 우선 한국인으로서 주체의식을 지니는 것을 젊은이들에게 계속해서 이야기했다. 민족적인 주체의식이야말로 가장 중요하며, 자유민주 사상도 과학 기술의 발전도 모두 민족적 주체의식의 토대 위에서만 꽃 피운다고 열렬히 이야기했다. 그의 저작은 철학적임에도 불구하고 많은 독자를 획득했다. 덧붙이자면, 1968년에 쓰인 이하의 글 속의 '무실역행'(務實力行, 성실한 것과 실천하는 것)이란 주로 주자학의 철학을, '경세택민(經世澤民) 사상'이란 주로 이른바 '실학'을 가리킨다.

> 주체의식이란 즉 민족정기이다. 만약 이 주체의식으로부터 유리되게 되면, 어떠한 사상도 우리의 것으로서 살려나갈 수 없다. 우리의 것으로 될 수 없는 이상, 여전히 타자의 흉내밖에 될 수 없으며, 그것은 얼이 빠진 형해에 지나지 않는다. 그러나 언제까지나 그러하기만 해서는 안 된다. 주체의식은 민중들의 거짓이 없는 저변의 생활 자체가 참으로 되면 될수록 엄연히 간취될 수밖에 없는 것이기 때문이다. 따라서 민족해방 사상은 주체의식의 앙양과 분리될 수 없다는 것을 알 수 있다. 그리고 (한국에서는—오구라 주) 그 자각이 무실역행과 경세택민 사상의 고조와 더불어 전개되어왔던 것이다. …… 우리가 오늘날 비로소 갑자기 근대적인 사상을 접하게 된 것이 아니다. 우리가 이제 극복하고자 하는 것과 거의 다른 것이 아닌 고난을 우리의 선인들도 경험하고, 올바른 삶의 길을 개척하기 위해 싸워왔던 것이다.
>
> —박종홍, 『한국의 사상적 방향』, 76쪽

이와 같은 그의 이야기가 당시의 청년들을 얼마만큼 강하게 고무했는지를 나는 수많은 사람들로부터 직접 들었다. 같은 시기에 북조선에서도 바로 '주체사상'이 꽃 피우고 있었지만, 이것은 결국 독재자를 뒷받침하는 사상으로서만 기능하게 되었다. 그에 반해 박종홍에 의한 '주체의식'의 강조는 그 후의 한국의 민주화와 경제 발전에 커다란 영향을 주었던 것이다.

박종홍의 철학적인 공헌들 가운데 첫째는 내 생각에 한국에서는 처음으로 '부정'(否定)이라는 개념을 정면에서 깊이 있는 수준에서 파악한 점이다. 한국사상사에 지금까지 충분하지 않았던 것은 부정이라는 운동이었다. 일본사상사도 마찬가지이며, 니시다 기타로에 이르러서 비로소 '부정'이 전면적이고 긍정적으로 도입되었다고 할 수 있다. 박종홍은 이런 의미에서 한국에서 니시다의 역할을 수행했다고 할 수 있다. 양자 모두 헤겔의 강한 영향을 받고 있다.

박종홍은 박정희 정권 아래에서 「국민교육헌장」(1968)을 기초한 인물로서, 특히 자유주의 진영으로부터는 평판이 나쁘다. 「국민교육헌장」은 대한민국의 국민(특히 청소년)이 지녀야 할 도덕심, 공공심, 애국심 등을 이야기한 것으로 학교에서 암송되었다. 이것은 일본의 「교육칙어」를 모방한 것이라는 비판이 끈질기게 제기된다. 확실히 형식적으로는 「교육칙어」와 비슷하다고도 말할 수 있지만, 「국민교육헌장」은 애국심이라는 토대 위에 국제적인 인재로서 길러가기 위한 마음가짐을 이야기한 것으로, 그 내용은 오히려 일본 문부성의 「기대되는 인간상」(1966)에 가깝다. 또한 이것은 1990년대 말부터 한국에서 부르짖어진 글로벌화(세계화) 개념과도 합치하는 것인바, 「국민교육헌장」은 자유주의적인 한국인들에게 비판받으면서도 그 후의 한국인의 심성의 기초를 형성한 것으로서 자리매김될 수 있다. 본래 헤겔 철학을 철저히 공부하고 '부정'의 연구로 일가를 이룬 그가 독재 정권을 단순히 전면 긍정하는 사상을 국민에게 강요할 리도 없다. 한국에서의 박종홍 비판에는 전후의 한 시기에 일본에서 이루어진 니시다 기타로 비판과도 유사한 천박한 시각이 다분히 포함되어 있다.

김지하

김지하(金芝河, 1941~, 본관은 김해)는 서울대 미학과를 졸업한 후 시를 쓰기 시작했다. 한국의 부패한 지배 계급을 철저히 비판한 「오적」(五賊) 등의 시로 인해 체제 측으로부터 위험하게 여겨져, 체포되어 사형 판결을 받았다. 김지하 구원운동은 국경을 넘어 일본에서도 힘차게 전개되었다. 김지하의 '남조선사상'은 세계에서 가장 가혹한 피지배와 모순과 불합리를 응축한 땅이 조선반도이며, 그중에서도 '남'(南)의 민중이야말로 세계의 억압의 집적점이라고 하는 일종의 선민사상이다.

그는 무엇보다도 민주주의에 대한 불타오르는 듯한 희구를 시어로 결정시킬 수 있었던 천재였다. 「타는 목마름으로」(1974)라는 시가 있다.

신새벽 뒷골목에
네 이름을 쓴다 민주주의여
내 머리는 너를 잊은 지 오래
내 발길은 너를 잊은 지 너무도 너무도 오래
오직 한가닥 있어
타는 가슴 속 목마름의 기억이
네 이름을 남 몰래 쓴다 민주주의여
……
숨죽여 흐느끼며
네 이름을 남 몰래 쓴다
타는 목마름으로
타는 목마름으로
민주주의여 만세 ……

또한 그는 일본을 비롯한 외국 세력에 대한 강렬한 비판정신을 시어로 다듬었다. 일본 비판의 시는 「앵적가」(櫻賊歌, 1971), 「오행」(五行, 1973) 등 많지만, 역시 압권은 「분씨물어」(糞氏物語, 후에 「똥바다」로 개제, 1974)일 것이다. 해방 후에도 이어지는 일본에 의한 한국에 대한 횡포와 착취와 수탈을 전통극의 격렬한 대사 흐름과 리듬을 받아들여 공격했다.

조선놈은 천진하게 잠이 든다네
야마도여!
일본도를 뽑아라. 약탈 착취하자.
바닥까지 긁어서 끝장내어 버리자.
제휴도 합작도 그 무엇이라도
식민으로 달려가는 제국이여 만세! ……

1991년, 한국 민주화 운동이 극적인 최종 단계를 맞이한 시기에 학생들이 차례로 자살하는 사태가 발생하자, 김지하는 보수지 『조선일보』에 '죽지 마라'라는 메시지를 실었다. 이것이 학생운동 측으로부터 격렬한 반발을 받아 '김지하는 죽었다'라는 통렬한 비판을 받게 되었다. 이 시기가 김지하에 대한 평가가 '영웅'에서 '반동'으로 급변한 중요한 전환점이었다.

이 경험 후에 그는 1990년대 중반부터 '포월'(包越)이라는 개념을 맹렬히 주장하기 시작한다. 이 말은 일본의 교토학파 다카하시 사토미(高橋里美)의 철학에서 중요한 개념이었다. 이것을 사상사적으로 보면, 해방 후의 한국 철학은 박종홍의 '헤겔적 부정=근대'로부터 김지하의 '교토학파적인 포월=근대의 초극'으로 이행한 것이라고 말할 수 있다. 시대는 한국적인 포스트모던의 맹아기였다. 학생운동이 근대적 세계관을 고집하여 종언을 맞이하던 때, 김지하는 이미 '다음 사상'으로 탈피하고 있었던 것이다.

이후 김지하는 생명사상 운동에 매진하게 된다. 그의 사상적 시각은 근대 비판으로 수렴되며, '한살림 운동'이 된다. '한'은 '하나의=커다란', '살림'은 '살리다=살아가다'라는 의미다. 장일순과 김지하의 사상을 토대로 한 '한살림 운동'은 환경 문제와 인간의 삶의 질을 높이는 실천(무농약 농작물의 판매, 원자력발전 반대운동 등)을 적극적으로 전개하고 있다. '한살림 운동'은 일본의 생활협동조합(생협)에서 배우고 있으며, 가가와 도요히코(賀川豊彦)와 김지하의 접점이 여기서 맺어지게 되었다.

이어령과 김용옥

이어령(李御寧, 1934~2022, 호는 능소〔凌宵〕, 본관은 우봉)은 젊어서 한국을 대표하는 문예평론가로서 이름을 얻었다. 그의 사상적 토대는 기호론이다. 1980년대에는 『축소 지향의 일본인』이라는 탁월한 일본 문화론을 발표하여 일본에서도 유명해졌다. 서울 올림픽 개·폐회식 총괄기획자를 맡은 후, 초대 문화부장관이 되었다.

이어령은 언제나 시대와 함께 호흡한 사상가이자 동시대를 절묘하게 분석할 뿐만 아니라 도래해야 할 한국의 상을 대단히 정교하게 제시할 수 있는 천재였다. 1999년에는 "산업화는 늦었지만, 정보화는 앞서 가자"라는 슬로건을 제시했다. 근대의 출발점에서는 근대(산업화)라는 사상에 적합한 일본 쪽이 한국보다 앞섰지만, 탈근대의 출발점(바로 현재)에서는 탈근대(정보화)라는 사상에 좀 더 적합한 한국이 일본과 세계를 리드한다는 생각이었다. 그가 이 설을 주창한 후의 10년간을 보면, 바로 그가 시대를 예언한 것과 같은 양상이 현실화했다.

또한 이어령은 디지털과 아날로그의 어느 쪽인가로 치우치는 것이 아니라 그 합체로서의 '디지로그'야말로 미래의 있어야 할 문명·문화의 모습이라고 주장한다든지, 서양의 이항대립과는 다른 삼항(삼발이, 삼태극=삼색)에 의한 세계관이야말로 세계를 구할 수 있다는 '가위바위보 문명론'을 전개하는 등, 날카로운 감각으로 차례차례로 독창적인 문명론과 문화론을 제창하고 있다.

또한 1980년대부터 한국에서는 일종의 '동양철학 붐'이 일어난다. 아마도 민주화를 달성하는 과정에서 한국인이 근대화에 대한 의문을 강하게 느낀 것과 관련이 있는 현상이었을 것이다. 김용옥(金容沃, 1948~, 호는 도올(檮杌), 본관은 광산)의 『동양학, 어떻게 할 것인가』가 베스트셀러가 되었다. 김용옥은 고려대 교수였지만, 1986년에 한국의 정치 상황을 비판하며 「양심선언」을 내놓고 대학을 사직했다. 그의 진지한 물음은 한국 사회의 민주화, 학문, 한국인의 정신적인 근원을 독창적으로 이야기하고자 하는 것으로 당시의 젊은이들에게 절대적인 인기를 얻었다.

지성인

일본어에서는 그다지 사용되지 않지만, 한국어에서 빈번히 사용되는 말들 가운데 하나로 '지성인'이 있다. 일본어의 '지식인'과 닮았지만, 근본적으로 다른 말이다. 본질적인 동시에 강인한 도덕성이 토대에 놓여 있고, 그 위에서 동서고금의 교양을 몸에 익혀 잘못된 것을 바로잡아 가기 위해 권력에 저항하는 행동력을 갖춘 인물을 한국에서는 지성인이라고 부른다. 조선 시대의 '선비'(주로 재야의 고결하고 비판적인 도덕주의자)라는 인간 유형을 계승한 개념이라고 생각된다.

해방 후 한국의 역사는 어떤 의미에서 '지성인의 역사'이기도 하다. '일제'의 압정과 그 잔재에 대한 저항, 이승만 정권의 부패에 대한 저항, 박정희 정권에서부터 노태우 정권까지의 폭력적인 '군사정권'에 대한 저항을 주도한 것은 지성인들이었으며, 이들이 없었다면 이러한 저항은 기능하지 못했을지도 모른다. 민주화는 그저 대규모 데모를 전개하고 슬로건을 내걸었기 때문에 이루어진 것이 아니다. 대한민국이라는 도가니를 불사르는 '정신'이 이 나라에는 명확히 존재했다. 지성인은 보수라도 진보라도 상관없지만, 강인한 도덕성과 폭넓은 교양과 불굴의 저항정신이 없으면 안 된다.

현대의 철학과 사상

1980년대 이후, 한국은 새로운 철학적·사상적 단계에 돌입했다. 1980년의 광주항쟁, 그 후의 민주화 운동, 1987년의 민주화 선언이 커다란 계기가 되었다.

김상봉(金相奉, 1960~)은 '광주항쟁의 철학'을 내놓고서 철학과 한국인의 일상을 결부시키고자 정력적인 활동을 하고 있다. '거리의 철학자'라고 불리는 그는 길가에 서서 시민, 민중과 함께 철학을 이야기한다. '서로주체성'이라는 개념으로 민주주의의 철학적 근거를 찾으면서, 현실 변혁의 좌익적 입장을 파고들어간다. 그의 활동 영역은 철학적 언설에 그치지 않고 재벌(대기업) 독점의 한국 경제 개혁과 환경 문제, 학벌 비판 등, 한국인의 삶의 전반에 걸쳐 있다. 광주항쟁 이후, 한국의 철학적 위상이 극적으로 변화한 것이다.

이기상(李其相)은 '우리말로 철학하기'를 제창한다. 그는 '한국어의 철학'의 원조라고도 할 수 있는 다석 유영모의 철학을 계승하여 한국어의 고유어(한자어가 아닌 어휘)로써, 고유어를 철학하고 있다.

김상봉은 독일에서 칸트 철학을 공부했고, 이기상은 독일에서 하이데거 철학을 공부했다. 일본의 철학 연구자는 칸트나 마르틴 하이데거(Martin Heidegger)를 공부하더라도 현실 문제와 격렬하게 대결하는 실천자가 되는 경우가 전혀 없는 것과 비교하면, 한국 철학의 실천적 생명력이 강인함을 실감한다. 히로마쓰 와타루(廣松渉) 사후의 일본 철학은 한국의 현대 철학에 비하면 현실과 대결하는 힘이 너무 약하다.

기라성 같은 사상가들

돌이켜보면, 해방 후의 대한민국에서는 기라성과 같은 사상가들이 배출되고 사회를 전진시켜왔다. 일본에서도 전후에는 마루야마 마사오(丸山眞男), 쓰루미 슌스케(鶴見俊輔), 구노 오사무(久野收), 시미즈 이쿠타로(清水幾太郎), 가토 슈이치(加藤周一)*, 우메사오 다다오(梅棹忠夫), 가라타니 고진(柄谷行人), 야마자키 마사카즈(山崎正和)*, 우메하라 다케시(梅

原猛) 등의 사상가가 활약했다. 하지만 사카이야 다이치(堺屋太一) 이후, '오피니언'과 '자본의 논리'가 합체되어버렸고, 그 결과 오피니언 리더도 결국 사라졌다. 그러한 앎의 유형이 사라진 것 자체는 좋은 일인지도 모르지만, '오피니언'은 스스로가 죽을 때에 사상도 데리고 가며, 결국 모두가 사라진 것이다.

하지만 한국은 그렇지 않았다. 사상가의 사명을 사회가 그 포용력을 일탈하면서까지 필사적으로 포용했다. 사회는 스스로가 지니고 있는 기존의 틀로는 이해할 수 없는 사상가의 말을 스스로의 틀을 파괴하면서까지 포용하고자 했던 것이다. 고통은 사상가와 사회 쌍방의 공유물이었다. 고통을 매개로 하여 사상가와 사회는 '상생하는 변증법'이라는 모순을 살아가고자 했다. 그것이 한국 근대였다.

한국의 사상가를 모두 말할 수는 없기 때문에, 극히 일부의 인사들만을 소개한다.

장준하(張俊河, 1918~75)*는 언론인 · 정치가였다. 그가 1953년에 발간한 잡지 『사상계』는 당시의 한국 사회에서 커다란 영향력을 지녔다. 『사상계』는 함석헌의 「생각하는 백성이라야 산다」와 김지하의 「오적」과 같은 문제작을 게재하고, 그때마다 필화 사건을 일으켰다. 또한 장준하의 저서 『돌베개』는 많은 독자를 획득했다.

장일순(張壹淳, 1928~94, 호는 청강〔靑江〕 등)은 생명운동가였다. 김지하와 함께 농민운동을 한 후, '한살림(큰 하나의 살리기 = 살기)'이라는, 일본의 생협운동과 유사한 생활 = 생명운동을 전개했다.

김태창(金泰昌, 1934~)은 한국과 일본을 무대로 하여 '공공철학'이라는 개념을 수립한 사상가다. 도쿄대학출판부에서 '공공철학 시리즈'(전 20권) 등을 간행했다.

해방 후의 한국에서는 문학도 활발했지만, 그것과 동시에 문학비평도 활발해졌다. 가장 대표적인 문학평론가로서 이어령, 김현(金賢), 조동일

(趙東一), 김윤식(金允植), 최원식(崔元植)* 등이 있다.

5. 종교

불교의 생명력

병합 식민지 시기에 조선 불교는 일본에 협력하기도 하고 또한 저항하기도 했다. 그 상흔이 해방 후에도 깊이 남았다. 해방 공간에서 불교혁신총연맹이 결성되고, 토지개혁 문제와 승려의 대처 문제가 논의되었다. 1954년에는 정화운동이 전개되며, 대처승을 비판하고 절에서 추방하는 사태에까지 이르렀다.

불교 신자 수는 1960년대에 급격히 증가했다. 1964년에 불교도는 100만 명이었지만, 1969년에는 500만 명이 되었다. 당시의 집권당이었던 공화당이 불교를 비호한 것이 큰 이유들 가운데 하나다. 박정희의 공화당 지도층에는 불교 신자가 많았기 때문에 불교를 비호하고 군승제도를 창설하거나 붓다(Buddha)의 탄생일을 국민의 공휴일로 하기도 했다. 하지만 군사정권과 지나치게 가까운 거리였던 점이 나중에 민주화의 움직임 속에서는 불교계에게 커다란 부담이 되어간다.

1990년대에는 그때까지의 병합 식민지 시기 및 군사독재 시기 불교계의 모순과 왜곡을 총결산하는 듯한 기세로 대대적인 개혁운동이 전개되었다. 승려의 자질이나 수행 문제를 포함하여 일반적으로 '불교계의 도덕성을 회복한다'는 커다란 움직임이었다. '민중불교'나 '민족불교'라는 개념을 내거는 세력이 종단의 민주화를 주창하며 개혁운동에 매진했다.

돈오점수와 돈오돈수

법정(法頂, 1932~2010) 스님은 가장 큰 존숭을 받은 고승이었다. '무소유'를 이야기한 그의 저서는 베스트셀러가 되었다. 그는 고려의 지눌 이래의 전통인 '돈오점수'(頓悟漸修)를 계승했다. 그러나 그의 '돈오점수'관은 전통 그 자체가 아니라 시대의 요청을 적극적으로 받아들인 것이었다. 요컨대 민주화 과정에서의 사회실천(이것을 점수로 해석한다)과 깨달음(돈오)을 강렬하게 결부짓는 축으로서 돈오점수인 것이다.

> 붓다 석가모니의 경우, 보리수 아래서의 깨달음은 돈오(頓悟)이고, 45년간의 교화 활동으로 무수한 중생을 제도한 일은 점수(漸修)에 해당된다. 이것이 또한 불교의 두 날개인 지혜와 자비의 길이다. 깨달은 후의 수행은 오염을 막을 뿐만 아니라 모든 행을 널리 닦아 자기와 이웃을 함께 구하는 것이다. …… 우리는 돈오점수를 자기의 형성과 중생의 구제로서 해석할 수 있다. 그리고 바르게 알아야만 바르게 행할 수 있으며, 그러한 행의 완성이야말로 완전한 해탈이고 열반이라고 말할 수 있다. 중생계는 한이 없음에도 자기 한 사람만 돈오돈수로 끝나게 되면, 그것은 바른 수행이 아니라 지혜와 자비를 생명으로 간주하는 대승보살이 아니다.
>
> —법정, 「간행사」, 『보조사상』(普照思想) 제1집, 1987

여기서 법정이 비판하고 있는 돈오돈수(頓悟頓修)란 조계종의 성철(性徹, 1912~93) 스님의 입장을 가리킨다. 신자들에게 절대적인 신앙을 모은 성철은 그때까지의 한국 선의 전통을 깨트리는 도전적인 자세로 구도를 이어갔다. 그는 1981년에 『선문정로』(禪門正路)를 저술하고, 조선 선의 정통인 '돈오점수'를 부정하고 '돈오돈수'를 주창했다. 성철은 조계종의 종정이었지만, 그의 절은 해인사이고 지눌(돈오점수)은 송광사였기 때문에, 이것은 해인사와 송광사의 대립 양상을 드러내기도 했다. 조선 선(禪)의 정통에 대해 정면에서 아니라고 외친 성철의 이 철학은 한국 불교계에 커다란 충격을 주었을 뿐만 아니라 그의 카리스마적인 인기도 있어 사회적인 이슈로까지 되었다.

사회 속의 불교

또한 민주화 운동은 불교계와도 밀접히 연동했다. 본래 한국의 정권은 종교계와 강한 관계를 맺는 경우가 많았다. 이승만 정권은 그리스도교 세력과 깊이 관계했고, 박정희 정권은 불교계와 깊이 관계했다. 전두환, 노태우 정권도 박정희 정권을 답습했다. "군인 출신의 세 대통령 시기에 한국 불교계는 정권과 유착하여 부패했다"라고 하는 비판이 한국 사회에서 소리 높여 말해지게 되었다. 한국 불교계 내부로부터도 자정의 필요성이 강하게 외쳐졌고, 한국 불교의 혁신, '민중불교'의 심화, 조계종의 개혁 등이 잇따라 행해졌다.

또한 1990년대에 조계종 내부에서 일어난 격렬하고 추한 권력투쟁을 반성의 계기로 하여 '참여불교'라는 개념이 눈부시게 등장했다. 이것은 민주주의 문제, 환경 문제, 자본주의 문제, 식민지주의 문제 등, 현대의 모든 문제에 정면으로부터 대결하고자 하는 불교의 사회참여 사상이다.

한국 사회의 부패와 기능 부전, 불관용 등의 문제로부터 도피하지 않고 한국 불교의 모든 자원을 사용하여 몰두하고자 하는 시도는 일본 불교계의 사회실천보다 훨씬 더 강력하다. 특히 환경 문제에 관해서는 커다란 성과를 거두고 있다.

잡지 『재가연대』 창간 준비호(2001년 3월)에서 천은기는 다음과 같이 말한다.

> 참여불교가 기성 교단과 가장 선명하게 다른 것으로 보이는 것은 해탈에 대한 정의가 초세간적(lokuttara) 이해로부터 세간적(lokiya) 이해로 변한 것이다. 이에 따라 사회·정치적인 상황에 대해 비판을 가하고 그것을 개혁하고자 하는, 조직적인 노력이 중시된다. 전쟁과 학살, 식민주의, 사

회적 평등, 인종적 증오와 계급적 폭력, 경제적 불균형과 같은 세간의 문제에 대해 적극적으로 대처하고, 이와 같은 문제의 해결이 니르바나로 가는 가까운 길이라고 인식한다.

'사회로, 사회로'라는 한국 불교의 다이내믹한 움직임은 일상성의 유지와 개체화, 체제 순응에 물들어온(그런 의미에서 부패해온) 일본 불교계가 진지하게 배워야 할 대상이 아닐까?

잡지 『참여불교』(*Engaged Buddhism*) 창간호(2001년 5월)에서는 '교단 자정운동의 방향과 과제'에 관한 좌담회가 행해지고, '한국의 종교권력과 시민사회'라는 특집이 짜여 있다. 요컨대 여기서는 기성 불교의 부패에 대한 강한 비판정신이 넘쳐흐르고 있다.

종교와 여성의 문제에도 불교계는 몰두했다. 그 하나의 개념이 '여성불교'이다. 1979년에 발간된 잡지 『여성 불교』의 창간사는 다음과 같이 주장하고 있다.

예부터 우리나라에서는 종교, 특히 불교에서는 이론과 교학 이전의 실천에서 거의 여성의 독무대가 아니었는가 생각됩니다. 이조 오백 년간의 억불 정책에 의해 남성 사회에서 불교가 크게 멸시됨에 따라 마침내 불교는 여성 사회의 독점물이 된 것인지도 모릅니다. 그럼에도 불구하고 한국의 불교에서는 여인 금기의 잘못된 전통과 여성 불자의 수적 우위라는 현실이 낳은 괴리 때문에 불교의 생활화를 통한 대중불교의 구현에 실패하고 있는 것이 실정입니다. …… 한국의 불교에서는 아직까지도 "삼천대천세계에 있는 남성의 번뇌를 모두 합하더라도 한 사람의 여인의 업장조차 채우지 못한다"라는 여인 무시의 나쁜 풍조가 만연해 있기 때문에, 불교의 현대화를 위해서는 대단히 유감스러운 일일 뿐만 아니라 인간 구제의 불교가 어떻게 해서 아직까지도 여성 구제의 가르침으로 될 수 없는 것인가라는 커다란 의심조차 가질 때가 있습니다.

—이근배(법명: 혜성), 「창간의 말」, 『여성 불교』 창간호, 1979

이 잡지는 여성과 불교에 관한 한국에서 최초의 잡지였다. 그때까지는 여성과 불교에 관한 잡지나 책은 없었던 것이다.

그리스도교

한국 그리스도교는 식민지 시대 말기에 일본에 협력했다는 과거 때문에 해방 후에는 그 상처의 아픔을 지니고 있었다. 그러나 이승만의 자유당은 그리스도교 신자가 그 주류였기 때문에, 정권은 적극적으로 그리스도교를 비호했다. 그런 이유도 있어 해방 후에 그리스도교는 급격한 신자의 증가를 경험했다.

신자 수는 특히 한국전쟁 후에 급증했다. 이것에 첫째로는 극단적인 불안심리가 영향을 주었음은 분명할 것이다. 동족끼리 수백만 명을 서로 죽이는 비참한 전쟁을 경험하고, 이웃이나 가족조차 믿을 수 없는 궁극적인 고립의 절망을 경험한 것이 1950년대의 한국이었다. 하지만 또 하나의 요인이 있다. 그것은 미국의 영향, 아니 그보다는 전략이었다. 일본이 남긴 재산을 접수한 미국은 특히 개신교에게 유리한 불하를 시행했으며, 또한 개신교를 적극적으로 육성했다. 본래 질이 높은 교육 사업과 의료 사업을 전개해왔던 개신교이지만, 그 급격한 성장에는 미국의 전면적인 지원이라는 요소도 크게 작용했다.

박정희 대통령의 시대, 특히 유신 체제 아래의 민주화 운동에 대해 그리스도교가 수행한 역할도 컸다. 1976년에는 3·1절에 서울의 명동성당에서 '민주구국선언'을 행하고, 그리스도교인 18명이 기소되었다. 1970년대부터 1990년대에 걸친 오랜 기간에 가톨릭의 김수환(金壽煥, 1922~2009) 추기경은 절대적인 신뢰를 받으며 지식인과 민중의 구심력이 되었다. 그는 1969년에 한국인으로서 처음으로 추기경이 되었다. 현대 '한국적 영성'을 대표하는 인물이다.

또한 1970년대부터 민주화 운동과 연동하는 형태로 '민중신학'이 융성했다. 이것은 중남미에서의 해방신학과 교리상으로 유사성을 보여주는 새로운 신앙운동이었다. 민중신학 운동의 중요한 담당자는 서남동(徐南同), 안병무(安炳茂), 현영학(玄永學)이다.

또한 개신교 계열의 일부에는 전통적인 샤머니즘의 영향을 강하게 받은 교회가 상당히 존재한다. 이성적인 신앙이 아니라 제법 신이 들린 절대자에 대한 복종을 요청하는 것과 같은 신앙 형태다.

사회 속의 그리스도교

한국 그리스도교는 신앙만을 이야기하는 것이 아니다. 그 강한 실천력은 일본의 그리스도교를 훨씬, 아니 전혀 비교할 수 없을 정도로 능가한다. 일본의 그리스도교가 개인의 영혼 구제에 관심을 집중하고 있는 데 반해, 한국의 그리스도교는 개인만이 아니라 세계의 모든 가난한 사람의 구제라는 대승적인 지향을 강렬하게 지닌다. 현재도 그리스도교를 믿는 한국의 젊은이들이 세계의 모든 나라에 나가서 자원봉사 활동을 하고 있다. 물론 거기에는 선교라는 사명이 있다.

한 가지 예를 들면, '꽃동네'라는 가톨릭의 실천 단체가 있다. 처음에는 걸인들에게 먹을거리를 준다는 소박한 활동에서 시작한 오웅진(吳雄鎭) 신부는 한국 사회의 모든 '버려진 사람들'을 충청북도의 광대한 꽃동네에 모아 거대한 복지 지역을 만들어냈다. 신체장애인, 정신장애인, 행려병자, 걸인, 부모에게 버려진 갓난아기, 말기 증상의 환자들, 이 사회에서 갈 곳이 없는 사람들을 '사랑'으로 구하고자 하는 일대 복지촌이 이루어졌던 것이다. 그 사상은 "사랑이란 나누어주는 것이 아니다. 모든 것을 주는 것이다", "가난한 사람을 통해 신에게로 간다", "나는 너만을 사랑한다. 너에게 죄가 있든 없든", "베풂을 받는 힘이 있는 것만으로도 주의 은총"이라는 '버려진 쪽', '사랑을 받는 쪽'만을 절대시하는 철저한 것이다. 꽃동네라는 사랑의 공동체는 국가나 지자체나 사기업이 도저히 행할 수 없는 영성적인 '사랑의 복지'를 과감하게 대대적으로 실천하여, 계속해서 한국 사회에 충격을 주고 있다.

꽃동네에 한정되지 않는 한국 그리스도교의 강인한 영성적 실천력은 놀라운 바가 있다. 교회나 성당 안에 틀어박혀 소수의 조용한 신자만을 상대로 신앙을 이어가고 있는 일본의 그리스도교와는 그 의지도 실천도 영성도 하늘과 땅만큼 차이가 있다. 다만 한국 그리스도교가 지닌 상당히 강력한 교세 확장주의와 경쟁주의는 이 사회에서 언제나 커다란 문제로 되고 있는 것도 사실이며, 그리스도교와 관계된 마찰과 알력은 일상적으로 일어나고 있는 일이다.

한국 사회에서는 그리스도교에 한정되지 않고 불교 등 한국의 종교들에 대해 비판이 많다. 각각의 종교나 교단마다 고유한 문제가 있지만, '한국 종교계' 전체의 문제로는 모든 종교나 교단, 조직 등이 강고하게 자기를 성역화하여 남으로부터의 비판을 다가오지 못하게 하고, 독단적으로 교화·운영을 하고 있다는 지적이 많다. 따라서 자기의 부패를 바르게 인식하거나 시정하는 것이 가능하지 않으며, 정치가나 미디어도 보복이 두려워 그 '성역'을 건드릴 수 없다. 이와 같은 종교 성역화 문제는 한국 종교계의 강력한 역동성 및 실천성과 관련된 문제인 만큼, 개혁해 나가기가 어렵다.

유교

1980년대까지 한국은 근대화의 시대였다. 근대화와 유교는 서로 성격이 맞지 않는 것으로 보이지만, 그렇지 않다. '유교적 근대화'라든가 '유교 자본주의'라는 말 등이 있듯이, 근대 내지 근대화라는 개념과 유교는 한편으로 서로 반발하면서 다른 한편으로는 서로 이끄는 것이기도 했다. 근면성, 규율성, 획일성, 자기도야형의 주체성, 교육과 앎에 대한 정열, 가부장제와 회사나 근대 국가가 서로 궁합이 잘 맞는 것 등이 유교와 근대의 합체를 추진했다. 하지만 1990년대에 한국 사회는 포스트모던화를 경험하기 시작한다. 이때 유교는 페미니즘이나 문화 연구로부터의 강력한 비난을 받게 되었으며, 또한 근대적인 가치 자체가 비판됨과 동시에 유교의 특질도 매력이 없는 것으로 전락하고 말았다. 본래 한국 근대란 유교적인 주체성과 국민국가적인 주체성을 합체한 박종홍(한국의 '마루야마 마사오'라 불러도 좋다) 식의 '주체화의 시대'였던 것이기 때문에, 그 '주체' 자체를 비판하는 포스트모던의 도래와 함께 궁지에 빠진 것은 당연한 일이었다. 여기까지는 일본보다 약 20년 늦긴 하지만, 일본 사회가 경험한 것과 거의 유사한 궤적이었다고 할 수 있다.

하지만 유교적 가치는 쇠퇴하고 야유의 대상으로까지 되긴 했지만, 2000년대에 들어서서 부활의 조짐도 보였다. 이 점이 일본과 다르다. 그 전조는 1990년대에 일어난 '조선 왕조의 재평가'다. 근대화가 일단락되고 포스트모던이 도래함과 동시에 한국에서는 '유교=주자학의 재평가'라는 움직임이 일어났다. 앞에서 말했듯이, 근대의 시대에 유교는 은밀한 형태로 근대화 세력과 합체해 있었다. 하지만 그것은 어디까지나 보이지 않는 형태로 합체해 있었고, 사회의 표층 표상에서 유교나 주자학 그리고 그 체현인 조선 왕조는 당연히 비판의 대상이었다. 요컨대 유교와 근대의 '은밀한 합체'를 은폐하기라도 하듯이 표면(예를 들어 영화 등 대중문화의 표상)에서는 '유교와 조선 왕조에 대한 멸시·무시·야유'를 행하고 있었던 것이 한국 근대였다. 그러나 포스트모던 시대가 되자 유교를 부정하지 않으면 안 된다는 강한 동기는 이 사회에 이미 존재하지 않았다. 페미니즘이나 문화 연구는 뒤늦게 찾아온 단순한 이벤트였던 것이다. 이미 그 결과를 알고 있는 스포츠 시합을 시간을 물려 나중에 텔레비

전으로 방영하는 것과 같았다. 이미 12라운드를 뛰고 있는 복서에게 아직 1라운드밖에 뛰지 않은 다른 복서가 주먹을 퍼붓는 것과 같았다.

이와 같은 '재현 이벤트적인 한국 포스트모던'이 요구한 것이 조선 왕조의 재평가였다. 우선 역사학자(보수적인 국사학자)들이 노론파에 대한 재평가를 시작했다. 그때까지의 근대화 시기에 주자학은 정체된 사상으로 여겨지고, '실학'이야말로 진보의 사상으로 생각되었다. 주자학 중에서도 이퇴계와 이율곡은 국민이 한없이 존경하는 위인이기 때문에 비판을 할 수 없었고, 가장 나쁜 것은 조선을 정체시킨 노론파라고 여겨졌다. 하지만 한국 근대화의 대성공과 포스트모던의 도래와 함께 "어떤 사상이 조선을 정체시켰는가"라는 논의는 진부하고 매력없는 것이 되고 말았다. 그것보다도 "어떤 시대가 가장 도덕적으로 높고 문화적으로 높았는가"라는 물음이 국민의 주요 관심사가 되었다. 그때에 등장한 것이 '조선 왕조의 재평가'이자, 영조·정조라는 영명한 왕에 대한 한없는 찬가였다.

왜 한국의 포스트모던에서는 유교가 재평가되고 복권되었을까? 이유는 다양하다. 근대화를 달성했다고 자기 인식한 한국인이 근대화 과정에서 지나치게 부정된 자기 나라의 문화를 다시 발견하고자 했던 것, 포스트모던적인 재현전의 시대에 있어 조선 왕조의 다양한 문화 기호(왕궁, 의상, 음식 등)가 대중문화에서 화려하게 재창조되고, 그 눈부시게 아름다운 표상이 해외에서도 높이 평가된 것 등 이러한 것들이 중요하지만, 가장 중요한 것은 다음의 두 가지다. 하나는 영조와 정조로 대표되는 청렴하고 고결한 도덕성과 철학성의 절정(이상적인 철인정치)이 조선 왕조에 있었다고 하는 재발견의 놀라움과 긍지의 감각이고, 또 하나는 이전에 부패한 독재 정권에 맞서 투쟁하고 민주화를 쟁취한 '우리의 영광의 저항정신'이 사실은 유교적인 사대부의 순수한 도덕 지향성이라는 정신 풍토가 가져온 것이라는 인식이다.

이 마지막 인식이야말로 근대화 시기에 힘을 지녔던 '민중이 변혁의 주체'라는 틀에 근본적인 변경을 가하는 것이다. 하지만 한국 역사에서 유교가 계속해서 '변혁과 저항의 영성'이었던 것은 사실이며, 이 토양에서 유교는 '전면적인 수구'도 '전면적인 변혁'도 아닌, 계속해서 '보수와 변혁의 다면체'였던 것도 사실이다. 일본에서 나카지마 다카히로(中島隆博)*가 '비판 유교'라고 하고, 미국에서 스테판 앵글(Stephen Angle)*이 '프로그레시브 유교'라고 하는 것의 실천을 동아시아에서 가장 래디컬하게 추진하고 있는 것은 한국이라고 말해도 틀림없을 것이다.

샤머니즘

무속(샤머니즘)은 민주화 운동과 강하게 연동되면서 1980년대 이후에 갑자기 공적인 인지의 대상이 되었다. 그때까지는 유교적·그리스도교적 가치관에서 보아 샤머니즘은 미신과 사특한 믿음으로서 극도로 멸시되고 있었다. 사회의 하층 여성의 열렬한 신앙에 의해 명맥을 유지하고 있었다고 할 수 있을 것이다.

1980년대 이후에 샤머니즘이 평가되게 된 이유는 세 가지가 있었다. 하나는 외래의 종교와 사상(유교·불교·그리스도교)이 아닌 민족 고유의 종교와 사상으로서 샤머니즘에 빛을 비추는 것이다. 또 하나는 일본과 미국에 의한 근대화의 폐해를 극복하는 내재적 사상의 자원으로서 샤머니즘을 높이 평가하는 것이다. 셋째는 민주화 운동의 주체인 '민중'의 사상으로서 기층 민중의 신앙인 샤머니즘에 주목하는 것이다.

1980년대에는 김지하와 황석영(黃晳暎) 등이 샤머니즘적 세계관을 발굴하고 작가적 영성에 의한 재해석을 가하여 작품화했다.

극단적인 멸시를 받는 가운데 샤머니즘은 여성들로부터 점점 더 폭넓은 신앙을 모으고 있다. 대한승공경신연합회(샤먼의 연합 단체)에 등록해 있는 샤먼(무당)의 수는 18만 명을 넘어서고 있으며, 이것은 사제의 수로서는 다른 종교보다 많다.

6. 문학

문학의 어려움

해방 후의 한국에서 문학은 사상적 영위였다. 일본의 전후 문학도 사상이기는 했지만, 한국에서는 '사상이 아닌 문학'의 서식 가능 범위가 일본보다 극단적으로 협소했다. 이와 같은 경향을 반영하여 문학을 둘러싼 언설은 전후 일본에서의 그것과는 상당히 다른 양상을 드러냈다. 물론 한국 문학 자체에 일본의 영향이 없다고는 할 수 없기 때문에, 커다란 흐름에서는 전후 일본 문학의 '참여', '내향' 등이라는 개념으로 말해지는 경향성이 한국에도 없었던 것은 아니다. 오히려 강하게 존재했다고 말할 수 있을 것이다. 하지만 그러한 경향성들을 말하는 언설이 일본과 한국에서는 달랐다.

커다란 틀에서 말하자면, 문학을 둘러싼 문제들은 '리얼리즘인가, 모더니즘인가', '민족문학인가, 민중문학인가' 등의 논의 형식으로 격렬하게 논의되었다. 전자의 틀의 논의는 일본에도 물론 존재했지만, 한국에서는 모더니즘이 병합 식민지 시대에 일본을 통해 들어왔다고 하는 사정이 있기 때문에, 일본에서의 논의보다 복잡하며 좀 더 높은 정치성을 띠게 되었던 것이다. 또한 후자의 틀은 계급투쟁과 반제국주의를 전면에 내세우는 북조선이 확고하게 한국 문학자의 눈앞에 있기 때문에, 이것도 역시 일본에서의 논의보다 훨씬 더 복잡하며 고도로 정치적이다. 그야 어쨌든 한국 문학에서는 어떠한 논쟁이 전개되더라도 그 상황은 일본보다 훨씬 더 정치적인 것이다.

그 일단을 소개하고자 한다. 현대 한국을 대표하는 문학평론가의 한 사람인 최원식은 "맹목적인 근대 추종과 낭만주의적인 근대 부정을 넘어서서, 자본주의와 일국 사회를 넘어서서, 근대성이 싸워 얻은 것과 근대의 철폐를 자기 안에 통일할 것을 모색하는 민족문학 운동"을 주창한다. 하지만 이에 대해 평론가인 이광호(李光鎬)*는 최원식의 이러한 생각이 확실히 균형을 취하고 있긴 하지만, '민족문학'을 신화화하고 영원화하는 것이라고 비판한다(이광호, 「모순으로서의 근대 문학사: 20세기의 한국 문학사에 관한 비판적 가설」, 尹相仁·渡辺直紀 譯, 『韓國の近現代文學』, 法政大學出版局, 2001, p. 53). 이와 같이 한국에서는 문학이 무엇을 이상으로 하여 무엇을 어떻게 써야만 할 것인지가 언제나 날카로운 비판정신과 함께 정치와 관련지어 이야기되며, 이와 같은 화법은 문학평론가뿐만 아니라 모든 평론에 공통된다.

시

대한민국은 시의 나라라고 불릴 정도로 시인과 시와 시집이 사회에 넘쳐나고 있으며, 또한 그것들이 사회에 강한 영향을 주기도 하는 국가다.

시인 신동엽(申東曄, 1930~69)은 백제의 옛 땅인 부여를 중심으로 충청도 사람들의 역사적 기억과 심성을 격렬한 시어로 표현했다. 「껍데기는 가라」(1964), 「누가 하늘을 보았다 하는가」(1969), 장편시 「금강」(1967) 등의 작품이 조용한 외침을 언어화하고 있다.

> 껍데기는 가라.
> 동학년(東學年) 곰나루의, 그 아우성만 살고
> 껍데기는 가라.
>
> —「껍데기는 가라」에서

1894년 전라도·충청도 일대('곰나루'는 그 한 지명. 이전에 백제의 도읍, 지금의 공주)에서 봉기한 동학 농민군을 노래하고 있다. 조선 민중의 희망을 짊어진 동학 농민군은 조선 정부군과 외국 세력에 의해 갖가지로 분쇄되었다. 그 후에 찾아온 것은 식민지 지배, 전쟁, 해방, 또 전쟁, 군사독재, 근대화, 산업화 …… 모든 것이 '껍데기'였다.

> 누가 하늘을 보았다 하는가
> 누가 구름 한 송이 없이 맑은
> 하늘을 보았다 하는가.
>
> —「누가 하늘을 보았다 하는가」에서

이것도 신동엽의 시의 말이다. 한국에 남은 것은 언제나 어둡게 하늘을 덮은 구름이다. 그것은 일본·근대·이데올로기·독재·군정·자본주의 등이라는 이름의 구름인 것이다. 그로 인해 한국의 민중은 하늘을 볼 수 없다고 그는 노래했다.

노동운동을 이야기의 재료로 하여 시를 쓰는 시인도 나타났다. 대표적인 인물은 박노해(朴勞解, 1957~)다. 그의 충격적인 첫 번째 시집 『노동의 새벽』(1984)은 1970년대부터 1980년대의 노동 현장의 절망과 희망을 노골적으로 표현했다.

하지만 민주화 운동이 일단 성과를 거둔 후, 문학의 일부에서는 일찌감치 '민주화 이후'의 분위기와 감성을 그리는 작품이 등장했다. 민주화 운동에 대한 매진과 그 후의 허탈감을 그린 최영미(崔泳美, 1961~)의 『서른, 잔치는 끝났다』(1994)는 그중에서도 가장 선명하고 강렬한 인상을 던졌다.

소설

병합 식민지로부터의 해방이라는 사태가 이 민족의 문학적 상상력을 갑자기 폭발적으로 해방시킨 것은 아니었다. 일본어로 썼던 놈들, 일본인에게 아첨하며 썼던 놈들을 어떻게 다룰 것인가 하는 문제에 대해서도 대처해야만 했다. 친일 문학의 문제다. 해방 공간의 이데올로기적 혼돈 및 한국전쟁의 비참한 현실은 물론 문학적 상상력을 두드러지게 자극했다. 하지만 그와 같은 창조력의 혼돈이 문학 표현의 절정으로서 열매 맺는 것은 박경리(朴景利, 1926~2008)라는 천재 작가를 기다려야만 했다. 그녀는 대하소설 『토지』를 1969년에 쓰기 시작하여 25년만인 1994년에 완성했다. 조선 왕조 말기부터 일본의 패전까지를 그린 이 소설이야말로 '해방 후 한국인의 문학'의 절정의 하나다. 박경리에게는 『토지』 외에 『파시』, 『김약국의 딸들』 등의 소설이 있다.

1960년대부터 1970년대에는 '제3세대 문학'이라고도 불리는 일련의 새로운 소설가들이 잇따라 등장했다. 그들은 하나같이 해방 후에 교육을 받은 '한글 세대'였다. 이청준(李淸俊), 조세희(趙世熙), 한승원(韓勝源), 윤흥길(尹興吉), 김원일(金源一), 최인호(崔仁浩), 송기숙(宋基淑), 전상국(全商國), 황석영, 박완서(朴婉緖), 한수산,(韓水山) 문순태(文淳太), 이문열(李文烈) 등이 이 시대의 대표적인 소설가들이다.

조세희(1942~)는 걸작이라는, 명예 높은 연작소설집 『난장이가 쏘아올린 작은 공』에서 개발과 근대화에 의해 사회의 한쪽 구석으로 내몰린 서민의 일그러진 세계관을 그렸다.

황석영(1943~)은 베트남전쟁과 광주항쟁을 경험한 세대의 첨예한 정치의식을 전통적인 민중연극과 샤머니즘의 힘찬 리듬감을 지닌 문체로써 소설로 그렸다. 또한 그는 문화운동에도 정력적으로 몰두했다. 대표작으로 『객지』와 전 10권의 대작 『장길산』 등이 있다.

후기

이 책의 제목은 『조선사상전사』(朝鮮思想全史)라고 되어 있지만, 기획 당초의 제목은 『입문 조선사상사』(入門 朝鮮思想史)였다. 조선사상의 통사를 알 수 있는 입문서가 이 사회에 반드시 필요하다는 생각에서 쓰기 시작했다. 하지만 써가는 가운데 분량이 늘어나 결국 출판사의 판단에 따라 『조선사상전사』라는 제목이 되었다.

'전사'(全史)라고 간판을 내걸 정도의 배짱이 내게는 본래 없다. "이 인물에 대해서는 10쪽을 들여도 충분하지 않다"라고 생각하더라도, 지면의 형편이나 서술 흐름 관계로 인해 단 한 줄로 끝내고 만 경우도 많이 있다. 한 줄도, 한 마디도 언급할 수 없었던 중요한 인물도 많다. 전반적으로 표현이 충분치 못하고 설명이 부족하다. 부끄럽고 창피할 뿐이다.

하지만 적어도 이 책 한 권을 읽으면 신화로부터 현대에 이르기까지, 유교와 불교로부터 문학에 이르기까지 조선사상의 전체를 대강 내다볼 수 있다. 그러한 책은 지금까지 없었다. 일본만이 아니라 내가 아는 한에서 한국에도 없다. 이 점만이 이 책의 가치일 것이다. 다만 도교나 풍수지리에 관해서는 내가 잘 알지 못하기 때문에 서술이 몹시 소략해질 수밖에 없었으며, 또한 과학과 예술에 대해서도 언급할 수 없었다. 과학에 대해서는 문외한이기 때문에 쓸 수 없었으며, 예술에 관해서는 원고를 썼지만 지면 관계로 모두 삭제했다.

최종적으로 방대한 원고를 쓰게 되었지만, 한 권의 신서(新書)로 정리하기 위해 이곳저곳에서 많이 버렸다. 그것들을 주워 모으고 조금씩 좀 더 써서 언젠가 좀 더 상세한 '전사'를 쓰려고 생각하고 있다.

*

존경하는 강재언 선생께서 막걸리를 마시면서 "당신의 비평이 제일 효과적이었다"고 부드러운 어조로 말씀하신 것은 이미 10여 년도 더 된 일이다. 강재언 선생은 일본에서 조선사상사 연구의 제1인자일 뿐만 아니라 이 길의 개척자라고 할 수 있다. 그 선생께서 『선비의 나라 한국유학 2천 년』(아사히 선서)이라는 명저를 2001년에 내놓으셨는데(현재는 고단샤 학술문고에 들어 있다), 나는 잡지에 그 서평을 썼다. "주자학(성리학)의 원리주의자들이었던 신진 사대부(사림파)를 비판하고, 이른바 '실학'을 높이 평가하는 것은 이해할 수 있지만, 원리주의자들이 전개한 이기론을 너무 낮게 평가하면 조선정신사의 중요한 부분이 보이지 않게 되는 것이 아닐까"라고 나는 서평에서 이야기했다. 이에 대해 강재언 선생은 "이 평가가 제일 효과적이었다"라고 말씀하신 것이다. 선생은 그 학구 생활의 처음부터 내내 주자학적 이기론은 낮게 평가하고 '실학'을 높이 평가하고 계셨다.

나는 서울대 철학과 대학원에서 1988년부터 8년간 386세대와 함께 공부했다(386세대란 1980년대에 학생운동을 한, 1960년대에 태어나고 연령이 30대인 사람들을 가리킨다. 1990년대에 나온 말). 따라서 나는 한국의 386세대에게 상당히 강한 영향을 받은 것이다. 그것은 한마디로 말하면 이념에 대한 불타는 듯한 신봉이며, 도덕성에 대한 불타오르는 듯한 자기 동일화다. 내 입장에서 보면 그들의 그 첨예화된 도덕의식의 근원은 아득히 100년 이상 전의 위정척사사상에서도 볼 수 있었던 주자학의 이(理)에 있는 것으로 생각되었다. 실제로 당시는 학계에서도 '실학' 평가 일변도의 시대는 끝나고, 조선 시대 주자학의 본거 진영인 노론파가 다시 평가되고 있었다. 한국에서 격렬한 민주화 운동이 왜 조선 시대의 주자학에 대한 높은 평가와 함께하는 것인지는 1980년대 한국의 공기를 마신 자가 아니라면 알 수 없다.

나도 그 영향을 받아 한때는 스스로 억척스러운 주자학자가 되려고까지 했다. 한국에 유학 갈 당초에는 스스로가 억척스러운 동학도가 되고자 했던 것을 생각하면, 너무나 심하게 변한 것이다. 억척스러운 주자학자가 되고자 하는 자의 의식은 다음과 같다. 요컨대 세상에서 살아가는 자신 이외의 모든 사람이 부도덕하며 가짜이고 탁한 기운을 지닌, 즉 바로잡아야 할 인간으로 보이고 마는 것이다. 세계에서 올바른 것은 고독하고 억압당하여 괴로워하는 도덕적으로 뛰어난 자신뿐이게 된다(물론 그것은 허구의 자신이다). 이렇게 되면 이미 잘못된 세상에 대해 '위정척사' 운동을 전개할 수밖에 없다.

하지만 그 후 한국 사회에서 일어난 비참하기까지 한 이념 숭배의 참상은 곧이어 나의 생각을 변하게 만들었다. 이념이 헛돌기 시작하고, 곧이어 이념은 이념을 위한 것이 되어 자기 회전을 시작하며, 타자를 전적으로 다가오지 못하게 한다. 나는 곧바로 주자학적 이념에 실망하고 아연실색하게 되었다.

이제는 강재언 선생과 상당히 동일한 견해를 지니고 있다. 그것은 원리주의적인 사림파에 대한 비판의식이자 조선 지식인의 이념 신봉에 대한 비판이다.

주자학을 어떻게 볼 것인가 하는 점이 결정되지 않는 한, 조선사상을 말할 수 없다. 내 경우에는 그것이 점차 확정되어갔던 것 같은 느낌이 든다. 따라서 점차로 조선사상사를 말할 수 있게 되었다.

*

졸저 『입문 주자학과 양명학』, 『새로운 논어』에 이어서 이 책도 치쿠마 신서의 편집장인 마쓰다 다케시(松田健)와 작업하게 되었다. 조선의 전(全) 사상사를 한 권의 신서로 조감한다는 무모한 시도는 전면적으로 마쓰다 씨의 용단이 아니었다면 실현될 수 없었다. 마음으로부터 감사드린다.

마지막으로 사사로운 일을 언급해 죄송하지만, 나의 돌아가신 아버지가 이전에 베트남의 역사에 관한 신서를 썼을 때, 완성된 책이 너무나도(비상식적일 정도로) 두꺼웠기 때문에 "신서로 이러한 두꺼운 책을 써서 어찌할 것인가"라고 생각하여 그것을 아버지께 말씀드렸다. 아버지의 답은 "베트남은 대단해, 베트남 사람들은 대단해"라는 한 마디였다. 그 대단한 베트남을 말하기 위해서는 지금도 지면이 충분하지 않다고 그는 말하고 싶었던 것일 터이다. 신문기자였던 젊은 시절 베트남전쟁을 몇 년간 취재하고 일본으로 돌아왔을 때에는 완전한 반미주의자가 되어 있었던 아버지였다. 베트남인의 저력(영성적 힘이라고 할 수 있을 것이다)을 전쟁이라는 현장에서 직접 체험했던 것일 터이다.

이제 조선사상사(와 같은 것)를 이럭저럭 다 쓰고 보니 나도 아버지와 같은 것을 생각하고 있다."조선(한국)은 대단해, 조선인(한국인)은 대단해."

지금 내가 말하고 싶은 것은 이 한 마디뿐이다.

2017년 9월 교토(京都) 시치조(七条)에서

오구라 기조

옮긴이의 말

이 책은 오구라 기조(小倉紀蔵)의 『조선사상전사』(朝鮮思想全史〔ちくま新書 no. 1292〕, 筑摩書房, 2017)를 우리말로 옮긴 것이다. 저자는 서울대에서 동양철학 전공으로 박사학위를 마친 일본의 한국학자·철학자로 현재 교토(京都)대학의 인간·환경학연구과 교수이며, 전공은 한국철학, 한국문화사회론, 동아시아 비교사상 등이다. 그는 『한국은 하나의 철학이다』, 『한국, 사랑과 사상의 여행』, 『창조하는 동아시아: 문명·문화·니힐리즘』, 『주자학화하는 일본 근대』, 『입문 주자학과 양명학』, 『새로 읽는 논어』, 『군도의 문명과 대륙의 문명』, 『한국의 행동 원리』 등 많은 저작의 저자이기도 하다. 그 가운데 『한국은 하나의 철학이다』, 『새로 읽는 논어』, 『일본의 혐한파는 무엇을 주장하는가』는 우리말로 번역되었다. 저자의 최근 주된 관심은 동아시아를 어떻게 사상적으로 구축할 수 있는가 하는 물음과 동아시아 전통에 뿌리박은 새로운 생명관의 구축이다.

저자는 일본에 어떻게든 조선사상의 '통사'(通史)를 알 수 있는 입문적인 책이 필요하다는 생각에서 이 책을 저술했다고 밝히고 있다. 그래서 이 책은 '조선사상사'의 일반적인 특징에 대한 논의에서 시작해 단군 신화를 비롯한 신화들과 '조선사상'의 고층(古層)으로부터 고구려, 백제, 신라, 고려, 조선, 조선 말기 및 대한제국, 병합 식민지 시기를 거쳐 현대 북한의 '주체사상'과 대한민국의 사상에 이르기까지 그 사상의 기본적인 내용과 중요 쟁점들을 소개하고 있다. 아니, 이 책은 좁은 의미의 철학사상을 넘어 유교와 불교를 중심으로 도교, 무속, 기독교 등의 종교정신사를 다루는 동시에 정치사상사와 문학사 등도 다루고 있으며, 특히 지금 우리 눈앞에서 전개되고 있는 사상까지도 어느 정도 상세하게, 그리고 논란을 불러일으키는 쟁점도 포함해 서술하고 있다. 이렇게 저자는 '조선사상'을 가능한 한 객관적으로 파악하고 그 전체를 조감하고자 시도한다.

이렇듯 광범위한 주제 영역을 포함하고 신화 시대부터 현대까지를 대상으로 한 통사, 그것도 한 사람의 손으로 마무리된 저작을 우리는 아직 만나본 적이 없다. 그래서 이 책은 비록 입문적인 수준에서 '조선사상'을 처음 접하는 특정한 독자들을 염두에 두고 쓰였지만 이를테면 경탄의 대상이고, 나아가서는 '조선사상사'가 우리의 사상사인 한에서 일종의 충격을 안겨준다고 할 수 있을 것이다. 왜냐하면 지금의 우리를 형성하고 있는 과거가 우리에게 이미 낯설어졌거나 어두운 심연 속에 빠져 있는 것이 사실이라면, '조선사상사'는 우리에게 자기 인식을 위해서라도 긴급하고도 필수적인 과제일 것이기 때문이다.

전작(前作) 『한국은 하나의 철학이다』에서 저자는 한국이 어째서 '도덕 지향적'인 유교적 사회인지를 한국인의 '이'(理) 지향성에서 찾고 있다. 그러나 저자가 그것을 일방적으로 '이'로 환원해 설명하는 것은 아니라고 할 수 있다. 조선 시대의 통치 이념인 성리학은 '이'와 '기'(氣)라는 두 개념의 역동적 통일 속에서 우주와 인간과 사회를 설명하기 때문이다. 여기서 '이'는 도덕과 이념의 측면을, '기'는 욕망과 현실의 측면을 나타낸다. 그렇기에 성리학에서는 '기'가 '이'의 인도를 받아야 한다고 생각하는 것이지만, 이렇게 구조화된 '이'와 '기'의 양면성이야말로 한국 사회의 역동성과 한국인의 사유의 독특성을 규정하고 있다는 것이다.

이러한 저자의 시각과 분석은 이 책에서 외연적으로 확대되고 내포적으로 심화하고 있다. '조선사상사'의 개관을 통해 저자에게 드러나는 '조선사상'의 특징은 무엇보다도 사상의 순수성을 둘러싼 격렬한 투쟁이 되풀이해 전개되어왔다는 것이다. 그 사상투쟁은 정치투쟁과 직결되는데, 이러한 양상을 전형적으로 보여주는 것이 조선 시대의 성리학과 해방 후의 한국과 북한에서 전개된 이데올로기이다. 그런데 저자에 따르면, 여기서 '조선사상사'의 이러한 양상을 단적으로 '이'나 '기' 등의 표면적인 개념이나 문헌에서 확인할 수 있는 역사적 사실 관계로만 환원하게 되면, 우리는 본래적인 사태를 놓치게 된다. 그렇다면 '조선사상사'의 본래적이고도 독특한 특성은 어떻게 파악되어야 하는가?

저자는 '조선사상'의 키워드를 '순수성, 하이브리드성, 정보, 생명, 영성'으로 제시하고 그로부터 '조선사상사'의 움직임을 순수 지향성과 다양한 사상들의 만남, 그 만남으로부터 형성되는 정보의 흐름, 그 속에서 펼쳐지는 생명의 격류 같은 움직임으로 기술하고 있다. 하지만 이렇게 서로 모순되어 보이는 요소들을 꿰뚫고 있는 것은 '영성'(靈性)이다. 저자에 따르면, 이러한 '조선사상'의 순수 지향성과 그것을 둘러싼 투쟁은 결국 영성적 운동으로서 이해되어야만 한다. 요컨대 '조선사상사'에는 고대부터 현대에 이르기까지 시대와 사상의 성격을 변화시키는 '대전환'들이 존재하는데, 그것을 이해하는 열쇠가 마땅히 '영성'이라고 불러야 할 정신성이라는 것이다. '조선사상'은 순수성을 획득하려고 운동하고 있을 때도, 순수성을 유지하고 있을 때도, 그리고 순수성이 퇴락해가는 과정에서 그에 대항하는 운동이 성립할 때도 현저한 영성을 띤다. 예를 들어 사상의 순수성이 퇴락한다는 것은 그 사상에 의해 영위되는 생명이 열악하게 된다는 것을 의미하지만, '조선사상사'에서는 그러한 국면에서도 사상이 사그라지지 않고 국가나 공동체 성원의 육체적 생명을 뛰어넘는 사상이 불꽃처럼 타올라 영적인 힘을 발휘한다. 그리고 이러한 영성을 지닌 사상의 움직임은 결국 정신적·사회적 대전환 같은 거대한 결과로 이어진다.

여기서 '영성'은 '지성으로도 이성으로도 설명할 수 없는 정신의 현상'이다. 저자가 직접적으로 이 '영성'의 예로 드는 것은 원효와 화랑으로부터 이퇴계를 거쳐 19세기의 최제우에 이르는 경주나 영남 지방에서의 "하늘과 사람은 같다"라는 영적인 세계관인데, 그것은 "토지의 영(지령)과 밀접하게 관계하고", "때때로 분출되는 것처럼 나타나며", "조선사상사 전체를 움직이는 눈에 보이지 않는 동력"을 이룬다. 또한 이 영성은 강력한 정치적 힘을 지니고 특히 반(反)권력적인 힘을 지니는데, 그 모습을 저자는 실학자들에 의한 개혁운동, 최제우의 동학사상, 조선 총독에 대한 만공 스님의 반발, 현대 한국에서의 가톨릭 실천 단체 꽃동네의 '사랑의 복지', 한국 현대사를 가로지르는 '지성인의 역사'와 '거리의 철학자' 등에서 보고 있다.

다만 옮긴이로서는 오구라 기조의 이 책을 번역하고 마무리하는 지금, 몇 가지 의문을 지니지 않을 수 없었다. 그것은 무엇보다도 '지성으로도 이성으로도 설명할 수 없는' 영성이 어떻게 현대에 이르기까지 살아 숨쉬는 생명력을 가질 수 있었던 것일까라는 점이다. '조선사상사'를 관통하는 영성의 역사적 모습을 좀 더 선명히 다듬어 부각할 필요가 있을 뿐만 아니라 그 영성의 논리적인 연관 구조를 좀 더 설명할 필요가 있다. 물론 이 책을 객관적인 수준에서의 입문적 서술로 제한하고 있는 것이야말로 이 문제에 대한 저자의 논의가 미진한 이유이겠지만, 사상사 내지 철학사 서술의 방법론적 문제와 연관되는 이 문제는 저자 스스로 영성이야말로 '조선사상사'를 관통하는 핵심이자 근저라고 지적한다는 점에서 좀 더 궁구되어야 할 것이다.

또 다른 의문은 '조선사상' 전체나 각각의 면모에 대한 저자의 평가와 관련된다. 저자는 이 책의 '후기'에서 현대 '한국 사회에서의 비참하기까지 한 이념 숭배의 참상'과 '원리주의적인' 모습을 지적하면서 그것이야말로 '주자학적 이념'이 관철되는 모습이자 우리에게 '주자학을 어떻게 볼 것인가'의 물음을 제기한다고 말하고 있다. 그런데 옮긴이에게는 이러한 판단과 평가가 저자 자신의 논지, 즉 성리학에서의 '이'와 '기'의 양면적인 구조화에 대한 저자의 지적에 비추어 너무나 일면적이지 않은가 하는 의문이 제기된다. 물론 저자의 비판적 평가는 '이'로 환원되어 나타난 일면적인 도덕주의적 사상의 현실에 대한 것이다. 하지만 '순수 지향성'과 '영성'이 복잡하게 얽혀 펼쳐지는 '조선사상'의 역동성을 고려해본다면, '이념 숭배의 참상'이라는 지적은 좀 더 분화되어 전개될 필요가 있는 것으로 보인다. 사실 이 의문은 직접적으로는 조선 말기, 대한제국 시기, 병합 식민지 시기, 그리고 현대에 전개되고 있는 '조선사상'에 대한 평가, 그리고 저자도 암암리에 제기하고 있는 '근대의 극복'과 '새로운 사상의 모색'과 관련된다. 이러한 측면에서, 예를 들어 병합 식민지 시기나 그 시기에 전개된 사상에 대한 평가 및 '식민지 근대화론'을 둘러싼 한국 사회의 논란에 대한 저자의 논의는 비판적으로 검토될 필요가 있을 것이다. 나아가 '조선사상'의 구조화된 역동성에 관한 판단은 '분단', '근대', '인류의 위기' 같은, 세계 속의 인간 삶이라는 근본적인 과제에 부딪혀 고투하고 있는 현대 한국사상에 대한 중층적이고도 분화된 인식을 요구한다고 할 것이다.

이 책을 옮기는 과정 내내 과연 내가 이 작업에 걸맞은 존재인지 회의

하지 않을 수 없었다. 어떤 정당화를 발견했다면 그것은 나 자신도 '조선사상사'의 후예이자 '조선사상'의 과제에 부딪히고 있는 '우리' 가운데 하나라는, 어쩌면 당연한 사실이었다. 그런 의미에서 이 책의 번역을 제안해 새삼스럽게 나 자신을 돌아볼 기회를 제공해준 전남대 철학과 김상봉 교수에게 감사드린다. 도서출판 길의 이승우 편집장은 게으른 옮긴이를 무던히 참아주었다. 이 자리를 빌려 고마운 말씀을 드린다.

2021년 10월
학의천 옆 우거에서
이신철

참고문헌

* 한국어로부터 번역된 것도 포함해 일본어로 읽을 수 있고 입수·열람하기 쉬운 도서만을 적어둔다(입수·열람하기 어렵지만 중요한 것도 약간 있다). 논문과 한국어 문헌은 제시하지 않는다.

전반·통사

尹学準,『オンドル夜話: 現代両班考』, 中公新書, 1983.

小川晴久,『朝鮮文化史の人びと』, 花伝社, 1997.

小倉紀蔵,『韓國は一個の哲学である: 〈理〉と〈氣〉の社会システム』, 講談社學術文庫, 2011.

小倉紀蔵,『心で知る, 韓國』, 岩波現代文庫, 2012.

梶村秀樹,『朝鮮史の枠組と思想』, 研文出版, 1982.

川村湊 編,『知の攻略 思想讀本 韓國』, 作品社, 2002.

姜在彦,『歴史物語 朝鮮半島』, 朝日選書, 2006.

姜萬吉 著, 旗田巍·宮嶋博史 譯,『分斷時代の歴史認識』, 學生社, 1984.

金教斌 著, 金明順 譯,『人物でみる 韓國哲學の系譜: 新羅佛教から李朝實學まで』, 日本評論社, 2008.

金哲央,『人物·近代朝鮮思想史』, 雄山閣, 1984.

金哲央,『朝鮮民族の美100点』, スペース伽耶, 2017.

鄭鎭石·鄭聖哲·金昌元 著, 宋枝学 譯,『朝鮮哲學史』, 弘文堂, 1962.
西垣安比古,『朝鮮の「すまい」: その場所論的究明の試み』, 中央公論美術出版, 2000.
野間秀樹 編,『韓国·朝鮮の知を読む』, クオン, 2014.
古田博司,『東アジア·イデオロギーを超えて』, 新書館, 2003.
古田博司,『朝鮮民族を読み解く: 北と南に共通するもの』, ちくま学芸文庫, 2005.
古田博司·小倉紀蔵 編著,『韓国学のすべて』, 新書館, 2002.
朴忠錫 著, 飯田泰三 監修, 井上厚史·石田徹 譯,『韓国政治思想史』, 法政大学出版局, 2016.

유교

阿部吉雄,『日本朱子学と朝鮮』, 東京大学出版会, 1965.
小川晴久,『朝鮮実学と日本』, 花伝社, 1994.
小川晴久·張践·金彦鍾 編,『日中韓思想家ハンドブック 実心実学を築いた99人』, 勉誠出版, 2015.
川原秀城·金光来 編譯,『高橋亨朝鮮儒学論集』, 知泉書館, 2011.
韓亨祚 著, 片岡龍 監修, 朴福美 譯,『朝鮮儒学の巨匠たち』, 春風社, 2016.
姜在彦,『朝鮮儒教の二千年』, 朝日選書, 2001.
鄭聖哲,『朝鮮実学思想の系譜』, 雄山閣, 1982.
中純夫,『朝鮮の陽明学: 初期江華学派の研究』, 汲古書院, 2013.
裵宗鎬 著, 川原秀城 監譯,『朝鮮儒学史』, 知泉書館, 2007.
邊英浩,『朝鮮儒教の特質と現代韓国』, クレイン, 2010.
朴倍暎,『儒教と近代国家』, 講談社選書メチエ, 2006.
李泰鎮 著, 六反田豊 譯,『朝鮮王朝社会と儒教』, 法政大学出版局, 2000.

불교

江田俊雄,『朝鮮仏教史の研究』, 国書刊行会, 1977.
鎌田茂雄,『朝鮮仏教史』, 東京大学出版会, 1987.
鎌田茂雄,『新羅仏教史序説』, 東京大学東洋文化研究所, 1988.
金瑛泰 著, 沖本克己 監譯,『韓国仏教史』, 禅文化研究所, 1985.
金知見·蔡沢洙,『新羅仏教研究』, 山喜房仏書林, 1973.
金龍泰 著, 蓑輪顕量 監譯, 佐藤厚 譯,『韓国仏教史』, 春秋社, 2017.
田村円澄,『古代朝鮮仏教と日本仏教』, 吉川弘文館, 1980.

서학·그리스도교

浅見雅一·安廷苑 著,『韓国とキリスト教』, 中公新書, 2012.

姜在彦,『西洋と朝鮮: 異文化の出会いと格闘の歴史』, 朝日新聞社, 2008.
徐正敏,『韓国キリスト教史概論: その出会いと葛藤』, かんょぅ出版, 2012.
山口正之,『朝鮮西教史: 朝鮮キリスト教の文化史的研究』, 雄山閣, 1967.
柳東植,『韓国のキリスト教』, 東京大学出版会, 1987.

도교 · 풍수지리

崔昌祚 著, 三浦國雄 監譯, 金在浩 · 渋谷鎮明 共譯,『韓国の風水思想』, 人文書院, 1997.
車柱環 著, 三浦國雄 · 野崎充彦 譯,『朝鮮の道教』, 人文書院, 1990.

샤머니즘

崔吉城,『韓國のシャーマニズム: 社会人類学的研究』, 弘文堂, 1984.
崔吉城 著, 真鍋祐子 譯,『恨の人類学』, 平河出版社, 1994.

문학 · 문자

尹学準 著 · 田中明 譯詩,『朝鮮の詩ごころ:「時調」の世界』, 講談社学術文庫, 1992.
姜仁淑 著, 小山内園子 譯,『韓国の自然主義文学: 韓日仏の比較研究から』, クオン, 2017.
金思燁,『朝鮮文学史』, 金沢文陳, 1973.
金台俊 著, 安宇植 譯注,『朝鮮小説史』, 平凡社東洋文庫, 1975.
金哲 著, 渡辺直紀 譯,『植民地の腹話術師たち: 朝鮮の近代小説を読む』, 平凡社, 2017.
金文京,『漢文と東アジア: 訓讀の文化圈』, 岩波新書, 2010.
金両基,『ハングルの世界』, 中公新書, 1984.
崔碩義,『放浪の天才詩人金笠』, 集英社新書, 2001.
薛盛環 著, 大谷森繁 監修 · 西岡健治 譯,『春香伝の世界: その通時的研究』, 法政大学出版局, 2003.
野間秀樹,『ハングルの誕生: 音から文字を創る』, 平凡社新書, 2010.
波田野節子,『李光洙: 韓国近代文学の祖と「親日」の烙印』, 中公新書, 2015.
李光鍋 編, 尹相仁 · 渡辺直紀 譯,『韓国の近現代文学』, 法政大学出版局, 2001.
林容沢,『金索雲『朝鮮詩集』の世界 祖国喪失者の詩心』, 中公新書, 2000.

근대 사상 · 내셔널리즘

飯沼二郎 · 姜在彦 編,『近代朝鮮の社会と思想』, 未来社, 1981.
木村幹,『朝鮮/韓国ナショナリズムと「小国」意識: 朝貢国から国民国家へ』, ミネルヴァ書房, 2000.
姜在彦,『近代朝鮮の思想』, 未来社, 1984.
田中明,『韓国の民族意識と伝統』, 岩波現代文庫, 2003.
月脚達彦,『朝鮮開化思想とナショナリズム: 近代朝鮮の形成』, 東京大学出版会, 2009.
鄭大均,『韓国のナショナリズム』, 岩波現代文庫, 2003.

조선 시대

河宇鳳 著, 井上厚史 譯,『朝鮮実学者の見た近世日本』, ぺりかん社, 2001.
河宇鳳 著, 金両基 監譯, 小幡倫裕 譯,『朝鮮王朝時代の世界観と日本認識』, 明石書店, 2008.
川原秀城,『朝鮮数学史: 朱子学的な展開とその終焉』, 東京大学出版会, 2010.
川原秀城 編,『朝鮮朝後期の社会と思想』, 勉誠出版, 2015.
金泰俊,『虚学から実学へ: 18世紀朝鮮知識人 洪大容の北京旅行』, 東京大学出版会, 1988.
夫馬進,『朝鮮燕行使と朝鮮通信使』, 名古屋大学出版会, 2015.
山内弘一,『朝鮮からみた華夷思想』, 山川出版社, 2003.

조선 말기·대한제국

イザベラ·バード 著, 時岡敬子 譯,『朝鮮紀行』, 講談社學術文庫, 1998.
姜在彦,『朝鮮の開化思想』, 岩波書店, 1980/明石書店, 1996.
趙景達,『異端の民衆反亂: 東學と甲午農民戰爭』, 岩波書店, 1998.
趙景達,『朝鮮民衆運動の展開: 士の論理と救濟思想』, 岩波書店, 2002.
趙景達,『近代朝鮮と日本』, 岩波書店, 2012.

병합 식민지

飯沼二郎·姜在彦 編,『植民地期朝鮮の社會と抵抗』, 未來社, 1982.
尹海東 著, 沈煕燦·原佑介 譯,『植民地がつくった近代: 植民地朝鮮と帝國日本のもつれを考える』, 三元社, 2017.
川瀬貴也,『植民地朝鮮の宗教と學知: 帝國日本の眼差しの構築』, 青弓社, 2009.
姜在彦,『日本による朝鮮支配の40年』, 朝日文庫, 1992.
金完燮 著, 荒木和博·荒木信子 譯,『親日派のための辨明』, 草思社, 2002.
金振松 著, 川村湊 監譯, 安岡明子·川村亜子 譯,『ソウルにダンスホールを: 一九三〇年代朝鮮の文化』, 法政大學出版局, 2005.
金哲 著, 田鳥哲夫 譯,『抵抗と絶望: 植民地朝鮮の記憶を問う』, 大月書店, 2015.

徐智瑛 著, 姜信子·高橋梓 譯, 『京城のモダンガ―ル: 消費·労働·女性から見た植民地近代』, みすず書房, 2016.
趙景達, 『植民地期朝鮮の知識人と民衆: 植民地近代性論批判』, 有志舍, 2008.
趙景達, 『植民地朝鮮と日本』, 岩波新書, 2013.
鄭大均 編, 『日韓併合期ベストエッセイ集』, ちくま文庫, 2015.
永島広紀, 『戦時期朝鮮における「新体制」と京城帝国大学』, ゆまに書房, 2011.
柳宗悦 著, 高崎宗司 編, 『朝鮮を想う』, 筑摩叢書, 1984.

조선민주주의인민공화국의 사상

伊豆見元·張達重 編, 『金正日体制の北朝鮮: 政治·外交·経済·思想』, 慶應義塾大学出版会, 2004.
井上周八, 『チュチエ思想概説: 愛と統一の実践哲学』, 雄山閣出版, 1987.
大内憲昭, 『朝鮮民主主義人民共和国の法制度と社会体制』, 明石書店, 2016.
尾上健一, 『自主·平和の思想: 民衆主体の社会主義を史上はじめてきずく朝鮮とその思想を研究し實踐に適用するための日本と世界における活動』, 白峰社, 2015.
小倉紀蔵, 『北朝鮮とは何か: 思想的考察』, 藤原書店, 2015.
小此木政夫 編著, 『北朝鮮ハンドブック』, 講談社, 1997.
小此木政夫·徐大粛 監修, 鐸木昌之·坂井隆·古田博司 責任編輯, 『資料 北朝鮮研究 I 政治·思想』, 慶應義塾大学出版会, 1998.
黄長燁 著, 萩原遼 譯, 『金正日への宣戦布告: 黄長燁回顧録』, 文春文庫, 2001.
徐大粛 著, 古田博司 譯, 『金日成と金正日: 革命神話と主体思想』, 岩波書店, 1996.
徐大粛 著, 林茂 譯, 『金日成』, 講談社学術文庫, 2013.
鐸木昌之, 『北朝鮮首領制の形成と変容: 金日成, 金正日から金正恩へ』, 明石書店, 2014.
和田春樹, 『北朝鮮: 遊撃隊国家の現在』, 岩波書店, 1998.
和田春樹, 『北朝鮮現代史』, 岩波新書, 2012.

대한민국의 사상

尹健次, 『現代韓国の思想: 一九八〇～一九九〇年代』, 岩波書店, 2000.
大西裕, 『先進国·韓国の憂鬱: 少子高齢化, 経済格差, グローバル化』, 中公新書, 2014.
小倉紀蔵 編著, 『現代韓国を学ぶ』, 有斐閣選書, 2012.
韓培浩 著, 木宮正史·磯崎典世 譯, 『韓国政治のダィナミズム』, 法政大学出版局, 2004.
木宮正史, 『韓国: 民主化と経済発展のダィナミズム』, ちくま新書, 2003.

木村幹,『韓国における「権威主義的」体制の成立: 李承晩政権の崩壊まで』, ミネルヴァ書房, 2003.
崔章集 著, 中村福治 譯,『韓国現代政治の条件』, 法政大学出版局, 1999.
白楽晴 著, 李順愛·文京洙·鄭章淵·朴一 譯,『朝鮮半島統一論』, クレイン, 2001.
真鍋祐子,『烈士の誕生: 韓国の民衆運動における恨の力学』, 平河出版社, 1997.
モシムとサリム研究所, 大西秀尚 譯,『殺生の文明からサリムの文明へ』, 神戸学生青年センター出版部, 2014.
李榮薰 著, 永島広紀 譯,『大韓民国の物語: 韓国の「国史」教科書を書き換えよ』, 文藝春秋, 2009.

원전의 일본어 번역

一然 著, 金思燁 譯,『完訳 三国遺事』, 明石書店, 1997.
大村益夫·長璋吉·三枝壽勝 編譯,『朝鮮短篇小説選』, 上·下, 岩波文庫, 1984.
覚訓 著, 小峯和明·金英順 編譯,『海東高僧伝』, 平凡社東洋文庫, 2016.
韓龍雲 著, 安宇植 譯,『ニムの沈黙』, 講談社, 1999.
許筠 著, 野崎充彦 譯注,『洪吉童伝』, 平凡社東洋文庫, 2010.
姜沆 著, 朴鐘鳴 譯注,『看羊録: 朝鮮儒者の日本抑留記』, 平凡社東洋文庫, 1984.
金九 著, 梶村秀樹 譯注,『白凡逸志: 金九自叙伝』, 平凡社東洋文庫, 1973.
金仁謙 著, 高島淑郎 譯注,『日東壮遊歌: ハングルでつづる朝鮮通信使の記録』, 平凡社東洋文庫, 1999.
金素雲 譯編,『朝鮮民謡選』, 岩波文庫, 1933.
金素雲 譯編,『朝鮮童謡選』, 岩波文庫, 1933.
金素雲 譯編,『朝鮮詩集』, 岩波文庫, 1954.
金富軾 著, 金思燁 譯,『完訳 三国史記』, 明石書店, 1997.
金薫 著, 蓮池薫 譯,『孤将』, 新潮社, 2005.
呉知泳 著, 梶村秀樹 譯注,『東学史: 朝鮮民衆運動の記録』, 平凡社東洋文庫, 1970.
洪大容 著, 夫馬進 譯注,『乾浄筆譚: 朝鮮燕行使の北京筆談録』1·2, 平凡社東洋文庫, 2016·2017.
崔碩義 編譯注,『金笠詩選』, 平凡社東洋文庫, 2003.
申維翰 著, 姜在彦 譯注,『海游録: 朝鮮通信使の日本紀行』, 平凡社東洋文庫, 1974.
申在孝 作, 姜漢永·田中明 譯注,『パンソリ: 春香歌·沈晴歌他』, 平凡社東洋文庫, 1982.
趙義成 譯注,『訓民正音』, 平凡社東洋文庫, 2010.
月脚達彦 譯注,『朝鮮開化派選集: 金玉均·朴泳孝·兪吉濬·徐載弼』, 平凡社東洋文庫, 2014.

野崎充彦 編譯注,『青邱野談: 李朝世俗談』, 平凡社東洋文庫, 2000.
朴殷植 著, 姜德相 譯注,『朝鮮獨立運動の血史』, 全2卷, 平凡社東洋文庫, 1972.
朴趾源 著, 今村與志雄 譯,『熱河日記: 朝鮮知識人の中國紀行』, 全2卷, 平凡社東洋文庫, 1978.
李光洙 著, 波田野節子 譯,『無情』, 平凡社, 2005.
李重煥 著, 平木實 譯,『択里志: 近世朝鮮の地理書』, 平凡社東洋文庫, 2006.
李舜臣 著, 北島万次 譯注,『亂中日記: 壬辰倭乱の記録』, 全3卷, 平凡社東洋文庫, 2000·2001.
李退溪 著, 難波征男 校注,『自省錄』, 平凡社東洋文庫, 2015.
李弥勒 著, 平井敏晴 譯,『鴨綠江は流れる: 日本統治を逃れた朝鮮人の手記』, 草風館, 2010.
李陸史 著, 安宇植 譯,『李陸史詩集』, 講談社, 1999.
柳成龍 著, 朴鍾鴻 譯注,『懲毖錄』, 平凡社東洋文庫, 1979.

* 북조선의 김일성/김정일 저작은 전집, 저작집, 저작선집 등의 형태로 일본어판이 몇 종류 출판되어 있다. 또한 주제별로 '백봉문고'(白峰文庫)에 시리즈로 간행되어 있다. 김정은의 연설집 등은 다음의 것이 있다.

『金正恩著作集』, 白峰社, 2014.
『金正恩著作集 2』, 白峰社, 2017.

찾아보기

(*는 근대 이후의 연구자)

| ㄴ |

| ㅂ |

| ㅅ |

| ㅇ |

| ㅈ |

| ㅊ |

| ㅋ |

| ㅌ |

| ㅍ |

| ㅎ |